AF255979

# 石村的蒙娜麗莎

纽约桃花　洪君植　主编

龍 出 版

新世紀出版社

主　編：紐約桃花　洪君植
封面設計：石　村
裝幀設計：龍雁翎

石村的蒙娜麗莎

------------------------------

版權所有　·　翻印必究

------------------------------

出版：紐約龍出版
紐約新世記出版社
Long Publishing Corp, New York
New York New Century Press Inc.
印刷：UCHP Inc.
版次：2019 年 8 月紐約第一版；第一次印刷
定價：19.99 美金
國際書號（ISBN）：978-1-7320358-8-1

# PREFACE
## 序

## 追求原創的石村

嚴力（诗人，艺术家）

我認識石村是在1987年底或1988年初的紐約，也應該是《一行》文學藝術雜誌的關係，《一行》那時剛剛成立不到一年，石村也就25歲吧，從南京來的詩人和畫家，一行社的同仁都很開心，他很陽光也很幽默。所以從《一行》第三期開始就有了他的詩歌和繪畫插圖。

儘管我比石村早到紐約兩年，但從1980年之後大陸人來美國的歷史看，都屬於八十年代出國潮的同一個時期，那時候從國內來美國的人有很多的共同點：沒有英語基礎、沒有經濟基礎、沒有高學歷的文憑……他們身上有的東西也很相同：相同的文革記憶、相同的希望和打拼一番的激情……

石村與我一樣享受紐約文化藝術潮流的衝擊，以及憧憬個人自由創作的無限可能性。在調整清理國內形成的審美價值觀的同時，最主要的就是把自己解放成一個獨立的思考者。

所以石村在寫詩的基礎上，朝著好幾個方向展現著自己的潛力，隨性而至地在繪畫和音樂的領域裡探索，他從紐約跑到台灣，後來又到北京，之後又回到紐約。這一圈下來幾乎是三十年！

就說他最近在紐約參加展覽的作品吧，有一張用色塊組合出來的放大幾十倍的美鈔，大面積的美鈔視覺衝擊，激發著人們在面對生活和政治的金錢強勢時該如何思考。

同時，他還在工作室製作自己的樂器：十根琴弦的吉他，並且經常即興地彈奏自己的心情狀態，我聽上去與某些爵士樂有共同的藍調情緒。

他對原創的執著造就了他一貫的藝術態度，前幾天他在微信圈裡說：藝術也有權力榜？對權力的痴迷到瞭如此的地步，那麼藝術將會多麼奴相？對權力的痴迷終將成為權力的奴隸，沒有高貴的靈魂談什麼藝術？

我們一幫人最近都想去他紐約的工作室聚會一次，看看他的色塊系列又找到了什麼大家熟悉的形象來觸動當代人對時代的思考，當然還要聽聽他自己製作的十弦吉他曲能傳遞出什麼樣的深沉與詼諧。

2018年12月寫於上海

# CONTENTS 目錄

## 序



## 前世台灣篇

## 前世紐約篇



## 今生北京篇

## 今生紐約篇

# 石村談



# 後記

# TAIWAN

世前
篇灣台

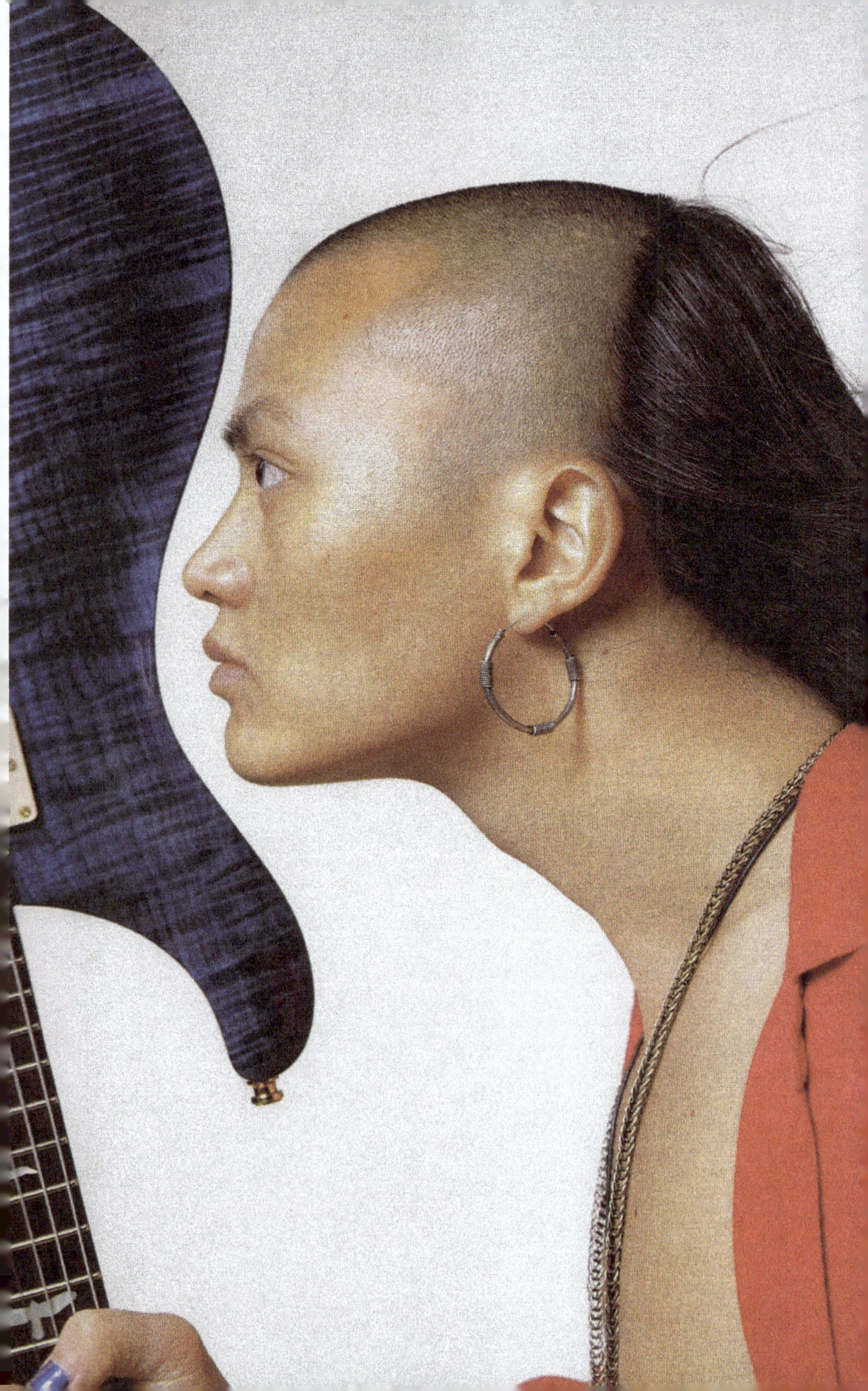

# 詭夢人生說鬼夢

劉佳音

　　石村的打扮，不像七爺八爺、不像鍾馗，像哪吒。但是他卻"鬼"得可以。他畫"鬼"異的畫，作鬼異的搖滾歌，拍鬼異的烏龍茶廣告片。他更有一段鬼異的人生。也許是因為他的心和他的眼，都是在童年時期一個沒有電的大陸農村"夜夜聽老姥姥講鬼"而開的吧！

　　農曆鬼月，我們讀一段"鬼夢人生"。

石村拍過好幾支廣告片。據他說，第一次，是走在路上，就有人過來和他談，找他去當模特兒；當然，他本人樂意得很。而說來說去，實在是他外型太顯眼的緣故。

這"顯眼"兩字，極其認真。即使你不是廣告公司的密探，看到路上有這樣一個前腦廓剃青，後腦勺髮留過腰，耳掛環、頸纏鏈，手腕上更套了從腕至肘、寬窄不一十數只鐲子的——男子，雖然台北街頭形色人物俱有，恐怕還是會忍不住盯他一會兒，好奇此人是個什麼來歷。

就像此刻，他穿了最流行的桃粉色自行車選手短褲，彩色斑斕的大格子襯衫，足套一雙黑色軍靴，坐在伊通畫廊的陽台上，正把自己幼時至30歲的一本"流水賬"縷縷憶述。他圓亮的黑眼睛隨著談話內容時而興奮、時而悠遠；因為事件過程實在很長、很細，有時我會恍惚一會兒，耳朵聽漏掉，眼睛卻分外具透視力起來：覺得眼前這人，分明頗似中國神話中的哪吒，腳踏一雙風火輪（據說石村是永遠穿靴子的），縱橫天地，盡傾初生的銳氣與勇氣，用骨碌碌的眼睛看遍紅塵，自己也姿容曼妙，引世人停駐聆觀。

而其實，除去他極摩登的穿衣打扮（還有十隻塗成深藍色的指甲蓋），石村的臉，真的是一種中國孩童的飽滿明亮，生氣躍然，離那個他所講的，父疼母愛的家中么兒時期，彷彿一點不遠。

石村是南京人，但從小住過江南一帶許多地方。印象最深、最長的則是在無錫的農村。素有"魚米之鄉"之稱的當地，湖泊溪流縱橫，一片美麗的景色，連空氣也是甜靜清晰極的。石村記得，當地春天是粉紅色，因為桃杏花開；夏天是一片翠綠，沁人心脾；而秋天則是收穫的金黃色……。常年帶著他的，是母親的外祖母。古稀老人，特別愛給小娃兒講鬼故事：中國人的十八層地獄中，下油鍋上刀山的惡人、小鬼串繞著粗重的鐵鍊……石村小小的心靈一直想像那般光景：在沒有電的鄉村，用詭異的畫面年年月月填滿了夜間。回想起來，他認為，四季中那些潤澤的色彩與晚上的"鬼話連篇"，是最早開啟他心與眼的

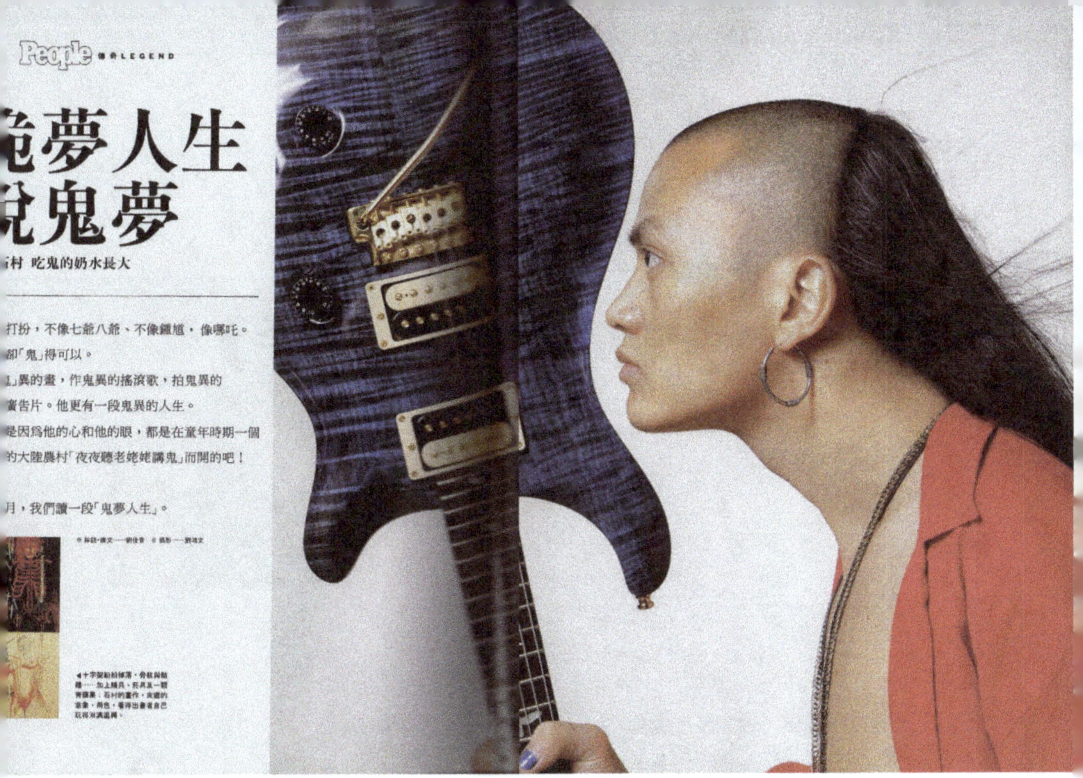

# 鬼夢人生
# 說鬼夢

石村 吃鬼的奶水長大

打扮，不像七爺八爺、不像鍾馗，像哪吒。
卻「鬼」得可以。
異的畫，作鬼異的搖滾歌，拍鬼異的
廣告片。他更有一段鬼異的人生。
是因為他的心和他的眼，都是在童年時期一個
的大陸農村「夜夜聽老姥姥講鬼」而開的吧！

月，我們讀一段「鬼夢人生」。

標題‧撰文──劉佳蕙　攝影──劉鴻文

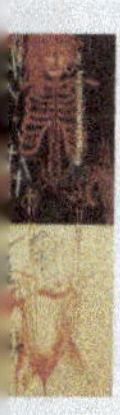
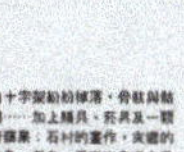

◀十字架紛紛墜落，骨骸與軀
體……加上骷髏、茶具及一顆
青蘋果：石村的畫作，突兀的
意象、角色，看得出畫者自己
玩得沘滿盡興。

兩大影響。

　　6歲左右，有次過完年，送長年在外的父親去火車站，雨雪後的道路泥濘，他走得狼狽，到車站時已全身污泥，可能父親看了心疼吧，突然問石村要不要和他一起回工作的蘇北去？多買了一張半票，石村就這麼跟著父親走了。在蘇北一待一年，在家中和父親用無錫話聊天，在學校用新學的蘇北話和同學交談，而父親算多的月俸，更讓他可以不間斷地在小書店租看大量的連環畫。

　　再度搬回南京，鄰居有個會畫畫、會拉二胡的，問石村要不要學畫、學二胡？還做了一把給小孩子用的二胡送給石村。但他真正開始畫畫得要算是又過了一陣，因為有一個同學的哥哥畫得一手好畫，他看了喜歡，回家向母親要錢買紙以索畫。當時一張好紙要二毛五分錢，而工人平均薪資一天一塊錢，母親說了一句："紙可貴呢！"他突然想到：為什麼不自己畫！沒想到居然從此一畫就畫上了癮。最高興的莫過於母親，因為石村就此不再出去頑皮。更推波助瀾的是他後來看的一部

▶華視喧騰一時的連續劇《七俠五義》，主題曲正是石村所唱——他的臉廓造型，不正也適合在俠士劍客中串上一角？

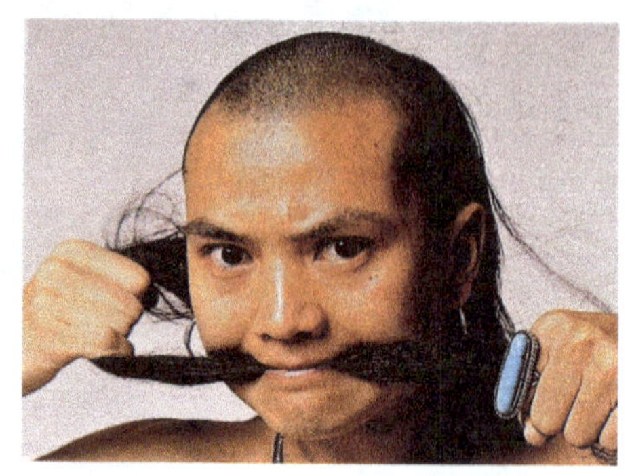

▶墨鏡、耳環、戒指及電吉他。當初石村是因爲搖滾明星穿得帥而去搞音樂；而且因爲喜歡在後排而棄鼓改練電吉他。

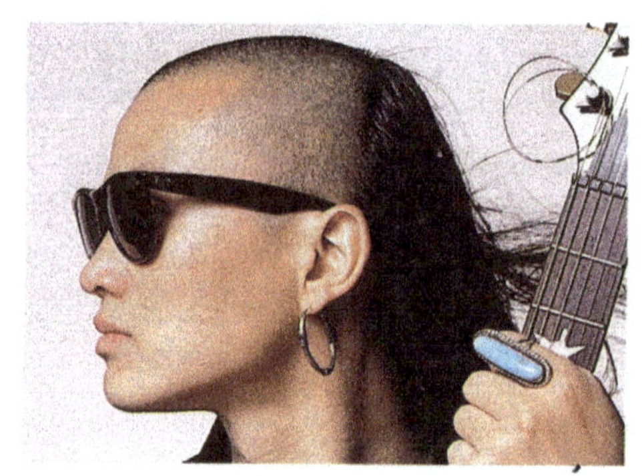

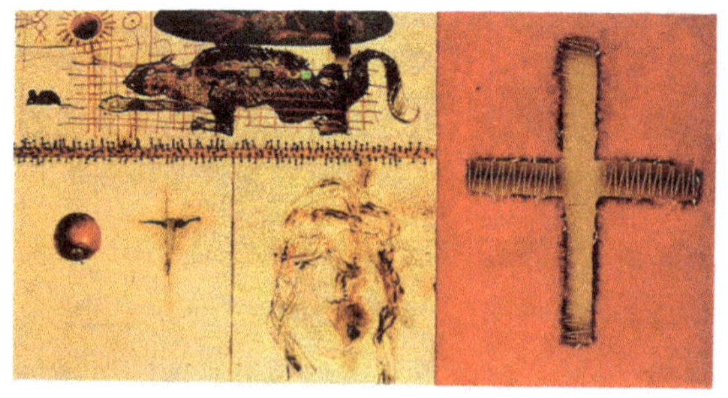

◀這張畫作上，要注意的也許不是捉老鼠的貓、十字架、紅蘋果、有性聯想的裂紋，甚至耶穌的屍布；而是分隔畫面上下的一條橫線上的密密釘鉚。

東歐電影，敘述一位羅馬尼亞畫家的生平；石村看了好崇拜，發誓要更用心學畫。父母帶他去老師處正式學藝，一頭栽進繪畫世界的石村，收起好動、好玩的心，突然"呆頭呆腦"了起來：外面下雪下雨刮大風，但只要有課，他無論如何都要出門去畫畫，老師一句比方："把這個杯子畫上個二十四小時"，他就真的對著那杯子整整二十四小時……。"總之就是磨功夫，外面大家都在玩，我在屋裡畫畫。"

同時，他功課很糟，"幾乎已全忘了自己上過什麼課。"石村笑說，但他一直沒有想太多，就是單純地畫得開心。他的父母恐怕也沒有想太多吧，到了兒子要考大學時，自然要選擇美術系咯！只是石村專業好，文化課總差那麼一些。何況中國社會已在他高中時逐漸地對外開放，西方的文史哲……思潮全湧了進來，藝文界的老中青們，開始整天泡咖啡館、談文化……。石村本來也一心要搞好其他科目進大學，但想法慢慢改變，覺得大學資歷並不必要嘛！他不是也正自修艱澀的淑本華的《意志與表象的世界》嗎？

當時的石村，天天的生活其實挺"規律"，和朋友閒扯到晚上一、二點回家，唸書到快天亮，就再獨自出去"走路"；"那時的南京，夜晚和清晨時分都很靜，我最喜歡在石板路上散步。"一、二小時後回家睡覺直至中午以後，或畫畫或看書或再出門找朋友……。而他清楚地記得，其中一個晚上，他的腦中一直有一個畫面：閃著藍光的小水潭，不停有晶瑩的水滴進去。他在這個畫面的"佔據"下，一直畫了一整夜，一張又一張，天亮時發現自己畫滿了一本素描本，他就替張張奇異的圖像逐一起名字；到如今，他還記得有一張叫：隨風飄去的新娘，畫面卻記不清了。不過從那夜起，石村覺得自己好像觀念開展了，連對音樂的喜好，也從此由古典樂跨到了搖滾樂。

很自我的日子繼續過下去，旁邊的人卻不一定永遠無條件地了解、支持。有天，石村照例逗留在外，突然覺得想早回家，踏進兩家人合住的院落時，他就看見空地中間的一堆灰，鼻子則聞到油畫顏料燒焦的味道，他知道畫作被父親燒了（後來才知全是早期的作品）；沒有進屋吵鬧，他掉頭又出門，在高中時生病過世的女朋友家門口坐了一夜，然後去死黨處窩了三天，後來當然還是又被找回家去，接著他的好友告訴他，父親曾對一干人說：「喜歡喝咖啡，上我家裡來喝吧！也可以在家裡聊天嘛！我們很歡迎！」

「我父親，」石村說著，我有點詫異地抬頭，因為好像聽見一絲絲語音中的哽咽、中斷，這個外型很野、神態很酷的人坐在那邊，正首次彷彿不知如何安置自己的手腳；再趕快低下頭；免得讓他知道我知道他正費力地和自己的情緒作掙扎。「我父親是脾氣很直、很硬的那種人，一輩子沒要求過別人甚麼，沒找別人幫忙過，而為了我，他對我的朋友這樣開口……。」

那個在他小時，總把他抱在手中趕火車四處走的父親，這回為了向兒子道歉，還主動帶他去上海；先買了精裝畫冊，再陪他去看這輩子至今唯一一起參觀的畫展。會場中，石村走著走著，突然發現父親不在身邊，他回頭去找，見著老人站在一幅畫前一動不動：他想，是哪幅畫這麼吸引人呢？走近再看，才發現：父親在畫前站著睡著了，「我其實早就不生他的氣了，那一刻，更感傷。他也很試著要了解我的。

辦廠的父親，如今仍在大陸開工廠，只是不再希冀石村去繼承；而母親，石村笑起來，比較輕鬆：「我常想為了我媽回大陸去‘留學’，因為就算我在美國念著哈佛、耶魯，在我媽心中還絕比不上她早為我選擇好的南京大學！」

風波過後，石村繼續畫畫，和朋友相聚……過他的日子。然後，他結婚了──和一位美國女孩。再然後，在 1987 年，他去了美國。

「我是抱著做大畫家的夢去的，但剛去時很痛苦，沒什麼朋友，又不太會說英文；住在我太太家裡，覺得自己是啞巴、聾子、文盲！」半年間，石村說自己很不好受，想家、想父母：「但我清楚知道，自己不可能回去──既然來了，就要待下去。」

他努力地交朋友，在紐約的藝文圈中紮下來，但急於開始新生活的心態，卻使他有一些扭曲。「我不喜歡和中國人在一起，不喜歡別

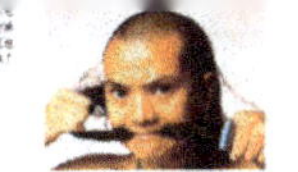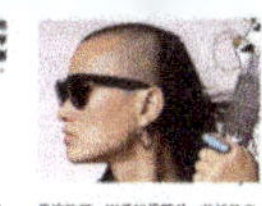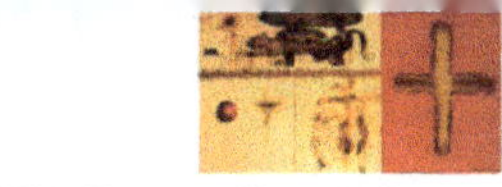





人說我是中國人，甚至買了牛肉回家，明明心裡想吃牛肉絲炒辣椒，但也還是把它作成了牛排。」他跑畫廊，也勤作畫，間雜地打工；做建築工人的時候，迷上了工具，但一把鑽子就要 100 美金，他只能猛逛大五金行過乾癮，要不就在聖誕節等著知情的親戚送他工具當聖誕禮物。

熬到第三年，專業的大畫廊來找他了，可想見石村的興奮——異地成名的美夢終於光閃閃地來扣門了。不過，在著名的 "Artist Space" "Clock Tower" 等處展覽後，他異常情緒化的心，突然對繪畫藝術有了另一種角度的懷疑。畫畫做什麼？影響力是什麼？為什麼永遠有一批專門 "跑" 開幕酒會的人，完全不看畫，就過來握手，說：我真喜歡你的作品！他在這方面的激情一淡下來，為了排斥新發現的虛偽與隨之而來的空虛，對另一種藝術型式——音樂的感情就很快地進場替補了。

"而且搖滾明星穿得多帥！另外我還想，如果玩音樂，就不要在後排，要站在前面。" 所以拒絕了朋友練鼓的提議，石村正正式式地練起了吉他。

這期間，他們搬來搬去，總是找藝術家雜居的 loft。不但平日聊天互訪，經常也辦個 party，日子其實過得多采自在。而朋友穿梭來往的結果，"中國人不中國人" 的問題本來已擱到腦後邊了，直到⋯⋯

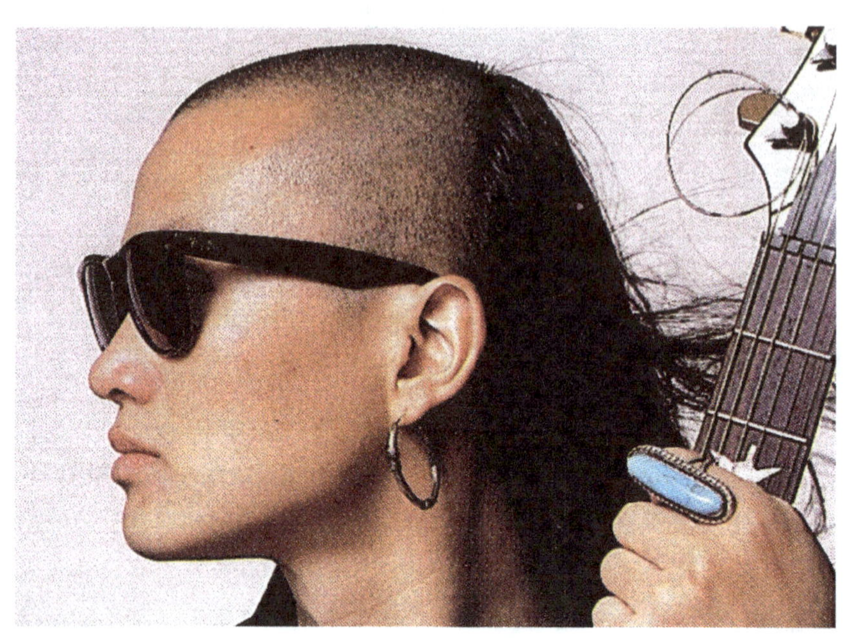

有天，石村和巴西籍的畫家朋友相聚，問起石濤畫中的芭蕉扇，人人都想知那到底是什麼用途、典故？石村不自覺地說了一大堆，小時在鄉下，夜間用芭蕉扇搧涼、撲蟲的往事重回目前：他住嘴時，發現面前的幾個洋人聽得目瞪口呆。他們對他說：「這麼好的數據、經歷，就是因為你是一個中國人才有的啊！」這回，他沒有不開心；這回，他突然想通了，全部的界限可以撤開了。我，就是我。中國、美國、外國……根本不要斤斤計較——不需要！

而際遇如此奇妙，就在此時，石村在銀行業工作的太太，有了到東方做事的機會。他們坐下來，討論是去日本還是台灣。「如果以前想避開中國人的心態，我一定選日本。但那時，一來，我有了改變；還有，我覺得，自己在台灣，一定可以做些什麼。」

在台灣，他果真可以做些什麼——除了走在路上給人發掘去拍廣告以外。一向也寫詩的石村，自己創作歌詞；手指在吉他弦上盡情遊走之外，他也放聲高歌一些摸索出來的作品，慢慢地談到了出唱片。

“我以前會逗留‘搖滾陣地’‘人狗跟螞蟻’這些地方，如果老唱 AxelRose 的歌，為什麼不自己作歌來唱？”有東家出錢支持的石村，又回去紐約，找到了出身柏克萊音樂學院的貝斯手與 7 歲就開始打鼓、今年 29 歲的鼓手兩位搭檔，錄起“很 moody，有些 dark 感覺”的石村創作歌曲來。他們在紐約的 Woodstock 錄音室，沒有大麻、烈酒，而是用水、橘子當補給，“很健康、也很奇怪”地完成了試聽帶。大家都覺得來勁、精采，錄音師還特別在牆上釘了兩枝新釘子——“你們要得台灣和美國兩地的白金唱片！”

　　為了出唱片而數度往返台北和紐約間，在重新租工作間的同時，石村對繪畫的熱情也恢復了。他仍舊偏好大尺寸的作品，用色淋漓，意像神秘。他說個性一向極端，繪畫和音樂更是各自在兩邊，連創作時的環境氣氛都要絕對不一樣。“畫畫時要很靜很靜，玩起音樂來要絕對的嘈雜爆烈。”“歌一定流行較廣；一幅畫有 500 人看見已屬相當不錯，一首歌，如果在美國，可能有幾百萬人聽。不過再多說，好像又是中國人那種在內容中談正義、關懷⋯⋯的老想法了。”

　　很少數的幾人，我會在訪問的最後，探問他們的星座，石村是其一。他說“我二月生的。”我嘆口氣，想到他數次說自己是個 moody 的人。“水瓶座呀？你自己應該知道吧。”他笑起來，勾下頭去把臉微埋進臂彎中。一路聊來是邊喝著啤酒的，微醺的感覺於他定是好的。

　　而“夢境”於他，是古著這個“情緒化”的人，創作與人生非常重要的一部分的。

　　“開喜烏龍茶”他主演的那段，一開始所配的音樂，就是石村有次照例把吉他放在肚子上睡著後，做了一個眾人爬山的夢，山是陡直的，溪水倒流，山頂有人在搜繳每人的靈魂，他本已隨眾人交出，又急忙要回，因為想著：“還有許多事沒做！”山後面則是幢幢江南一帶常見的房子，空空蕩盪，眾人遊走⋯⋯。驚醒過來，石村覺得這分明是一個“鬼夢”，順手在未關的吉他上彈出了旋律，就成了那段創作。生病發燒了，去書店買了本馬奎斯的《百年孤寂》，躺在床上看了一晚，倦

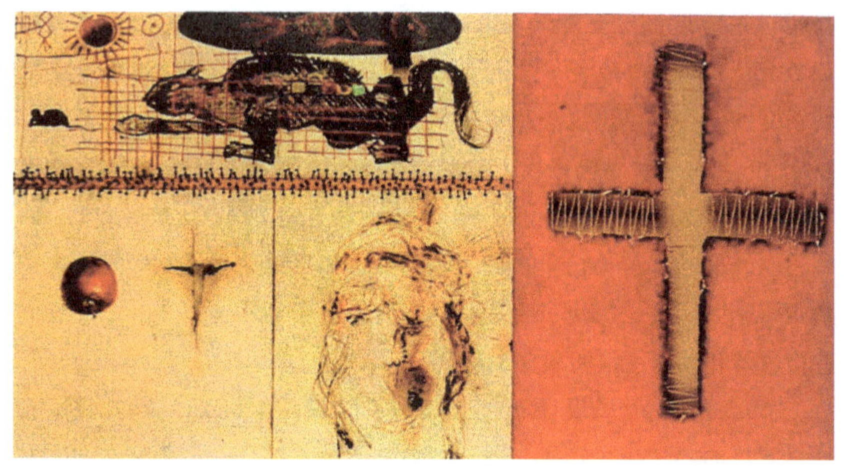

極而睡著，離結尾還有三數頁；而結尾他就用"夢"的——血紅的畫面，嬰孩的屍體被螞蟻搬著走，黑色的狂風猛飆著……。難道馬奎斯的整本鉅作也是在發燒的情況下寫出的嗎？

而他還有一個長期經常在做、還不斷有進展的夢：石村說自己有件一定無法達成、但可能是生命中最想做到的事，就是想"飛"。近幾年來，他在夢中慢慢地"做"著、"飛"著；"剛開始，總是夢見自己從像懸崖一樣的高處墜下，很笨拙的一點點飛；好像在空氣中爬一樣……，不過漸漸'改善'居然逐步增加了飛行的各種技巧；現在已經每次都能在夢中翱翔了！所以，我想，人的意志力是很奇妙的，它連你的夢境都可以掌控，有很多事我可以如此靠著它——先不要想是否可以完全速成，而只要想做，就開始去做吧！"

"想做，就開始去做"的他，不吝於表達自己，盡情體味人生，跟著靈感創作——鼎足而三的生命內容，是看不完的錦旗，探不完的妙境。把人生當做一長串夢的組成，又何嘗不精采呢？

1994 年台灣《時人》雜誌國際中文版專訪

# 不安定的靈魂
## ——石村

朱亞君

愛是隻死亡的面具，
死是首生活的插曲，
狂放恣意的搖滾，炫異奇詭的畫作，
他足登一雙豹紋皮靴昂首闊步——

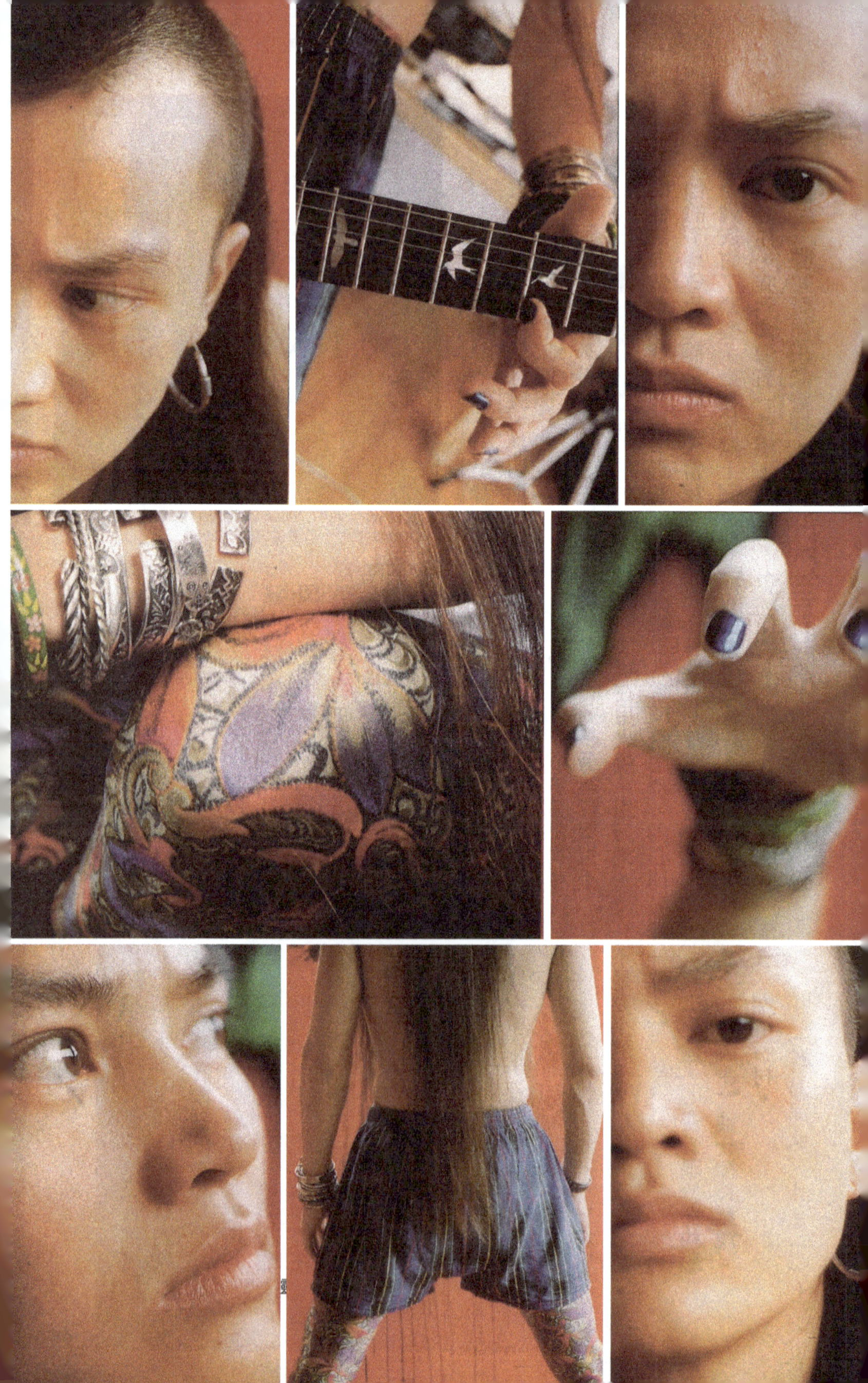

　　畫面拉開來，一條漢子在紐約街頭，一頭叛逆已極的龐克長髮，大耳環，一條吊帶短褲，裸露的上身與手臂上，叮叮咚咚掛著數條項鍊與手鍊，艷陽下他足登一雙豹紋長靴昂首闊步，重金屬搖滾音樂，紛亂的畫布，繽紛的街景，他說：

　　我要這樣畫，我的音樂我要這樣做，我不要去告訴別人應該要怎樣做！

　　這是開喜烏龍茶近來一支極盡視覺震撼的廣告。他是石村，紐約的藝術工作者，他畫畫，玩音樂，做自己。


◆


　　竟然會在沒有個性的台北街頭，看到一身龐克裝扮的他，一時錯覺自己走進了廣告中。

　　與他約在民生東路十六樓高的工作室訪談，電梯門打開，狂亂嘈雜的音樂自厚重的鐵門後訇然四溢，我撳了電鈴再撳，料想他是聽不見的，便用手用力拍打鐵門，沒反應，只好用我一寸半高的皮鞋去踢，還是沒反應，我洩了氣，料想那門後，應是紛亂黑暗，滿室牆壁瘋狂的油彩，地上躺著的吉他、畫筆，中央堆積如小山的煙屍……突然，門打開──

　　呀！石村誠懇的笑臉。

　　不可置信地踏入石村的工作室，陽光自三層挑高的玻璃窗揮灑進來，牆上是他詭麗的畫作，那兒是音樂間，兩張極中國的矮櫃上有著嗩吶和二胡，一室明亮清淨，倒是我為自己的偏見訕紅了臉。

　　與其說那是支廣告片，不如說是支紀錄片。

　　因為那就是他，音樂是他的、畫是他的、旁白是他的，是他。

　　在南京出生，在無錫農村成長的石村，亦曾有過在田地中奔跑的童年，田埂邊滿是紫白相間飛舞的蠶豆花，他們將花摘下，爭相吸食如蜜般甜漬的花液……

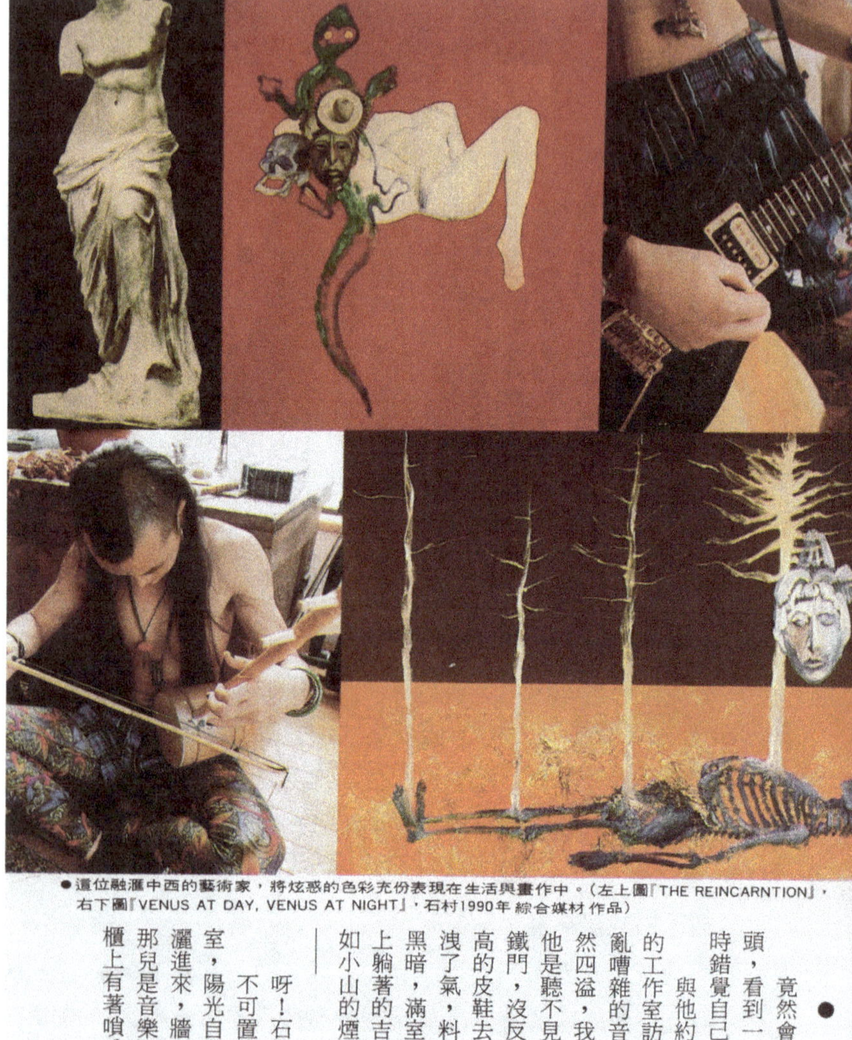

●這位融匯中西的藝術家，將炫惑的色彩充份表現在生活與畫作中。（左上圖『THE REINCARNTION』，右下圖『VENUS AT DAY, VENUS AT NIGHT』，石村1990年綜合媒材作品）

竟然會在沒有個性的台北街頭，看到一身龐克裝扮的他，一時錯覺自己走進了廣告中。

與他約在民生東路十六樓高的工作室訪談，電梯門打開，狂亂嘈雜的音樂自厚重的鐵門後匐然四溢，我撤了電鈴再撤，料想他是聽不見的，便用手用力拍打鐵門，沒反應，還是沒反應，我高的皮鞋去踢，料想那門後，應是紛亂黑暗，滿室牆壁瘋狂的油彩，地上躺著的吉他、畫筆，中央堆積如小山的煙屍……突然，門打開

呀！石村誠懇的笑臉。

不可置信地踏入石村的工作室，陽光自三層挑高的玻璃窗揮灑進來，牆上是他詭麗的畫作，兩張極中國的矮櫃上有著嗩吶和二胡，一室明亮

●本文畫作由石村提供，人物部份攝影莫言。

41

一條漢子在台北街頭



愛是只死亡的面具，死是首生活的插曲，
狂放恣意的搖滾，炫異奇詭的畫作，
他足登一雙豹紋皮靴昂揚濶步——

畫面拉開來，一條漢子在紐約街頭，一頭叛逆已極的龐克長髮，大耳環，一條吊帶短褲，裸露的上身與手臂上，叮叮咚咚掛著數條項鍊與手鍊，豔陽下他足登一雙豹紋長靴昂揚濶步，重金屬搖滾音樂，紛亂的畫布，繽紛的街景，他說：

我要這樣畫，我的音樂我要這樣做，我不要去告訴別人應該要怎樣做！

這是開喜烏龍茶近來一支極盡視覺震撼的廣告。他是石村，紐約的藝術工作者，他畫畫，玩音樂，做自己。

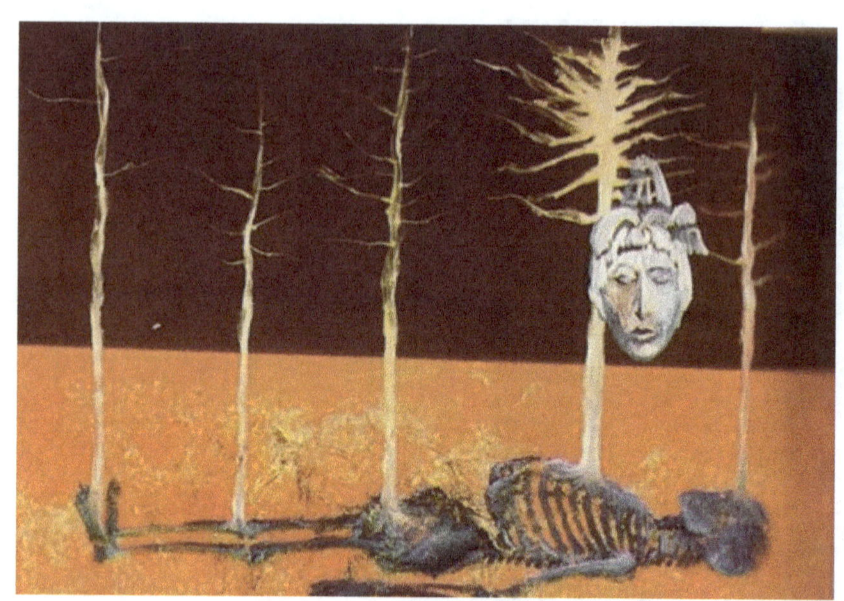

石村早期（1992 年）創作的作品

小時候的他學二胡也學國畫，然而當時大陸信息完全是封閉的，關於音樂，不是京劇便是革命歌曲，他便放棄了二胡，專心繪畫。

原以為世界便是如此，畫畫與畫畫。

直到七年前，他來到充滿幻夢的紐約。

"到了紐約，一切都不一樣了。文化的衝擊太大了，有兩年的時間我幾乎沒有再畫畫，只是去體會、去感受——"

石村說：紐約是個戰場，幻想是不必要的！只有靠自己做好自己的事，你才會比別人強！

他又開始畫了，展覽愈展愈大，甚至展到"The Clock Tower"、"Alternative Museum"，紐約畫壇肯定了這位青年畫家的成就。

◆

然而，這並沒有令石村滿足，他那屬於藝術家不安定的靈魂，與雙重個性在內心撕扯著。

他知道自己非僅於此。

「畫是一種很安靜的語言，但我內心還有更多澎湃的思維，我必須要大聲說出來——」

於是，他找到了搖滾樂，瘋狂地沈浸在狂肆的音樂，而且要做就要做——Rock Star！

「搖滾是什麼？他不但是音樂，更是一種生活態度，熱切地貼近我的生命質地！」

他說生活是不斷地冒險，在冒險中才能尋著各種可能！想做便趕快去做！「我這一生中最害怕的不是冒險，而是有一天當我老到灰白了頭髮，坐在搖椅上回憶過往，突然懊悔有一件事，年輕時一直想做卻未能實踐，然而現在卻再也無能為力，那該是多可怕啊！」

◆

狂放的搖滾在我們言談之間流竄，聽他撕裂的歌聲：「一閃一閃亮晶晶，戴上你的假面具，愛是隻死亡的面具，死是首生活的插曲——」看他奇詭的畫作，紅的、藍的、綠的、骷髏、女體、十字架、猴頭，不禁想探索他的內心世界。

「我的畫看起來似乎很激烈、很暴力，其實我在畫的時候是非常安靜的，甚至連音樂也不聽，即使我在用火燒、用刀刻，用各種工具處理畫面時，內心卻是十分寧靜的。音樂也是一樣，我的音樂很heavy，但旋律卻又十分抒情。」

石村說，他並不贊成藝術過於情緒化，他喜歡中國文人那種平和的作法，即令一幅狂草的成就，也是溫和漸進的。

問問這位年輕藝術家短期的「冒險」計劃是什麼？他開心地說：自己的個人唱片專輯即將在台灣發行，而更大的秘密是——他要跨入電影界啦！

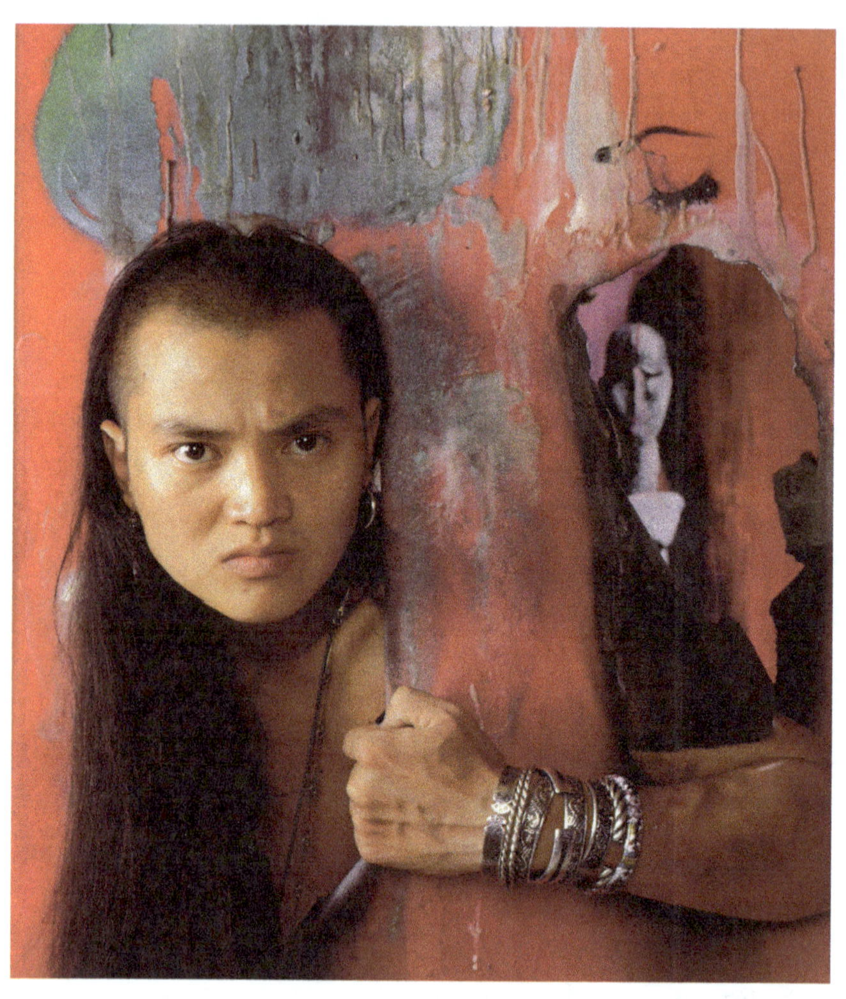

　　"去紐約時，我的心態很複雜，一心想尋找一些精神上的東西，與——自信。但後來我發現有時候是自己膽怯，就覺得別人比較強，事實上，強者就是強者，你努力去做自己想做的事，尊敬不是要來的——紐約、或台北都一樣！"

　　"永遠，不要受限於那些形式上的東西！"他一撩長髮說。

　　期待石村。

1994 年《皇冠》雜誌 485 期專訪

# 石村 "風暴" 突襲台灣

諸鴻蓮／中國時報專訪

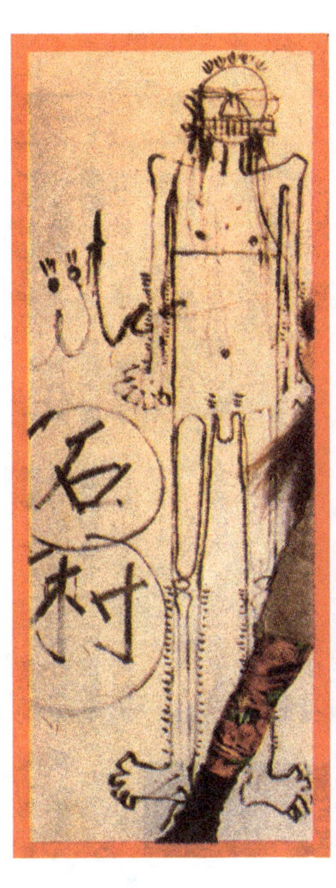

　　擅於塑造偶像的流行歌壇，最近引進了廣告片中的"新新人類"石村，這位造型前衛、異於常人的二十五歲大陸旅居紐約年輕人，堪稱是全世界獨一無二的現代"摩登原始人"。

　　和石村自己動腦設計的外型同樣突出的，是石村表現在繪畫和音樂創作上的才華，兩年前，他所以被台灣的廣告公司在紐約發掘，將藝術的戰場轉向台灣，是因為他在紐約的藝術界，頗有"名氣"，他以具象手法表現的抽象，並被當地藝評家歸類於"紐約東區的破壞畫派"，同時，石村一頭滿清時代的半個腦袋殼長髮，亦非常符合廣告創意的"新新人類"企劃。

　　因此，這位堅不肯透露七年前用什麼方式赴美的大陸青年，才有機會在兩年內陸續曝光於台灣的熒光幕，並在今年帶著他的畫作，快樂的來到台灣開畫展、"秀"他無師自通、漫無章法的自創一局神奇音樂。

　　繪畫和音樂的創作，在石村本人來說，是個人才藝的淋漓盡致發揮，但是，藝術創作發表後，必須有人認同，因此，儘管石村我行我素，他的創作還是有感動人的真實面，亦就是他刻意突顯的"原始"動力。

　　石村承認，畫畫於他是天分，但是，兩年前，他突然覺得畫畫不能達到自己"隨興"的要求，開始了

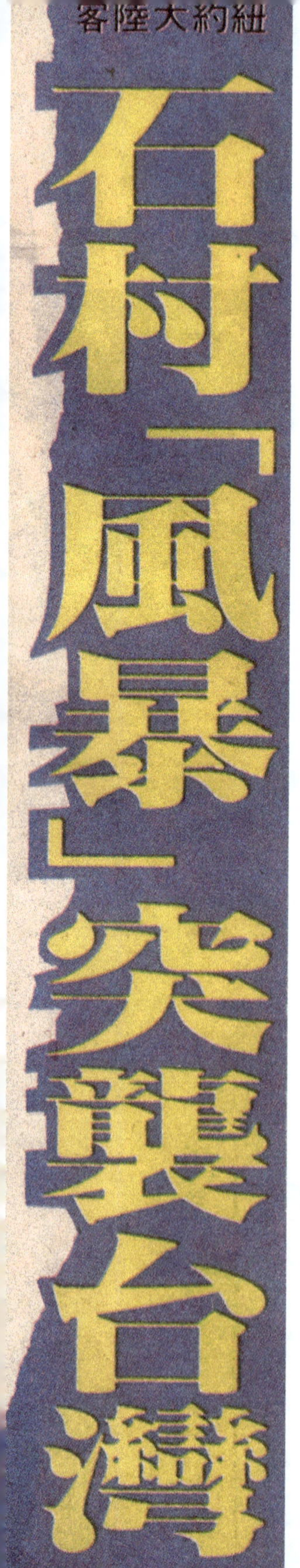


音樂創作，一點樂理都不懂的他，亂彈吉他，卻彈出了令音樂行家震撼的節奏，於是，兩年的功夫下來，他經兩位打鼓和貝斯手好友協助下，在紐約完成了由廣告公司出資製作的第一張重搖滾專輯《蛾》，更神奇的是華視《七俠五義》製作人趙大深，看了他的造型、聽了他的音樂後，分文未取的主動要求他唱主題曲，趙大深說：石村活脫脫的像戲裡的"錦毛鼠"白玉堂，他是個現代城市中的俠義英雄。

繪畫、作音樂、吶喊唱歌，石村走過的每一步，都未曾預設立場，下一步，他會做什麼，他要走著瞧，也許是趙大深引他進戲劇界！

乍看石村，他的怪異實在令普通人難以接受。石村說，在台灣，他常會碰到盯著他看的朋友，如果大家的目光相遇，他會主動的以笑臉打招呼，然而，在大陸，他走上馬路，就不敢停步，因為，大陸人會繞著他圍成一圈，好像在看"瘋子"，不過，他這種光著上身、吊帶皮短褲內是一條圖案新潮的緊身襪褲，腳蹬大皮靴的裝扮，在紐約，卻只能算是個"平凡"人。

石村對自己的造型相當滿意，因為，只有這樣"過分誠實"的面貌，才能和他強調"出於本能"的繪畫及音樂風格相匹配。

從小生在無錫鄉下、在南京城市長大的石村，其實是家鄉有名的"神童"，靠著他繪畫的天賦，他不好好唸書、也調皮搗蛋，但是師長們都縱容他的自我，因此，在無拘無束的環境中，這個個體戶勞工之子，在十八歲那年，以繪畫的"盛名"結識了赴南京學中文的美籍太太，並在大陸成婚，三個星期前，石村才剛當了小奶娃的"爸爸"。

[怪胎解讀①]
## 脚踏繪畫、音樂兩條船

## 正港「新新人類」

客陸大約紐 → 紐約大陸客

# 石村「風暴」突襲台灣

●石村的藍指甲、大戒指，深具個人特色。（陳素貞攝）

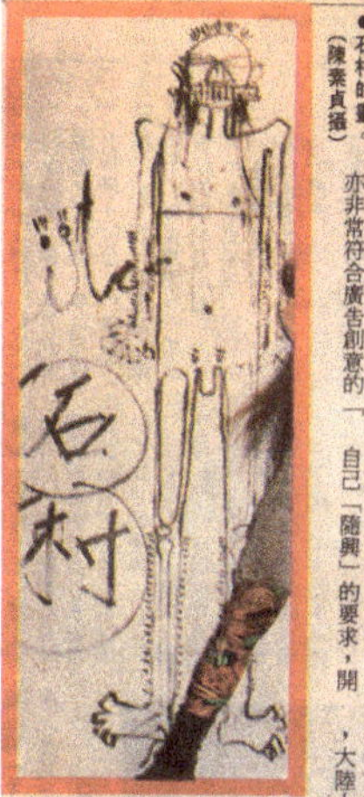

●石村的畫。（陳素貞攝）

●石村在進大深眼中簡直就是現代城市的「錦毛鼠」。（陳素貞攝）

[記者褚鴻蓮台北報導] 擅於塑造偶像的流行歌壇，最近引進了廣告片中的「新新人類」石村，這位造型前衛、異於常人的廿五歲大陸旅居紐約年輕人，堪稱是全世界獨一無二的現代「摩登原始人」。

和石村自己動腦設計的外型同樣突出的，表現在繪畫和音樂創作上的才華，兩年前，他被台灣的廣告公司在紐約發掘，將藝術的戰場轉向台灣，是因為他在紐約的藝術界，頗有「名氣」，他以具象手法表現的抽象油畫，並被當地藝術家歸類於「紐約東區的破壞畫派」，同時，石村一頭滿清時代的半個腦瓢長髮，亦非常符合廣告創意的「隨興」的要求。開

新新人類」企劃。因此，這位堅不肯透露七年前用什麼方式赴美的大陸青年，才有機會在兩年內陸續曝光於台灣的螢光幕，並在今年帶著他的畫作，快樂的來到台灣開畫展、「秀」他無師自通、漫無章法的自創一局神奇音樂。

石村本人來說，他的創作潛力，是有感動人的真實面，亦就是他刻意突顯的「原始」動力。

石村承認，畫畫於他，是天份，但是，兩年前，他突然覺得畫畫不能達到自己「隨興」的要求，開

始了音樂創作，一點樂理都不懂的他，亂彈吉他，卻彈出了令音樂行家震撼的節奏，於是，兩年的功夫下來，他經兩位打鼓和貝斯手好友協助下，在紐約完成了由廣告公司出資製作的第一張重搖滾專輯。

「蛾」，更神奇的是華視「七俠五義」製作人趙大深，看了他的造型、聽了他的音樂後，分文未取的主動要求他唱主題曲，趙大深說：石村活脫脫的像戲裡的「錦毛鼠」白玉堂，他是個現代城市中的俠義英雄。繪畫、做音樂、唱歌，石村走過的每一步，都未曾預設立場，下一步他會做什麼，他會走著瞧，也許是趙大深引他進戲劇界！

[怪胎解讀②]
## 大陸人看他 像看瘋子

光膀子＋吊帶皮短褲＋緊身襪褲＋大皮靴

看石村，他的怪異實在夸得普通人難以接受，石村說，在台灣，他常會碰到打著他的朋友，如果大家的目光相遇，他會主動的以笑臉打招呼，然而，在大陸，他走上馬路，就不敢停步，因為大陸人會繞著他圍成一圈，好像在看「瘋子」，不過，他這種光著上身、吊帶皮短褲內是一條圖案新潮的緊身襪褲、脚登大皮靴的裝扮，在紐約，卻只能算是個「平凡」人。

石村對自己的造型相當滿意，因為，只有這樣過份誠實」的面貌，才和他強調「出於本能」的繪畫及音樂風格相四配。（褚鴻蓮）

[怪胎解讀③]
## 無錫「神童」搗蛋第一

美籍老婆剛生「小奶娃」

從小生在無錫鄉下，在南京城市長大的石村，其實是家鄉有名的個體戶勞工之子，在十八歲那年，以繪畫的「盛名」結識了赴南京學中文的美籍太太，三個星期前、並在大陸成婚，石村才剛剛當了小奶娃的「爸爸」！

天賦，他不好好唸書，也靠皮搗蛋，但是師長們都縱容他的自我，因此，在無拘無束的環境下，這個「神童」，（谷爸）

●石村是個自信十足的藝壇、樂壇「原始人」！「摩登原始人」！

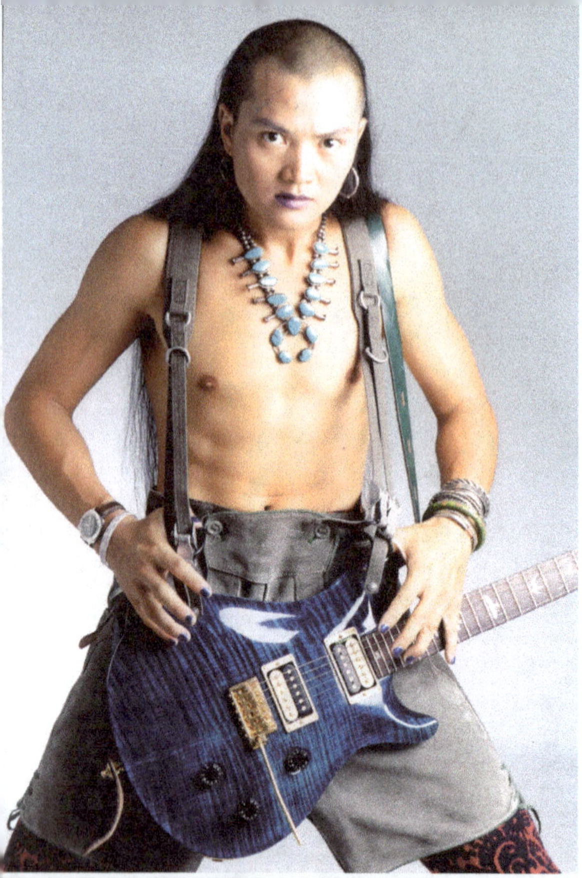

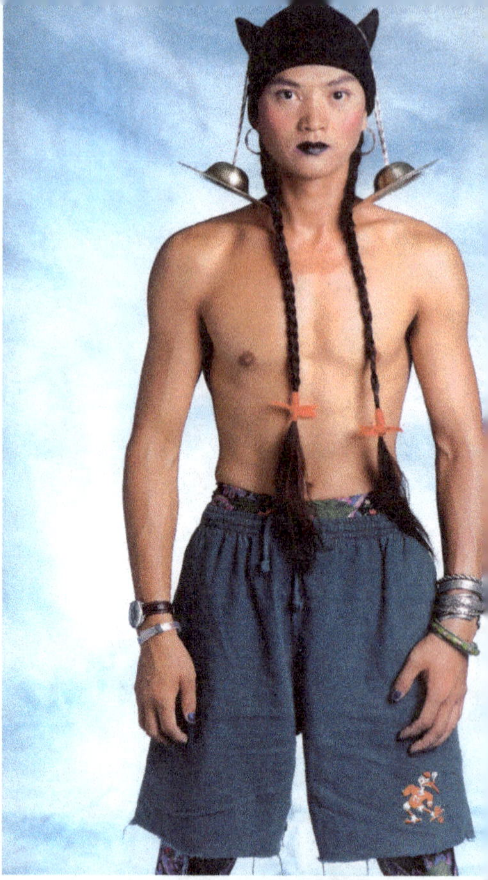

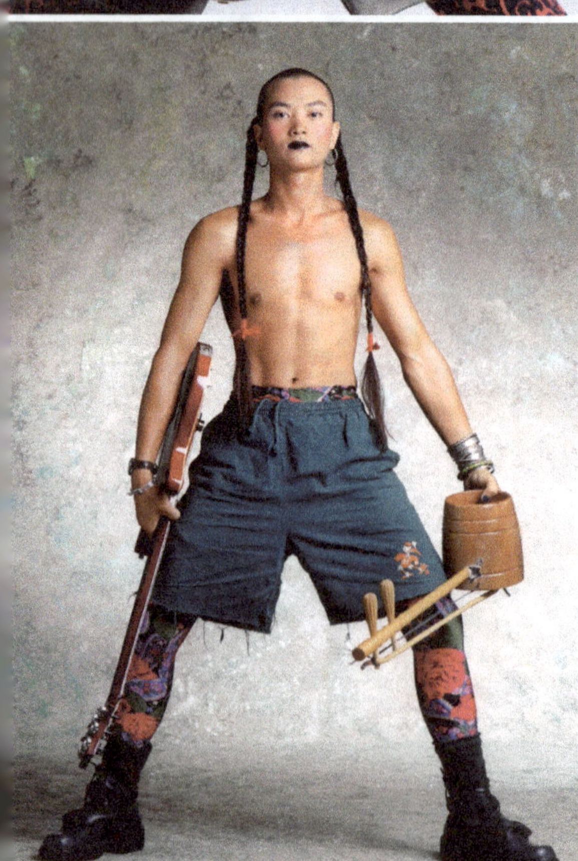
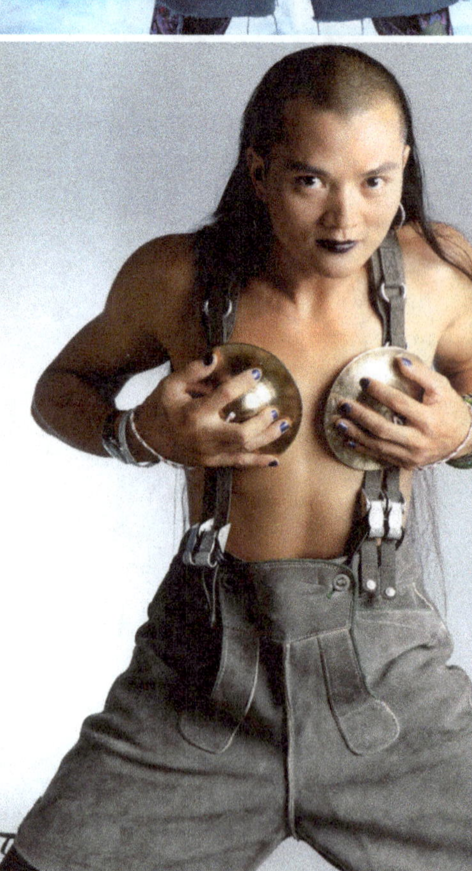

# 新新人類・石村

吳翠華

　　和石村訪談之前，真是對他
有種莫名的"畏懼"。怎麼說呢？
其原因均是來自於"石村"的宣
傳照——塗著紫色的口紅、寶藍
色的十個指甲，短褲下套著一雙
緊身花襪，後腦勺的一把長髮，配
合對現實不滿的怒容，十足火辣
小子的形象，一副不肯妥協的外
在，其特殊的造型，令筆者不禁
產生一股莫名的畏懼感。

# 石村這個人——

打扮西洋時尚風味的石村，一眼即吸引別人的眼光，而筆者見到他的第一感覺即是畏懼消除（宣傳畢竟是宣傳）。石村並非像宣傳照上給人那樣"奇異"的印象，其實，石村是個很真、很實在、有自己想法的大男孩。

"聽"石村，可能你會覺得很陌生，然"看"石村，相信全台灣的人早就已經認識他了。

還記得那個"電視影音合一"廣告裡，有著高深莫測的武功，"笑"的很誇張、自負的魔王嗎？是的，他即是石村。而在另一個以"新新人類"為號召的茶類飲料廣告，不也有一名紐約畫家，披著摩登前衛的長髮，掛著叮叮咚咚的耳環及手鍊，昂揚闊步地走在紐約街道上？他是石村。

## 冒生命危險離開大陸

談起石村的生長背景及到紐約生活的這一段歷史，實頗耐人尋味。

出生在南京，成長在無錫農村的石村，原和其他人一樣——一心只想上大學，沉醉於藝術的學園內。十五、六歲的時候，石村常和一些喜於討論西洋哲學、文學的朋友在一塊，也因此，石村當時便受到了西方文學知識、思想的洗禮。對生命、人生等想法亦擺脫其中國式故步自封的觀念。

石村幼時即喜愛畫畫，但當時只能讓他接觸到國畫，而另一方面，他也學習二胡。然大陸當時的資訊是完全的封閉，不是唱國劇便是一些革命歌曲。不久，石村即放棄了二胡的學習，專心於繪畫上。而畫畫幾乎成為石村生活中不可或缺的一項。而對石村影響最為深遠的則是他十五歲時的女友。

少年時的石村其畫風較為寫實浪漫，總覺一切事情都有其美好的一面，直至女友因病去逝，石村才頓悟中國人對生命的哲學思想。"我

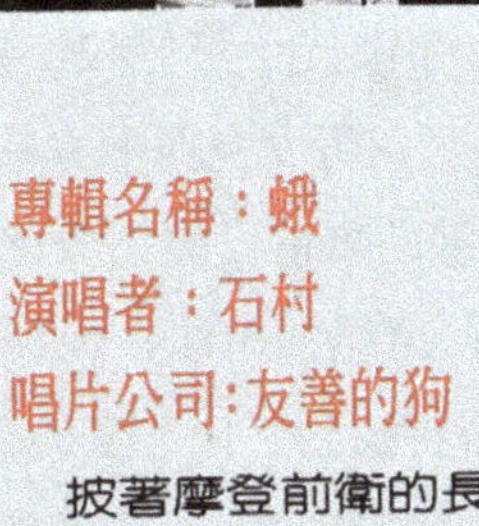


專輯名稱：蛾
演唱者：石村
唱片公司：友善的狗


　　披著摩登前衛的長髮，掛著叮叮咚咚的耳環及手鍊，讓人覺得石村很「怪異」。而深入認識他，便發現他不僅外型上很特別，其看人、看事的角度，觀點也和一般人不同。他在充滿暴力的紐約住了7年，卻絲毫未受影響，石村一樣忠於自己。

　　在作畫時如此，作音樂也是如此，由於沒有拘泥於既定的音樂公式，石村放棄了和諧的和弦，只要感覺對，就彈。這是一般音樂創作者所不敢作的大膽嘗試。

　　石村就這樣做了，沒有旋律、以吶喊口白為主的表現方式，摒棄一般流行音樂的公式化旋律，創造出相當個體獨特個性的音樂，不賣弄花俏的技巧，可以說為台灣的聽眾帶來一個新的音樂浪潮。

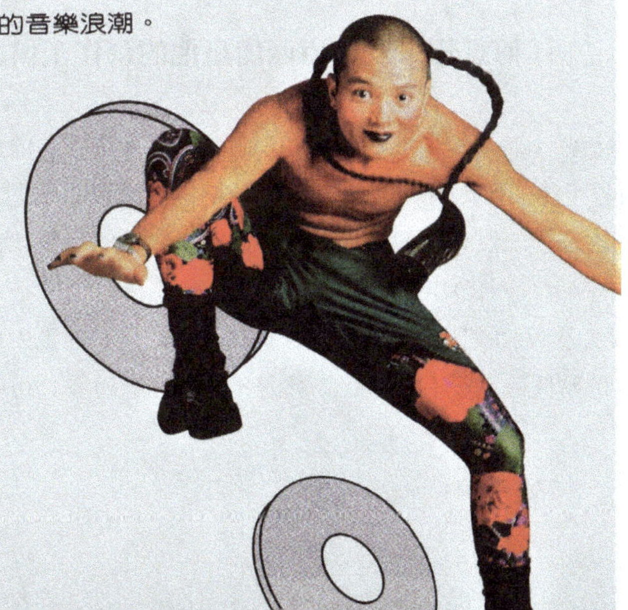

是站在病床前，看著她離開世界，很痛苦、很難過，可是我沒辦法挽回"石村說。而中國人的那套生命哲學，讓石村深覺女友並非真的死去，只是搬到另一個世界，因為她在這一個空間裡的事情已經完成、結束了，所以，她要到另一個空間去作另一些事情。這樣的想法，促使石村收起悲傷，浪漫寫實畫風一改抽像畫風格，石村找到了他畫畫的天堂。

女友去世半年後，一位朋友認為石村頗具才華應該到美國吸收一些不同的文化。原本壓根沒想過"出國"的石村，去紐約的念頭頓時變成一股生命的堅定意志。

石村的家人可想而知極力反對十六歲的男孩身處連語言都無法溝通的異地。石村心知家人反應，也無做出無理的反抗舉動，然石村去紐約的強烈意志其家人卻清楚的明白。半年過後，家人答應讓石村到美國，然真正的阻礙這才開始發生。而致於石村到底怎麼到紐約的這一段冒險之旅，石村不願多談，只淡淡的表示：他曾被公安拿槍追、曾在牢裡待上半個月，雖是冒著生命的危險但也是合法的離開大陸。

離開大陸的那一年，石村才十七歲。

剛到紐約時，石村不會講英文，只會操幾句罵人的語句，彷彿進入到另一個世界，"我自覺自己好像是一個剛生下來的大孩子，然而我的腦袋卻是空蕩蕩的"。為了生存，石村到超級市場打工，做了半年後，才從紐約郊區搬至市區。

## 任何意想未及的東西均是他的創作工俱

生活漸上軌道後，石村開始到附近的畫廊參觀別人的畫，剛開始時，石村不能接受美國現代西洋畫家的詮釋，直覺他們畫得太爛了，需要整頓。過了一段時間的反思、自省，石村才頓然發覺其實是自己的畫風維持在六、七〇年代，而非他人畫得不好。

從大量吸收美國西洋現代各種畫風再融合自己的畫中世界，石村有二年的時間幾乎沒有再畫畫，只是不斷的用眼睛看、用心去體會。

畫風的不斷歷練，使得石村在短短的六年時間裡即開了數次的展覽。甫接觸石村的作品，實只有震驚二字可以形容——用筆劃、用手塗、用火燒、用刀刻、用蠟澆……，想像不到的各種工俱全是石村處理畫面時的素材。"我的畫看來很激烈、很暴力，即使我用了許多令人意想未及的工具作畫，但我在畫的時候內心是很平和的，因為一副狂草的成就，也是溫和漸進的。"而石村的音樂創作猶如他作畫的方式。

身為一個藝術工作者需要敏銳的眼光、心思，視野的角度要廣闊，在石村的的個人第一張專輯《蛾》裡即可發現石村的細膩和觀察力。

專輯取名為《蛾》當然有其個中原因。細聽石村的歌，不難發現石村對人性、對生活周遭以及對社會存在的種種價值眼光和判斷。石村認為：人的本性和蛾很接近，像一個世紀末的青春舞會，而外在的表態和潛在的人性也和蛾很接近——敏感多疑，時時刻刻張開翅膀，連休息時也不例外，而生命的最重要目的則在於交配，以便延續下一代……

《蛾》專輯裡的詞意簡單明了卻句句一針見血，對人性的諷刺、嘲笑。在石村的嚴屬，世界就像一個毫無邊際的大舞台，而人們站在上面或跳或轉動，但其目的為何？而年輕時代的種種，石村認為好比一部紅色的法拉利，很炫耀、招搖，但是也不過短暫——年輕原本便是短暫的。

石村的音樂，每一首均其代表著石村對某一現象、環境、年齡以及人性盲點的看法，其中有一首歌叫："Killing Time"（殺時間）筆者認為極具含義——整首歌詞裡僅有一句歌詞"Killing Time"不斷的重複再重複，但在石村以其另類音樂的表現下，卻讓人感覺想要擺脫束縛的強烈奔放。

在音樂的構成上，石村毫不遵循"時下"方式進行，他融合了搖滾和另類，且又加上中國式傳統樂器如嗩吶、二胡、笛子……，這在搖滾界或另類音樂里是史無前例的事情，而也因石村大膽嘗試的創作風格，使得他的音樂和詞意在簡單的旋律下竟可強而有力的訴說著每

# 新新人類·石村

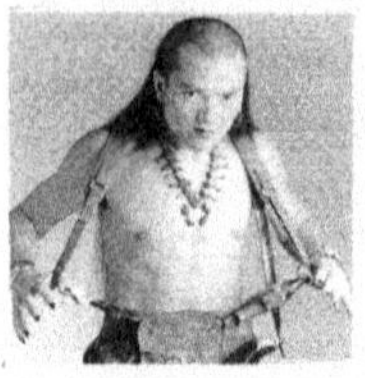

吳翠華

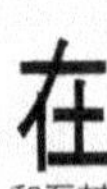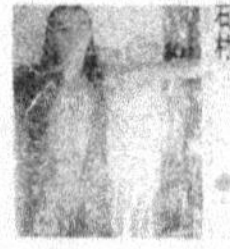

在和石村訪談之前，實是對他有種莫名的"畏懼"。怎麼說呢？其原因均是來自於"石村"的宣傳照———塗著紫色的口紅、寶藍色的十個指甲，短褲下套著一雙緊身花襪，後腦杓的一把長髮，配合對現實不滿的怒容，十足火辣小子的形象，一副不肯妥協的外在，其特殊的造型，令筆者不禁產生一股莫名的畏懼感。

## 石村這個人———

打扮西洋時尚風味的石村，一眼即吸引別人的眼光，而筆者見到他的第一感覺即是畏懼消除（宣傳畢竟是宣傳）。石村並非像宣傳照上給人那樣"奇異"的印象，其實，石村是個很真、很實在、有自己想法的大男孩。

"聽"石村，可能你／妳會覺得很陌生，然"看"石村，相信全台灣的人早就已經認識他了。

還記得那個"電視影音舍一"廣告裡，有著高深莫測的武功，"笑"的很誇張、自負的魔王嗎？是的，他即是石村。而在另一個以"新新人類"為號名的茶類飲料廣告，不也有一名紐約畫家，披著摩登前衛的長髮，掛著叮叮咚咚的耳環及手鍊，昂揚闊步地走在紐約街道上？他是石村。

## 冒生命危險離開大陸

談起石村的生長背景及到紐約生活的這一段歷史，實頗耐人尋味。

出生在南京，成長在無錫農村的石村，原和其他人一樣———心只想上大學，沈醉於藝術的學園內。十五、六歲的時候，石村常和一些喜於討論西洋哲學、文學的朋友在一塊，也因此，石村當時便受到了西方文學知識、思想的洗禮，對生命、人生等想法亦擺脫其中國式固步自封的觀念。

石村幼時即喜愛畫畫，但當時只能讓他接觸到國畫，而另一方面，他也學習二胡，然大陸當時的資訊是完全的封閉，不是唱國劇便是一些革命歌曲，不久，石村即放棄了二胡的學習，專心於繪畫上。而畫畫幾乎成為石村生活中不可或缺的一項，而對石村影響最為深遠的則是他十五歲時的女友。

少年時的石村其畫風較為寫實浪漫，總覺一切事情都有其美好的一面，直至女友因病去逝，石村才頓悟中國人對生命的哲學思想。「我是站在病床前，看著她離開世界，很痛苦、很難過，可是我沒辦法挽回」石村說。而中國人的那套生命哲學，讓石村深覺女友並非真的死去，只是搬到另一個世界，因為她在這一個空間裡的事情已經完成、結束了，所以，她要到另一個空間去做另一些事情。這樣的想法，促使石村收起悲傷，浪漫寫實畫風一改抽像畫風格，石村找到了他畫畫的天堂。

女友去世半年後，一位朋友認為石村頗具才華應該到美國吸收一些不同的文化。原本壓根沒想過"出國"的石村，去紐約的念頭瞬時變成一股生命的堅定意志。

石村的家人可想而知極力反對十六歲的男孩身處連語言都無法溝通的異地。石村心知家人反應，也無做出無理的反抗舉動，然石村去紐約的強烈意志其家人卻清楚的明白。半年過後，家人答應讓石村到美國，然真正的阻礙這才開始發生。而致於石村到底怎麼到紐約的這一段冒險之旅，石村不願多談，只淡淡的表示；他曾被公安拿槍追、曾在牢裡待上半個月，雖是冒著生命的危險但卻也是合法的離開大陸。

離開大陸的那一年，石村才

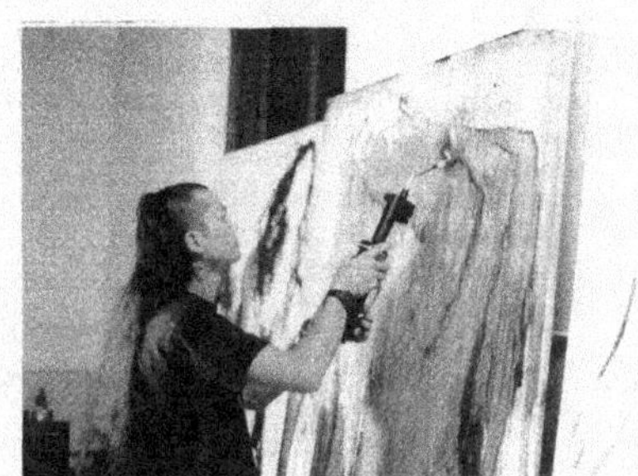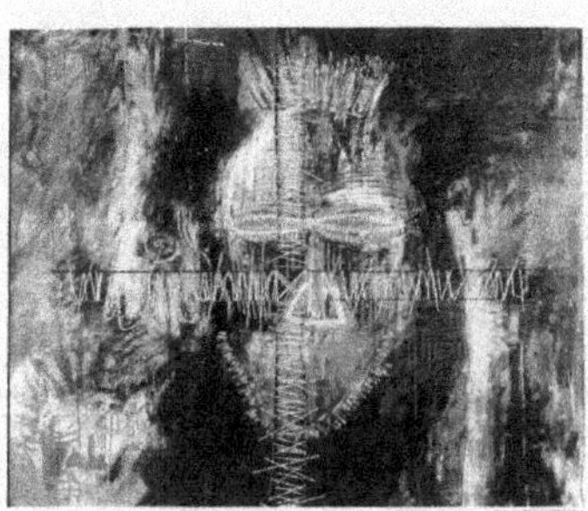

十七歲。

　　剛到紐約時，石村不會講英文，只會操幾句罵人的語句，彷彿進入到另一世界，「我自覺自己好像是一個剛生下來的大孩子，然而我的腦袋卻是空盪盪的」。為了生存，石村到超級市場打工，做了半年後，才從紐約郊區搬至市區。

### 任何意想未及的東西均是他的創作工具

　　生活漸上軌道後，石村開始到附近的畫廊參觀別人的畫，剛開始時，石村不能接受美國現代西洋畫家的詮釋，直覺他們畫得太爛了，需要整頓。過了一斷時間的反思、自省，石村才頓然發覺其實是自己的畫風維持在六、七○年代，而非他人畫得不好。

　　從大量吸收美國西洋現代各種畫風再融合自己的畫中世界，石村有二年的時間幾乎沒有再畫畫，只是不斷的用眼睛看、用心去體會。

　　畫風的不斷歷練，使得石村在短短的六年時間裡即開了數次的展覽。甫接觸石村的作品，實只有震驚二字可以形容——用筆畫、用手塗、用火燒、用刀刻、用蠟澆……，想像不到的各種工具全是石村處理畫面時的素材。「我的畫看來很激烈、很暴力，即使我用了許多令人意想未及的工具作畫，但我在畫的時候內心是很平和的，因為一幅狂草的成就，也是溫和漸進的。」而石村的音樂創作亦猶如他作畫的方式。

　　身為一個藝術工作者，需要敏銳的眼光、心思，視野的角度要廣闊，在石村的個人第一張專輯「蛾」裡即可發現石村的細膩和觀察力。

　　專輯取名為「蛾」當然有其個中原因。細聽石村的歌，不難發現石村對人性、對生活周遭以及對社會存在的種種價值眼光和判斷。石村認為：人的本性和蛾很接近，像一個世紀末的青春舞會，而外在的表態和潛在的人性也和蛾很接近——敏感多疑，時時刻刻張開翅膀，連休息時也不例外，而生命的最重要目的則在於交配，以便延續下一代…。

　　「蛾」專輯裡的詞意簡單明瞭卻句句一針見血，對人性的諷刺、嘲笑。在石村的眼裡，世界就像一個毫無邊際的大舞台，而人們站在上面或跳或轉動，但其目的為何？而年輕時代的種種，石村認為好比一部紅色法拉利，很炫耀、招搖，但是也不過短暫——年輕原本便是短暫的。

　　石村的音樂，每一首均其代表著石村對某一現象、環境、年齡以及人性盲點的看法，其中有一首歌叫："Killing Time"（殺時間）筆者認為極具涵意——整首歌詞裡僅有一句歌詞"Killing Time"不斷的重覆再重覆，但在石村以其另類音樂的表現下，卻讓人感覺想要擺脫束縛的強烈奔放。

　　在音樂的構成上，石村毫不遵循〝時下〞方式進行，他融合了搖滾和另類，且又加上中國式傳統樂器如嗩吶、二胡、笛子……，遠在搖滾界或另類音樂裡是史無前例的事情，而也因石村大膽嘗試的創作風格，使得他的音樂和詞意在簡單的旋律下竟可強而有力的訴說著每一首歌的意念表達，實在令人驚訝！

　　而畫畫和音樂對石村來說正是他二種不同個性的反應，畫畫是屬於較平和、安靜的，音樂卻是鼓噪和吶喊，雖然完全兩極化，然卻都是石村藉由創作反射出他內心的種種想法和反省。

　　來台灣數次的石村，曾有位司機告訴他：「如果你打扮較為〝正常〞，其實你長得很好看。」石村笑說：「我的個性便是如此，不需要別人教我怎麼做」。

一首歌的意念表達，實在令人驚訝！

　　而畫畫和音樂對石村來說正是他二種不同個性的反應，畫畫屬於較平和、安靜的，音樂則是鼓譟和吶喊，雖然完全兩極化，然卻都是石村藉由創作反射出他內心的種種想法和反省。

　　來台灣數次的石村，曾有位司機告訴他："如果你打扮較為'正常'，其實你長得很好看。"石村笑說："我的個性便是如此，不需要別人教我怎麼做"。

台灣［LASER］影碟音樂情報雜誌專訪

# 石村

台灣時報

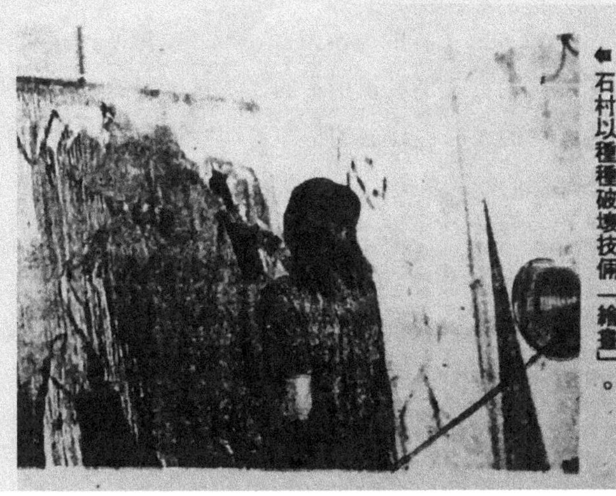



　　剃光前額，卻在腦後披著齊腰的長髮；戴大耳環，擦藍色指甲油，臉上叮叮咚咚掛著十多圈金屬手鐲，一雙豹紋長靴上，搭配緊身窄褲管外罩棉質休閒短褲；他是石村——一個從紐約街頭"蹦"出來的新新人類代言人；他畫畫、玩音樂，做自己。

　　石村很年輕，雙眼皮的大眼睛卻有著看盡人生悲涼的清澈，截然不同於七年前他自南京乍到紐約，流露著批判與被批鬥的叛逆與自卑。

　　為什麼選擇紐約？當年才十八歲的石村想：藝術家都喜歡紐約，紐約是藝術家圓夢的天堂。

　　而真正的紐約卻是炸彈，是刑場，是冰箱，是屠宰場，是馬桶，是戰場，當然也是天堂；紐約是什麼都是，也什麼都不是，藝術家喜歡紐約，是因為紐約是一個大垃圾場，經由反省、咀嚼，很容易從垃圾堆裡提煉養分。

　　整整兩年，石村閃躲著藝術家拋擲的一個又一個的垃圾，他關在房子裡寫詩、拉二胡，全然不理會內心另一個近乎憤怒的吶喊——我是畫家！我要畫畫！

猶如決了堤的河水氾濫，一心擯棄漢民族文化的石村，開始借創作淋漓的宣洩，畫筆用丟的，顏料用潑的，音樂開得很大聲，大量驚心動魄的筆觸，狂放的形象鮮明突現，透過畫面的肢體殘骸，黑色十字架，他一次次提出對帝國主義文化認同的質疑。

前衛表象包裝下的里層，石村其實是很"中國"的：小時候他學二胡，也畫國畫，他堅持溫和是表達的唯一方式。到了紐約，面對中西文化強烈的衝擊，石村恆久壓抑的平和，爆裂為聲聲嘶喊，激情過後，他回到創作原點。不再需要任何聲音，只點一炷香，安靜的坐在木頭"畫布"前面，他燃燒、切割、敲打、斧鑿、蠟澆、鑽釘，以種破壞性的伎倆"繪畫"，畫面上的美女和蘋果，或蘋果和美女，看似激烈煽情，其實創作時的心情十分平靜。

儘管背景文化歷史的傷痕從畫裡得到撫平，石村澎湃在更裡層的思維，卻始終不曾停止過尋尋覓覓，一種屬於藝術家靈魂的解放密碼——於是，他找到了搖滾樂。

搖滾之於石村，是音樂，更是一種生活態度，比起繪畫更貼切他的生命質地。

"畫畫往往只有少數人口在看，音樂卻可以讓許多人聽，我把要講的話譜在裡面，希望講給更多人聽，因此兩千人以下的場面，我絕不唱"。石村說。

在搖滾樂里，石村的確說了許多話，他說生命是短暫的燃燒，美麗和冷漠，是趕著流行潮流的複製人，是向著光飛的蛾，是一部炫目耀眼的紅色法拉利，曾有過招搖的年輕……。

石村既不宿命也不悲觀，開喜烏龍茶電視廣告相中他出任新新人類紐約篇主角，正是心儀於他擺盪於異國文化卻能堅守內心中國，既具世界宏觀卻排拒媚俗的忠實。

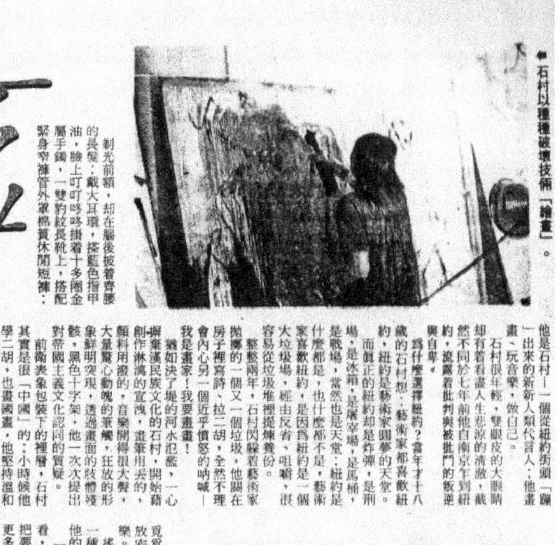

# 石村

剃光前額，却在腦後披着齊腰的長髮；戴大耳環，搽藍色指甲油，臉上叮叮咚咚掛着十多圈金屬手鐲，一雙豹紋長靴上，搭配緊身窄褲管外罩棉質休閒短褲；

他是石村——一個從紐約街頭「蹦」一出來的新新人類代言人：他畫畫、玩音樂、做自己。

石村很年輕，雙眼皮的大眼睛却有着看盡人生悲涼的淸澈，截然不同於七年前他自南京乍到紐約，流露着批判與被批門的叛逆與自卑。

爲什麼選擇紐約？當年才十八歲的石村想：藝術家都喜歡紐約，紐約是藝術家圓夢的天堂。而眞正的紐約却是炸彈，是刑場，是冰箱，是屠宰場，是馬桶，是戰場，當然也是天堂；紐約是一個什麼都是，也什麼都不是，藝術家喜歡紐約，是因爲紐約是一個大垃圾場，經由反省、咀嚼，很容易從垃圾堆裡提煉養份。

整整兩年，石村閃躲着藝術家抛擲的一個又一個垃圾，一心開始藉創作淋漓的宣洩，音樂用完的顏料用彼的，大量驚心動魄的筆觸，狂放的形象鮮明突現，透過畫面的肢體殘骸，黑色十字架，他一次次提出對帝國主義文化認同的質疑。

前衛表象包裝下的裡層，爆裂爲聲聲嘶喊；激情過後，他回到創作原點，不再需要任何聲音，只點一柱香，安靜的坐在木頭「畫布」前面，他燃燒、切割、戳打、黏繫、蠟淚、鐵釘，以種種破壞性的伎倆「繪畫」，畫面上的美女和蘋果，或蘋果和美女，看似激烈煽情，其實創作時的心情十分平靜。

其實是很「中國」的。小時候他學二胡，也畫國畫。到了紐約，面對中西文化強烈的衝擊，石村恒久壓抑的平和，裡得到撫平，却始終不曾停止過尋尋覓覓，一種屬於藝術家靈魂的解放密碼——於是，他找到了搖滾樂。

房子裡寫詩、拉二胡，全然不理會內心另一個近乎憤怒的吶喊——我是畫家！我要畫畫！

猶如決了堤的河水氾藍，一心摒棄漢民族文化的石村，也關在搖滾之於石村，是音樂，更是一種生活態度，比起繪畫更貼切他的生命質地。

「畫畫往往只有少數人口在看，音樂却可以讓許多人聽，我把要講的話譜在裡面，希望講給更多人聽，因此兩千人以下的場面，我絕不唱。」石村說。

在搖滾樂裡，石村的靈魂是向着光飛的蛾，是一部炫目燿眼的紅色法拉利，曾有過招搖的年輕！。

石村既不宿命也不悲觀，開喜烏龍茶電視廣告相中他出任新新人類紐約篇主角，正是心儀於他擺盡於異國文化却能堅守內心中國，既具世界宏觀却排拒媚俗的忠實。

●石村個展七月卅日～八月五日在台北伊通公園展出

《台灣時報》　28版　1983.08.02

半光頭、黑唇、蓄指甲

# 石村　前衛出「輯」

〔記者胡如虹／台北報導〕曾經在一支紅茶廣告片「新新人類」中演出的石村，最後也從藝術、廣告界，跨行到唱片行列，半剃光頭、塗黑色口紅、抹藍色指甲油的前衛造型，讓人咋舌，但「七俠五義」的製作人趙大深却十分賞識他，並說，石村的音樂和思想行為就有如現代俠客，一諾千金、重義氣。

石村的造型跟他的畫作、音樂一樣，都極具個人特色，談到他令人好奇的造型，石村說，他本來就是這麼穿，並沒有為了出唱片，就到日本啊！或到什麼地方去買時裝，由於他在前衛時髦的造型下，有顆傳統的心，使得「七俠五義」的製作人趙大深對於他跨行唱片界的舉動，非常欣賞，特別安排了他的新歌作為一「七俠五義」的主題曲。

出生大陸南京，十七歲到美國開畫展的石村，聲稱為是當他發現繪畫不能完全釋放他內心的想法時，找到了五義」的製作人趙大深。石村表示，作畫時，他非常平靜，沒有任何狂肆的音樂，而作音樂時，則忘記了繪畫。

……都佔有極重要的地位。

# 石村前衛出 "輯"

自由時報

　　曾經在一支紅茶廣告片《新新人類》中演出的石村，最後也從藝術、廣告界，跨行到唱片行列，半剃光頭、塗黑色口紅、抹藍色指甲油的前衛造型，讓人咋舌，但《七俠五義》的製作人趙大深卻十分賞識他，並說，石村的音樂和思想行為就有如現代俠客，一諾千金、重義氣。

　　出生大陸南京，十七歲到美國開畫展的石村，對於他跨行唱片界的舉動，聲稱為是當他發現繪畫不能完全釋放他內心的想法時，找到了音樂。石村表示，作畫時，他非常平靜，沒有任何狂肆的音樂，而作音樂時，則忘記了繪畫，兩者在他創作生活中，都佔有極重要的地位。

　　石村的造型跟他的畫作、音樂一樣，都極其個人特色，談到他令人好奇的造型，石村說，他本來就是這麼穿，並沒有為了出唱片，就到日本啊！或到什麼地方去買時裝，由於他在前衛時髦的造型下，有顆傳統的心，使得《七俠五義》的製作人趙大深非常欣賞他，特別安排了他的新歌作為《七俠五義》的主題曲。

《自由時報》記者胡如虹／台北報導

# 石村骨子裡還是很中國的．

## 稀奇古怪的裝扮者

●圖、文／邱清文

「石」村，一個無法安定、無法界定、無法確定的「新？藝術家」、人，尤其鍾愛古老樂器，也很難想像平時他就愛吹笛子、口琴、嗩吶、拉二胡。無論出現任何角落，石村都是眾所曝目的焦點。他演出的新新人類廣告震撼全台。初見石村，覺得他很特別，披著摩登前衛的長髮，掛著叮叮咚咚的耳環以及手鍊，讓人覺得「怪異」。但深入認識他後，瞭解他不僅外型上很特別，他看人、看事的角度、觀點也和一般人不同。

石村所拍的電視廣告，給近來締造高收視率的製作人趙大深留下深刻印象，當他拍攝現代版「七俠五義」，正為主題曲傷腦筋之際，得知石村來台消息，經友人聯絡介紹接觸後，了解石村的人，以及石村的音樂，趙大深一口咬定，石村就是詮釋「七俠五義」主題曲的最佳人選！趙大深表示，石村的歌曲能夠詮釋「七俠五義」中懷有俠義心腸的現代客，而非情情愛愛的歌曲。石村的思想行為，就有如一諾千金、重義氣的俠客般，讓趙大深選擇了他。

外表前衛的石村，卻是一個很「舊」很「古」的中國

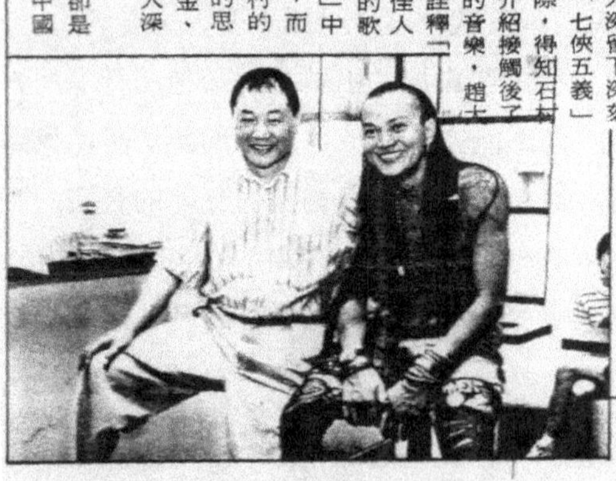

●石村是趙大深心中詮釋「七俠五義」主題曲的最佳人選。

# 石村骨子裡還是很中國的

邱清文

　　石村，一個無法安定、無法界定、無法確定的"新新人類藝術家"，他演出的新新人類廣告震撼全台。初見石村，覺得他很特別，披著摩登前衛的長髮，掛著叮叮咚咚的耳環以及手鍊，讓人覺得"怪異"，但深入認識他後，了解他不僅外型上很特別，他看人、看事的角度、觀點上也和一般人不同。

　　石村所拍的電視廣告，給近來締造高收視率的製作人趙大深留下深刻印象，當他拍攝現代版《七俠五義》，正為主題曲傷腦筋之際，得知石村來台消息，經友人聯絡介紹接觸後了解石村的人，以及石村的音樂，趙大深一口咬定，石村就是詮釋《七俠五義》主題曲的最佳人選！趙大深表示，石村的歌曲能夠詮釋《七俠五義》中懷有俠義心腸的現代客，而非情情愛愛的歌曲。石村的人，石村的音樂，石村的思想行為，就有如一諾千金、重義氣的俠客般，讓趙大深選擇了他。

　　外表前衛的石村，卻是一個很"舊"很"古"的中國人，尤其鍾愛古老樂器，也很難想像平時他就愛吹笛子、口琴、嗩吶、拉二胡。無論出現任何角落，石村都是眾所矚目的焦點。

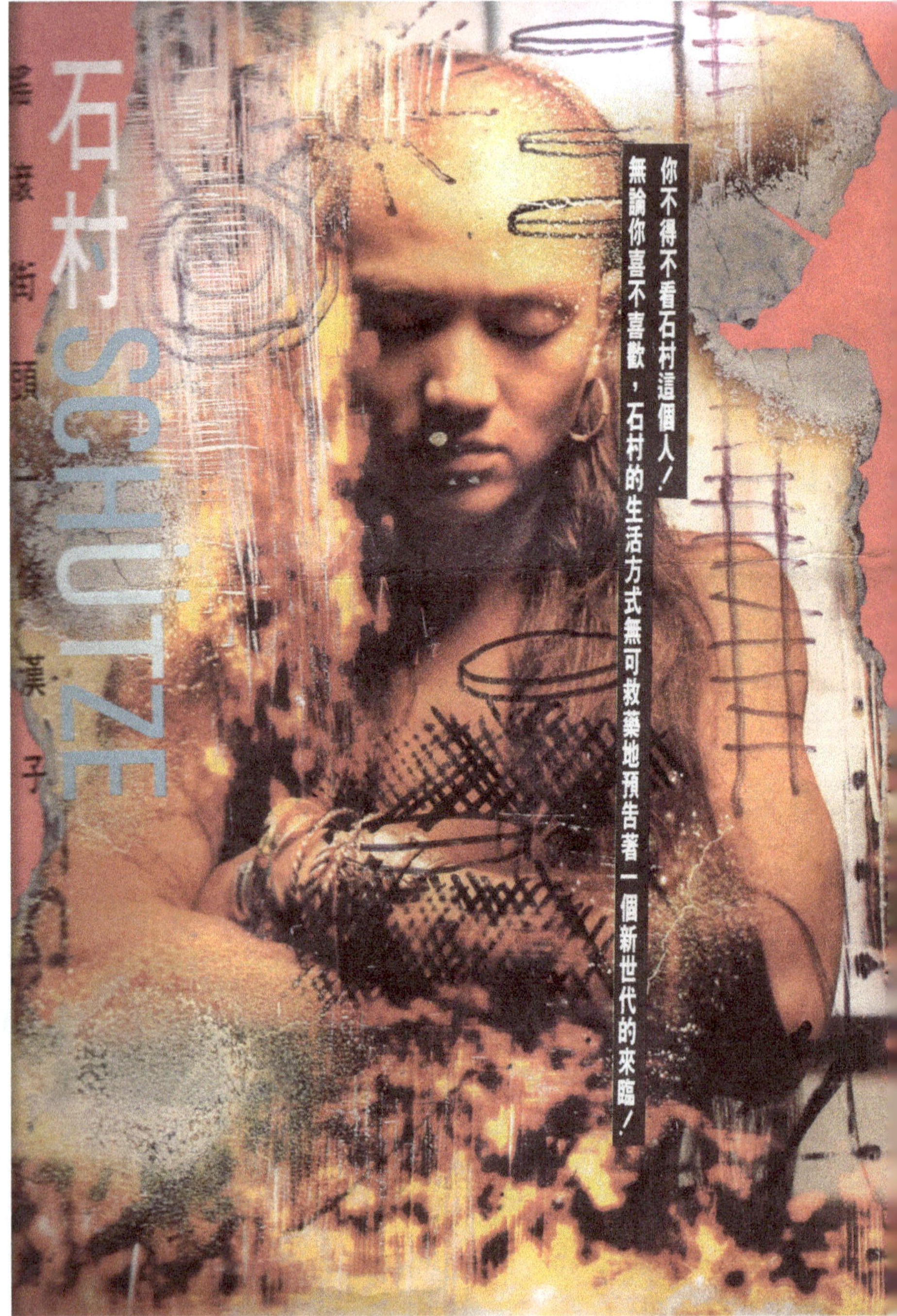
石村 SCHUTZE
你不得不看石村這個人！
無論你喜不喜歡，石村的生活方式無可救藥地預告著一個新世代的來臨！

一條漢子在紐約街頭，一頭叛逆已極的長髮，大耳環，一條吊帶短褲，裸露的上身與手臂
戴著數條項鍊與手鍊，艷陽下他足登一雙豹紋長靴昂揚闊步，重搖滾音樂，紛亂的畫布，
他說：我要這樣畫，我的音樂我要這樣做，我不要去告訴別人應該要怎麼做？
茶近來一支極盡視覺震撼的廣告。他是石村，一位自大陸旅居紐約的藝術工作者，他畫畫
自己。
在無錫農村成長的石村，亦曾有過在田地中奔跑的童年，田埂邊開滿紫白相間飛舞的蠶豆
窗下，爭相吸食如蜜般甜漬的花液。
二胡也學國畫，然而當時大陸資訊完全是封閉的，關於音樂，不是國劇便是革命歌曲，他
，專心繪畫。
是如此，畫畫與畫畫。直到七年前，他來到充滿幻夢的紐約。

## YORK，NEW YORK

一切都不一樣了。文化的衝擊太大了，有兩年的時間我幾乎沒有再畫畫，只是去體會、去
約是炸彈、紐約是刑場、紐約是冰箱、紐約是馬桶、紐約是屠宰場、紐約是戰場、紐約是
……紐約什麼都是，什麼都不是。紐約就是紐約。」
一個大垃圾場，但為什麼藝術家喜歡住這裏？因為藝術家就喜歡跟這些比較原始的東西接
術家本身會反省，所以才須要住在這裡。因為垃圾，從裡面吸取一些養份……」「紐約是
是不必要的！只有靠自己做好自己的事，你才會比別人強！」

## 始畫了展覽愈展愈大，
## 到「The Clock Tower」、「Alternative Museum」，
## 畫壇肯定了這位青年畫家的成就。

固過程，就像苦行僧一樣，做苦工的。做苦工的時候，如果不誠實的話，就做不下去啦！
大燈下面照著，不是很誠實的心理的話，根本做不下去…」「我的畫畫看起來似乎很激烈
當我在畫的時候是非常安靜的，甚至連音樂也不聽，即使我在用火燒、用刀刻、用錫子銼
用蠟澆……，用各種工具處理畫面時，內心卻是十分寧靜的。」

## 這並沒有令石村滿足，他知道自己非僅如此。

固性，冷和熱，就像畫和音樂。畫是很安靜的，一個人在 STUDIO 裡頭工作。而音樂不同
內心許多更澎湃的思維，且音樂的創作是一種集體的工作……從畫畫到作音樂，是自然而
而畫，對我而言，不夠完整；而另外一個熱烈的我，則由音樂來完成。」「為什麼做音樂
在開過很多畫展之後，發現欣賞純美術的人越來越少（相對於POP藝術），在展覽時，
只有極少數的人看到。而我發現，自己想講的話，不只是希望那一、二百人看到、聽到，
人來說，沒有畫可以，但是沒有音樂就不行了。」

## 他找到了搖滾樂……

它不但是音樂，更是一種生活態度，熱切地貼近我的生命質地。」「技巧對我來說根本
就是我的感情在裡面。所以我的歌，都比較簡單，旋律也比較原始，就像小孩子唱歌一樣
。」
石村這個人！無論你喜歡不喜歡。石村的生活方式無可救藥地預告著一個新世代的來臨！

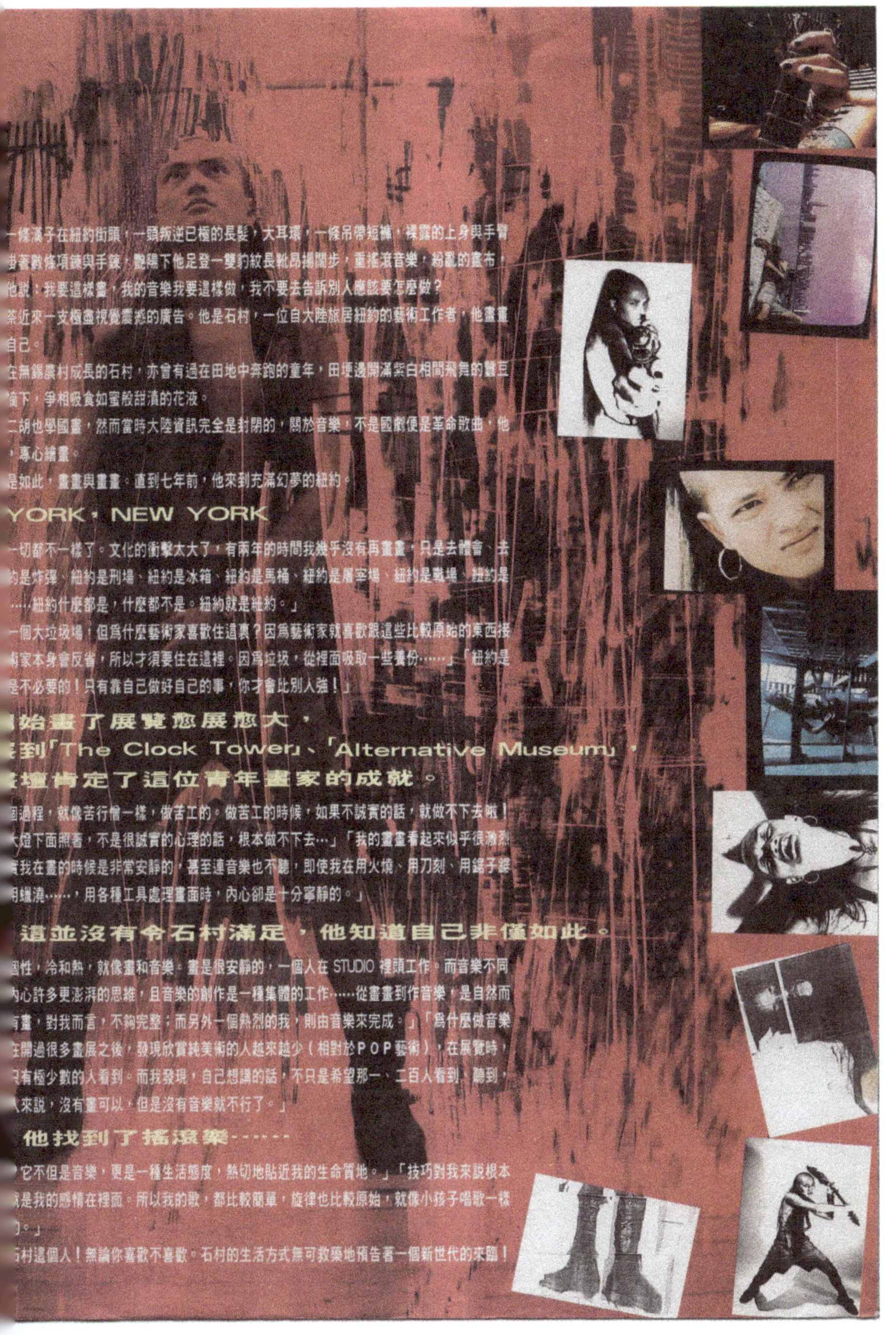

# 石村 SCHÜTZE
## 搖滾街頭一條漢子



畫面拉開來，一條漢子在紐約街頭，一頭叛逆已極的長髮，大耳環，一條吊帶短褲，裸露的上身與手臂上，叮叮咚咚掛著數條項鍊與手鍊，艷陽下他足登一雙豹紋長靴昂揚闊步，重搖滾音樂，紛亂的畫布，繽紛的街景，他說：我要這樣畫，我的音樂我要這樣做，我不要去告訴別人應該要怎樣做？

這是開喜烏龍茶近來一支極盡視覺震撼的廣告。他是石村，一位自大陸旅居紐約的藝術工作者，他畫畫，玩音樂，做自己。

在南京出生，在無錫農村成長的石村，亦曾有過在田地中奔跑的童年，田埂邊滿是紫白相間飛舞的蠶豆花，他們將花摘下，爭相吸食如蜜般甜漬的花液……

小時候的他學二胡也學國畫，然而當時大陸信息完全是封閉的，關於音樂，不是國劇便是革命歌曲，他便放棄了二胡，專心繪畫。

原以為世界便是如此，畫畫與畫畫。直到七年前，他來到充滿幻夢的紐約。

# NEW YORK, NEW YORK

“到了紐約，一切都不一樣了。文化的衝擊太大了，有兩年的時間我幾乎沒有再畫畫，只是去體會、去感受——”“紐約是炸彈、紐約是刑場、紐約是冰箱、紐約是馬桶、紐約是屠宰場、紐約是戰場、紐約是天堂、紐約是……紐約什麼都是，什麼都不是。紐約就是紐約，”

“紐約真的是一個大垃圾場，但為什麼藝術家喜歡住這裡？因為藝術家就喜歡跟這些比較原始的東西接近嘛！因為藝術家本身會反省，所以才需要住在這裡。因為垃圾，從裡面吸取一些養分……”“紐約是個戰場，幻想是不必要的！只有靠自己做好自己的事，你才會比別人強！”

他又開始畫了，展覽愈展愈大，甚至展到
“The Clock Tower”、“Alternative Museum”，紐約畫壇
肯定了這位青年畫家的成就。

“畫畫本身這個過程，就像苦行僧一樣，做苦工的。做苦工的時候，如果不誠實的話，就做不下去啦！真的，燈光，大燈下面照著，不是很誠實的心理的話，根本做不下去……”“我的畫畫看起來似乎很激烈、很暴力，其實我在畫的時候是非常安靜的，甚至連音樂也不聽，即使我在用火燒、用刀刻、用鋸子鋸、鑽頭鑽過、用蠟澆……，用各種工具處理畫面時，內心卻是十分寧靜的。”

然而，這並沒有令石村滿足，他知道自己非僅如此。

“我本身有兩種個性，冷和熱，就像畫和音樂。畫是很安靜的，一

個人在 STUDIO 裡頭工作。而音樂不同，它表達了我內心許多更澎湃的思維，且音樂的創作是一種集體的工作⋯⋯從畫畫到作音樂，是自然而然的，因為光有畫，對我而言，不夠完整；而另外一個熱烈的我，則由音樂來完成。""為什麼做音樂？其實是因為在開過很多畫展之後，發現欣賞純美術的人越來越少（相對於 POP 藝術），在展覽時，所有的努力就只有極少數的人看到。而我發現，自己想講的話，不只是希望那一、二百人看到、聽到，而對大多數的人來說，沒有畫可以，但是沒有音樂就不行了。"

## 於是他找到了搖滾樂⋯⋯

"搖滾是什麼？他不但是音樂，更是一種生活態度，熱切地貼近我的生命質地。""技巧對我來說根本不重要，完全就是我的感情在裡面。所以我的歌，都比較簡單，旋律也比較原始，就像小孩子唱歌一樣，完全是本能的。"

你不得不看看石村這個人！無論你喜不喜歡，石村的生活方式無可救藥地預告著一個新世代的來臨！

唱片公司《友善的狗》宣傳

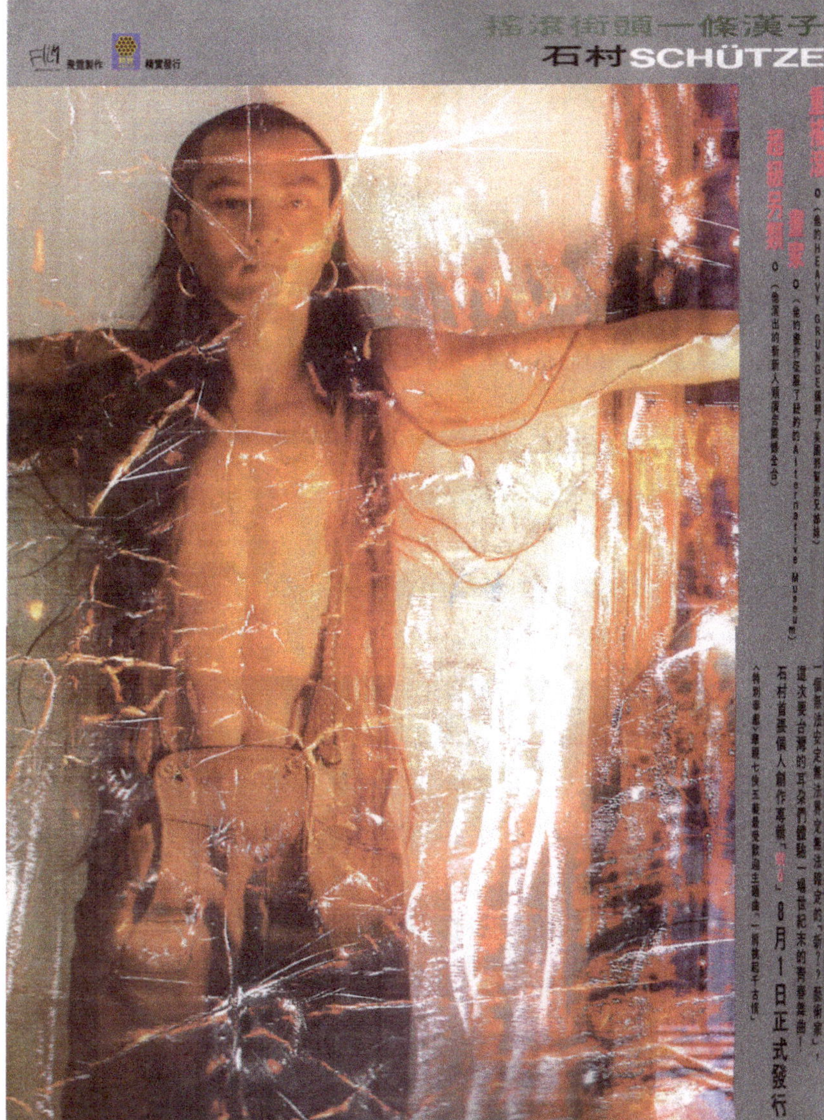
FLY 飛碟製作　滾石發行
搖滾街頭一條漢子
石村 SCHÜTZE
重金屬　○〈他的HEAVY GRUNGE編織了美國西雅圖兄妹族〉
搖滾　○〈他的搖滾宣誓了純粹的Alternative Museum派〉
超級兄弟　○〈他演出的嶄新人類演言整視全台〉
一個無法安定無法確定的「新？？藝術家」
這次要台灣的耳朵門體驗一場世紀末的青春舞曲！
石村首張個人創作專輯「戴石」8月1日正式發行
〈特別專選〉連續七俠五義最受歡迎的主題曲「一府換起千古恨」

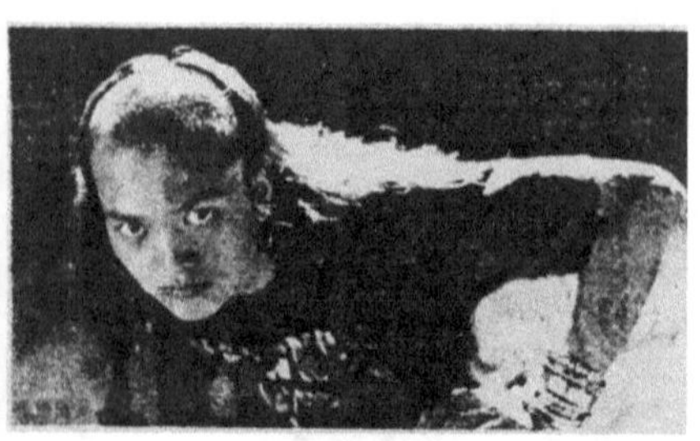

# 石村 "一肩挑起千古情"

邱清文

　　石村，一個無法安定、無法界定、無法確定的"新新人類藝術家"，他演出的新新人類廣告震撼全台。初見石村，覺得他很特別，披著摩登前衛的長髮，掛著叮叮咚咚的耳環以及手鍊，讓人覺得"怪異"，但深入認識他後，了解他不僅外型上很特別，他看人、看事的角度、觀點上也和一般人不同。

　　石村所拍的電視廣告，給近來締造高收視率的製作人趙大深留下深刻印象，當他拍攝現代版《七俠五義》，正為主題曲傷腦筋之際，得知石村來台消息，經友人聯絡介紹接觸後了解石村的人，以及石村的音樂，趙大深一口咬定，石村就是詮釋《七俠五義》主題曲的最佳人選！趙大深表示，石村的歌曲能夠詮釋《七俠五義》中懷有俠義心腸的現代客，而非情情愛愛的歌曲。石村的人，石村的音樂，石村的思想行為，就有如一諾千金、重義氣的俠客般，讓趙大深選擇了他。

　　外表前衛的石村，卻是一個很"舊"很"古"的中國人，尤其鍾愛古老樂器，也很難想像平時他就愛吹笛子、口琴、嗩吶、拉二胡。無論出現任何角落，石村都是眾所矚目的焦點。

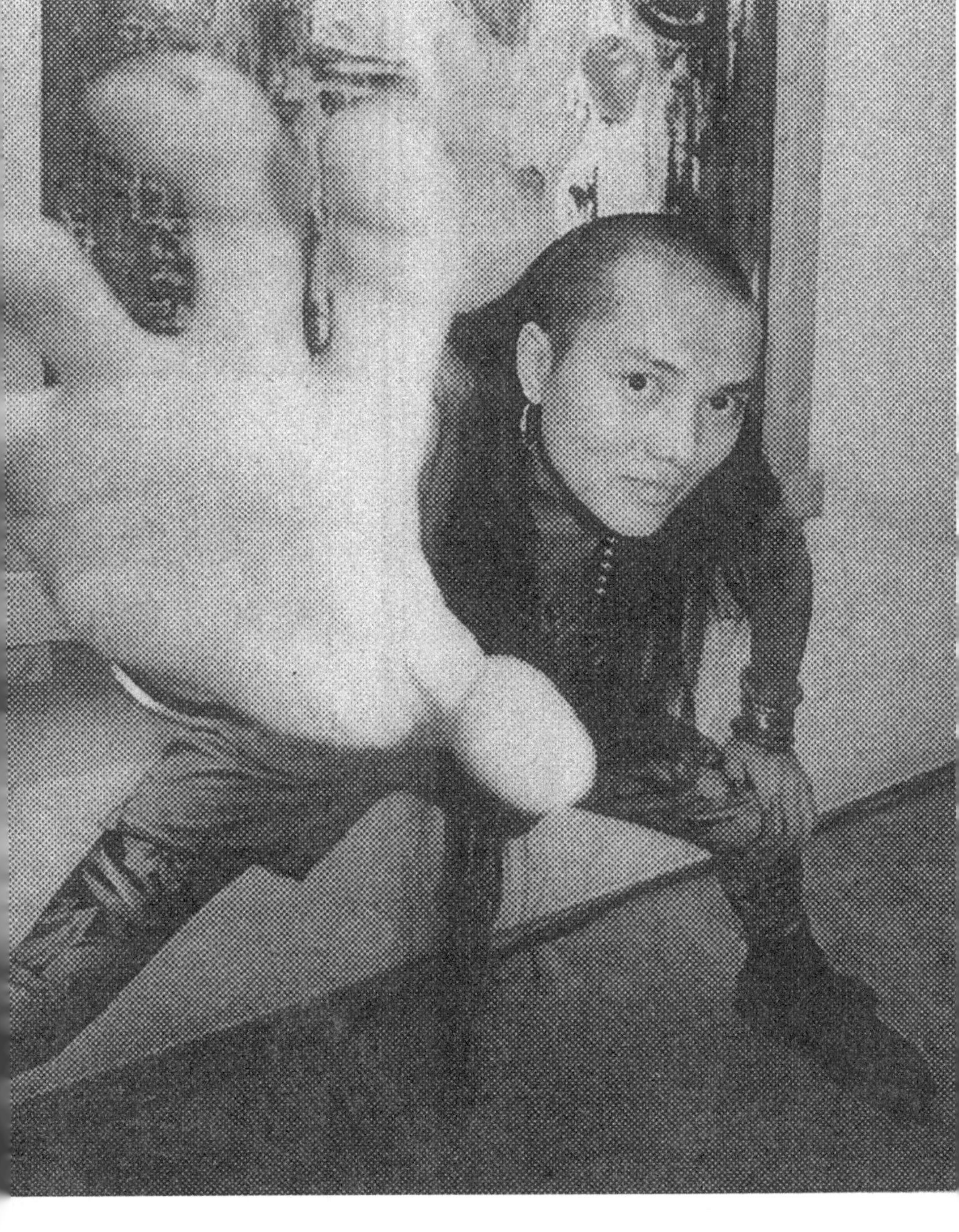

# 石村風格驚世駭俗

他的音樂及思想，有如現代豪客的坦蕩、豪邁。

曾經拍過一支「新新人類」的茶飲料廣告，以及主唱華視八點檔「七俠五義」主題曲的石村，昨（四）日於臺北伊通公園畫廊正式召開個人的音樂及繪畫的聯合發表會，他驚世駭俗的外型、繪畫作品，引起不小的震撼。

石村特立獨行的前衛風格，乍看之下會令人嚇一跳，他已習慣別人用詫異的眼光看他，而在進一步接觸過個人之後，石村坦蕩磊落、毫不掩飾的性情，以及他豪邁的笑聲，卻反而散發出別具一格的親和力。

華視「七俠五義」主題曲的初試啼聲，使人感受到石村歌聲中蘊含著俠客豪氣，該劇製作人趙大深表示：「七俠五義」是時代的俠義古裝大戲，石村的人、石村的音樂及思想的行為就有如現代俠客，一諾千金重義氣。

昨天的發表會場上，設有投影於牆面上巨大的ＭＴＶ畫面，與牆上石村詭麗色彩的畫作相映成趣。「當我發現，繪畫不能完全釋放我內心的想法時，我找到了音樂。」石村並表示：「作畫時，我內心很平靜，沒有任何狂肆的音樂，只是靜靜地畫；但我作音樂時，我就完全投入，忘卻繪畫。」

談及最令人好奇的造型，石村放開嗓子說：「沒有特別的原因，我就是想這樣子穿，我也不會為了出唱片而刻意作造型，我本來就是這樣。」期許自己做搖滾巨星的石村，自行摸索出個人的音樂風格，他相信總是會有人欣賞他的作品。（湘龍）

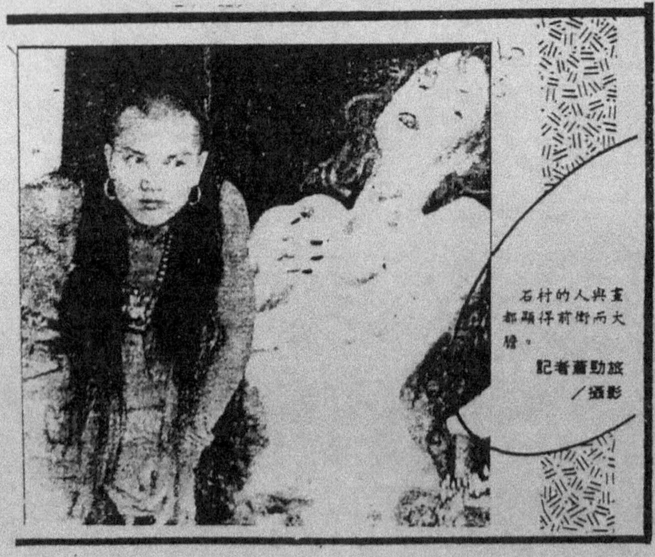

石村的人與畫都顯得前衛而大膽。

記者蕭勁旋／攝影

# 石村風格驚世駭俗

台灣日報／湘龍

曾經拍過一支"新新人類"的茶飲料廣告，以及主唱華視八點檔《七俠五義》主題曲的石村，昨（四）日於台北伊通公園畫廊正式召開個人的音樂及繪畫的聯合發表會，他驚世駭俗的外型、繪畫作品，引起不小的震撼。

石村特立獨行的前衛風格，乍看之下會令人嚇一跳，他已習慣別人用訝異的眼光看他，而在進一步接觸這個人之後，石村坦蕩磊落、毫不掩飾的性情，以及他豪邁的笑聲，卻反而散發出別具一格的親和力。

華視《七俠五義》主題曲的初試啼聲，使人感受到石村歌聲中蘊含著俠客豪氣，該劇製作人趙大深表示：《七俠五義》是時代的俠義古裝大戲，石村的人、石村的音樂及思想的行為就有如現代俠客，一諾千金重情義。

昨天的發表會場上，設有投影於牆面上巨大的 MTV 畫面，與牆上石村詭異色彩的畫作相映成趣。"當我發現，繪畫不能完全釋放我內心的想法時，我找到了音樂。"石村並表示："作畫時，我內心很平靜，沒有任何狂肆的音樂，只是靜靜地畫；但我作音樂時，我就完全投入，忘卻繪畫。"

談及最令人好奇的造型，石村放開嗓子說："沒有特別的原因，我就是想這樣子穿，我也不會為了出唱片而刻意作造型，我本來就是這樣。"期許自己做搖滾巨星的石村，自行摸索出個人的音樂風格，他相信總是會有人欣賞他的作品。

# 我很怪，可是我很誠懇

## 石村：不會為別人改變自己

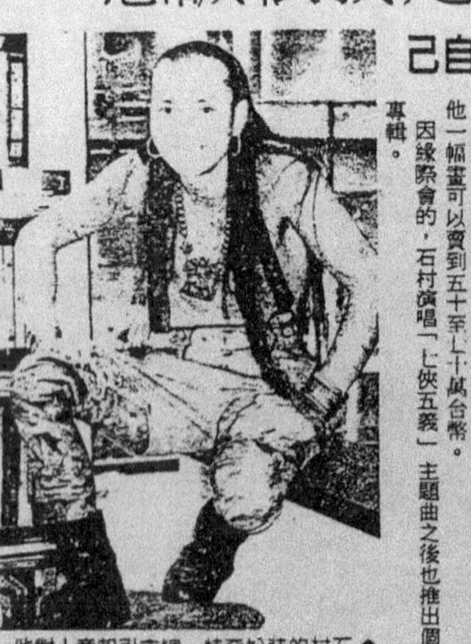

↑石村裝扮奇特，總會引起旁人對他行注目禮。　　記者程宣武／攝影

【記者劉衛莉／台北報導】石村的出現，給人的第一印象就是「怪」，和周遭人比起來，他是個「異類分子」，他卻說，做人最重要的就是「表裡一致，待人誠懇」，外在給人的觀感倒在其次。

石村的「造型」十分鮮明，一頭長髮，手上一圈圈的銀飾品，十指擦上藍色指甲油，上半身裸露，下半身卻不嫌多的穿了一件皮褲和一條緊身褲，足登時髦的行軍鞋。在街頭行走，石村總會引起注目的眼光，他卻不在意。「人就是喜歡約束別人，也約束自己」，他覺得只要自己舒服就依然故我，不會為了別人改變自己。

在七年前大陸極端保守的環境裡，石村就蓄了一頭長髮，是不是也如此穿著打扮？石村笑著說，那時這些東西在大陸買不到的。因為他從小就「怪」，又無師自通繪畫，被家鄉的人喻為「小神童」，之後就有許多繪畫老師看中他的天分，主動要求免費教他，讓他能完全發揮他的繪畫天分。十八歲他認識現在的美籍老婆，結婚之後與太太赴美定居，在紐約人文薈萃之地，他見識更廣，畫風也更加成熟，據他透露，目前在歐美，他一幅畫可以賣到五十至七十萬台幣。

因緣際會的，石村演唱「七俠五義」主題曲之後也推出個人專輯。

# 我很怪，可是我很誠懇

劉衛莉



是"怪"，和周遭人比起來，他是個"異類分子"，他卻說，做人最重要的就是"表裡一致，待人誠懇"，外在給人的觀感倒在其次。

石村的"造型"十分鮮明，一頭長髮，手上一圈圈的銀飾品，十指擦上藍色指甲油，上半身裸露，下半身卻不嫌多的穿了一件皮褲和一條緊身褲，足蹬時髦的行軍鞋。在街頭行走，石村總會引起注目的眼光，他卻不在意，"人就是喜歡約束別人，也約束自己"，他覺得只要自己舒服就依然故我，不會為了別人改變自己。

在七年前大陸極端保守的環境裡，石村就蓄了一頭長髮，是不是也如此穿著打扮？石村笑著說，那時這些東西在大陸買不到的。因為他從小就"怪"，又無師自通繪畫，被家鄉的人喻為"小神童"，之後就有許多繪畫老師看中他的天分。十八歲他認識現在的美籍老婆，結婚之後與太太赴美定居，在紐約人文薈萃之地，他見識更廣，畫風也更加成熟，據他透露，目前在歐美，他一幅畫可以賣到五十至七十萬台幣。

因緣際會的，石村演唱《七俠五義》主題曲之後也推出個人專輯。

# 不按牌理出牌

石村的畫與歌有
新新人類的味道

阮愛意

　　"石村"何許人也？乍聽之下以為是日本姓氏，看了他的造型更以為來自原宿。其實，石村這個人卻是生長於中國南京的無錫農村，七年前他來到了紐約，兩年前又來到台灣。

　　前額理成了平頭，後腦卻長髮垂腰；大耳環、銀手鐲；上身赤裸，吊帶褲下是花色繁麗的彈性襪……每個首次看到石村的人，不是瞠目結舌，就是不以為然地稱怪。石村本人倒是很自在，他留這個古怪髮型已經七年，平日在大街小巷就一身奇裝異服走來走去，大陸公安人員管不了他，紐約人見怪不怪，台灣人又是如何看法呢？

　　石村的背景倒是十分"中國"的。他生於一九六八年，本名石春，後來他嫌"春"字太華麗，自己改為"村"。他的母親據說是蘇東坡之後人，舅舅手上保有蘇家的十本家譜。石村從小在鄉野成長，童年總在田埂奔跑，吸食豌豆花蜜。他自小被規定要學二胡、畫水墨畫。他的學歷不明，自

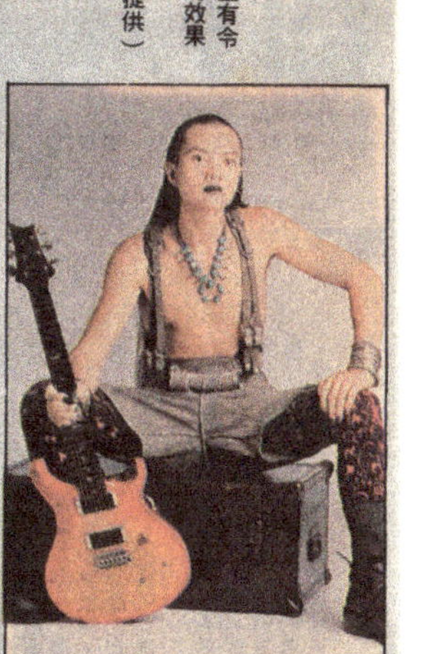



# 不按牌理出牌

## 石村的畫與歌有新新人類的味道

記者阮愛惠／台北報導

「石村」何許人也？乍聽之下以爲是日本姓氏，看了他的造型更以爲來自原宿。其實，石村這個人卻是生長於中國南京的無錫農村，七年前他到了紐約，兩年前又來到台灣。前額理成平頭，後腦卻長髮垂腰；大耳環、銀手鐲；上身赤裸，吊帶褲下是花色繁麗的彈性襪……每個首次看到石村的人，不是瞠目結舌，就是不以爲然地稱怪。石村本人倒是很自在，他留這個古怪髮型已經七年，平日在大街小巷就一身奇裝異服走來走去，大陸公安人員管不了他，紐約人是見怪不怪，台灣人又是如何看法呢？

石村的背景倒是十分「中國」的。他生於一九六八年，本名石春，後來他嫌「春」字太華麗，自己改爲「村」。他的母親據說是蘇東坡之後人，舅舅手上還保有蘇家的十本家譜。石村從小在鄉野成長，童年總在田埂奔跑，吸食蠶豆花蜜。他自小被規定要學二胡、畫水墨畫。他的學歷不明，自稱都是請老師在家教學。家境是個體戶，他從小就愛待在家中玩西洋樂器。仍爲無師自通作畫，早先畫具象畫，後來轉爲抽象。二胡拉得很難聽，因爲他向來做任何事不按章法，規矩的二胡自然學不好。

後來石村如何到美國？這點他從來交代不清。總之，他到了紐約後，被紐約的一切大大震撼，吸納了紐約所有好好壞壞，加上他原有的，形成今日的石村。他在紐約除了不斷繪畫，並且開始地進入音樂領域，憑著天賦的創造力，也不用手記或電腦，曲調直接自腦到手，靈光一現般產生。真難爲還有天才型的夥伴跟石村組樂團，能適應他的創作方式。在紐約，他們的BAND叫「另類」。

趙大深自美引進台灣，在台展畫外，「友善的狗」沈光遠並爲他出版了「娥」音樂專輯。重金屬搖滾樂風，正是他個人的寫照。中、英文歌詞皆有，內容刻劃的是紐約人事；音樂裏加入大量「另類」樂器——噴吶、二胡、搖鈴、手鼓，卻又是中國的。至於台灣人如何感受石村其人其作？有待時日驗證。

Tatoo my Teeth，諸位可試想在牙齒上刺青那種難熬的感覺，就是樂團的特色。石村由「包青天」製作人。

稱都是請老師在家教學。家境是個體戶，他從小就愛待在家中作畫，早先畫具像畫，後來轉為抽象。二胡拉得很難聽，因為他想來做任何事不按章法，規矩的二胡自然學不好。

後來石村如何到美國？這點他從來交代不清。總之，他到了紐約後，被紐約的一切大大震撼，吸納了紐約所有的好好壞壞，加上他原有的，形成今日的石村。他在紐約除了不斷繪畫，並且開始玩西洋樂器。仍為無師自通地進入音樂領域，憑著天賦的創造力，也不用手記或電腦，曲調直接從腦到手，靈光一現般產生。真難為還有天才型的伙伴跟石村組樂團，能適應他的創作方式。在紐約，他們的 BAND 叫"Tatoo my Teeth"，諸位可試想在牙齒上刺青那種難熬的感覺，就是樂團的特色。

石村由"包青天"製作人趙大深自美引進台灣，在台展畫外，"友善的狗"沈光遠並為他出版了《蛾》音樂專輯。重金屬搖滾樂風，正是他個人的寫照。中、英文歌詞皆有，內容刻畫的是紐約人事；音樂里加入大量"另類"樂器——嗩吶、手鼓、二胡、搖鈴，卻又是中國的。至於台灣人如何感受石村其人其作？有待時日驗證。

83.8.6 自立早報 13 版

# 石村現代藝術俠客

王逸聞

辦畫展、出唱片　還拍FC　十足"新新人類"！

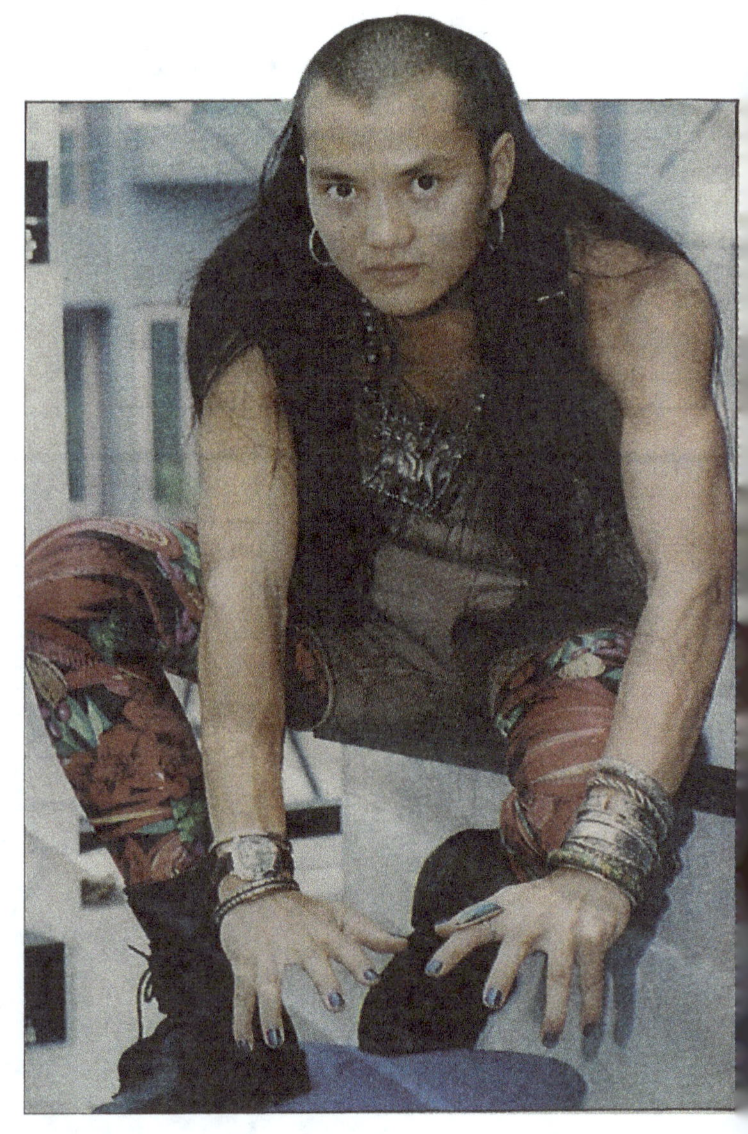

《大陸歌手》

# 石村　現代藝術俠客

## 辦畫展、出唱片、還拍CF　十足「新新人類」！

記者　王逸聞／報導

有此一說，中國流行樂壇的新新人類，不是出產在資本主義的台、港，而是產在奉行社會主義的大陸。

從近年往外發展的諸多大陸創作歌手、樂團作風來看，這項說法似乎真是其來有自。以往國內已見識過的大陸流行樂人崔健、衛華、唐朝、黑豹等，走得清一色意識搖滾風，與台港創作歌手截然不同，今年陸續光芒外露的大陸籍歌手，則個個變本加厲，無論演唱作風、創作走向或造型想法，都呈現了讓台港流行樂界瞠目結舌的前衛型態。

六月間，大陸歌手竇唯牽其自組樂團，到香港為英國另類搖滾樂團「收音機頭（RadioHead）」演唱會暖場，就讓香港娛樂傳媒領教了大陸搖滾客的真面貌。竇唯本身除了在他的「黑色夢中」著潛水裝遊走街頭外，演唱會上的造型還算規矩，但他的樂團成員卻扮相精彩直追歐美前衛樂團，好不教自詡走在時尚尖端的香港人刮目相看。

另一位在當今大陸搖滾圈裏有「崔健接班人」之稱的何勇，在他已經曝光的「垃圾場」MTV中，也出現了幾幕駭人的畫面。令人印象深刻的一幕是，何勇為表達歌中所述現代社會供給人民的人文養分全是垃圾，他坐在一張桌子前，囫圇吞棗地把一桌子汙穢不堪的廢物當點心吃。

昨（四）日正式與國內聽眾見面的石村，十七歲從大陸到美國學畫，在紐約又無師自通地玩起重金屬音樂，然後一手拿畫筆、一手彈吉他地來到臺灣，辦畫展、出唱片、還拍了系列喊出「新新人類」口號的飲料廣告。而他詭異特殊的外型與作品，也成為國內藝壇與演藝界的近期話題。唱片公司稱他為「現代俠客」，不知情的路人還以為他是搞藝術的原住民同胞，但石村卻自我期許為未來中國的搖滾巨星。

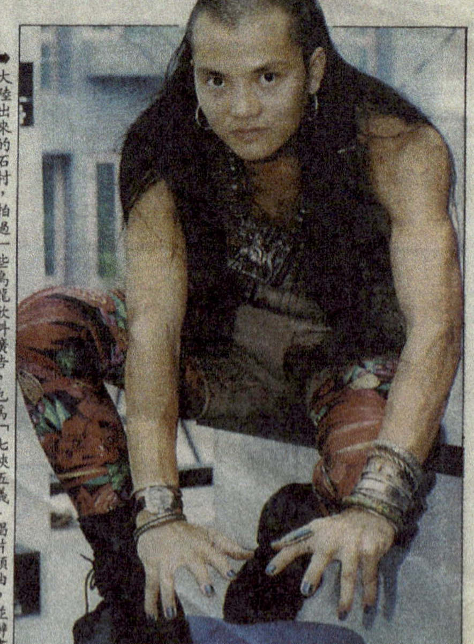

●大陸出來的石村，拍過一些烏龍飲料廣告，也為「七俠五義」唱片頭曲，並辦畫展，是個十足的「藝」人。

記者　黃磊／攝

*有此一說，中國流行樂壇的新新人類，不是出產在資本主義的台、港，而是產在奉行社會主義的大陸。*

　　從今年往外發展的諸多大陸創作歌手、樂團作風來看，這項說法似乎真是其來有自。以往國內已見識過的大陸流行音樂人崔健、衛華、唐朝、黑豹等，走得清一色意識搖滾風，與台港創作歌手截然不同，今年陸續光芒外露的大陸籍歌手，則個個變本加厲，無論演唱作風、創作走向或造型想法，都呈現了讓台港流行樂界瞠目結舌的前衛型態。

　　六月間，大陸歌手竇唯率其自組樂團，到香港為英國另類搖滾樂團"收音機頭（Radio Head）"演唱會暖場，就讓香港娛樂傳媒領教了大陸搖滾客的真實面貌。竇唯本身除了在他的《黑色夢中》著潛水裝遊走街頭外，演唱會上的造型還算規矩，但他的樂團成員卻扮相精彩直追歐美前衛樂團，好不教自詡走在時尚尖端的香港人刮目相看。

　　另一位在當今大陸搖滾圈裡有"崔健接班人"之稱的何勇，在他已經曝光的《垃圾場》MTV中，也出現了幾幕駭人的畫面。令人印象深刻的一幕是，何勇為歌中所述現代社會供給人民的人文養分全是垃圾，他坐在一張桌子前，囫圇吞棗地把一桌子污穢不堪的廢物當點心吃。

　　昨（四）日正式與國內聽眾見面的石村，十七歲從大陸到美國學畫，在紐約又無師自通地玩起重金屬音樂，然後一手拿畫筆、一手彈吉他地來到台灣，辦畫展、出唱片，還拍了系列喊出"新新人類"口號的飲料廣告。而他鬼異特殊的外型與作品，也成為國內藝壇與演藝界的近期話題。唱片公司稱他為"現代俠客"，不知情的路人還以為他是搞藝術的原住民同胞，但石村卻自我期許為未來中國的搖滾巨星。

**83.8.5 大成報第 3 版**

台北市光復南路415巷18號
NO.180.LANE 415.KWANG FU S.ROAD.
TAIPEI TAIWAN.ROC.
TEL:7323628 FAX:7293260
狗的善友 MUSIC PRODUCTION



# 黃泉天鵝 到 蛾的輓歌

生命拍證

◎楊忠衡

傳說通往黃泉的路上有一條死之河，瀰漫黝黑的河面上，優游著高傲、莊嚴的黑色天鵝。為了迎到美麗少女、少年英雄賣明凱奪抱愛妻子，來到河邊，準備接受時殺黃泉天鵝的考驗。

一陣過眼，他反而被盲眼牧人殺死，拋到黑色的河裡。西貝流士令人毛骨悚然的《黃泉天鵝》交響詩並沒有明確的交代劇情，只是主題飄動機的聯結。一般推斷，在西貝流士的這段音樂裡，雷明凱寧死在這段沒音樂裡。他的屍體漂流在水上，增添了幽冥的氣意。

石村的音樂是無法歸類的「另類重搖滾」，就像是從生命底層發出的隆隆低頻，就像是他當年在《黃泉天鵝》裡聽到的那條黑河……

八○年代，江蘇無錫一個十來歲的鄉下小夥子猛然從曲中驚醒，「哇！旋律竟可以這麼轉！」他從收音機上聽到的正是那條可思議的黑河。他可能不知道那位英雄的故事，但音符卻使他戰慄、激動不已。他意識到自己對影像式音畫的敏感，以及對暗濁低音的潛藏偏愛。

他會拉一點二胡，但不是音樂家；他勉強算是個畫家，至少從中學就打算以畫畫為專業。他逐漸嶄露名遠播，因此得到赴南京求學美術裝子的芳心。不久後來到了畫畫就像苦行僧一樣，喜歡的音樂就上前盤問或學習。他耗資買了昂貴的 Bass，跟著朋友組的樂團，發瘋般鍾頭亂彈著。有時一天彈上十八小時。一段時間後，他發現他要的聲音和夥伴不同，於是便和他們拆夥著樂器也不對了。「Bass 是拍子的基底，我可不是為樂隊打拍子的。」於是他改學吉他，衝到……

石村決心在音樂裡追求某種色彩，只透過不斷嘗試。他參加了一些八○年代重金屬搖滾樂團的大型演唱會，看到成千上萬人如痴如醉，門外漢的石村當下立志要做搖滾明星。「搖滾不只是一種音樂，而是一種精神、一種生活方式。」他開始捕捉想要的聲音，任何地方聽到喜歡的音樂就上前盤問或學習。

是把耳朵貼在啟動中的機關車頭上。節奏複雜，連續的低音點上，機械性的音符在上方狂吼，衝力驚人，捷運工程滯盾作業機的操作工人應該最能體會。他的歌沒有旋律，卻有哭、有笑、有嘔吐「I ain't havin' it」，有時又像這了劫、被人從背上砍了一刀……「什麼是真？什麼是假？」

他當年在《黃泉天鵝》裡聽到的那條黑河……

情慾旺盛的勇敢青年，率性冒險、埋頭前進，為追求浪漫而不惜生命。「旋律竟可以這麼轉？」

「我對石村的作品也這麼類，石村由西貝流士《黃泉天鵝》到《蛾的輓歌》，似乎交感著一種越時空的共鳴。」

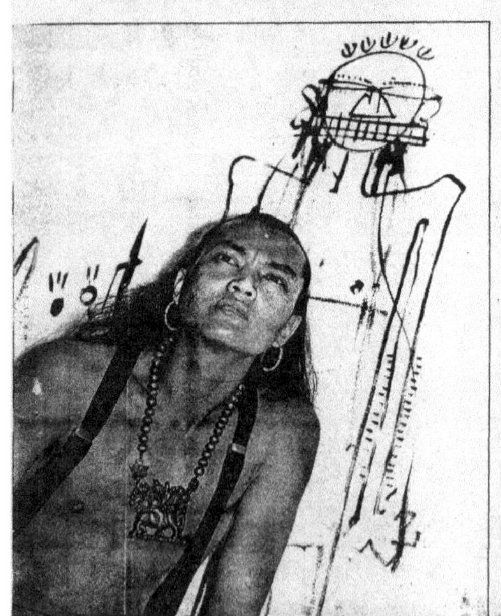


藝術
看板

# 黃泉天鵝到蛾的輓歌

中國時報

83.8.13

　　傳說通往黃泉的路上有一條死之河，湍急黝黑的河面上，幽游著高傲、莊嚴的黑色天鵝。為了得到美麗少女，少年英雄雷明凱寧拋棄妻子，來到河邊準備接受射殺黃泉天鵝的考驗。一陣混亂，他反而被盲眼牧人殺害，屍體被閻王之子妥奧尼切成五塊，拋到黑色的河裡。西貝流士令人毛骨悚然的《黃泉天鵝》交響詩並沒有明確的交代劇情，只是主題與動機的聯結。一般推斷，在西貝流士的構想裡，雷明凱寧死在這段音樂里。他的屍體漂流在水上，增添了幽冥的氣息……

　　八〇年代，江蘇無錫一個十來歲的鄉下小伙子猛然從曲中驚醒，「哇！旋律竟可以這麼轉！」他從收音機上聽到的正是那條不可思議的黑河。他可能不知道那位英雄的故事，但音符卻使他戰栗、激動不已。他意識到自己對影像式音畫的敏感，以及對暗濁低音的潛藏偏愛。

　　他會拉一點二胡，但不是音樂家；他勉強算是個畫家，至少從中學就打算以畫畫為專業。他逐漸畫名遠播，因此得到赴南京求學美籍妻子的芳心。不久後來到紐約，面對下城區的多彩多姿，他整整髮呆了兩年。終於他恢復了畫畫，畫風一轉，變得激進而暴烈。「畫畫就像苦行僧一樣，是做苦工的。做苦工時如果不誠實，就做不下去！」

鬱積後的爆發，畫展愈開愈成功，可是石村卻仍覺得不足：「還有一種我要的節奏沒有抓到。」

偶然間，石村決心在音樂里追尋。整個過程完全沒有章法，就像追求某種色彩，只透過不斷嘗試。他參加了一些八〇年代重金屬搖滾樂團的大型演唱會，看到成千上萬人如痴如醉，門外漢的石村當下立志要做搖滾明星。「搖滾不只是一種音樂，而是一種精神、一種生活方式。」他開始捕捉想要的聲音，任何地方聽到喜歡的音樂就上前查詢或學習。他耗資買了昂貴的 Bass，跟著朋友組的樂團，發瘋般埋頭亂彈，有時一天彈上十八小時。一段時間後，他發現他要的聲音和夥伴不同，於是便和他們拆夥。接著樂器也不對了，「Bass 是拍子的基底，我可不是為樂隊打拍子的。」於是他改學吉他，衝到樂團的第一線。

久而久之，他似乎抓到了自己喜愛的節奏。那是一種無法歸類、另類中的另類，他稱之為「另類重搖滾」（Heavy Grunge），連 Village 那幫叛客都為之飆翻。音色非常低、非常金屬，像是把耳朵貼在啟動中的機關車頭上。節奏複雜，連續的低音點上，機械性的音符在上方狂吼，衝力驚人，捷運工程潛盾作業機的操作工人應該最能體會。他的歌沒有旋律，卻有哭、有笑、有嘔吐「I ain't havin' it」，有時又像遭了劫、被人從背上砍了一刀：「什麼是真？什麼是假？」

情慾旺盛的勇敢青年，率性冒險、埋頭前進，為追求浪漫而不惜生命。「旋律竟可以這麼轉？」我對石村的作品也這麼想。石村由西貝流士《黃泉天鵝》到《蛾的輓歌》，似乎交感著一種跨越時空的共鳴。

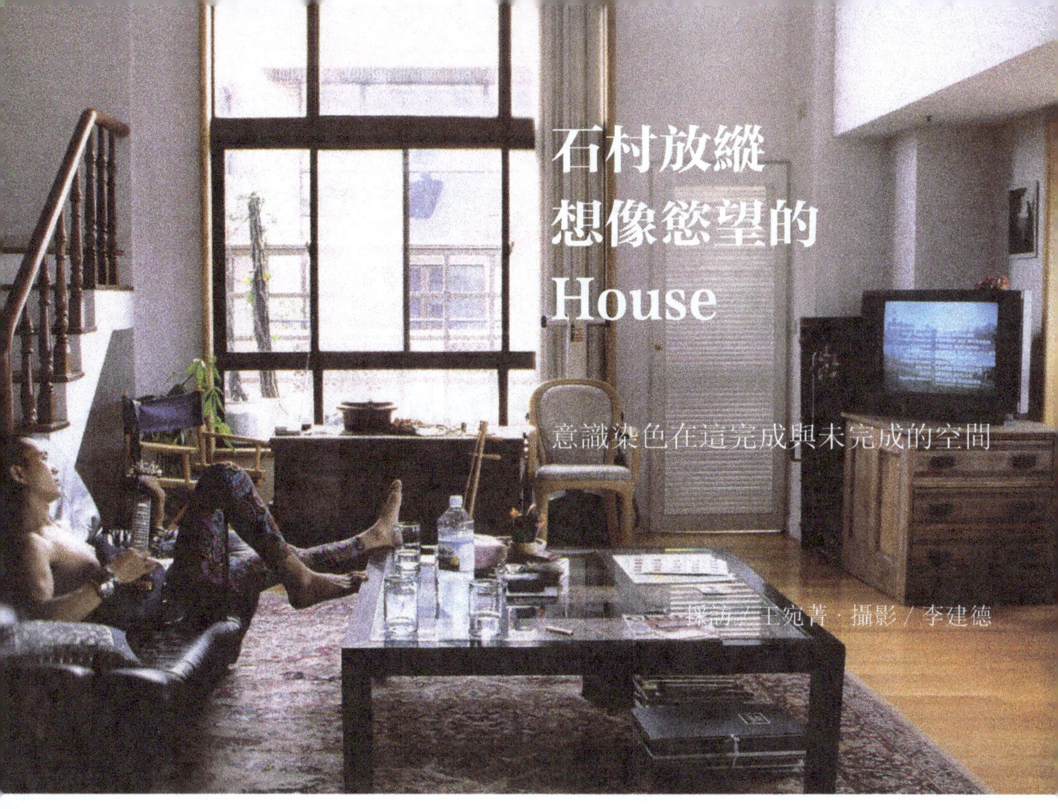


世紀末的新新人類，究竟是什麼長像？

是一頭叛逆已極的長髮、大耳環，裸露的上身，色彩瘋狂不已的短褲，叮叮咚咚掛著數條項鍊與手鍊的樣子嗎？

新新人類的"家之藍圖"，又是什麼模樣？

是又像作畫間那般的五顏六色？還是即興的作品隨時可以完成的音樂 studio？⋯⋯

石村是個有著不安定靈魂的搖滾漢子，那般在內心撕扯著的雙重個性在他那詭異的 house 表現無疑。

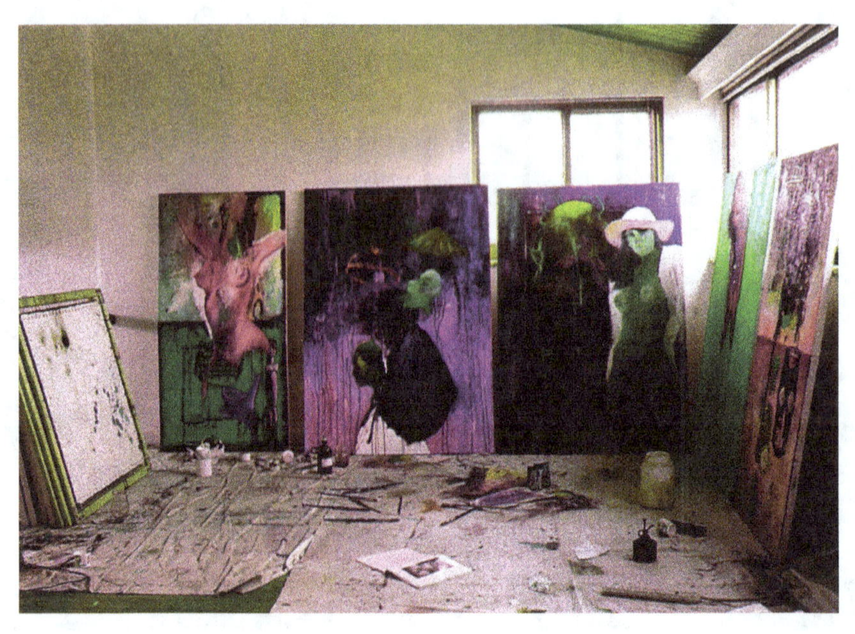

## 四幅如同神門般的畫作，
## 讓石村的家顯些有點"詭異"

　　猶記採訪當天，一踏進門，兩旁四幅"石村的畫"像是看守的門神般立在門的左右二方，說是震懾也可，說是瞬間莊嚴也可，總之走進石村之家，感覺非比尋常。

　　受到祖母從小灌輸鬼怪故事的因素，house 的牆上佈滿的畫作都瀰漫石村瘋狂奇特的詭異想像空間。石村神情專注的表達，"畫本身有無以倫比的強勢力量，更有無可限量的 POWER，把自己的作品放在空間裡，它不單單只是個裝飾品，它有大腦，每當我再度注視這些置於牆上的畫作，都會讓我時而莊嚴、時而沉默，每回畫作給我的感受都不一樣。"

一間三層樓的房子，石村把生活的精華落在 1F 音樂 studio 及 3F 作畫間。音樂 studio 在石村的要求標準下並非完美，他是期望能擁有一個佈滿整間屋子的 studio，讓所有即興的作品在任何一處，任何一角能自然而生。他是一個古怪的藝術家及音樂創作者，他在被意識包圍的情況下曾有一段時間不想作畫只作音樂，在 house 裡瞬刻非音樂的一切馬上消失，且消失的十分隱秘。2F 只是再平凡不過的休息間和嬰兒房，步上 3F 的階梯，那股詭異的氣息似乎在我內心變得十分沉重，當整個空間很真實的平擺在我的眼前，我看到了撒了滿地的畫筆及畫布，一切完成與未完成之間的作品混淆不清，只見那繽彩的五顏六色。原木條的屋頂結構，俯瞰台北市都區，站在右轉那一小小人工花園，小石頭相互砌成的"水塘"，我彷彿想見主人在此地所見的環山之美及悠悠然的舒適感，令人不得不興起羨慕的意念。

## 游移在現代家具之中的古代中國物品

家中的每一物、每一景所陳設的東西是如何醞釀的？石村的回答是"所有眼睛瞧見的都是因為要用才買來的，倘若三年之內這些東西都已不再被加以利用到，似乎只有淘汰的命了！"

好動的石村也有那段做"木工"的生活，因此他十分在意所有木製品，像大床、大櫃子，他是絕對不採用三夾板，在骨子裡就強調不用一整套的家具，不刻意去設計房子，一進屋就讓所有物品自然而然成形，沒有所謂是否匹配與不匹配的道理，有用的東西就值得擺。這時我發現游移在現代家具之中的古代中國物品，像古時候婦女進廟燒香拜拜的籃子盒；以及外觀十分典雅古意的方型、長型櫃。原來這些極具代表中國的老東西全來自石村的"外籍老婆"的收藏之下，石村原本剛從老家無錫到美國時也極度熱愛 FASHION 的東西，但後來他也慢慢發覺中國的老東西很有自己的個性、很具親切感。

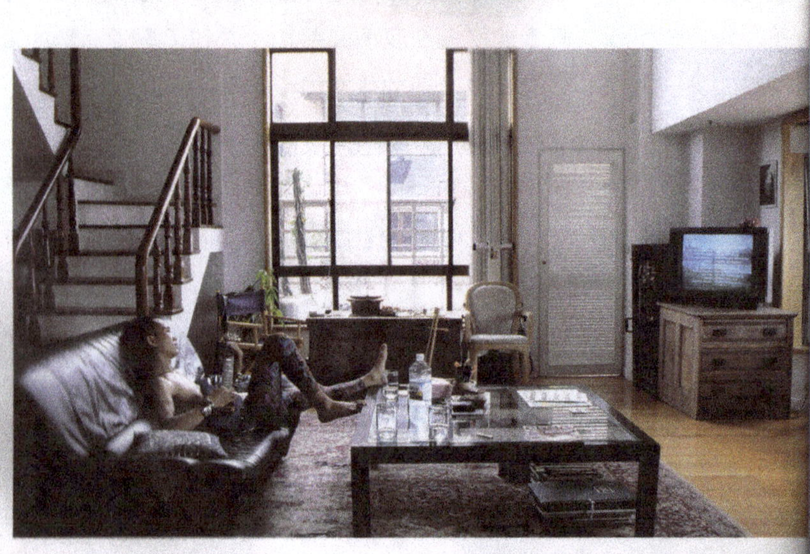

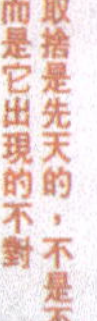

的。在骨子裡就強調不用一整套的傢俱，不刻意去設計房子，一進屋就讓所有物品自然而然成形，沒有所謂是否匹配與不匹配的道理、有用的東西就試得攏。這時我發現游移在現代傢俱之中的古代中國物品，像古時候婦女進廟燒香拜拜的藍子盒；以及外觀十分典雅古意的方型、長型櫃，原來這些極具代表中國的老東西全來自於石村的「外籍老婆」的蒐藏之下。石村原本剛從老家無錫到美國時也極度熱愛FASHION的東西，但後來他也慢慢發覺愛中國的老東西很有自己的個性、很具親切感。

**顏色的取捨是先天的，不是不喜歡，而是它出現的不對**

學童時的石村，經由私人老師教畫，首次作畫，老師就告訴石村的父母親，「這個小孩一定要在「學畫」上好好栽培他，石村作畫的才能將無可限量。一石村仍然記得當初他在紙上畫了一只花瓶及二個橘子，作品呈現的要比原物好看的多，對色彩他可是反應過度、他世紀末的新新人類，究竟是什麼長像？

是一頭叛逆已極的長髮、大耳環，裸露的上身，色彩瘋狂不已的短褲，叮叮咚咚掛著數條項鍊與手鍊的樣子嗎？新新人類的「家之藍圖」，又是什麼模樣？

是又像作畫間那般的五顏六色？還是即興的作品隨時可以完成的音樂studio？……

石村是個有著不安定靈魂的搖滾漢子，那股在內心撕扯著的雙重個性在他那詭異的house表現無疑。

## 四幅如同神門般的畫作，讓石村的家顯些有點「詭異」

猶記採訪當天，一踏進門，兩旁四幅「石村的畫」像看守的門神般立在大門的左右二方，說是震懾也可，說是瞬間莊嚴也可，總之走進石村之家，感覺非比尋常。

受到祖母從小灌輸鬼怪故事的因素，house的牆上佈滿的畫作都瀰漫石村瘋狂奇特的詭異想像空間。石村神情專注的表達：「畫本身有無以倫比的強勢力量，更有無可限量的POWER，把自己的作品放在空間裡，它不單單只是個裝飾品，它有大腦，每當我再度注視這些置於牆上的畫作，都會讓我時而莊嚴、時而沈默，每回畫帶給我的感受都不一樣。」

一開三層樓的房子，石村把生活的精華落在1F音樂studio及3F作畫間，音樂studio在石村的要求標準下並非完美，他是期望能擁有一個佈滿整間屋子的studio，讓所有即興的作品在任何一處、任何一角能自然而生。他是一個石村的藝術家及音樂創作者，他在構築[illegible]

[illegible]

切馬上消失，且消失的十分隱密。二F只是再平凡不過的休息間和嬰兒房，步上三F的階梯，那股詭異的氣息似乎在我內心變得十分沈重，當整個空間很真實的平攤在我的眼前，我看到了灑了滿地的畫筆及畫布，一切完成與未完成之間的作品混淆不清，只見那續彩的五顏六色。原木條的屋頂結構，俯瞰台北市都區，站在右轉那一小小人工花園，小石頭相互砌成的「水塘」，我彷彿想見主人在此地所見的環山之美及悠悠然的舒適感，令人不得不興起羨慕的意念。

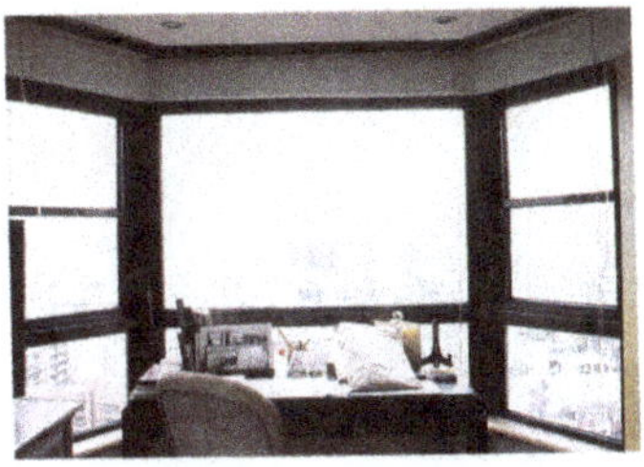

## 游移在現代傢俱之中的古代中國物品

家中的每一物、每一景所陳設的東西是如何蘊釀的？石村的回答是「所有眼睛瞧見的都是因爲要用才買來的，倘若三年之內這些東西都已不再被加以利用到，似乎只有淘汰的命了！」

好動的石村也有那段做「木工」的生活，因此他十分在意所有木製品，像大床、大櫃子，他是絕對不採用夾板

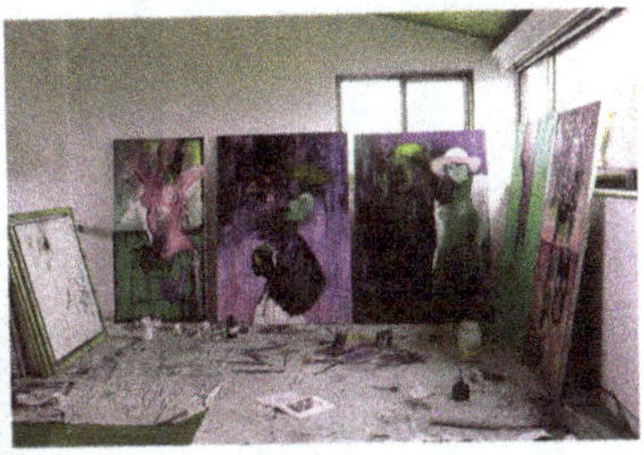

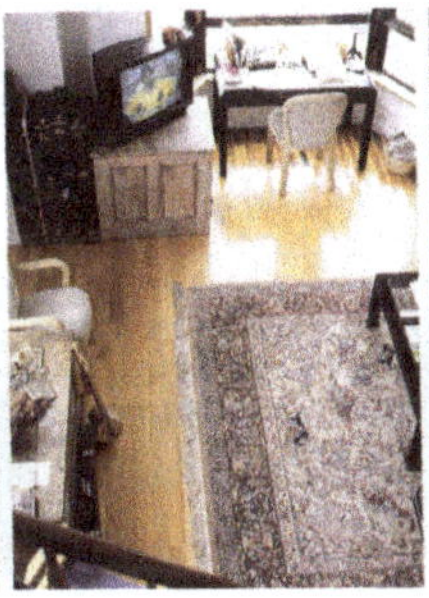

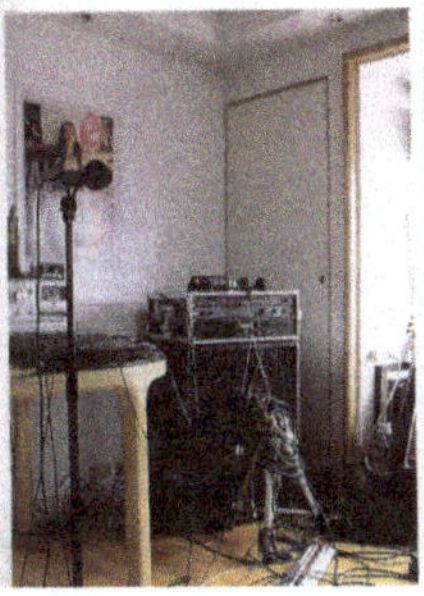

## 顏色的取捨是先天的，
## 不是不喜歡，而是它出現的不對

學童時的石村，經由私人老師教畫，首次作畫，老師就告訴石村的父母親，"這個小孩一定要在'學畫'上好好栽培他，石村作畫的才能將無可限量。"石村仍然記得當初他在紙上畫了一隻花瓶及二個橘子，作品呈現的要比原物好看的多，對色彩他可是反應過度，他說明他並不是刻意去強化或改變人們視為習以為常的顏色，而是把先天對物品所應歸屬的色彩賦予上去罷了，對他而言顏色的取捨是先天的。

顏色搬在 house 裡，石村感到有一股"想像的慾望"，利用他對色彩的敏感度，創作出豐富的音樂和怪異的畫作。雖然空間裡任何顏色他都會嘗試用用，但他還是強調現有的空間東西越少越好！

## 擁有唯一，是因為喜歡
## 一般別人不會有的東西

這個有點西方又不太西方的漢子——石村，想要擁有全世界那世人定位為唯一的物品，像他就持擁一把僅生產 151 支的吉他，這把稀有吉他早在十年前就不再生產製作了，喜它的理由除了一般強調的聲音不錯、外型好看之外，其實石村還偷偷透露我們，那是因為"喜歡一般別人不會有的。"

戴著耳環、擦著亮爍的藍色指甲油手上戴滿了西藏新穎手飾，用披克琤琤琮琮的撥動吉他弦，在這樣用視覺撩亂的情境下我們結束了一趟難以忘懷的採訪之旅。

台灣［黛雜誌］黛的生活方式欄目專訪

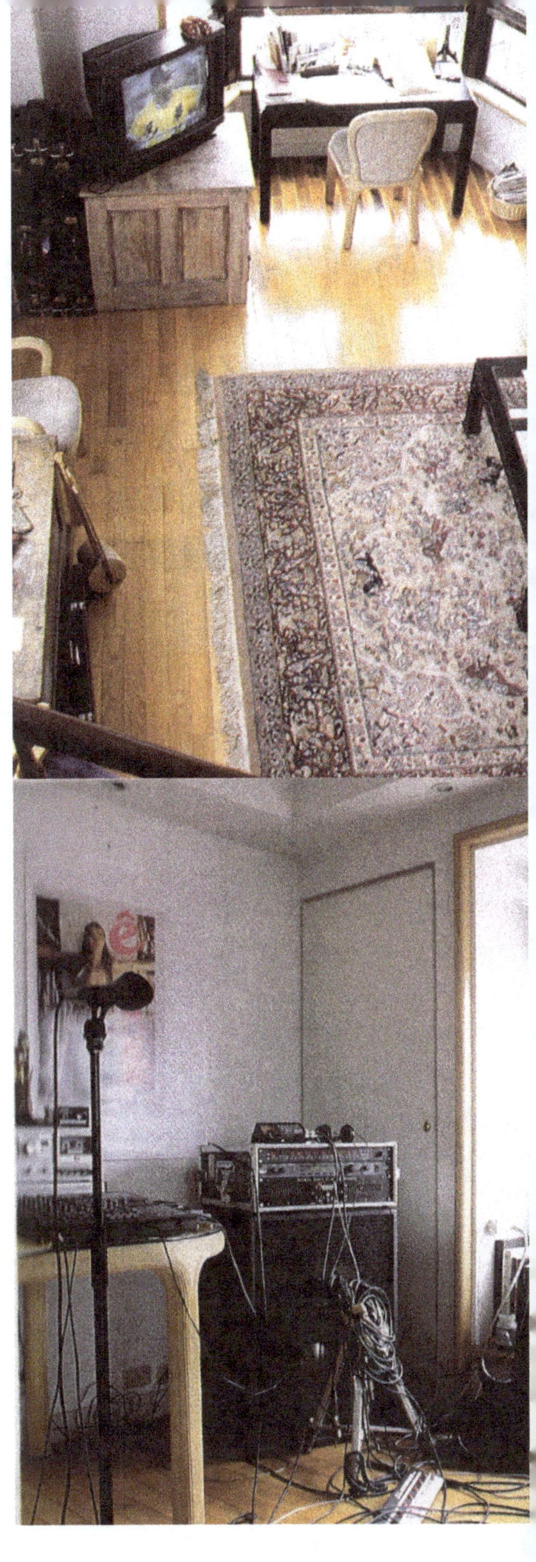

主人小檔案：

姓名／石村（搖滾街頭一條漢子）
血型／AB 型
星座／水瓶座
職業／畫家 & 歌手
坪數／七、八十坪（1F+2F+3F）
收集品／停產的吉他、貝斯，十分
古意又十分時髦的飾品……，隨處
可得的東西都能是新商品，沒有特
別的收集概念。
最喜歡的顏色／只要能透過視覺
感受的顏色全愛，認為顏色的取捨
是天生的，感覺對了就喜歡。
對家的感覺／不受拘束，情緒不受
壓抑，極度的舒適感。

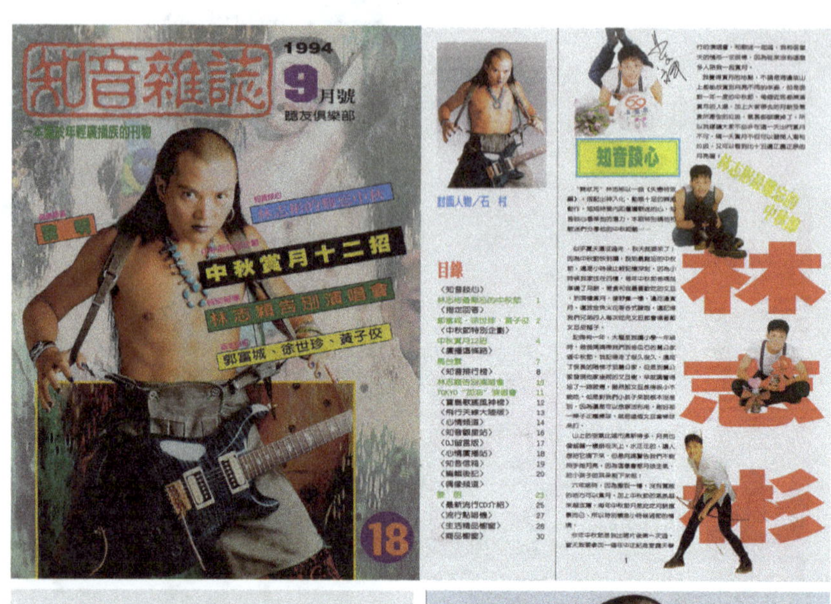

封面人物/石　村

目錄

〈知音談心〉



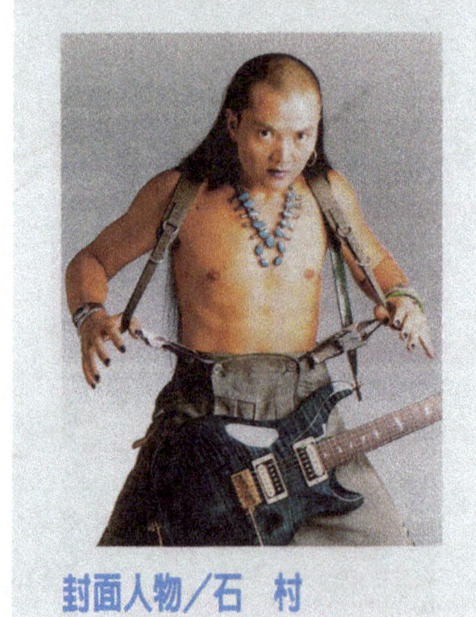

封面人物/石　村

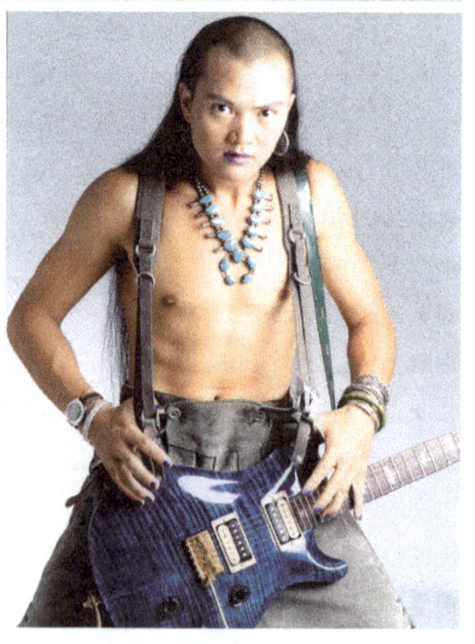

1994 年 9 月號《知音雜誌》，封面人物石村

# NEWYORK

前世
紐約篇

石村不僅僅是一個超酷的節目主持人：最近的一張專輯標誌著他作為一名音樂人的首次亮相，歌單上還有他自己創作的詩歌和繪畫。他的藝術作品曾在紐約和柏林的畫廊展出。他的英文名字是他中文名字的德文變體，他說他之所以選擇這個英文名字，是因為他覺得它很酷，在德語中它的意思是

# "弓箭手"

# MTV 希望中國人會盯著看：
# 一個時髦，跨文化的主持人
# 帶領音樂頻道進入華語市場。

MAGGIE FARLEY

《洛杉磯時報》特稿

石村（"Schutze"石村曾用的英文名）不是你經常在中國看到的那種人。他剃光了半個頭，剩下半頭的長髮垂在腰際，耳洞，皮褲，紫色緊身褲和軍靴。

但他很快就會成為你在電視上常看到的人。石村是 MTV 中文頻道的代言人，通過衛星傳播到亞洲各華語國家。石村是紐約格林威治村和中國村的時髦組合，他已經在台灣引發了人們對皮褲的狂熱。

"想把頭髮留成我這個樣子的有點難，"石村說，他是 10 年前還在南京時就開始留發了。"當時我已經預見到我的這種髮型了。"

MTV 和 StarTV 的 Channel [V] 正在進行決鬥，為的是爭奪亞洲越來越富裕的年輕觀眾，後者是一個香港衛星頻道，曾經是須經 MTV 許可方可在亞洲播放音樂節目的頻道。MTV 去年和 Star 分拆後，Channel [V] 就搶占了市場。這兩個頻道均具有類似的音樂節目，不同之處在於本地化，頻率分銷和個性上的區別。

　　石村的能量水平如此之高，甚至於能在最近一天裡從中國跳到新加坡再到香港，只停下來取一下牙刷和更換緊身褲，他正是 MTV 希望能幫助它贏得這場戰鬥的主持人。

　　石村不僅僅是一個超酷的節目主持人：最近的一張專輯標誌著他作為一名音樂人的首次亮相，歌單上還有他自己創作的詩歌和繪畫。他的藝術作品曾在紐約和柏林的畫廊展出。他的英文名字是他中文名字的德文變體，他說他之所以選擇這個英文名字，是因為他覺得它很酷，在德語中它的意思是"弓箭手"。

　　MTV Networks 的國際總裁比爾·羅迪說："他將我們所尋找的許多元素集於一身。"

　　石村不只是讓你想看，他還讓你想盯著看。雖然他並不總是這樣，但即使在他的家鄉，他也是一個反叛者和藝術家。在南京大學，他遇到了幾個外國留學生。一個人使他轉向了 Talking Heads，讓他走上搖滾樂的道路。另一個最終成為了他的妻子，帶領他去了紐約。

　　在紐約，他為他的藝術，他的音樂和文化衝擊掙扎著。

　　"我到達了一個我根本感覺不到自己是中國人的地步，"他一面說，一面擺弄著他手臂上戴著的 26 個厚銀手鐲之一。

　　"我關閉了我所擁有的一切。"

　　他停止了繪畫並成為"幾乎是一個反藝術家"，並考慮放棄音樂。

　　"但是然後，"他說，"我想到了自己 75 歲的時候，頭髮已經很長很白，在一個走廊上跳搖擺舞，四周草地上的草已經很高。我看到自己坐在那裡，頭髮像草一樣在空中飄蕩，希望自己年輕的時候能成為一名搖滾樂手。所以我想，我必須這樣做！"

　　在紐約和後來在台灣，他磨練了他的英語和他的吉他技巧，並重新回味他受到的中國影響。他回憶起在中國農村和其他鄉村孩子一起睡在石頭庭院裡，夏天吃西瓜，晚上聽老太太講鬼故事。"這些依舊都存在我心裡，"他說。

　　對於他的音樂來說，那種難以駕馭的混沌之音但卻喚起了他在紐

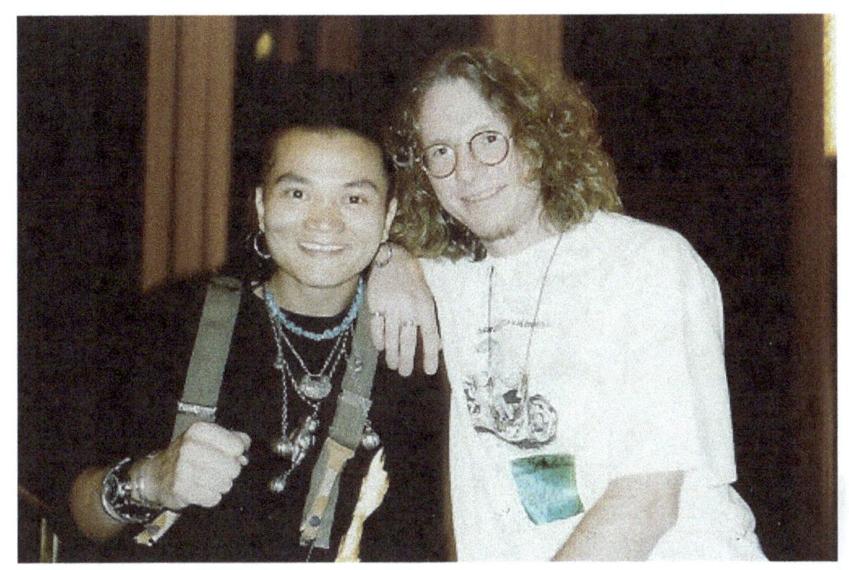

1995 年石村與 REM 樂團吉他手 Mile Mills

約時代的風格和活力。他的 MV，也是 MTV 的競爭對手 Channel[V] 上的熱播節目，是對那些日子的致敬。

正是這種南京和紐約的結合讓他成為一個粉絲所描述的“非常 MTV”。他的名字，雖然並不是他父母想出來的，但卻非常適合一個 MTV 的主持人：漢字的意思是“石村”。

石村和 MTV 都發現，成為國際娛樂的特使並不總是那麼容易。石村在三年內第一次探訪了他在南京的家人。他們並不真的理解他作為節目主持人做的事情，而他也沒有機會向他們展示，因為 MTV 尚未在中國播出。

MTV 發言人 Todd Phillips 表示，該公司希望在今年年底之前為中國大陸制定一項有線電視分銷協議。針對中國大陸、台灣、香港和新加坡的普通話頻道，只有有線電視用戶或帶有解碼器的衛星天線用戶才能使用，這一決定的部分目的是為了安撫渴望控制的政府。

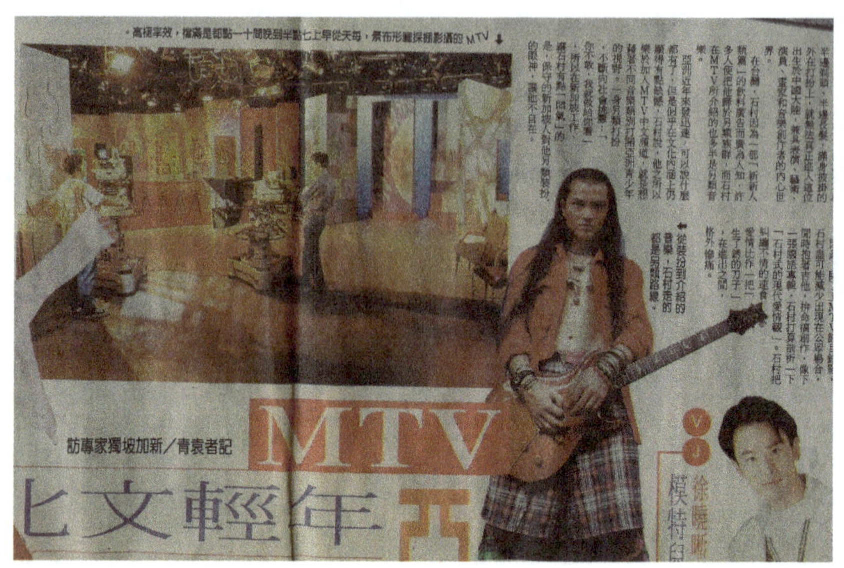

  "加密為我們提供了一個收入手段，"Phillips 說道，與 Channel [V] 相比，後者在該地區自由發展，主要靠廣告收入。　"但我們也要確保我們不會冒犯為我們制定毫無商量餘地決策的政府。"

  菲利普斯談論的是中國，其 12 億人口可能是世界上最大的市場。大陸的消費市場仍處於萌芽狀態，只有 2000 萬人被認為是中產階級，但可口可樂，聯合國際影業，Levis 和百威等廣告商正在推廣的產品屬於城市消費者的平均購物水平。

1995. 6. 20

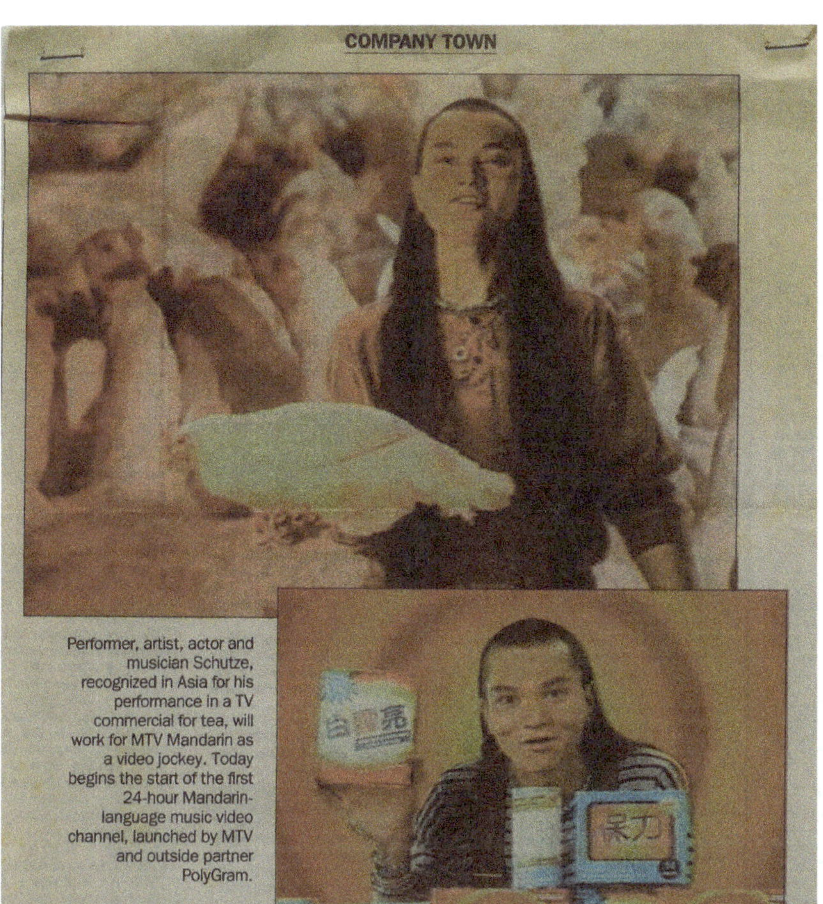


Performer, artist, actor and musician Schutze, recognized in Asia for his performance in a TV commercial for tea, will work for MTV Mandarin as a video jockey. Today begins the start of the first 24-hour Mandarin-language music video channel, launched by MTV and outside partner PolyGram.

# A Marriage in Asia

## MTV-PolyGram Pairing Reflects Global Rivalry in Music Video Industry

### All Around the World

From its fledgling 1981 beginnings in 3 million U.S. households, MTV has expanded its music video empire to more than 250 million households worldwide. Households, in

# MTV Hopes Chinese Will Be Staring

**■ Television:** A funky, cross-cultural host leads music channel into battle for the Mandarin-speaking market.

By MAGGIE FARLEY
SPECIAL TO THE TIMES

HONG KONG

Schutze, with half his head shaved, the rest of his hair hanging to below his waist, pierced ears, lederhosen, purple tights and combat boots, is not the kind of guy you often see in China.

But he soon may be. Schutze is the face of MTV's Mandarin-language channel, beamed by satellite to Chinese-speaking countries around Asia. A funky combination of Greenwich village and a Chinese village, Schutze has already sparked a craze for lederhosen in Taiwan.

"It's a little bit harder to get my hair," says Schutze, who started growing it out 10 years ago as a teen-ager in Nanjing. "But I've seen that already too."

In the battle for Asia's increasingly affluent young viewers, MTV is dueling with Star TV's Channel [V], a Hong Kong-based satellite channel that was once MTV's Asian licensee. After MTV split from Star last year, Channel [V] grabbed the market. What will distinguish the two channels, which have similar repertoires of music videos, is localization, distribution and personalities.

And Schutze, with an energy level so high that he recently bounced from China to Singapore to Hong Kong in one day, stopping only for a toothbrush and a change of tights, is the kind of host MTV hopes will help it win the battle.

Schutze is more than an ultra-cool video jockey: A recent album marked his debut as a musician, with his own poetry and paintings on the lyrics sheet. His art has been shown in galleries in New York and Berlin. His name is a German variant of his Chinese name, and he says he chose it because he thought it was cool that in German it means "archer."

"He brings together in one person a lot of elements we look for," says Bill Roedy, international president of MTV Networks.

Schutze doesn't just make you want to
**Please see ASIA, D4**

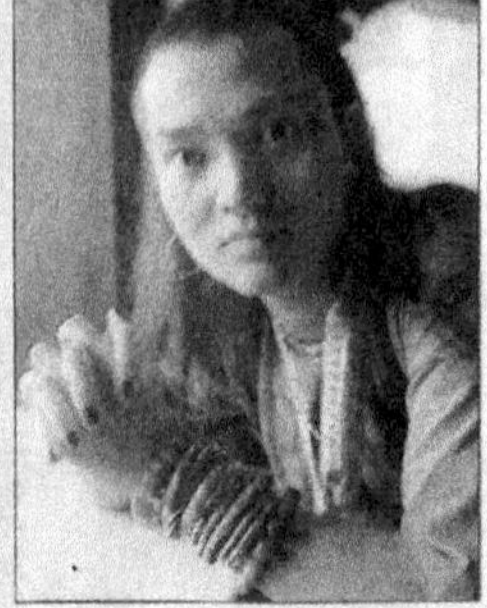

ANDY SHORT · For The Times

Schutze will carry MTV's banner into Mandarin-speaking Asia. Chinese by birth, he honed his English in New York.

---

lied the client and a new ad would be appearing shortly.

### Homophobic media

Come out, come out, wherever you are.

That's the message of an ad for **Locomotion**, "the new homosexual pub for

Hsu, who is open about being a lesbian, stood her ground. The ad appears in the **China News** as is.

### What's in a name?

Speaking of **Sharon Hsu**, another woman by the same name has been appointed director of sales

cellence and its assets, including the title *Accounting Research Monthly* (yawn) and more than 100 management books (snore).

Despite the new foreign investors, the editorial content and staff will stay the same.

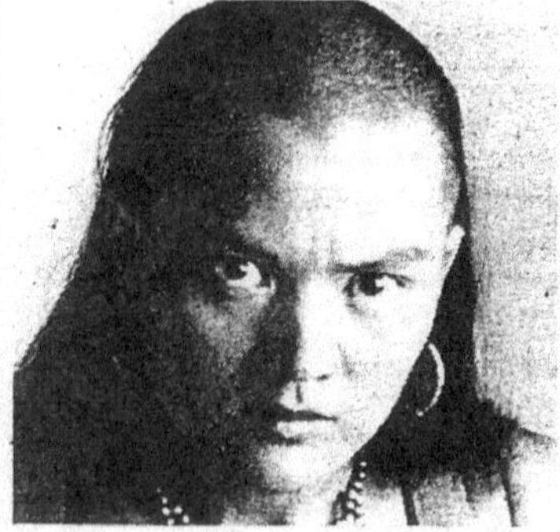

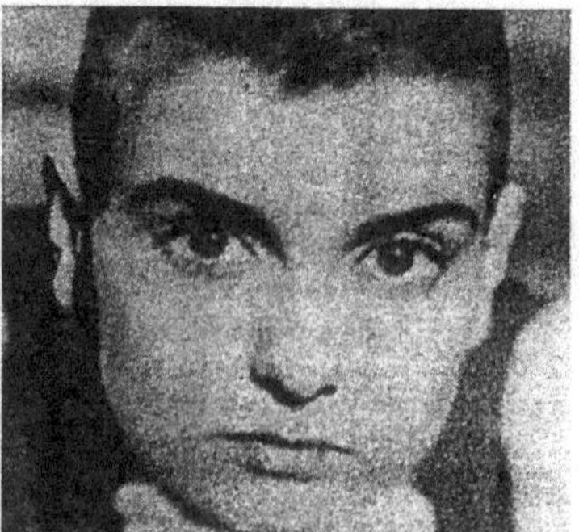

Poseur or separated at birth? Taiwanese industrial rocker Schüetze (left) and Irish singer Sinead O'Connor appear to be follicly challenged cousins.

# MTV Hopes Chinese Will Be Staring

MAGGIE FARLEY | SPECIAL TO THE TIMES

Television: A funky, cross-cultural host leads music
channel into battle for the Mandarin-speaking market.

Schutze, with half his head shaved, the rest of his hair hanging to below his waist, pierced ears, lederhosen, purple tights and combat boots, is not the kind of guy you often see in China.

But he soon may be . Schutze is the face of MTV's Mandarin-language channel, beamed by satellite to Chinese-speaking countries around Asia. A funky combination of Greenwich village and a Chinese village, Schutze has already sparked a craze for lederhosen in Taiwan.

"It's a little bit harder to get my hair," says Schutze, who started growing it out 10 years ago as a teen-ager in Nanjing. "But I've seen that already too."

In the battle for Asia's increasingly affluent young viewers, MTV is dueling with Star TV's Channel [V], a Hong Kong-based satellite channel that was once MTV's Asian licensee. After MTV split from Star last year, Channel [V] grabbed the market. What will distinguish the two channels, which have similar repertoires of music videos, is localization, distribution and perso nalities.

And Schutze, with an energy level so high that he recently bounced from China to Singapore to Hong Kong in one day, stopping only for a toothbrush and a change of tights, is the kind of host MTV hopes will help it win the battle .

Schutze is more than an ultra-cool video jockey: A recent album marked his debut as a musician, with his own poetry and paintings on the lyrics sheet. His art has been shown in galleries in New York and Berlin. His name is a German variant of his Chinese name, and he says he chose it because he thought it was cool that in German it means "archer."

"He brings together in one person a lot of elements we look for," says Bill Roedy, international president of MTV Networks.

Schutze doesn't just make you want to watch. He makes you want to stare. Though he didn't always look like this, even in his hometown he was something of a rebel and an artist. At Nanjing University, he met several foreign students. One turned him on to the Talking Heads, setting him on the path to rock 'n' roll. Another eventually became his wife, leading him to New York.

There he struggled with his art, his music and culture shock.

"I reached a point where I didn't feel at all Chinese," he says, fiddling with one of th e 26 chunky silver bracelets on his arms. "I just turned off everything I had."

He stopped painting and became "practically an anti-artist," and considered quitting music.

"But then," he says, "I thought about being 75 years old, my hair all long

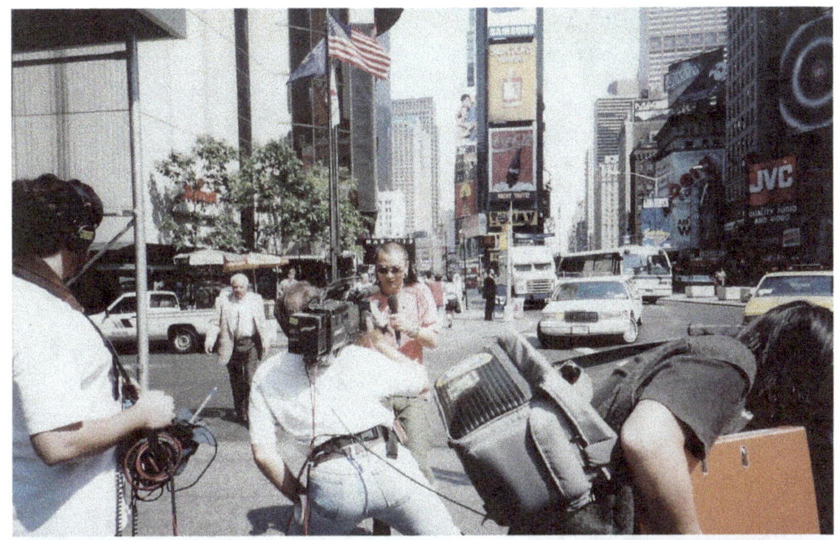
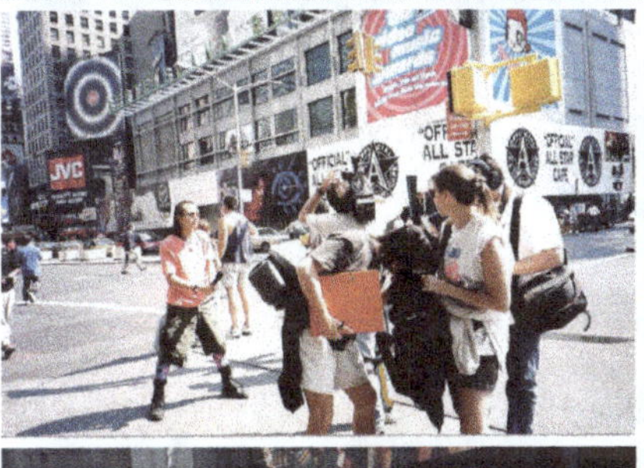
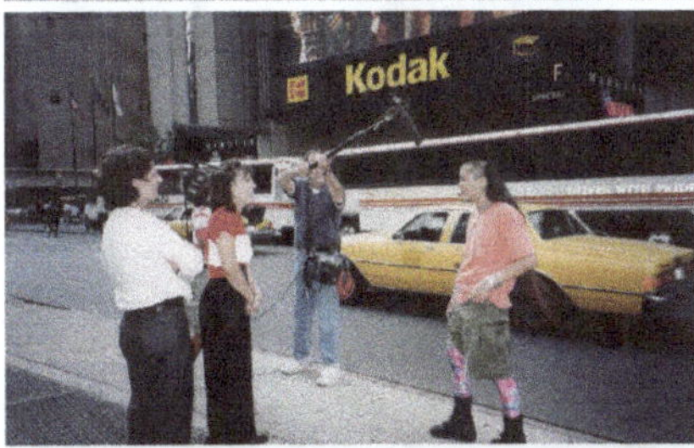
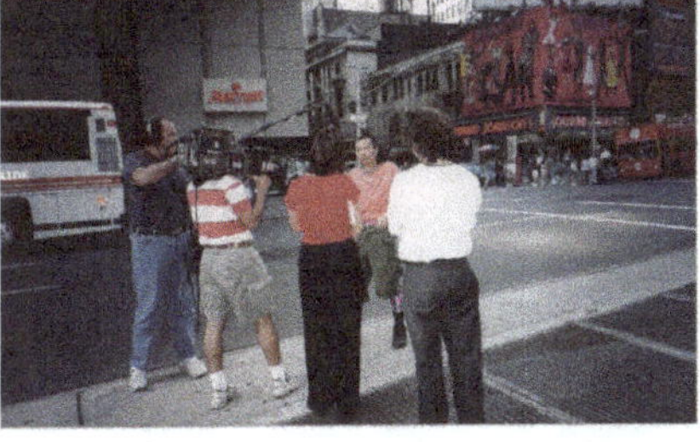
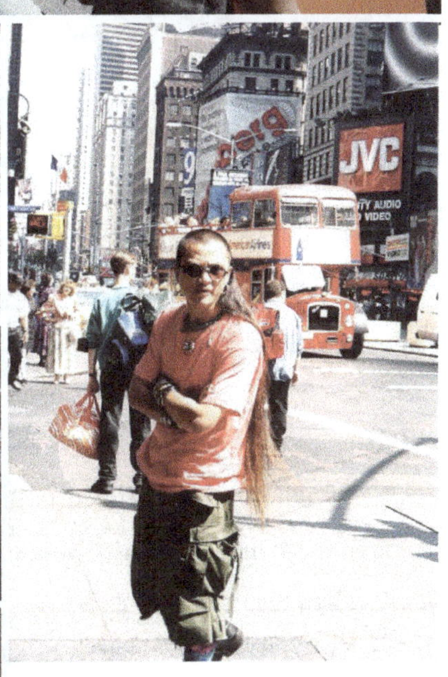

接受美國娛樂電視節目

Entertainment Tonight 采訪

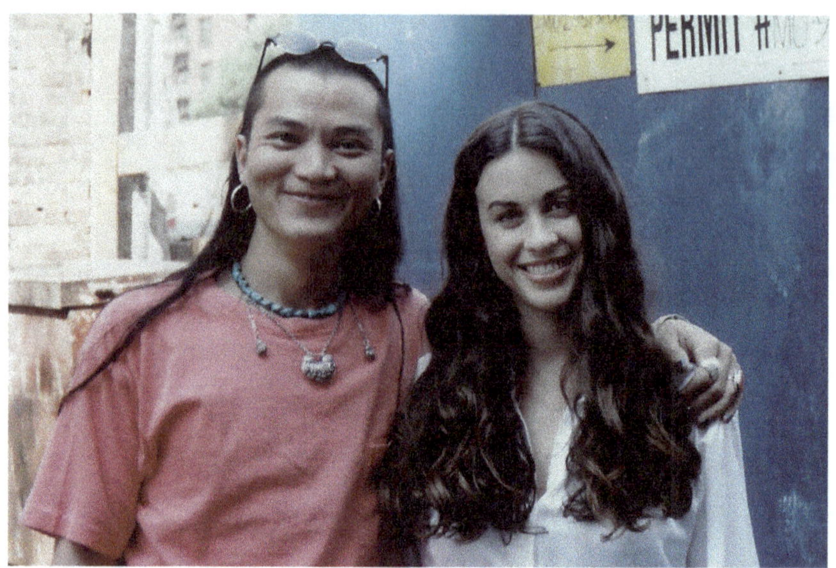

1995 年石村與當紅歌星 Alanis Morissette

and silver gray, rocking on a porch by a field with the grass really high. I saw myself sitting there, my hair waving in the air like the grass, wishing I had been a rocker when I was young. So I thought, I just gotta do it!"

In New York, and later Taiwan, he honed his English and his guitar skills and reclaimed his Chinese influences. He recalls sleeping in a stone court-yard with other village children in the Chinese countryside , eating water-melon in the summertime, listening to old women tell ghost stories at night. "That's all in there," he says.

But so is a hard-driving, chaotic sound to his music that evokes the style and energy of his time in New York. His videos--which are also a hit on ri-val Channel [V]--are a tribute to those days.

It 's this combination of Nanjing and New York that make him what one fan describes as "very MTV." And though it wasn't what his parents had in

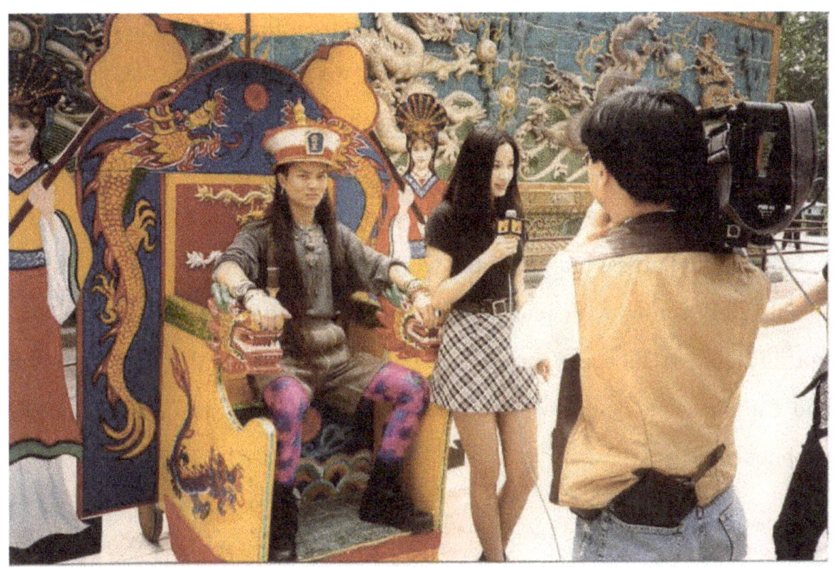

石村與瞿穎在主持 MTV 節目

mind, even his name is perfectly suited for an MTV video jockey: The Chinese characters mean "rock village."

Both Schutze and MTV have found that it's not always easy to be the envoy of international entertainment. Schutze just visited his family in Nanjing for the first time in three years. They don't really understand what he does as a VJ, and he hasn't had a chance to show them. MTV isn't broadcast in China yet.

MTV spokesman Todd Phillips says the company is hoping to work out a cable distribution agreement for mainland China by the end of the year. Mandarin Channel, targeted at China, Taiwan, Hong Kong and Singapore, is scrambled, available only to cable subscribers or satellite dish owners with a decoder--a decision made in part to appease control-hungry governments.

"Encryption provides us with a revenue string," says Phillips, contrasting it with Channel [V], which beams free across the region and depends primarily on advertising for income. "But we also want to make sure we aren't upsetting the governments behind the make-or-break decisions for us."

Phillips is talking about China, whose population of 1.2 billion is potentially the largest market in the world. The mainland's consumer market is still embryonic, with just 20 million people considered middle class, but advertisers such as Coca-Cola, United International Pictures, Levis and Budweiser are promoting products that are within the average urban shopper's reach.

June 20, 1995| HONG KONG

# BEIJING

今生
北京篇

"石村有個本事，就是可以和世間各種層面的人水乳交融，打成一片，絲毫沒有有的藝術家那種倨傲，可是看見他的畫，他才是自己世界裡最倔強、倨傲的人！"

# 首屆當代藝術公益展
# 《藝術就是財富》舉辦

新浪收藏

2012 年 10 月 13 日，由東亞中國北京分行主辦， Artcandy 及頤和悅館共同承辦的首屆當代藝術公益展"藝術就是財富"成功舉行，近百餘位精英人士，共聚東亞中國北京分行大廈 29 層共享藝術盛宴。本次展覽共展出人民幣畫家石村的畫作 18 幅。

東亞中國北京分行副行長及區域總監週進先生與知名旅美當代跨界藝術家石村先生，頤和悅館董事長劉彭生先生，共同主持了開幕酒會。

藝術家石村，早年在現代藝術的搖籃紐約居住多年，與同時代留學美國的當代中國藝術家林天苗和王功新等都是志同道合的朋友和熟人。當時他們都在紐約最前衛、最先鋒的藝術中心紐約東下城以及後來位於紐約布魯克林的威廉斯堡生活多年，作為個性反叛大眾，創意出手辛辣的年輕藝術家，自己本身就成為了紐約這個現代藝術大熔爐的一部分。正如作品賣價最高也最受藝術收藏家擁戴的當代後波普藝術家 Jeff Koons 一樣，石村不完全是一個藝術家，他有著商人的頭腦和藝術家的創意，以及兩者之間相互轉型的能力。商業的直截了當使得他對藝術的下手更準更恨。

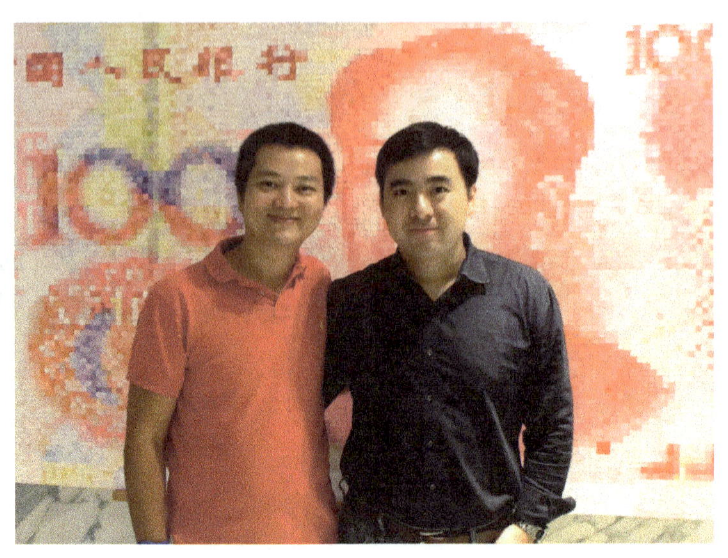

石村與天使投資人王利傑

　　石村的繪畫將中國藝術的隱約感覺出類拔萃地埋藏在西方的油畫風格中，將東西方的那種現代派的文化藝術本末倒置地展現在自己的作品中，因此畫風獨成一格。早年石村的畫作更多的表現了他作為一個年輕藝術家追求後現代主義的野心而充滿了寧靜志遠與詭異猙獰的兩級分化的濃烈風格。而今天石村的作品顯示的卻是對時代的反思和重識。他創造出來的人民幣系列已經超越了金錢的範疇而通過每一格刻意繪畫出來的馬賽克暗喻了我們這個社會到處都用馬賽克來欲蓋彌彰的現實。每一個馬賽克格子都用不同的顏色調製，成千上萬的匯集在一起而形成了整體畫作的磅礴氣勢和強大的氣場。

　　據悉，"東亞中國北京分行首屆當代藝術公益展"結合多方優勢，不僅向銀行的高端客戶群介紹了當代新銳藝術家的作品，也為反射社會各個層面的當代藝術打造了一個向金融財富圈展現本身價值的機會，同時，更承載著公益使命，此次活動中成交的作品，提取 10% 作為公益善款，匯入到東亞銀行公益基金。

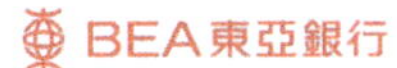



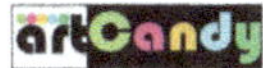



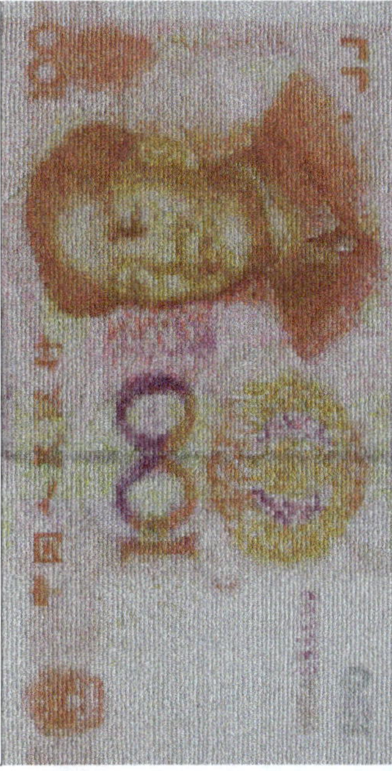

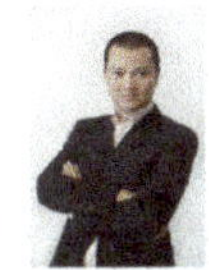

石村

中美当代艺术家，1963年2月出生于南京，现工作与生活于纽约及北京两地。

**Shi Cun**

*Chinese American contemporary artist of 1980s. Born on February 1963 in Nanjing, lives and works in both New York and Beijing.*

*Shi Cun went to New York to study contemporary art in 1987 and became a close friend with famous artist Ai Weiwei, as well as the artist couple Lin Tianmiao and Wang Gongxin. Together they formed the bedrock of early Chinese contemporary artists in the East Village of New York.*

*Shi Cun's early work of contemporary art has been exhibited at prestigious galleries and museums in the United States, Europe and Taiwan, including the prestigious contemporary art temple White Column, Clocktower, Alternative Museum, Guilan Museum of Germany's Beuele, as well as a solo show in IT Park, a top-tier gallery of Taiwan.*

*Later, when he was invited as a contemporary artist to represent the generation "New New Mankind" of Taiwan via a widely broadcasted TV commercial, Shi Cun became widely famous and started to shift his focus to music and entertainment. The release of his first heavy metal album "Man of the Street of Rock" put him on the map in the music industry as the first musician who initiated the trend of heavy metal music in Taiwan. Shi Cun was later recruited by MTV Networks Asia to become a VJ to open the Chinese music market.*

*In 2011, Shi Cun returned to the contemporary art scene with a new perspective of courage, insight and the wealth of expertise he accumulated in the business circle after 18 years of being an entrepreneur in the multimedia and IT industries. As a true believer in creating authentic contemporary art that appeals to the masses, he created his exciting new "RMB series" to reflect the changing society of China impacted by its commercial take-off and to express his insights into art as capital.*

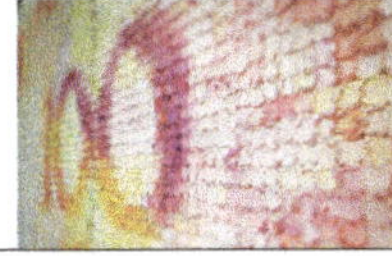

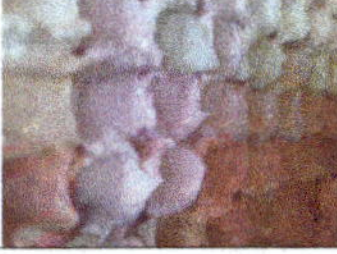

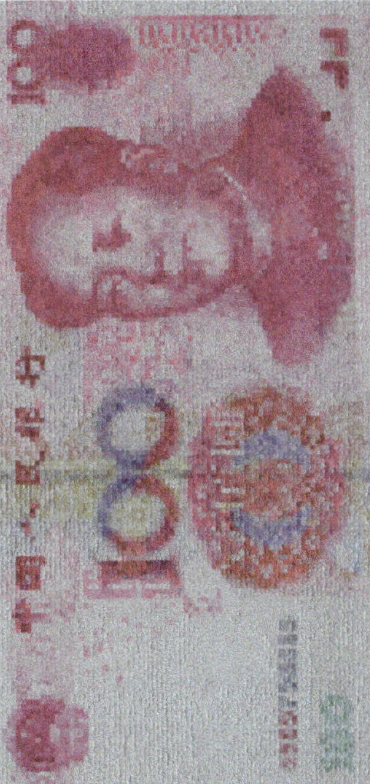

艺术就是财富

ART IS CAPITAL

The two seemingly contradictory aspects of art and finance are, in reality, closely linked.
The RMB has become the most well known totem representing the money oriented
society of today's China. Art, on the other hand, is using the same totem as a tool to
value the worth of an artwork and to make a settlement of a transaction. No other totem
other than RMB can better explain the values of today's Chinese society.
Now is the opportune time for Bank of East Asia- Beijing's First Annual Contemporary Art
Benefit to take place as the marriage of contemporary art and finance. It introduces the
emerging contemporary artists to the VIP circle of the bank's client base while offering an
opportunity for contemporary art with true artistic value to reflect the reality and truth of
the society and to demonstrate its capital value. Unlike the foreign countries where the
perfect marriage of Art and Finance has created a mature market, the pairing of Art and
Finance in the special circumstance of the Chinese society marks a watershed where
Chinese financial institutions together with contemporary artists have marched into a
period when social responsibility and giving back to our society that has given so much
so the high net worth individual has become not only a public interest issue but also a
legitimate need for continued social progress. Art, as an important element of the public
benefit, is the social compass of a financial institution that represents the institution's
attitude towards social responsibilities and its willingness to undertake public benefits. It
is also an important channel to reflect and enhance the company's brand value.
Through the public exhibition of Bank of East Asia Beijing's First Annual Contemporary
Art Benefit, the purpose of the BEA and artCandy is for awakening an awareness of
social responsibilities between both established artists as well as financial institutions.
While offering a proliferation of investment opportunities for corporations and individuals
from the wealth circle, it also provides a chance to awaken social responsibility and a
concern of public good.

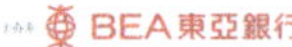
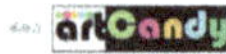

2012东亚北京首届当代艺术公益展
预展
FIRST ANNUAL B.E.A
SOCIAL RESPONSIBILITY ART BENEFIT
2012 BEIJING

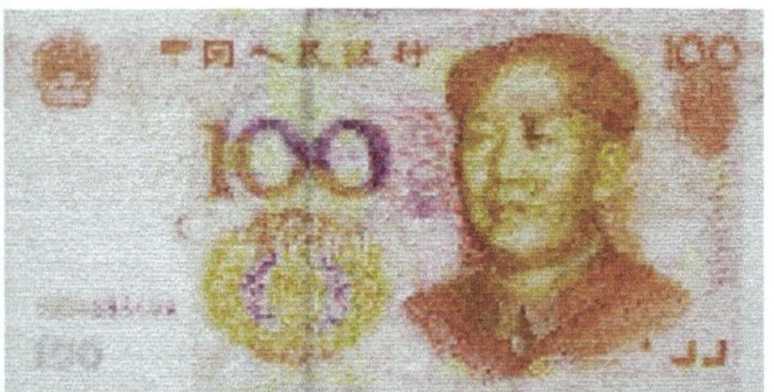

艺术就是财富
ART IS CAPITAL
2012东亚银行北京分行首届当代艺术公益展(预展)
FIRST ANNUAL B.E.A SOCIAL RESPONSIBILITY ART BENEFIT 2012 BEIJING

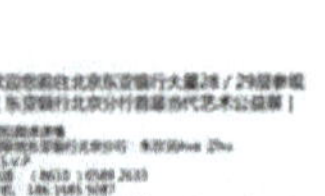
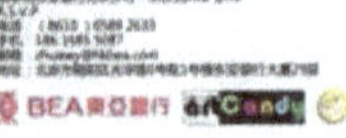
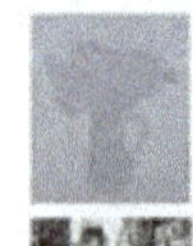
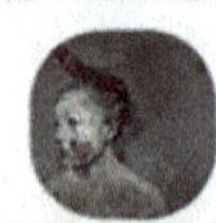
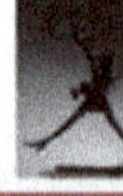
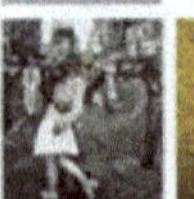
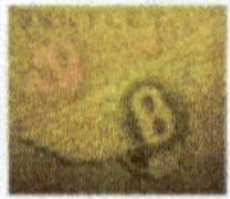
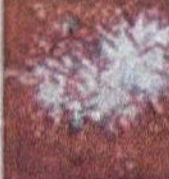
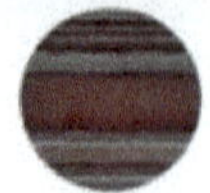
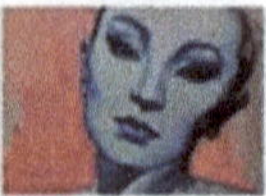

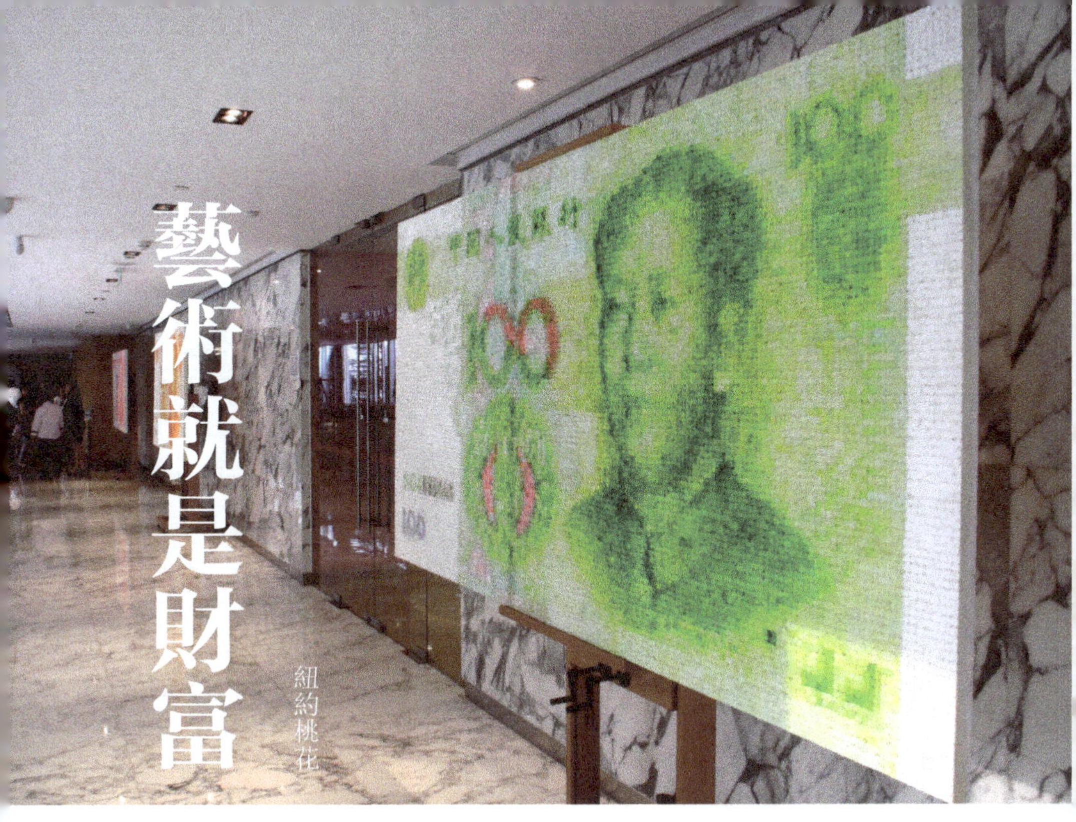


　　此次回國的一個重要事情就是親自參與籌辦在東亞銀行北京分行舉辦的當代藝術畫展［藝術就是財富］。這個展覽籌辦了已經有四個月了，這次回去就是要與其他的策展人共同商討此次展覽的可行性與具體落實方法。

　　對於東亞銀行北京分行來說，這個當代藝術展是他們首次舉辦的，意義非常重大。而對藝術家來說，這個首次與銀行接軌的畫展也有著同樣的重量，畢竟藝術與金融的接軌是一個令人大開眼界的做法。

　　從下面我為此次當代藝術展撰寫的前言中，大家可以看到此次展覽的目的與意義。

　　藝術與金融這兩個看似對立的方面，其實是緊密相連的。人民幣已經成為中國當代社會最著名的拜金圖騰，而任何完美的當代藝術品

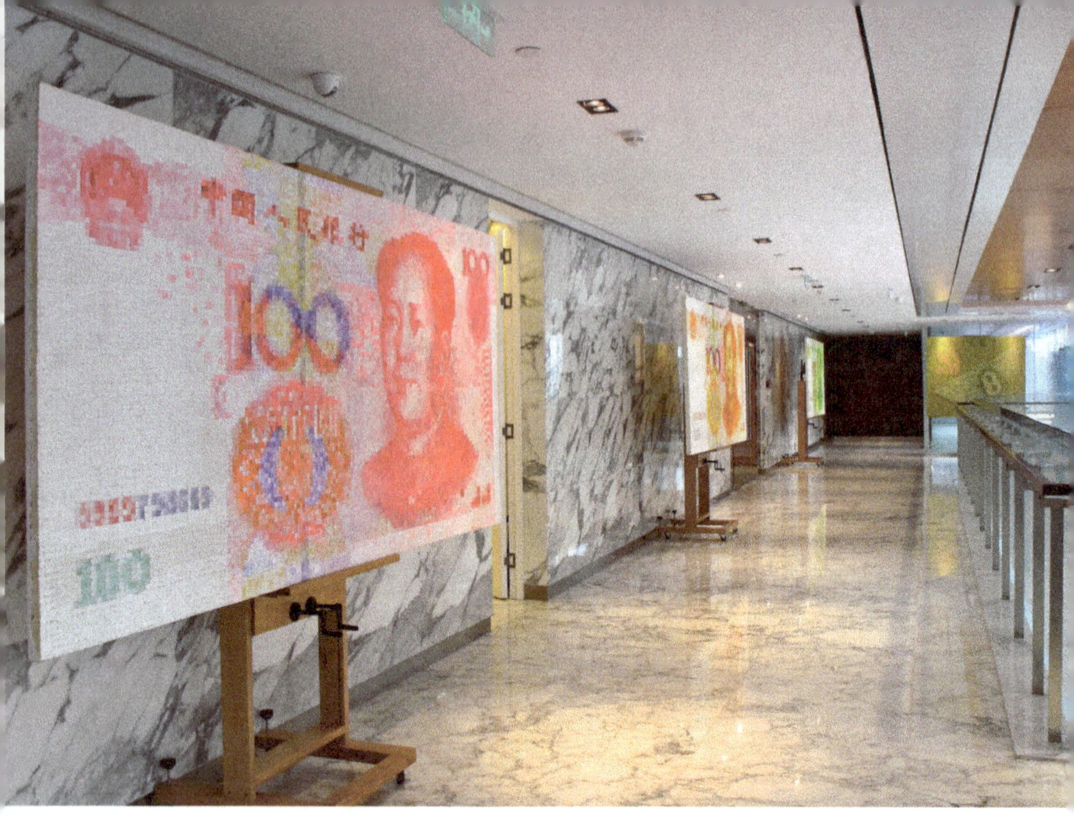

也是以這個圖騰作為價值的結算物從而體現出藝術的商業價值。沒有任何圖騰能夠比人民幣更能說明今天這個社會的價值。

旅美藝術家石村的油畫"人民幣"將這個社會的價值觀作為藝術體現出來，從商業和藝術的雙重角度探討了人民幣的社會價值與社會觀。作為東亞銀行北京即將舉行［東亞銀行北京 2012 年首屆當代藝術公益展］中最貼切表述了在金融與當代藝術的主題作品，［人民幣］通過藝術與金融的結合絕妙地詮釋出雙方角色在現實中的轉換。

肩負社會責任感，著眼於整體社會生存態度的藝術家與藝術作品是當代藝術的原動力，作為此次展覽的承辦人，藝術糖果為此次東亞銀行北京當代藝術展覽所選擇的藝術家及其作品都深刻地體現了當代社會的一個側刨面，詮釋了藝術家眼中在歲月，歷史與社會這個大背景的不斷變幻中解碼出的社會價值觀與人生觀，作為對當代藝術的敬禮。

當代藝術的價值對於藝術家來說，也許是社會層次與價值的反思，而對於收藏家來說，投資內容，尤其當藝術與金融聯姻之後，當代藝術市場的持續發展與增長得到了更大的保證。實際上，藝術與金融的聯姻對銀行與藝術雙方來說，都是雙贏的局面，因為無論是打造品牌價值還是獲取投資利潤，藝術對資本都擁有巨大的吸引力，具有為銀行帶來更多的投資機會潛力。而藝術行業本身只有獲得更大的金融支持，才能獲得更大的發展，具有更廣闊的市場。尤其作為公共權威和金融保障的機構，銀行在藝術領域的品牌和聲譽一旦建立，他們對於藝術家和藝術作品以及藝術展覽的推動作用甚至會超過專業畫廊。

東亞銀行北京行分的首屆當代藝術公益展處於一個金融與當代藝術聯姻的絕佳時機，不僅向銀行的高端客戶群介紹了當代新銳藝術家的作品，也為反射社會各個層面的當代藝術打造了一個向金融財富圈展現本身價值的機會。與國外已經完善的藝術與金融聯姻所營造出來的成熟市場不同的是，在中國社會的特殊環境內，金融與藝術的聯姻還標誌著中國金融企業與藝術家一樣開始關心社會責任，邁向回饋社會的公益時期。藝術，作為公益事業的一項重要內容，代表著一個企業承擔公益事業、履行社會責任的風向標，是體現和提升公司品牌價值的重要渠道。通過 2012 年東亞北京首屆當代藝術公益展，東亞的目的就是喚醒藝術家以及金融企業雙方面的社會責任感，為財富圈中的企業與個人提供了一個投資增殖機會的同時，也提供了一個關心公益，喚醒社會責任的機會。

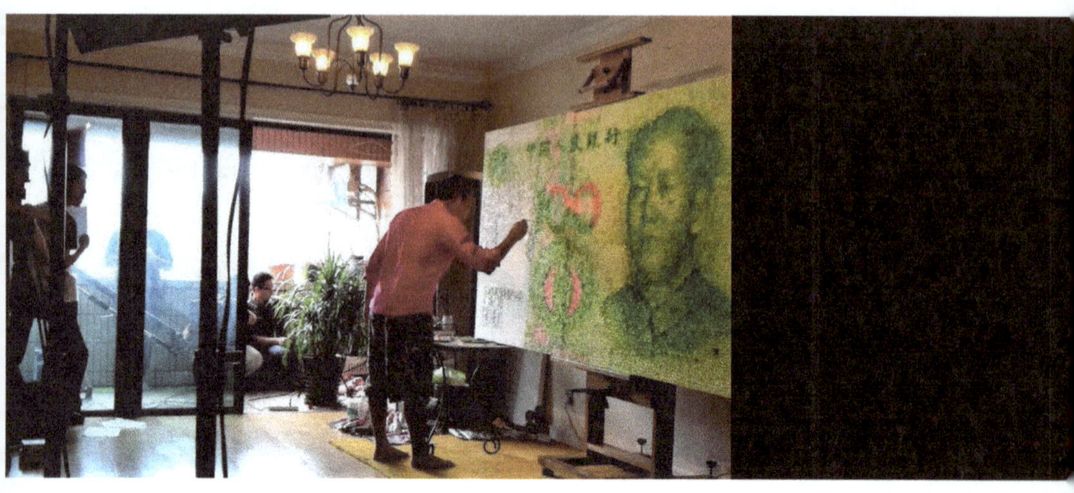

# 《走來的人民幣》拍攝始末

紐約桃花

上海文廣的第一財經頻道在 8 月 26 日播放了五集的人民幣專題片，第一集的題目就是［走來的人民幣］，介紹了號稱人民幣藝術家的石村與他的人民幣油畫系列作品。

其實這部片子從去年夏天就開拍了，總製作人吳飛躍還帶專門領攝製組來紐約取景。當時想拍攝一部能夠反映中國經濟騰飛所帶來的人們對於人民幣這個特殊貨幣的新認識與看法。因為中國從一個理想社會轉型到拜金社會的過程是一把雙刃劍，展示了中國邁向一個經濟強國的同時，也暴露了中國社會的各種道德缺陷，這對於國內外的人們來說，目睹中國社會的巨大變化所帶來的好好壞壞，也經歷了一個心理與思想轉型的過程。當時我覺得他們的角度蠻犀利的， 心裡面還擔心在國內播出會不會有問題。
但是年輕的製作人與他的攝製組
對此充滿了樂觀與寬容的態度，讓
我也覺得自己是杞人憂天。

　　然而，當攝製組把拍攝剪輯
好的片子拿上去報批的時候，國
內的形勢已經有所改變，上面說
這部片子的主題思想不到位，要
重新剪輯。其實我們製作電視的
人都知道，重新剪輯意味著改變
影片的主題，也就意味著很多你
事先拍好的內容都無法使用，耗
費金錢不說，也極大地損失了人
力。因此，當時的總編劇一氣之
下辭職而去（他是一個觀點鋒芒
十足的人）。不過，令人驚訝的
是，當上面看到所採訪的人民幣
藝術家石村之後，忽然大感興
趣，說這個旅美藝術家的觀點可
以拔高一下，成為主題。

　　石村當時接受采訪的時
候，與攝製組一拍即合，很多觀
點都很相近，因此大家也一下成
為好友。大家都覺得，人民幣反
映了中國經濟的好壞兩面，其本
身就是一個演變中國社會轉型的
最佳圖騰。雖然，上面將原來的
主題思想全部改變，藝術家可以

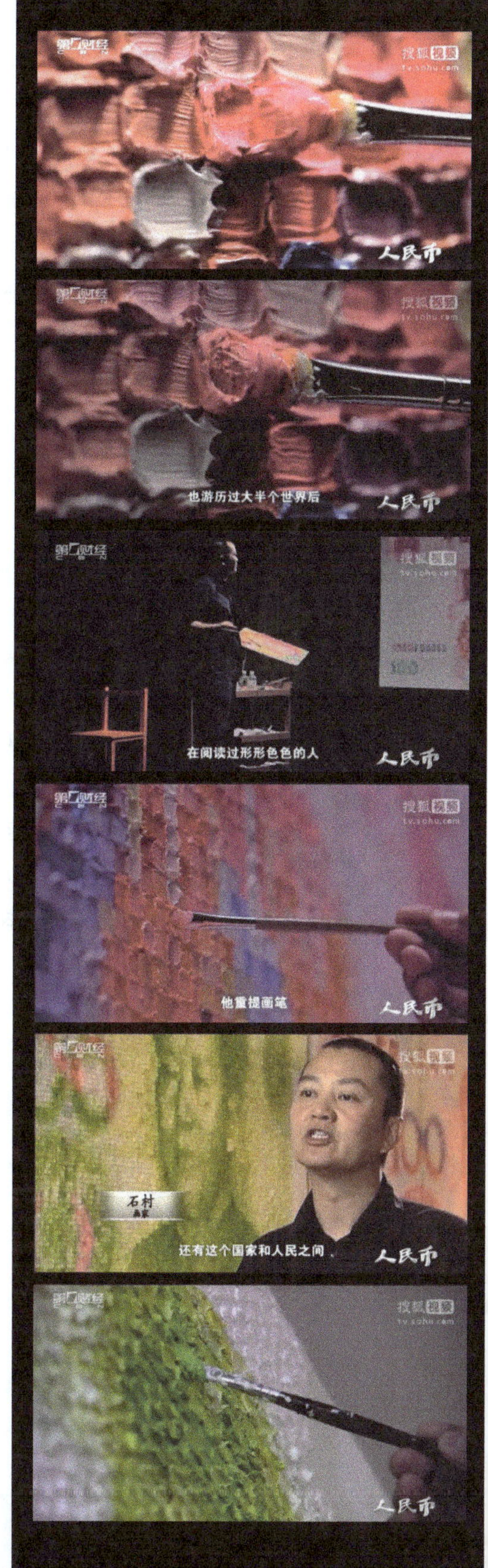

保留，大家心裡面還是很開心的。整部片子開始了漫長的重新剪輯的過程，藝術家石村的採訪又重新進行，其中的很多談話都經過雙方多次的溝通改變（我還按照相應的規定參與撰寫了一部分採訪），幾乎一年之後，終於得到了可以上映的批示。我們大家原來還望穿秋水等待，後來就放棄了，覺得可能不會播了。

忽然，在此次回國的時候接到影片即將播出的通知，原來已經宛如止水的心還是重新狂跳動了一下。正好我們在籌辦東亞銀行的藝術展，主打作品就是石村的人民幣，所以非常希望這部片子為我們提前宣傳，就趕緊在 8 月 26 日的晚上 11 點等著看播出。這部片子在第一財經頻道播出的時間是晚上 8 點的黃金段，可是我們當時在北京無法收到上海的第一財經頻道，只好觀看 11 點的寧夏衛視的轉播。

看到開篇的藝術家石村出場的時候，大家還是歡呼雀躍了一下，一年多前的拍攝日子歷歷在目，終於看到了內容，雖然不是原來的主題思想，很多地方也言不由衷，但是已經不錯了，起碼沒有遭到禁播。

無論如何，這部片子的播出為石村的人民幣作品開了綠燈，因為人民幣上的毛主席畫像是敏感話題，一般都不會得到藝術上的綠燈，而此次國家電視台的播出認可了人民幣作為藝術作品的地位，使得我們大家也舒了一口氣。別說，等到我們的展出宣傳冊去印刷的時候，印刷廠覺得人民幣作品作為封面不妥，怕惹麻煩，不敢印刷，我們還拿出這部片子給他們看，作為綠燈的標準。不過印刷廠還是勸我們等等，等18 大開了以後再說，看來人民幣的藝術創作也不是藝術家可以主宰的。

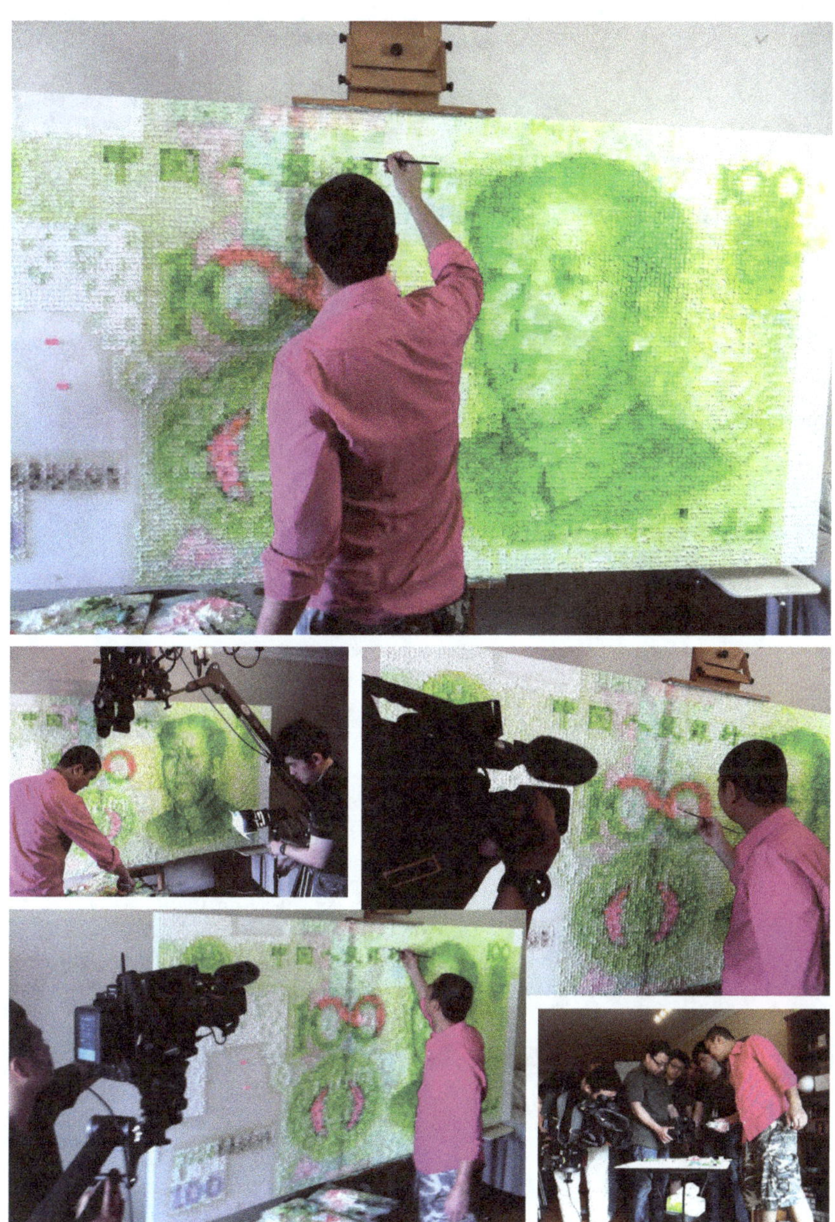

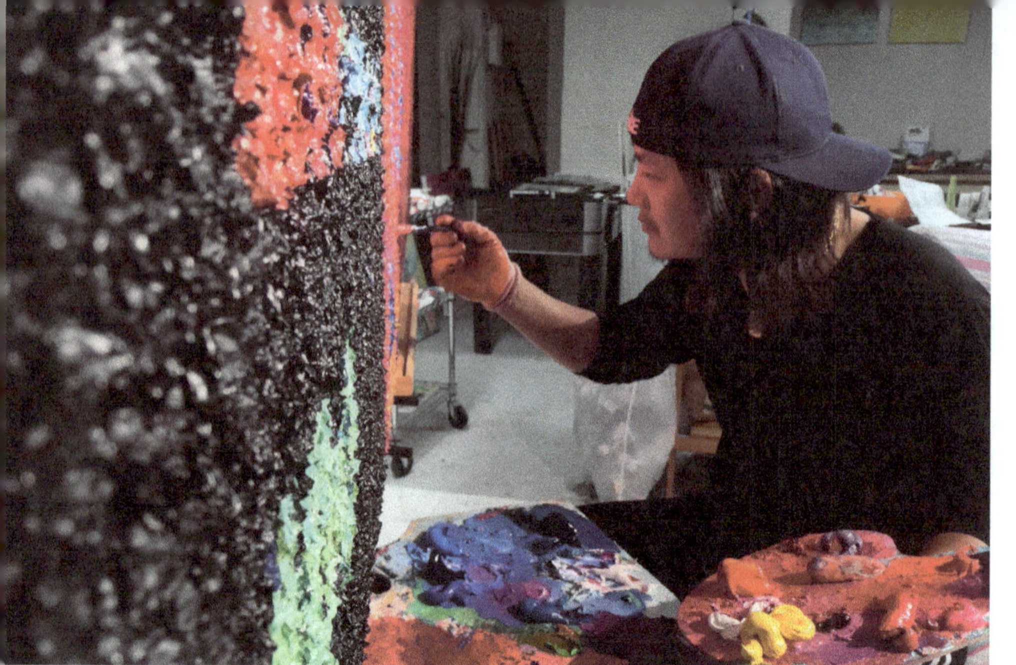

# "石村塊" 大道至簡的極致

紐約桃花

摘要： 1994 年，石村憑著一個充分展現他個人才華的《新新人類、紐約故事》廣告片在台灣脫穎而出。當時《新新人類、紐約故事》的導演王財祥正在為了拍攝開喜烏龍茶的新新人類廣告尋找一個具有獨特才華和個性、外形上鏡的藝術家來做系列廣告的主角。在台北街頭意外邂逅石村之後……

　　1994 年，石村憑著一個充分展現他個人才華的《新新人類、紐約故事》廣告片在台灣脫穎而出。當時《新新人類、紐約故事》的導演王財祥正在為了拍攝開喜烏龍茶的新新人類廣告尋找一個具有獨特才華和個性、外形上鏡的藝術家來做系列廣告的主角。在台北街頭意外邂逅石村之後，王財祥馬上被石村充滿紐約個性的後現代藝術和重金屬搖滾樂吸引。深談之下，兩人在藝術理念方面一拍即合。王導覺得石村不管是從藝術創造力還是對藝術的看法和思想都與他一直尋找的新新人類的形像極為相符，於是，他決定帶著攝製組跟著石村到紐約實景拍攝他在紐約生活與工作的鏡頭。廣告用電影膠片拍攝，鏡頭跟隨著石村在他居住的紐約下城格林威治村以及他經常出沒的東村拍攝，記錄著他平日的生活和藝術創造過程。整部廣告配上石村的採訪作為影片的畫外音，展現了石村在紐約生活工作的日常，以及他對人生和藝術創造的看法，彷彿是一部石村的藝術片。

　　確實，在拍攝《新新人類、紐約故事》之前，石村是一位來自中國南京，生活在紐約的藝術家，在下城格林威治村的 loft 裡面作畫，也經常在東村和布魯克林的 Greenpoint 和 Williamsburg 一帶出沒，練樂團、玩搖滾。

　　八十年代的紐約正進入一個藝術的複活時期。裡根經濟學（通過自由競爭自動復興並健全地發展美國經濟的一種經濟理論和政策）的興起帶動了華爾街股市的熱潮。大量熱錢的湧入和新錢的產生給紐約一方面帶來了經濟的重新起跳，另一方面帶動了藝術思潮與風格的轉型。那是一個當代藝術突圍而出的嶄新時代，也是蓬勃發展的股市將街頭藝術家轉變成藝術明星的時代。紐約曼哈頓下城的蘇荷區、緊鄰藝術家聚集的東村與格林威治村一帶以優越的地理位置、寬敞的廠房空間，成為很多當代藝術畫廊遷入的理想地段。隨著華爾街的新錢流入當代藝術，藝術市場開始繁榮。

　　就是在這個時代背景下，石村來到了紐約。紐約下城東村和格林威治的流行文化藝術強烈地震撼著石村。八十年代時候的中國還處於

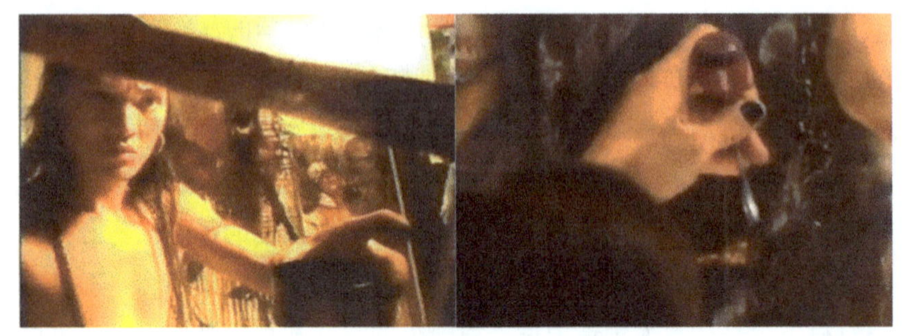

創作中的石村 (《新新人類、紐約故事》鏡頭 )，1993 年

改革開放伊始，美院推崇的仍然是蘇聯畫派式的基礎課練習，而紐約作為世界的巔峰之城，在當代藝術方面已發展到重新創造、書寫當代藝術語言的時代。當時，紐約本土先鋒概念藝術家在八十年代中期開創了後現代主義，一種以自我意識以及流行文化為導向的新興藝術，它深深觸動了石村心底的意識流，啟發他通過多媒介的油畫形式表現心底的意識和理念。1989 年，石村來紐約的第二年，他的油畫作品參加了位於東村的 Kenkeleba Gallery 以及 Phoenix Gallery 的畫展。直到今天，這兩個見證了紐約東村藝術興衰成敗的畫廊依然在紐約曼哈頓繼續推介著新一代來自全球各地藝術家的作品。

　　1990 年，石村一口氣參加了三個紐約一流的當代藝術展，一個是在當時位於蘇荷區，專門為他們眼中即將成名的藝術家舉辦展覽的 White Columns( 白柱子 ) 的群展。第二個是那年秋天，位於曼哈頓下城 Tribecca 白街的一個非常前衛的美術館《另類博物館》(Alternative Museum) 舉辦了一個名為 Dia De Los Muertos（亡靈節）群展。當時，策展人邀請了紐約當地最前衛的一群藝術家參展，石村的油畫作品也名列其中。《另類博物館》由幾個當代藝術家與 1975 年在紐約成立，目的就是絕不向商業妥協，只挑選展出具有真正藝術價值和潛力的藝術家和作品，因此成為紐約下城當代藝術文化中的一個重要據點。參加《另類博物館》展的同年，石村應邀參加了紐約當時最火的一個當代藝術畫 The Clocktower Gallery（鐘樓畫廊）的群展 "Positive Actions:Aids Timeline"。鐘樓畫廊由後來創立了紐約當代藝術博物館 MoMAPS1 的 Alanna Heiss 於 1972 年創立，位於曼哈頓下城百老匯大道 346 號的一座紐約著名的地標樓。這座樓的前身為紐約人壽保險公司大樓，建於十八世紀。這座高樓大廈的樓頂因為有一個鐘樓也被紐約人稱為 ClockTower 大樓。當時，正好是艾滋病流行肆虐的時代，藝術家們的作品都圍繞著艾滋病這個主題進行創作，展示出人類對死亡的恐懼。

從 Alternative Museum 的"亡靈節"到 The Clocktower 的"艾滋時間表"，石村的作品都是圍繞著死亡這個他當時非常熱衷創作的話題展開，揭示了他內心對死亡與鬼魂的看法。從 1992 年到 1993 年這兩年，石村的作品不斷被挑選到歐洲的當代藝術展上進行巡展。他在德國參加了四五個群展，其中的一張作品還被卡塞爾的 Grimm 博物館收藏。

轟動一時的廣告片《新新人類、紐約故事》裡展示的石村正是這樣一個真實的紐約藝術家，走在時代的前沿，個性和想法都與眾不同。這部片子成為了石村的一個藝術宣言片，通過他在紐約的生活講述了他對在紐約做藝術家和音樂人的態度和看法。廣告片在台灣播出後，造成了轟動效應。石村的藝術、個性與生活態度成為了台灣新一代人嚮往的新新人類生活的模版，引起了他們的共鳴和反響。這部廣告成功地塑造了一個具有紐約精神的新新人類形象，樹立了開喜烏龍茶走在藝術前沿的品牌形象，也給石村帶來了意想不到的名聲。友善的狗唱片公司推出了石村自己作詞作曲、並與他的樂團成員一起演奏的第一張重金屬搖滾樂專輯《搖滾街頭一條漢子》，台灣首屈一指的伊通畫廊以及阿普畫廊都舉辦了石村個展，著名製片人趙大深的電視連續劇《七俠五義》請石村演唱了片頭曲《一肩挑起千古情》。石村真正地成為一場"石村風暴"突襲台灣（《中國時報》報導標題），被《中國時報》譽為"正港新新人類"，台灣《皇冠》雜誌的採訪報導則稱石村為"一個不安定的靈魂"，《時人People》雜誌《傳奇人物欄目》採訪說他是"異人石村"。這些報導綜合了石村在媒體眼中的形象：時代的新人類，藝術的顛覆者。

1995年，在台灣成為搖滾明星的石村應邀加入當時被全球音樂界與年輕人熱捧的美國音樂電視台MTV的行列，並被《洛杉磯時報》(LATimes) 稱為MTV重回亞洲的一面旗手。石村放棄了他在台灣創立的一切聲名，前往MTV亞洲部所在的新加坡成為MTV電視台搖滾音樂節目的主持人，從此改變了他一生的道路走向。新加坡後，石村回到紐約，開始創立多媒體內容製作公司，踏上創業者的道路，成為了藝術圈的局外人。

1999年，石村在紐約創造了"眼糖"多媒體製作公司，專門為國內觀眾拍攝介紹美國生活的電視節目。石村和他的團隊簽約了國內七家電視台，播放眼糖公司拍攝的電視娛樂節目。隨後，石村又成立了《酷空》科技公司，在上海及北京等地設立了全資外國公司以及分公司，與中移動和聯通合作，為他們的網絡平台提供流媒體內容。這兩家公司分別被美國上市公司收購。在華爾街融資以及買賣公司的經歷讓石村見識了商業圈的規則和手段，寬廣了他的人生閱歷。

從2005年到2010年，石村在上海和北京兩地之間做科技項目投資。雖然，他已經離開了藝術多年，但依舊帶著藝術家的心態來思考和理解人性和藝術。當時，對他震動最大的就是1987年，他離開南京去紐約的時候，金錢在中國社會還沒有占主導地位，而當2005年，石村重新回到北京和上海的時候，震驚地發現，金錢已經成為社會的主宰，"笑貧不笑娼"成為了中國社會現象。到了2010年，這種社會現像已經變成生活常態，因此，石村構思用新的藝術手法和風格創作一個人民幣系列，來反映錢對中國社會變化產生的深遠影響。

決定了畫什麼，下一步就是怎麼畫。石村從小對色彩有一種特殊的直覺和敏感。因此，他決定將色彩分解，再重新組合成一張作品。他按照色彩的漸變將調好的油彩在畫布上畫成一塊塊的方塊，當這些

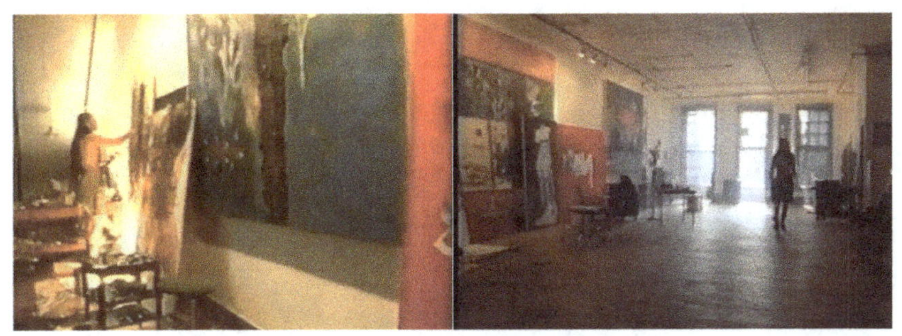

石村在曼哈頓百老匯大道 678 號工作室作畫
（《新新人類、紐約故事》鏡頭）

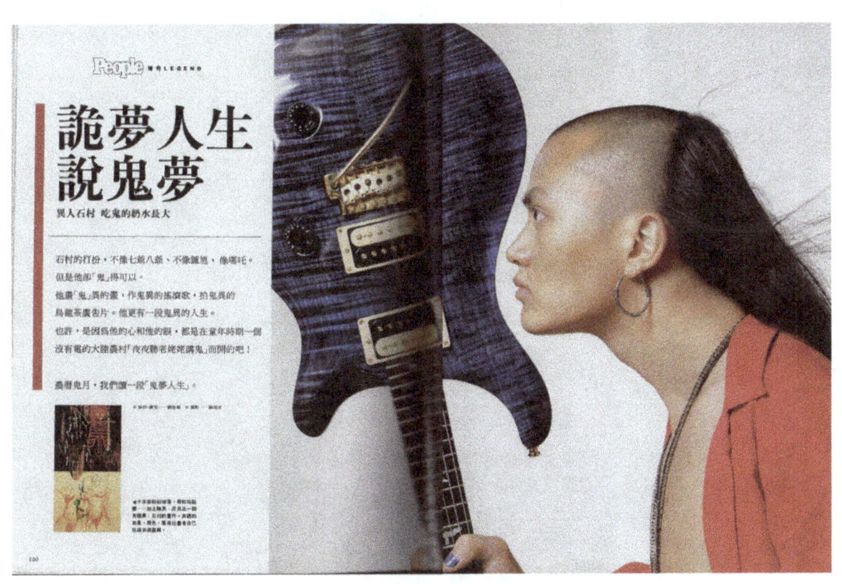


台灣《People 時人雜誌》傳奇人物欄目採訪石村 ,1993 年

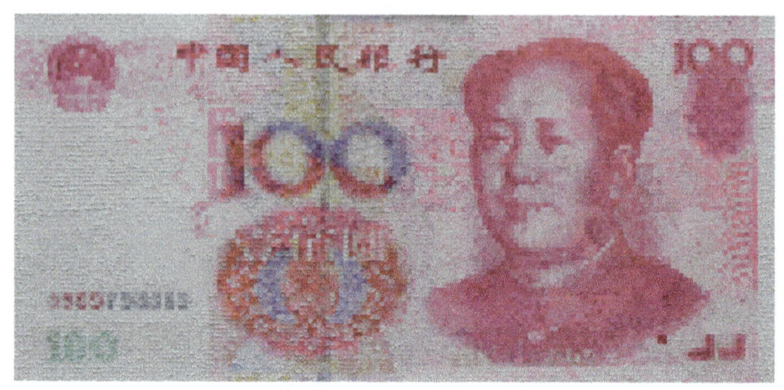

《人民幣一號》石村塊布面油畫 130 x 262 厘米 2010 年

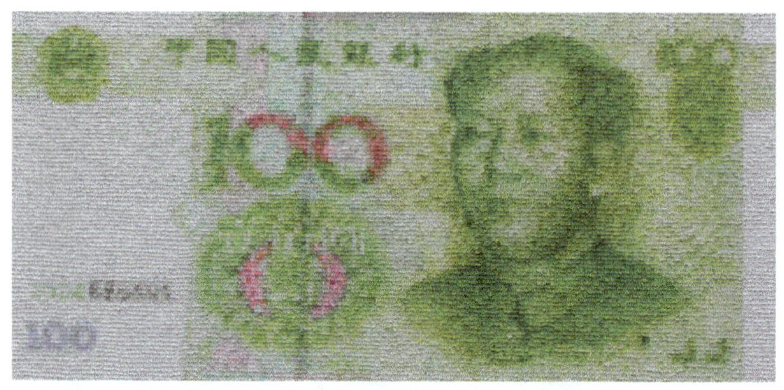

《人民幣二號》石村塊布面油畫 130 x 262 厘米 2011 年

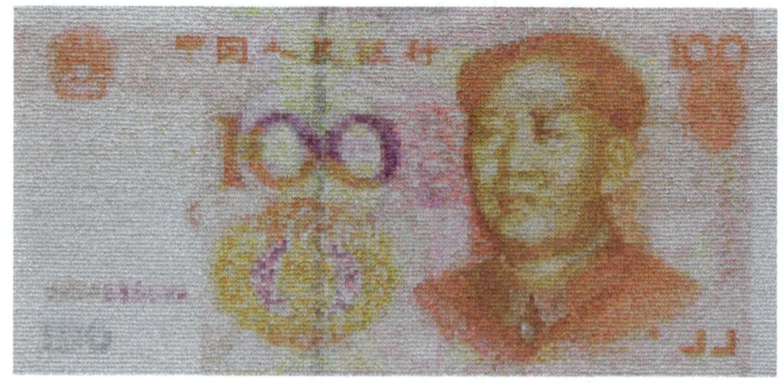

《人民幣三號》石村塊布面油畫 130 x 262 厘米 2011 年

方塊重新組合到一起的時候就形成一張獨一無二的藝術品，也創造了他獨特的藝術語言：石村塊。用石村塊創作第一張人民幣大鈔的過程中，石村遇到了比形式更難以克服和逾越的艱難。幾乎整整一年的時間，他都在一塊一塊地畫那張高一米三，長兩米六，一萬七千塊油彩組成的人民幣大鈔票。終於，當最後一塊畫完的時候，一張奇特的鈔票藝術品呈現在人們眼前，每一個人看了都有震驚和不可思議的感覺。

從 2010 年開始，石村不再參入商業行為，閉門埋頭創作了一系列"石村塊"油畫作品，從貨幣系列開始，到夢露系列，菩薩系列，及京劇臉譜系列。不管是哪一種系列，石村都是採用同一種大道至簡的色彩組合方式，在畫布上一筆一塊地循序漸進、用"石村塊"細緻入微地從局部到全部地碼出作品的內容。王家衛拍攝《一代宗師》時，曾說過："所謂絕招，就是把一個簡單的事情做到極致"。石村塊就是這樣藝術絕招，日積月累地把簡單的方塊一塊一塊不斷畫到極致後的極簡。

"石村塊"由成千上萬個油彩方快組成，近看是不同的奶油般的色塊，遠看則是一張色彩斑斕的油畫作品。這些組合在一起的方塊彼此相連，離開任何一塊都無法成為一張完整的藝術品，如同石村與眾不同的人生道路和經歷，抽開其中任何一段都無法完整地塑造出今天的石村以及與他今天個性相融合的藝術語言。後現代畫家、新新人類、重金屬搖滾唱片創作人兼歌手、創業者和商人、創造"石村塊"的油畫家，這些看似不同行業的每一個側面如同絢麗多彩的"石村塊"一樣匯合成一個完整的石村。他的想法、觀點、創作方式甚至行為都使他成為今天這個要麼超前於時代，要麼與時代風潮逆行的藝術家。

雅昌藝術網 2017.11.6

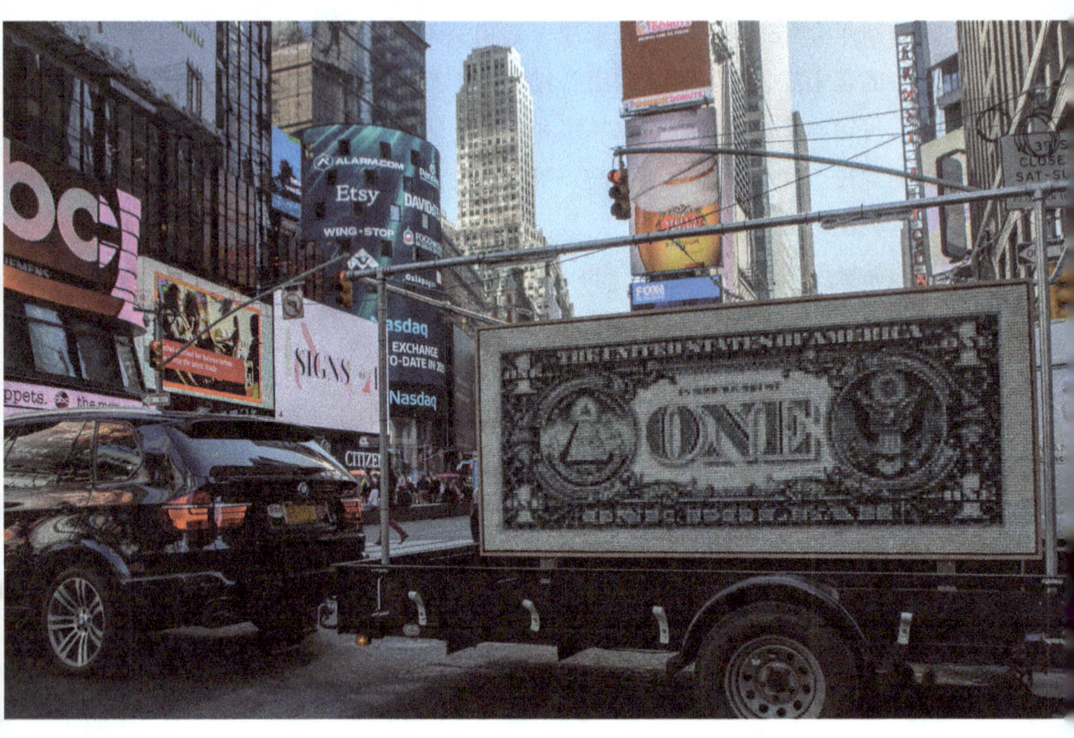

# 石村｜他是最野的藝術家，
# 走出半生，歸來仍是少年

藝網

# 紐約，紐約！

打開百度搜索"石村"，度娘會告訴你很多叫石村的村，石村不是一個村，石村是一個人，名字裡帶"村"的男人我最欣賞兩個，一個是木村拓哉，一個就是石村。80年代末在美國、德國的美術館看到中國藝術家作品的機會可謂寥寥無幾，而石村就是其中之一。

沒考上美院可能是石村最幸運的一件事，上個世紀80年代，欣賞他藝術才華的美國女孩把石村帶到美國發展。1987年，從南京到紐約的石村也像其他潦倒的中國藝術家一樣，在街邊支起畫板替路人畫肖像。

很有個性、自成風格的石村很快就得到人們的賞識，他在紐約下城區東村有了自己的工作室。紐約的格林威治、下城東區的藝術村給在國內接受藝術教育的石村帶來很大的撼動，他開始重建自己對藝術的認識，在紐約當時的後現代主義思潮中，啟發他利用多種媒介進行藝術創作。紐約天生適合喜愛自由的人們，這樣自由的環境，給了他極大的施展才華的空間。

石村那時就已經開始創作與那個時代與環境相關的作品，而並非單純的在畫面上迎合時局，或者單純的探討媒介與形式等一些關於美感的話題。1990年石村分別在紐約的 White Columns 空間、另類博物館（Alternative Museum）以及鐘樓畫廊（The Clocktower Gallery）參與了三個重要群展，他的作品還被挑選參加了幾個歐洲的展覽，其中一件"一個古老的愛情故事（An Old Love Story）"被德國卡塞爾的格林兄弟博物館收藏。

事實上那個年代最重要的偶像仍然是安迪沃霍爾，我們能在石村的畫中看到波普藝術的影子。石村的繪畫之所以在德國如此受歡迎，可能也源於他的畫作中也帶有很明顯的德國表現主義的踪影，也顯示出德國人對於他國藝術家（特別是中國）對本國在藝術上的情感投射非常感興趣。無意於將石村和安塞姆基弗進行對比，同樣是關於死亡與

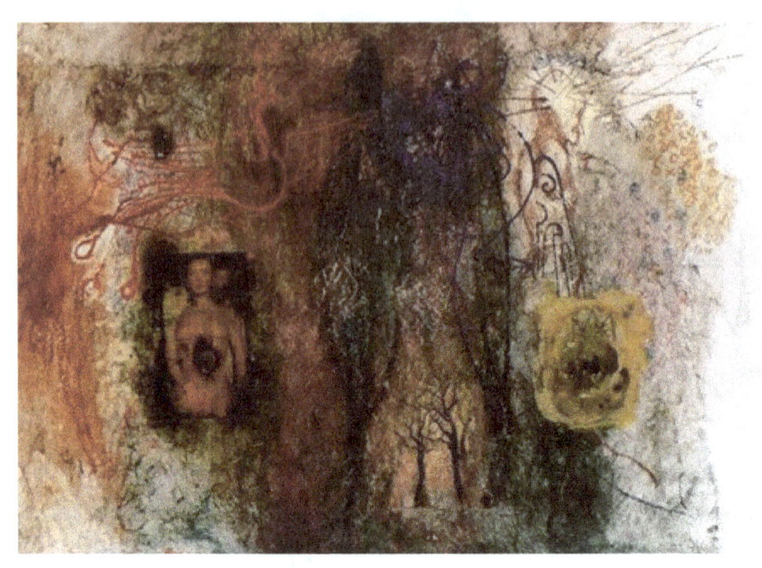

石村：一個古老的愛情故事

卡塞爾 Bruder Grim 藝術博物館 1993 年收藏

戰爭，石村的畫呈現出不同的態勢。

在談到自己繪畫的時候，石村曾說：我的畫看起來似乎很激烈、很暴力，其實我在作畫的時候非常安靜，甚至連音樂也不聽，即使我在用火燒，用刀刻，我的內心也是十分寧靜的。"當對待自己的作品的時候，也許出於一種異國的身份，石村始終如同隔岸觀火，以第三人稱的身份，介入對普世價值，生死觀的探討。

作為一個早年踏上異國的中國藝術家，石村也和那時在美國的艾未未、林田苗、王功新等藝術家非常交好。身在異國的中國藝術家普遍都有對本國傳統文化的留戀，即使是石村也是如此，而且他在這一點上更趨於"克己復禮"的態度。他不贊成藝術過於情緒化，而更喜歡中國文人那種平和的做法，既像一幅狂草，也是溫和漸進的。

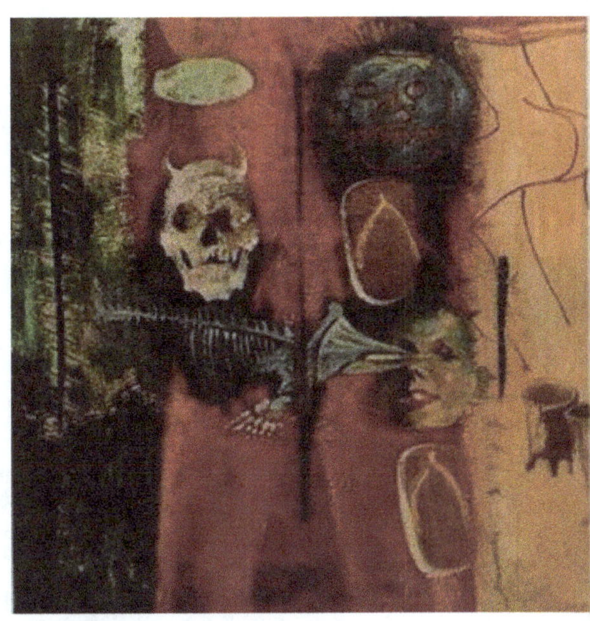

Hostage 1993 We bury John Doe with The sound of

Our Shoes, Mix Media, 1990

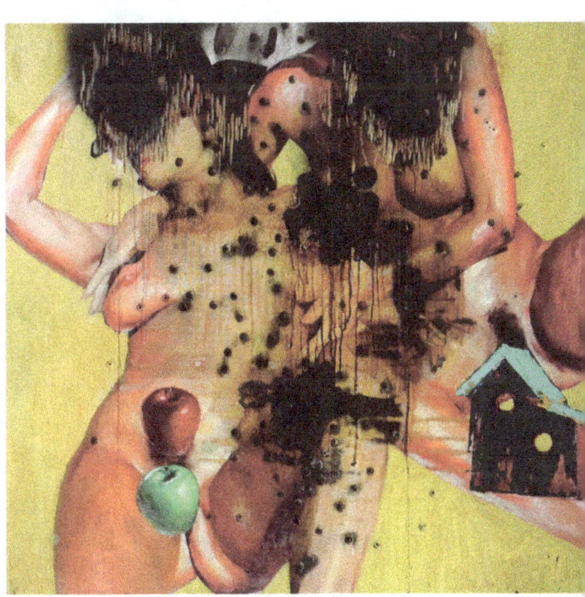

# 伍佰的星期天 17:00

## 伍佰、石村演唱

●MTV「伍佰的星期天」，刻正如火如荼於全省舉行的PUB演唱之王伍佰。他的星期天和別人有什麼不同呢？MTV音樂電視頻道計畫多時臥底成功，獨家追蹤伍佰的幕後點滴，MTV VJ石村和這位孤獨搖滾客的心聲互訴，看兩個大男人對音樂創作理念的執著，看伍佰上台前與China Blue的用心排練。巡迴演唱台北首場Live A GO-GO的演出片段等等，盡在「伍佰的星期天」。 （玄寧）

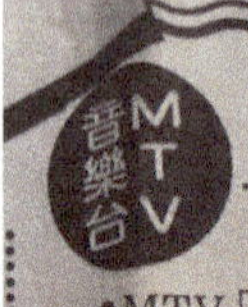

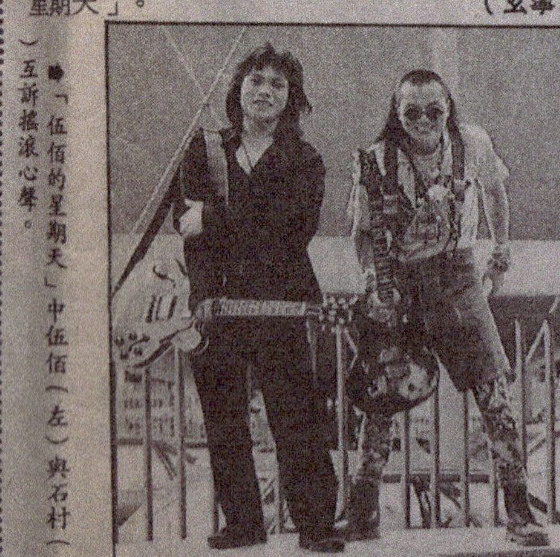

●「伍佰的星期天」中伍佰（左）與石村（右）互訴搖滾心聲。

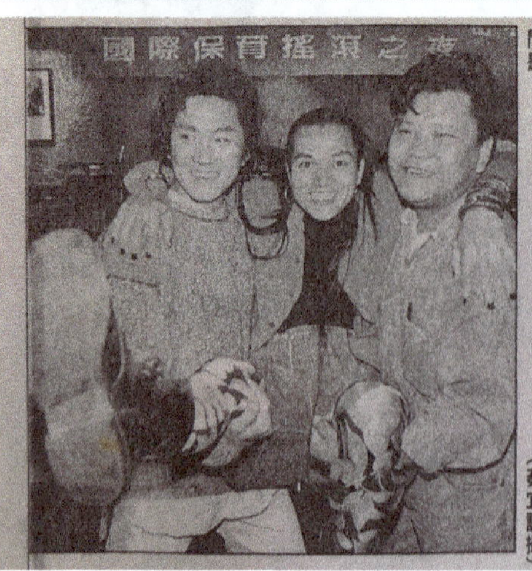


●右起馬兆駿、石村、陳偉呼籲大家重視野生動物保育問題。 （蔡宣謀攝）

# 一個特立獨行的搖滾明星

*"世人因我與眾不同而嘲笑我，我嘲笑他們是因為他們都是一個德行。"*

——科特柯本（kurt Cobian）

90 年代的美國仍然還能感受"Summer Love"運動的餘熱，而 90 年代初正是 GRUNGE ROCK 的天下。厭倦了紐約畫廊的石村試圖通過音樂來伸張自己的態度，而不再滿足於在畫布上進行創作。被台灣導演王財祥發掘後，石村開始進軍台灣演藝界，台灣的唱片公司為他打造了一張重金屬搖滾專輯《搖滾街頭一條漢子》，石村自此以搖滾樂手的身份在台灣出道。

當時台灣的音樂雜誌對他有這樣的評價："專輯裡《蛾》這首歌詞意簡單明瞭卻句句一針見血，對人性的諷刺、嘲笑。在石村眼裡，世界就像一個毫無邊際的大舞台，而人們站在上面或跳或轉動，但其目的為何？而年輕時代的種種，石村認為好比一部紅色的法拉利，很炫耀、招搖，但是也不過於短暫——年輕原本便是短暫的。　"

鳴謝苦難，因為苦難是大多藝術家的源泉，我們從石村身上看到這句話最充分的詮釋。從音樂到搖滾，我們看到的不僅僅是畫布上的塗抹，和華麗歌詞的簡單堆砌，從內部透露出來的關於人生、青春的看法，也沒有那麼的深刻難懂，但它們卻是青春應有的狀態，是經歷過苦難後生命的、自我的覺醒。

## "王八"與 ONE　BUCK

後來，不甘寂寞的石村擔任過亞洲 MTV 音樂台的主持人，隨後十幾年沈寂在商海之中。幾經沉浮，又因為藝術再次回歸眾人的視線。2010 年，他的作品《人民幣 NO.1》讓更多人再度認識了他。

這一系列的作品源於一個上海商人欲花五千元向他定製作

品，而實際上石村當年的一幅畫就已經賣到了一萬美元，在沒有看到他作品的前提下，就已經被標上價格，他認這是對他藝術的諷刺。於是他用“人民幣”這一形式表達在資本運作的當今社會背景下普通人對藝術的膚淺見解。由於他也在商場打拼許多年，對於如今“拜金”風氣盛行的現狀更加體會深刻，故而產生了這一系列作品。

當人們花高於一百元的價錢來買一張一百元面額的錢幣時，資本和藝術之間的關係才變得有趣起來，在這一對峙下，藝術是高於金錢的的非物質存在。石村這一系列的五張作品，耗費長達五年的時間，並憑藉此作品應邀參加了紐約軍械庫藝術週的 un(Scene) 展。

2015 年，石村將藝術帶到了紐約的街頭，而並非任何一個藝術空間。他將一張一美元的馬賽克作品裝在一輛拖車上，戲謔的將之命名為頗具諷刺意味的一語雙關“ONE BUCK”（王八客），在紐約街頭開始了他的活動美術館計劃。

對於這件作品，石村意味深長地解釋道：“自從 ONE BUCK( 王八客）出門在外以來，我就沒法知道他的未來了，我也不知道自己的未來。也許人生真正是無法知道未來的，所以我們活著，我們走著，並不知道是往前還是往後，也不知道是往上還是往下，我們只是在路上。在路上，紐約的路，人生的路，都是我命運注定的路途。只有在紐約這個世界最好的街頭博物館中，藝術才可以打破形式和圍牆，自由地存在，讓所有的人欣賞，這就是我作畫的目的，也是我藝術所追求的終極目標。 ”

2017. 12. 15

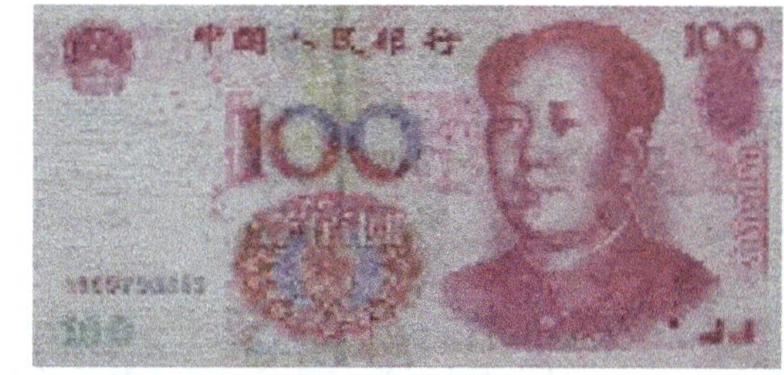

人民幣 NO.1

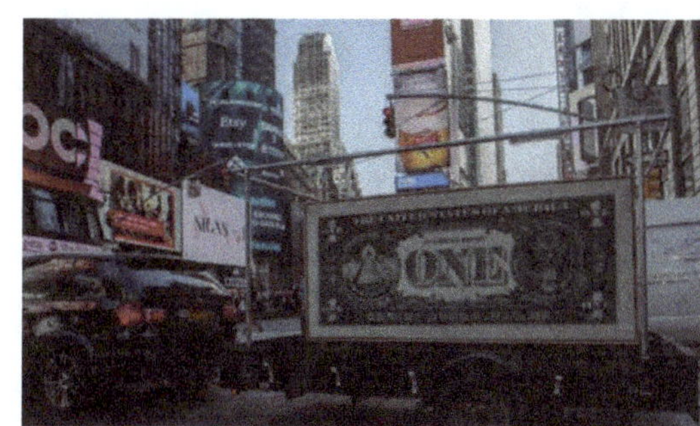

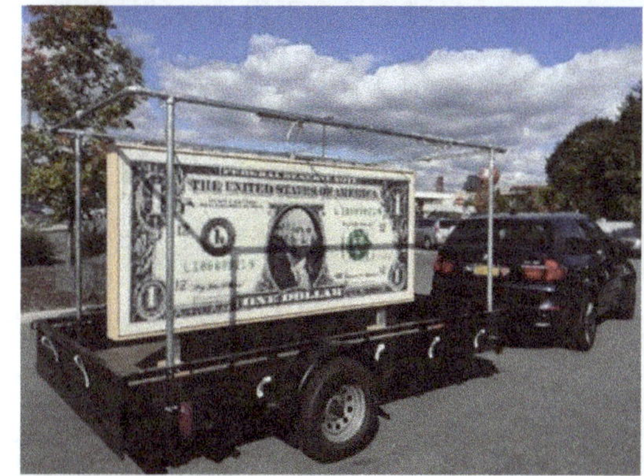

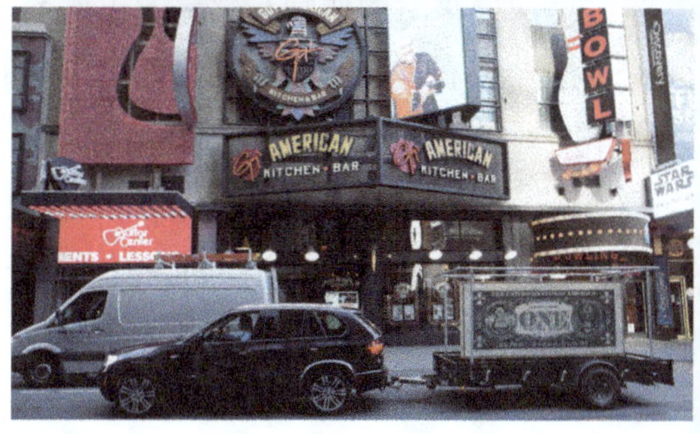

ONE BUCK 在紐約街头

# 宋莊也有石村的傳說

李虹麗

宋莊的冬天，天氣乾冷，對於南方人比較難熬，這裡聚集的好多藝術家，就像候鳥一樣，冬天來臨就退房走人，石村也是快冬天的時候飛走了，不過他走的比較遠，一猛子跑回紐約了！

宋莊還留存明顯的中國鄉村的痕跡，小巷子蜿蜿蜒蜒的，錯落的建築各種各樣，裡面各種各樣的藝術家，隱居的，半隱居的，或者高掛招牌，敲鑼打鼓的張揚著的，讓這個小村莊，瀰漫出藝術的漫不經心的氣息！

今天晚上特別冷，下班路過石村原來的工作室，房子還沒有租出去，房東把房子粉刷的很喜興，粉色牆大紅門，就和金瓶梅里，西門慶看見宋惠蓮穿了個大紅襖，底下是個紫裙子，說怪喇喇的，不好看！原來這個非常有感覺的工作室，現在和村里民房沒有什麼差別，和原來石村住著的時候，截然不同的調調！原來這裡個藍色的門，上面畫著一枝漫不經心的花！

這裡住著石村的時候，就像石村的畫，看似一個個單調的色塊，看起來平常，當它們完整的成為作品的時候，裡面就跳落著萬千世界，喜怒哀樂，現在他不住了，這個一下子失了魂靈的房子，就像沒有水晶鞋的灰姑娘！

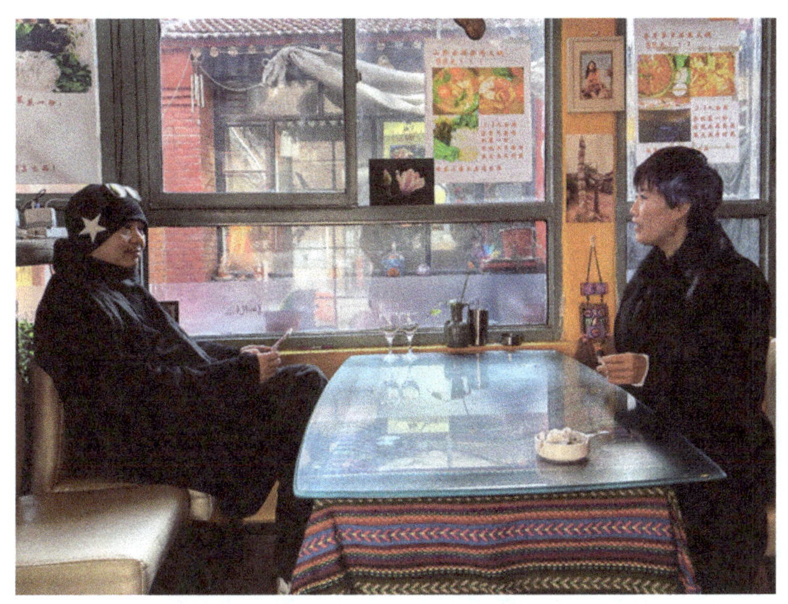

石村與作者李虹麗在宋莊

　　埃蒙小鎮宋莊店裝修的時候，石村說他天天在關注我們店，等到開業，石村在店裡坐定，非常開心的說，藝術家工作室周邊 500 米，一定要有個漂亮老闆娘的小飯店，飯好吃還便宜！這是評價幸福生活的標準之一，我就榮幸的成了他幸福生活的一個組成元素。工作之餘，石老師會在店裡坐定，喝點啤酒，等我忙完，就跟他有一搭沒一搭的聊一會。這個小店裡，來來往往見了太多各色各樣的藝術家了！中國文人，有個清傲的習慣，特別是畫畫的，不過有個很有意思的狀態，跟平常世間一樣。一單位裡，特別慫的底層，比如門衛，就會利用職權，多多少少的刁難一下人，語出不恭，反倒是大 boss，滿臉堆笑，和藹可親，沒有一點大架子，我發現畫畫的也是，在店里高談闊論，鄙睨一切，牛逼吹的不行不行的，顯擺作品的時候，我看一眼，特別心累。你說，畫的還沒有我這個賣米線的好呢！他那裡來那麼大的臉來吹牛逼！大多銀兩不足，態度倨傲，北京話，事逼事逼的！

石村笑咪咪的，和我這個飛過太平洋的老麻雀的財迷老闆娘，熱烈的討論生財之道，紅塵囂囂裡的八卦新聞，剛開始瞎聊，沒有看過他的作品，聊天聊的沒有看出來是個畫畫的人兒！後來聊的投機了，便聊生命裡過往。往往，世間男女在沒有生活交集、利益衝突，也沒有曖昧時，那種暢所欲言，交心交肺的聊，往往就是生命裡最放鬆和輕鬆的時刻！

石村有個本事，就是可以和世間各種層面的人水乳交融，打成一片，絲毫沒有有的藝術家那種倨傲，可是看見他的畫，他才是自己世界裡最倔強、倨傲的人！

天真人人都有，就是會在生活裡消磨殆盡，而石村不是，尤其他微醺的時候，哈哈大笑的樣子，他內心裡那個一派天真的孩子，一直停留在身體裡！敏感，脆弱，渴望被關懷，不作假的簡單！

春夏秋冬我們聊的四季分明，後來他混血的漂亮女兒來，他的家人過來，他的才華橫溢的大家閨秀出身的夫人也來，生活熱熱鬧鬧的流淌著，

有時候說起世道艱難，我們倆開玩笑，說實在吃不了飯了，石老師你站在巷子東邊，我站在巷子西邊，你做鴨，我做雞，看看宋莊這裡生意怎麼樣！石村說要是沒有生意怎麼辦？我就說咱們互相成全，給國家增加 GDP！大笑！

轉眼又是一冬天了，沒有石村笑聲爽朗的小店，有點小冷清！

北京城市學院城市建築與園林設計老師

埃蒙小鎮老闆

2018. 1. 2 於北京

# NEWYORK

今生
紐約篇

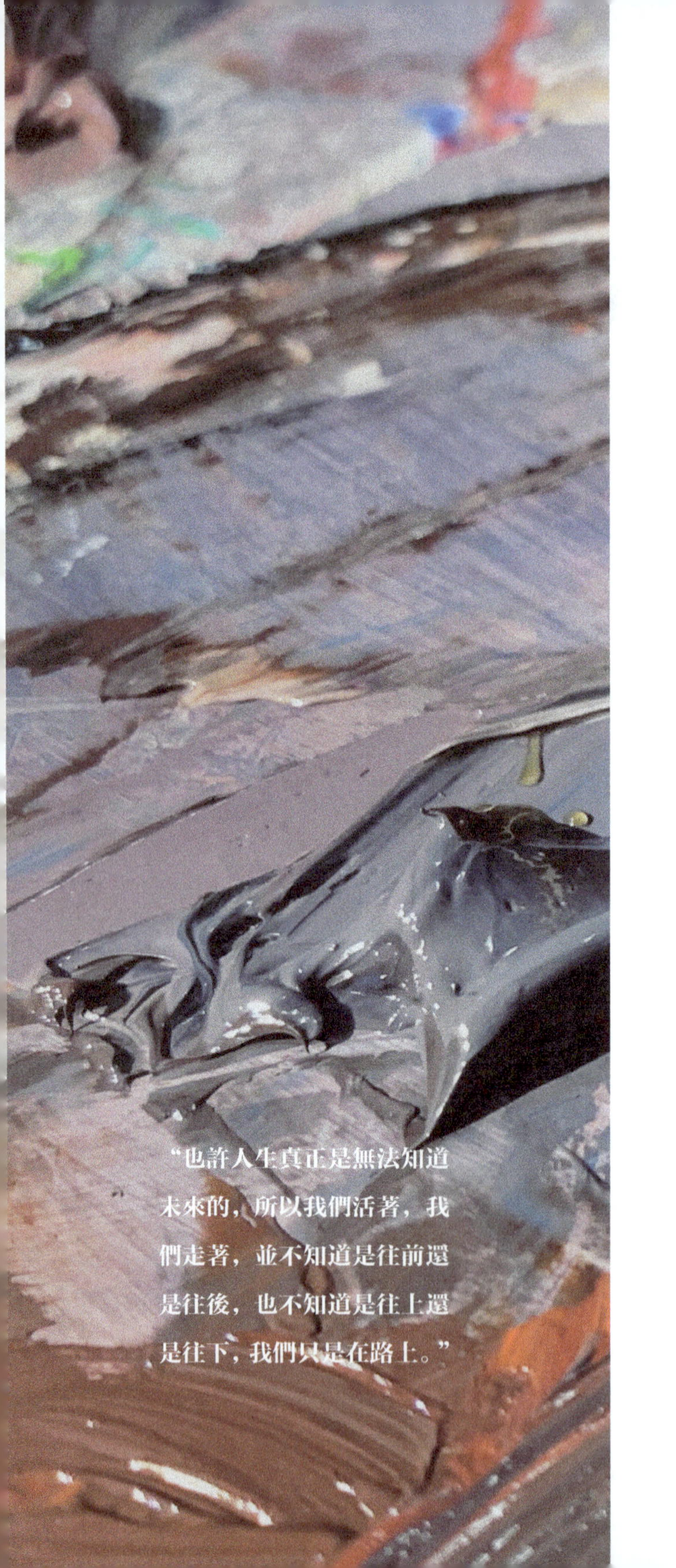

"也許人生真正是無法知道
未來的，所以我們活著，我
們走著，並不知道是往前還
是往後，也不知道是往上還
是往下，我們只是在路上。"

# 置死地而後生的
## 後波普藝術家石村

紐約桃花

安迪·沃霍爾之所以成為 20 世紀藝術界最有名的人物，是他當年以 20 世紀最流行的時代圖騰如毛澤東，瑪麗蓮·夢露，可口可樂等名人及品牌為影像創立了將商業與藝術完美結合的新藝術：波普藝術，而成為波普藝術的掌門人。

隨著 20 世紀的過去，波普藝術在當代藝術家 Jeff Koons 重新出山的盛名下躍入一個新的高潮，形成了後波普藝術時代。

所謂波普藝術就是將時下最流行的人物形像或商業品牌打造成藝術圖騰，形成兩者的結合而打動當今人心，尤其是富豪心底的"浮華的孤獨"。

縱橫當今中國的現代藝術圈，波普藝術的影響無所不在，俸正傑的艷俗主義到岳敏君的玩世現實主義都有波普藝術的影子和影響。在後波普藝術的浪潮下，很多當代藝術家都以時下最流行的圖騰創造出各種波普作品。而真正的將這個後波普藝術詮釋演繹得淋漓盡致的遷

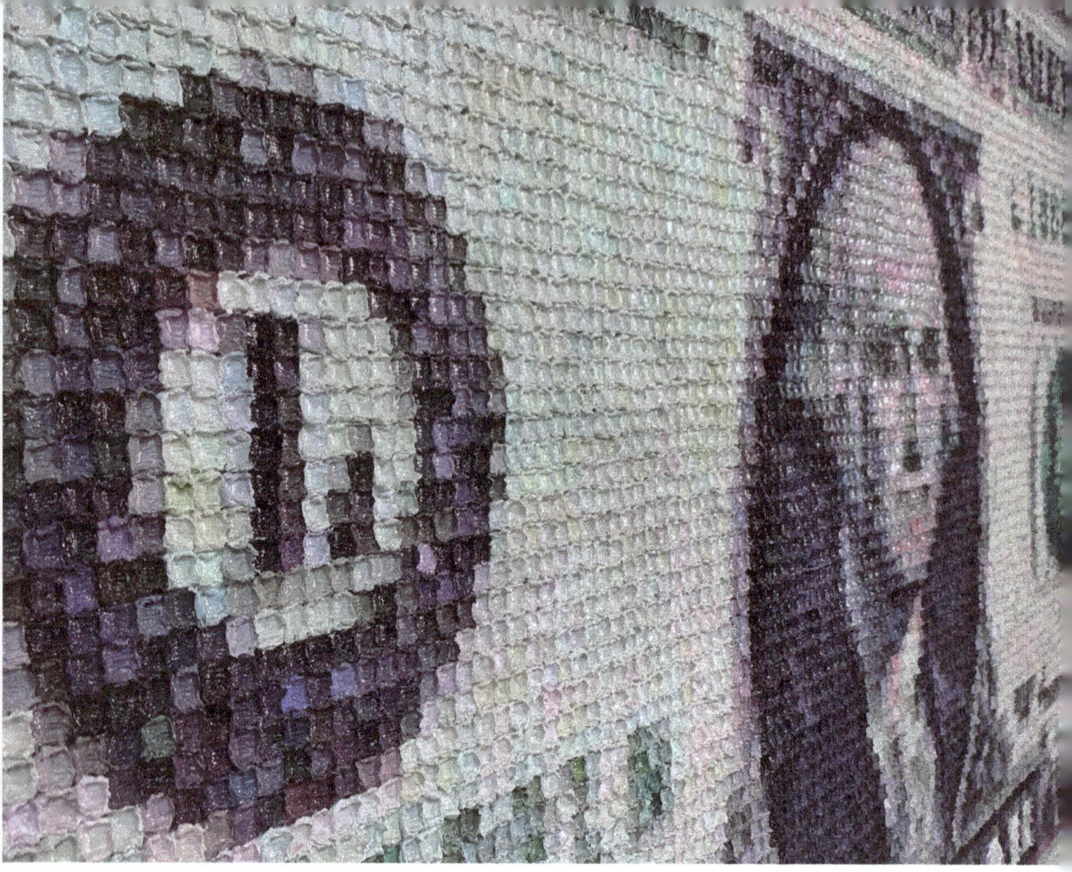

數現代藝術家石村的作品：人民幣系列。

　　錢是中國現代社會拜金時代最著名的圖騰，任何完美的藝術品也是以這個圖騰作為價值結算物從而體現出藝術的商業價值。沒有任何圖騰能夠比錢更能說明今天這個社會的價值觀。人民幣系列將這個社會的價值觀作為藝術體現出來，藝術的想像力將金錢巨型化的同時，以美麗不可方物的色彩將金錢藝術化，溫暖柔和了金錢的冷酷感。如此大膽直白的圖騰詮釋將波普藝術發揚的登峰造極，從商業和藝術的雙重角度直搗人的心理和視覺！

　　石村和 Jeff Koons 有頗為相似的經歷，他們都不是一個單純的藝術家，而有著多重的人生經歷和道路。Jeff Koons 做股票經紀人多年，非常了解商業社會的藝術收藏文化富豪的心理價值，從而將衍生出來的後波普藝術做到無人的境地。

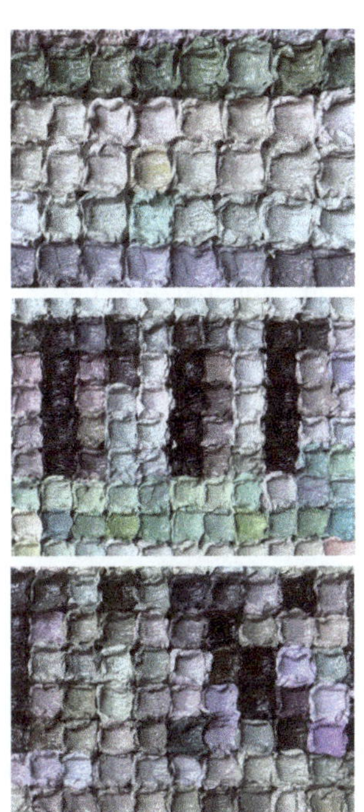

　　從南京出道的藝術家石村早年在現代藝術的搖籃紐約居住多年，與同時代留學美國的當代中國藝術家艾未未，林天苗和王功新等都是志同道合的朋友和熟人。當時他們都在紐約最前衛、最先鋒的藝術中心紐約東下城以及後來位於紐約布魯克林的威廉斯堡生活多年，作為個性反叛大眾，創意出手辛辣的年輕藝術家，自己本身就成為了紐約這個現代藝術大熔爐的一部分。

　　80 年代末 90 年代初期匯集紐約下城蘇荷區（Soho）的年輕藝術家來自全世界各地，都是各國頂尖的藝術狂人。雖然各人的藝術風格和使用材料都不盡相同，但對藝術的敏銳和才華都是同出一轍，將紐約東下城的藝術人氣打造得轟轟烈烈。90 年代初期，紐約東下城的藝術中心開始隨著曼哈頓城的商業化擴展而向與曼哈頓隔河相望的布魯克林的工廠區威廉斯堡地帶轉移。石村夥同林天苗和王功新夫婦在價格低廉的威廉斯堡租下整層的 loft 改裝成住所和工作室，與其它來自世界各地的年輕藝術家們將原來的工廠區逐步打造成一個新的藝術區。二十年過去，今天的威廉斯堡已經成為了取代紐約 Soho 成為了紐約新的前衛藝術心。

那時候來自國內的畫家們迫於生活，都在曼哈頓遊客雲集的西四街、時代廣場等地給來自世界各地的遊客畫像。他們白天睡覺，晚出門到時代廣場上一直畫到凌晨，淪為於四處招攬生意的毒販和妓女同時段討生活的下層。掙扎生存的日子是幾乎所有在美國留學過的人都經歷過的，但是對搞藝術的人來說，只有生存並沒文化深度的生活簡直是痛苦的磨難。所有的藝術熏陶、對藝術的敏感，所經歷的文化，所受到的教育在紐約的生存掙扎中都蕩然無存，曾經高高在上受人敬仰的藝術家淪落為社會底層的幾乎與非法移民一樣的打黑工的工匠，這種精神的折磨和痛苦不是語言文字可以描述的。能夠繼續堅持下來的藝術家並不多，而且一直在藝術上尋求機會，繼續追求理想的藝術家更是寥寥無幾。最刺激最無法忍受的不是日子的辛苦，而是年輕的中國藝術家突然發現他們這些來自國內頂尖藝術學院的藝術家們所受到的傳統的美學教育到了紐約這種不斷追求前衛和出位的世界藝術中心突然變得一錢不值。雖然作為第一批在出國大潮中出來的新興藝術家，藝術思想和風格在國內已經是反傳統反潮流的叛道離經，但相比起同時期才華橫溢、在美國正當紅的後現代藝術家 Barbara Kruger，David Salle, Jean-Michel Basquiat, Eric Fischl, Julian Schnabel 等，自己的所謂藝術創作一下子落後了很多年。用林天苗的話來說，就是你永遠跟在人家後邊，差著五年。然而事實上，這種痛苦的生活狀態持續了很多年之後結晶成為了生活歷練出來的沉澱，而這種沉澱層層滲透到藝術的作品中就成為了一種時代的反射和提升。

受到這段時代和經歷的影響，石村早期的畫風也非常後現代派，充滿著極端和詭異。比別人幸運的是，他有更多的時間感覺現代藝術的動向，吸收現代藝術的精髓，追求他的藝術理想。紐約對於他來說是一個藝術家的冒險家樂園，不怕做不到就怕想不到。年輕敏銳的藝術觸覺和瘋狂，以及卓越的色彩感使得他的畫作更加另類，將中國藝術

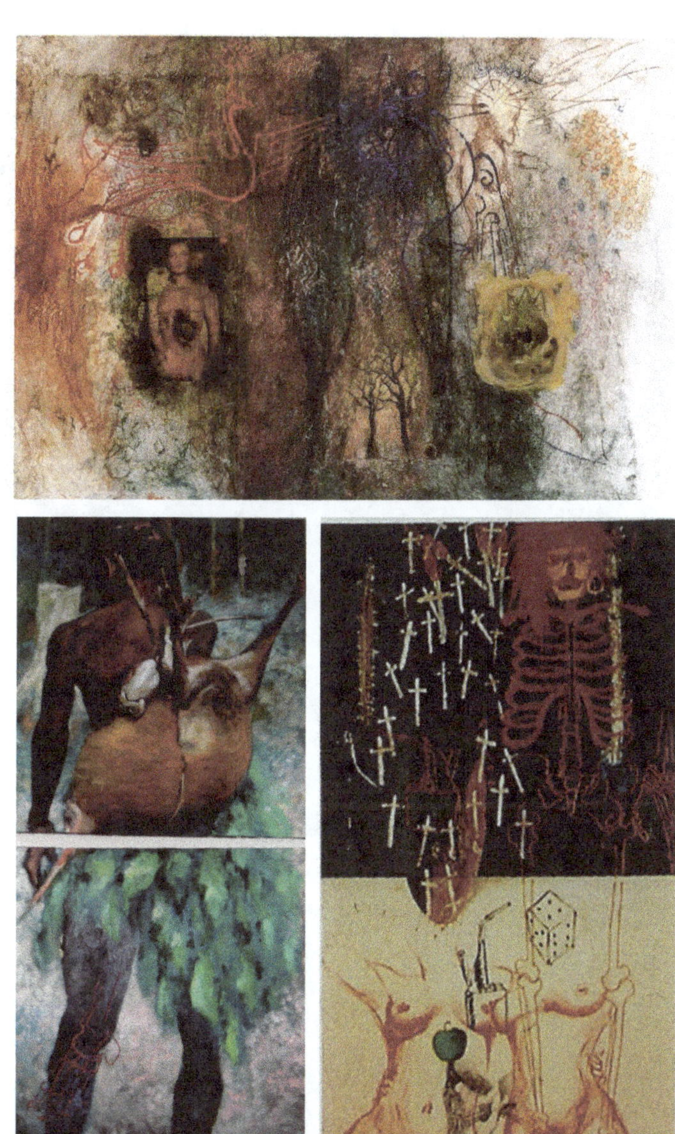

石村早期藝術作品

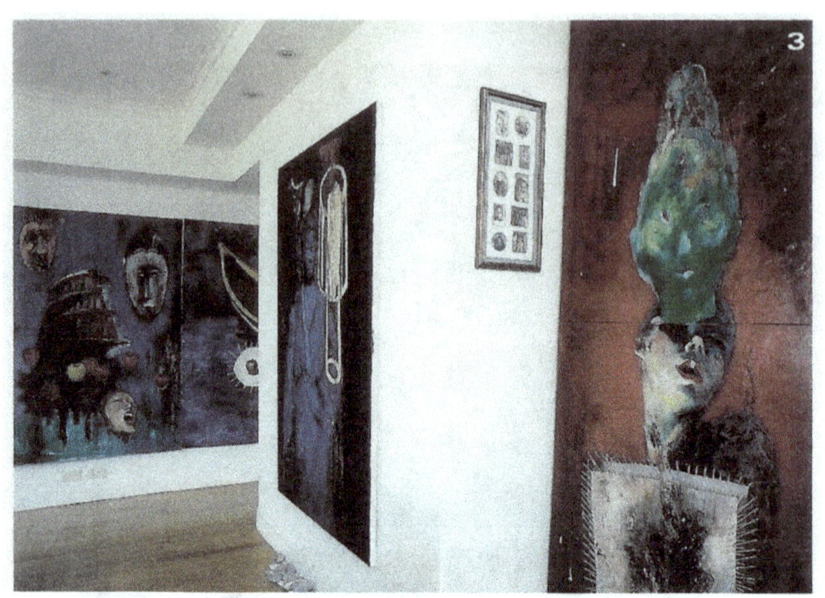

的隱約感覺出類拔萃地埋藏在西方的油畫風格中，將東西方的那種現代派的文化藝術本末倒置地展現在自己的作品中，因此畫風獨成一格。從 80 年代末期到早在 90 年代初期他一直比較幸運的受到很多畫廊的欣賞，每年都有畫展，並成為了國內藝術家第一個在紐約另類博物館（Alternative Museum）開畫展的先例。他的巨幅油畫作品曾在曼哈頓著名的現代藝術畫廊 Clock Tower 展覽過，風頭頗為強勁。

　　年輕是一把雙刃劍，在給予一個充滿才華的藝術家敏銳和勇氣的同時，也給了他自負和輕率。年輕的石村在連續的畫展之後並沒有的得到任何滿足，他不停地追求著更新的畫風，更刺激的方向。90 年代初期，當很多的國內藝術家仍然在布魯克林為生存而苦苦掙扎的時候，石村已經得到台灣著名的伊通畫廊的欣賞，前往台灣開個人畫展。

　　在台北的短暫時光中，石村的另類氣質和外形得到了電影導演的欣賞，開始了他從幕後畫家走向前台藝人的道路。1994 年石村因為拍攝了一部寫實他作為一名紐約年輕藝術家生活態度和方式的廣告片一舉成名，被譽為台灣新新人類的代言人。成名後的石村生活開始充滿了商業的喧鬧和浮華，一下子將他從畫家的苦行僧生活的孤獨生活中拉了出來。與此同時，石村認識了很多地下樂團的年輕成員，他們熱愛搖滾，但苦於當時的港台流行音樂沒有地下樂團的一席之地而苦惱。石村對現代藝術的觸覺和敏感以及他在藝術上天不怕地不怕的性格使得他一下子成為了他們的精神領袖。當他們告訴石村台灣根本沒有出版搖滾唱片的機會時，石村決定以身作則，出版一張極其張揚個性、充滿個人風格的重金屬唱片，樹立同黨們對搖滾樂追求的信心。於是畫家石村突然變成了音樂家石村。他重回紐約，以六個月的神速掌握了電吉他的技巧，自己作詞譜曲並在台灣出版了中國音樂史上第一張重金屬搖滾唱片《搖滾街頭一條漢子》。這張唱片奠定了石村從畫家成功轉型成為搖滾歌手的里程碑，也開創了台灣重金屬音樂的先河。一時間，他的雙重藝術家身份得到了台灣媒體的追捧，在主流報章雜誌上頻頻嶄露頭角。

此時的石村成為了命運最眷顧的幸運對象，他的藝術生涯已經不在自己的掌握之中。美國MTV音樂電視台當時正重整旗鼓回到亞洲，準備在華語市場殺出一條生路。石村作為台灣的一個重金屬音樂的開山鼻祖而得到了MTV電視台的青睞。作為當時美國最受年輕潮人追捧的音樂電視台，MTV電視台認為石村所展示的多種才華和形象的鋒芒正符合他們所尋找的亞洲代言人的氣質形象。於是，石村一躍成為了MTV電視台捲土重回亞洲的旗手（洛山磯時報），被請到MTV亞洲總部擔任華語頻道主持以及重金屬音樂節目的製片人。

從繪畫到音樂，從幕後到台前，這一個旁人可能用很多年時間奮鬥出的道路石村只用了不一年半時間走成，這個華麗的轉身從此改變了石村的人生路程。

MTV電視台主持人的生涯並沒有給石村帶來藝術上的更大成就，使得他在名氣在急速上升的同時，也被藝術上的何去何從深深困擾。

90年代中期,中國經濟改革開始了急速的發展和騰飛,相對而言,經

# 石村是新新人類？

　　披着前衛的過腰長髮，頭頂却剃個精光，石村裸露着上身出現在伊通公園的畫展記者會上，身上裝飾物叮叮咚咚一大串。他是紐約畫家，也是開喜烏龍茶廣告中挖掘出來具有世界觀的「新新人類」，現在又是重搖滾歌手。

　　石村的作品掛在伊通公園的空間裡，顯得和伊通向來的格調有些不搭襯，充滿暴力、色慾，流露紐約曼哈頓泥淖不潔的氣息。他的人倒是一幅精彩絕倫的好作品，全身紐約特有的前衛、動感和爆發力，更有趣的是，向來是攝影師拿着相機卡擦卡擦攻擊被攝者，而石村却是迅雷不及掩耳擺出大膽動作，對鏡頭主動攻擊，十足天生的表演者。

　　這位旅居紐約的大陸畫家，根據他的履歷顯示，從一九八八年至今，已在紐約各畫廊與博物館開過近十八次的個展、聯展。

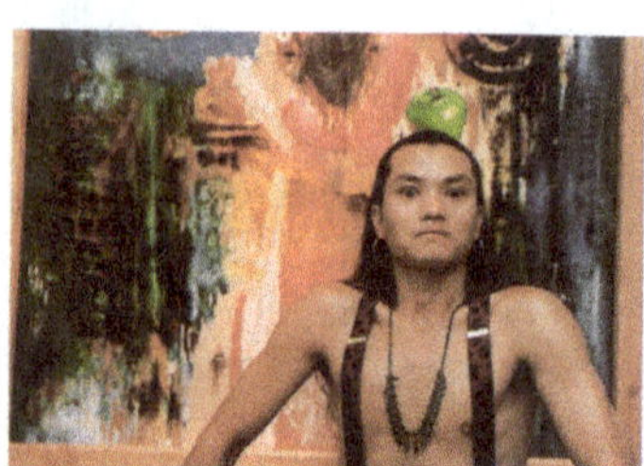

◀石村的畫作，像他的人一樣充滿顛覆和誇張的意味。
▼石村對鏡頭做了一個快速攻擊的誇張動作。

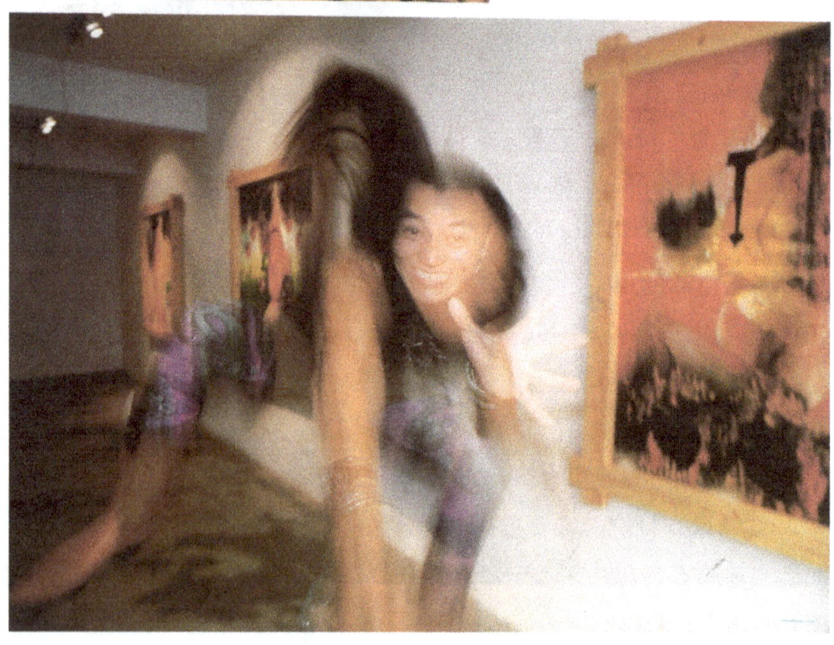

在臺北伊通畫廊舉辦「石村畫展」的石村

濟上的開放使得藝術創作的空間和機會也比以前增多。很多嗅覺敏感的中國藝術家開始離開紐約回國，期望在國內重新開創拓展自己的一片藝術天地。就在石村的很多藝術家朋友艾未未，林天苗和王功新等紛紛回國的時候，石村卻從喧囂蓬勃的亞洲回到了相對沉寂的紐約，準備再一次將自己置於死地而後生。

沉澱了一段時間後，石村開始夥同MTV的伙伴在紐約開創了一家電視製片公司，將自己音樂、繪畫和主持人的才華和名氣使用到商業運作上面。由於他公司面向中國市場，產品也極具風格，使得他很快得到了美國風險投資的青睞。幾年之間，石村將他的公司成功賣給了美國一個上市公司後，在他的朋友，前美國在綫總裁羅伯特·皮特曼(Bob Pittman)的指點下，帶著資金重新回到中國投身網絡互動新媒體公司的商業運作。

從2000年到2010年的十年間，石村的商業道路曲折多姿，從新媒體到新科技，他開公司賣公司，從私募資金到持股上市公司，從電視、網絡、通訊到手機媒體的跨行，他都有著深厚的經驗。商業的歷練使得石村變得成熟，當年的銳氣沉澱為經驗的同時，他對藝術創作已經有了全新的認識和感覺。

如果說，藝術上的才華和敏銳使得石村得到了許多商業上的機會和歷練，那麼商業上的很多成功和經驗也使得石村重新懂得藝術的價值所在。一個藝術家僅有才華是不夠的，人生道路上層層積累的生活經驗和閱歷才能成就他與眾不同的視角和眼光，成熟一個藝術家的作品。最具有價值的藝術產品往往來自生活的沉澱和閱歷，所有的經歷和經驗是人的一生最寶貴的財富，而這個財富的積累注定造就了每一個人都不同，每一個作品也不同的特質。

經商使得石村對貨幣變得異常敏感，作為當今社會最受人愛恨交集但卻無可奈何地擁戴、崇拜、使用、交換率最多的圖騰，人民幣最能表示中國社會的演變和上升過程中所經歷的重重改變，它出色演示了一個社會從理想主義變型到拜金主義的全過程。石村開始將這個非常商業的圖騰運用到他的作品之中去，開創中國的後波普時代。

　　早年石村的畫作更多的表現了他作為一個年輕藝術家追求後現代主義的野心而充滿了寧靜志遠與詭異猙獰的兩級分化的濃烈風格，作品的鮮亮卻詭異的色彩以及深藏不露的咄咄殺氣讓人過目難忘，印象深刻。而今天石村的作品顯示的卻是對時代的反思和重識。中國社會的改變和時代的烙印通過他作品的內容表現出來同樣充滿了讓人目瞪口呆的張力。他創造出來的人民幣系列已經超越了金錢的範疇而通過每一格刻意繪畫出來的馬賽克方格暗喻了我們這個社會到處都用馬賽克來欲蓋彌彰的現實。每一個馬賽克方格都用不同的顏色調製，成千上萬的方格匯集在一起而形成了整體畫作的磅礴氣勢和強大的氣場。

　　正如作品賣價最高也最受藝術收藏家擁戴的當代後波普藝術家Jeff Koons 一樣，石村不完全是一個藝術家，他有著商人的頭腦和藝術家的創意，以及兩者之間相互轉型的能力。商業的直截了當使得他對藝術的下手更準更恨。一個成功的藝術家也必須是一個成功的商人，這是石村多年來堅信的一個觀點，否則，你所觸及的藝術只能是皮毛而不是本質。今天，當中國最負盛名的當代女藝術家林天苗看到石村的人民幣系列都直呼：你也太王八蛋，太狠了吧！對於石村，這就是一個理解他過去的同行給予他作品的最好評價！

　　二十年人生轉瞬即逝，卻改變了多少國家的道路和人生的命運。當年在紐約苦苦掙扎奮鬥的藝術家生涯已經成為往事、回憶、笑談。而往事的飛灰煙滅中成就了多少人的功名利益，也淹沒了多少人的夢想才華。在往昔人生錯落的背影中，在永不泯滅的追夢中，石村永遠是一個怪傑，一個用不按理出牌的人，一個喜歡像滾石一樣勇於冒險的挑戰者，一個不出手則已、一出手就要一劍封喉的高手，一個喜歡積累各種人生經驗當作財富的藝術家。而他在每一次置自己與死地而後生的孤寂轉型中，所展現出的勇氣、毅力和策略融合在一起層層積鬱沉澱出的老練與犀利在他的畫作中一覽無餘。

2010. 12. 27　紐約

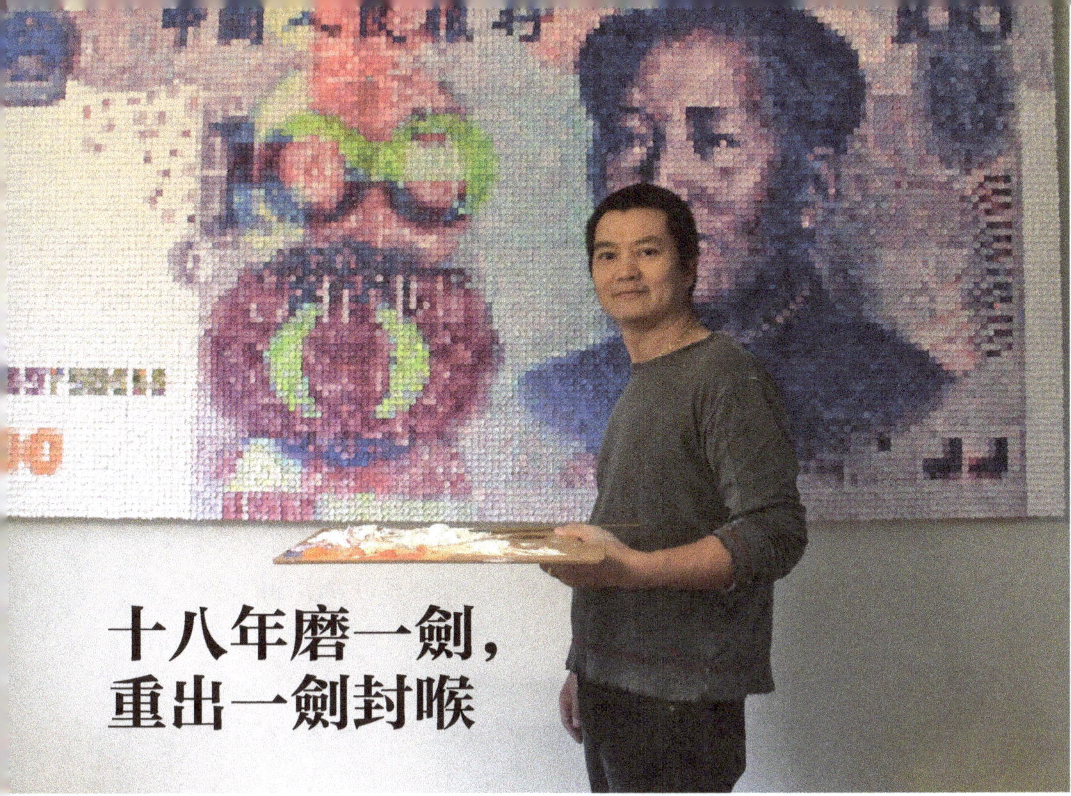

# 十八年磨一劍，
# 重出一劍封喉

紐約桃花

　　十八年前在台北的著名畫廊伊通公園（ITPark）舉行個人畫展的時候，祖籍來自南京的年輕美籍畫家石村面對蜂擁而來的各路媒體記者，躊躇滿志。當時，作為被台灣媒體譽為台灣新新人類代言人的石村在1994年的台灣娛樂界風頭正勁，炙手可熱。幾乎每一天打開報紙，都可以看到扮相另類，個性鮮明的石村在娛樂版里或是以重金屬搖滾歌手或是以藝術家的身份接受訪談。

　　1994年的那個夏天，石村在伊通公園的畫展上依舊以駭世驚俗的形象示人，依舊語不驚人死不休地講述他的藝術觀點。他沒有想到這是他作為藝術家，最後一次舉辦畫展，也沒有預料到，此後，他的人生將重新書寫，作為藝術家的他將投藝從商，成為創業人。

　　十八年彈指一揮間，石村已經改名石雲天，在創業的道路上面奔跑了十多年。而這十多年的創業過程中，石村沒有一刻忘記他從小就熱愛的藝術，曾經的藝術生涯。十八年的時光沉澱了人生的滄桑，濃縮了生命的感觸，成熟了藝術思想，磨礪了藝術造詣的同時，也奠定了他對藝術的重新理解和重新起步的勇氣。十八年來，世界與中國的位置從政治及經濟上也改變了很多。　正是這些改變讓石村意識到了一個厚積薄發的時代的來臨，對於中國的社會，對於他，這個改變任何人都無法抹煞，無法否認。一個藝術家的藝術所承載的就是對時代的準確反映與刻畫，而這個反映是非常個人的，與眾不同的。曾經的石村在繪畫上非常受現代波普的影響，更多地以抽像畫的形式，以等多媒體的方式宣洩他心中對藝術的感覺，而這種色彩濃郁的宣洩直截了當，充滿了年輕的熱忱和勇氣，也揭示了內心很多的不安與狂野的倒影。對於當時的紐約畫界來說，這種夾雜了中西合併的表達形式給他帶來了一定層面上的認可，使得他得以參與在紐約以及歐洲為年輕創新的畫家舉行的藝術群展。

而今，石村的風格已經與他的人生一樣，變化驚人，雖然，仍然是後波普，仍然是色彩濃郁，但不同的是，他已經從那個駭世驚俗的形式邊緣倒退回來，變得更加內斂，更加深刻。如果說，過去的他曾經在媒體形式上進行各種創新，如同一個花樣不斷翻新的劍客不斷磨練著劍術的招式，那麼現在的石村就是一個經過十八年人生不斷變換的生涯所歷煉出來的成熟劍手，講究的不再是花式，而是力量，深藏不露的銳氣。這種銳氣在他最近的油畫鉅作畫作〔人民幣〕上得到了最佳的體現。

石村的人民幣系列油畫鉅作都是在高一米三，寬兩米六的畫布上創作，分割成一萬六千多個馬賽克方格，每一個格子裡面的顏色都不一樣，但是把這一萬六千多塊用不同的油畫色彩所塗抹出來的畫面組合在一起成就了一張巨大的人民幣作品。這個系列作品的結構與創意都是讓人意想不到，凡是看到巨幅作品的人都是大吃一驚，不敢相信自己的眼睛。不管從顏色的鮮豔程度，還是畫幅的巨大，藝術的精美程度，一面牆大的類似壁畫一樣的油畫作品總是先聲奪人，讓人們過

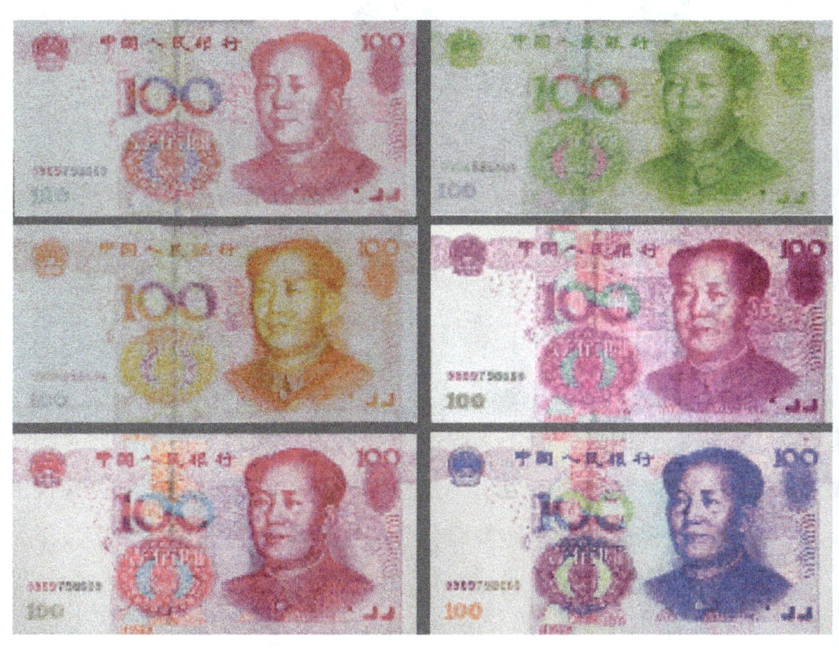

人民幣系列

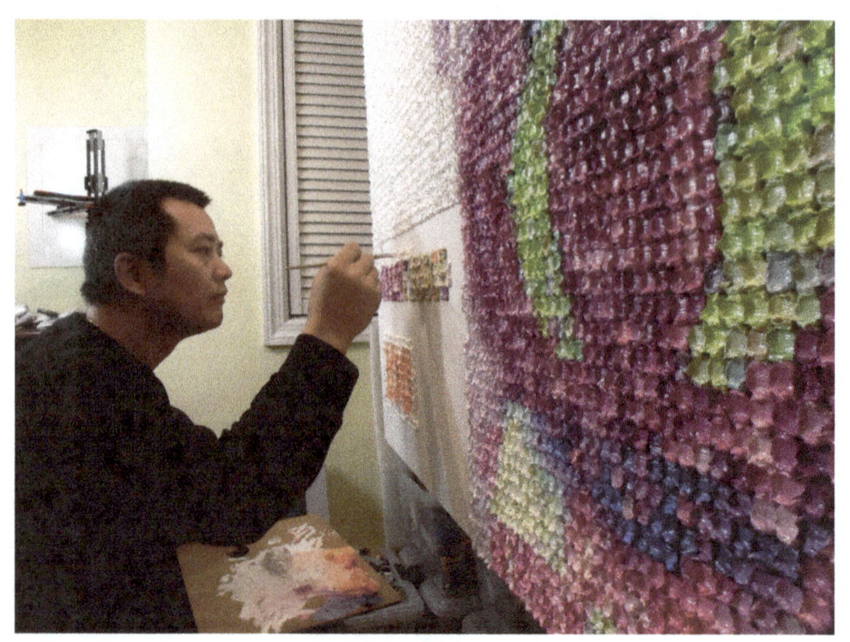

在工作室作畫的石村

目難忘，不能不為眼前的亮麗而驚嘆乃至驚艷。如果說，"石村的早年畫作更多的表現了他作為一個年輕藝術家追求後現代主義的野心而充滿的寧靜志遠與詭異猙獰的兩級分化的濃烈風格，作品的鮮亮卻詭異的色彩以及張牙舞爪的咄咄殺氣讓人過目難忘，印象深刻。而今天石村的作品顯示的卻是對時代的反思和重識。"

中國社會的改變和時代的烙印通過他作品的內容表現出來同樣充滿了讓人目瞪口呆的張力。他創造出來的人民幣系列已經超越了金錢的範籌，通過每一格刻意繪畫出來的馬賽克暗喻了我們這個社會到處都用馬賽克來欲蓋彌彰的現實。每一個馬賽克方格都用不同的顏色調製，成千上萬的方格匯集在一起而形成了整體畫作的磅薄氣勢和強大氣場。

此次的人民幣鉅作，耗費了石村的大量時間和精力。一幅畫一共一萬六千多塊馬賽克，而每一塊馬賽克以及里面的塗料都是經過石村特殊調製而製作出來的，因此色澤獨特，充滿了動感與力量。與以往一樣，石村的畫作依舊以顏色的鮮麗而獨出一格，因此，每一格色彩的調製，石村都不假以他人之手，親歷而為。慢工出細活，正是這樣的耐心與耐力，使得石村在每一張油畫鉅作上投擲了大量的時間和精力。不管遠觀還是近望，石村的鉅作色彩橫流，濃厚鮮豔，充滿了獨特的張力與技巧。而正是這種不惜一切的顏料的深度堆砌，使得整體的畫作呈現出一種噴薄怒放的氣勢，而這個氣勢與石村所想要表達的思想不謀而合，厚重了作品的深度！"錢是中國現代社會拜金時代最著名的圖騰，任何完美的藝術品也是以這個圖騰作為價值結算物從而體現出藝術的商業價值。"

沒有任何圖騰能夠比錢更能說明今天這個社會的價值觀。石村的［人民幣］系列將這個社會的價值觀作為藝術體現出來，藝術的想像力將金錢巨型化的同時，以美麗不可方物的色彩將金錢藝術化，溫暖柔和了金錢的冷酷感。如此大膽直白的圖騰詮釋將波普藝術發揚的登峰造極，從商業和藝術的雙重角度直搗人的心理和視覺！

所謂十年磨一劍，石村這一劍一磨就是十八年，如今整裝上陣重出江湖，石村依舊充滿了同以往一樣的滿腔豪情與執著的信念。時光流逝，歲月荏苒，人生已經改變，唯一不變的就是對藝術的天然敏感以及多年未曾失去的鋒利。從藝術的角度而言，十八年成就了石村的一個整圓，這個整圓之中，充滿了經過歲月沉澱，經過人生滄桑，經過思想歷練而匯聚成熟的劍氣，其力量勢如破竹，不出手則已，一旦出手，就會毫不遲疑，一劍封喉。

2012. 5. 17　紐約

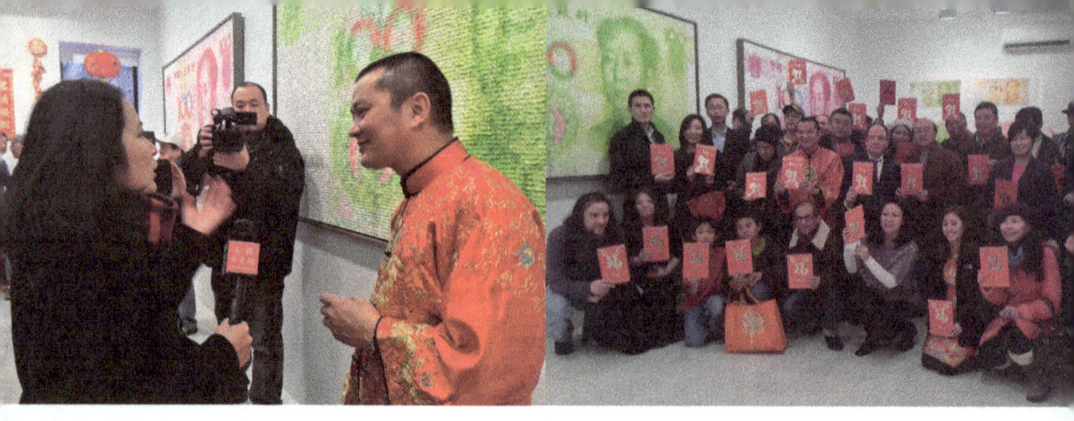

僑報紐約　陳儒斌

# 《恭喜發財》畫展切爾西應節展出

一個名為《恭喜發財》的油畫作品展覽從 10 日春節開始在切爾西的 Song 畫廊展出，展出的 4 件巨大的人民幣是由旅美畫家石村先生用馬賽克方式，採用油畫顏料在畫布上完成，遠看是 100 元人民幣的圖案，近看則是佈局非常精巧的馬賽克色彩方格。遠看是具象，近看卻是抽象。

石村先生在開幕式中說，最近十多年來，他一直往返於中美之間。石村 1980 年代闖蕩紐約，一直從事藝術工作，後來從商，多年來的打拼，使他領悟出人民幣就是當代中國生活的圖騰，是許多中國人生活中最重要的元素。

石村指出，人民幣是中國從計劃經濟轉型市場經濟的最重要標誌物，也是中國人在發展經濟道路上最重要的因素。隨著中國經濟的不斷發展，人民幣也將在全球更廣闊的空間

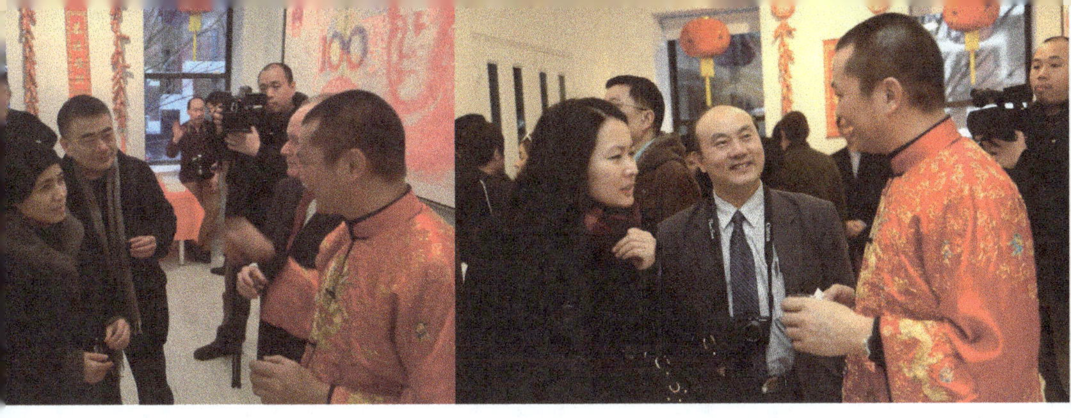

中顯示出強大的力量。

　　Song 畫廊策展人 Sonia Hu 女士指出，這是畫廊第一次舉辦中國當代藝術家的個展，希望通過這個展覽讓更多的紐約藝術愛好者關注中國和中國當代藝術。該畫廊將會在未來推出更多中國當代藝術家的作品，讓更多的中國當代藝術在切爾西這個畫廊區的平台，與美國同行進行更多的溝通。

　　《恭喜發財》畫展開幕式吸引了近百名華人和各族裔藝術愛好者參加，該展覽至 3 月 28 日結束。

2013. 2. 17　美國《僑報》

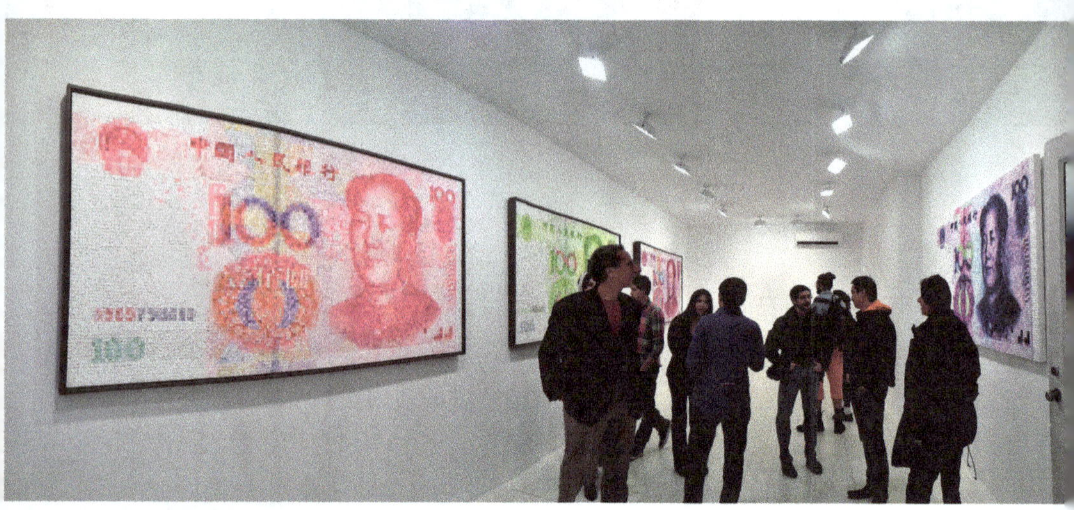

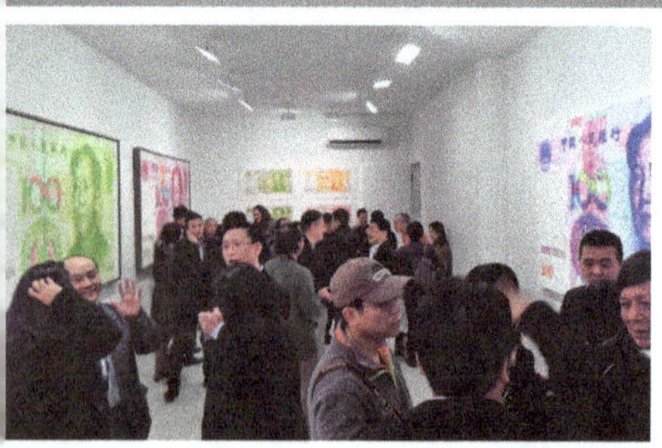

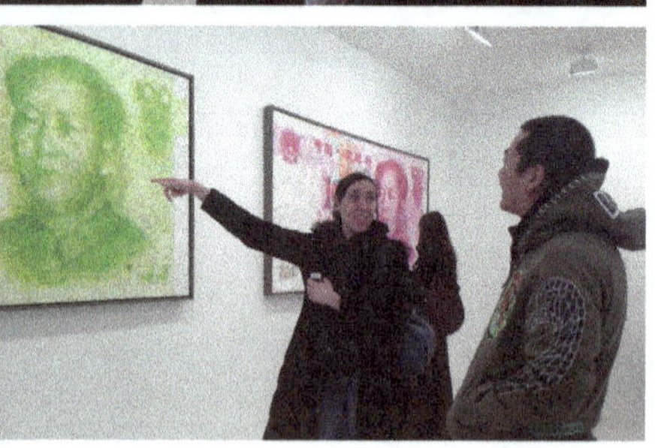

《恭喜發財》畫展現场

# 畫家石村
# 畫不驚人死不休

紐約桃花

紐約街頭無奇不有，每天都在發生著各種各樣的新鮮事兒。初冬的時候，紐約街頭出現了一輛黑藍色 SUV 拉著的一輛平板拖車，上面赫然矗立著一副雙面立體的一塊美元油畫作品。這輛車頻繁出現在華爾街、時報廣場⋯⋯吸引了路人和遊客的目光。很多人在作品前拿出手機拍照或自拍，生怕錯過這難得一見的一幕。

這個拉著藝術大錢滿街跑的發起人是紐約藝術家石村，他給他的藝術品起了一個有意思的名字"王八客"，即英文 One Buck 的諧音。這個名字圖的就是新鮮，讓人過目不忘。眼球效果一直是石村喜歡追求的一種戲劇性感覺，也是他做藝術家與生俱來的一種畫不驚人死不休的氣質。

## 另類藝術家的最初

十七年前，我第一次踏進藝術家石村位於紐約下城的工作室，撲入眼簾的是牆上的一幅巨大的畫作，鮮豔奪目的色彩和詭異的形像，兩種截然相反的結合產生的強烈視覺衝擊讓我震驚。

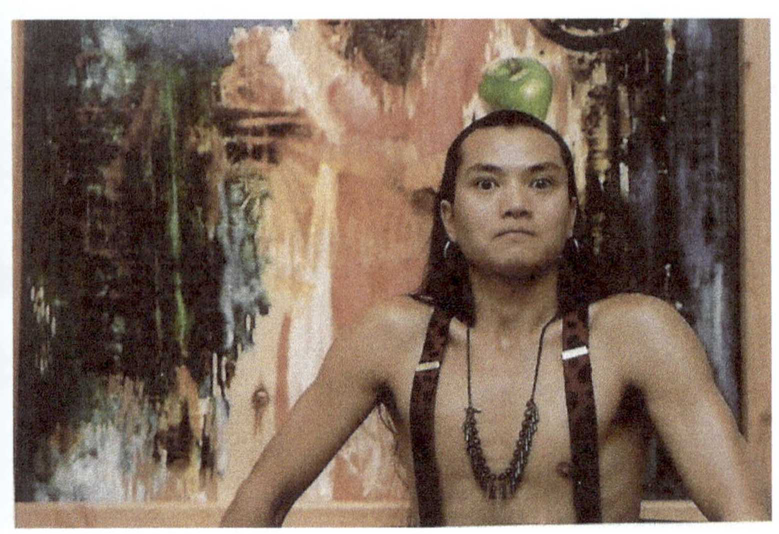

1994 年在台灣參加藝術個展的石村

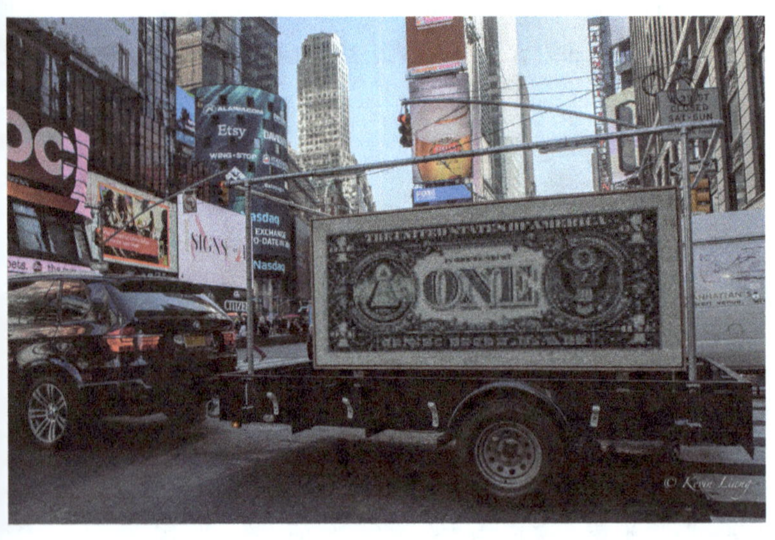

"王八客"（One Buck）穿行在
紐約各個街頭，經過時報廣場

　　多年後，我認識的一位藝術愛好者看到我手上石村早期的油畫作品時，驚呼道：「原來石村就是這個畫家。」原來，這位朋友早年去歐洲遊歷，曾在一家德國美術館看到一幅風格詭異的大型油畫，她當時為之驚詫，至今難忘。而畫家是中國人這一點讓她更加驚訝，因為八十年代末能在德國美術館展覽的中國畫家寥寥無幾。後來直到她在我這裡看到石村的早期作品，才知道那個讓她驚豔的畫家就是石村。

　　這就是很多人初次看到石村油畫作品的感覺。雖然時光荏苒，當年的毛頭小子已經成為經驗豐富的中年人，但他的作品給人的視覺衝擊依然不減，如同他本人的強烈個性，每一次出場都會引起人們的注目。

　　石村走上藝術的道路純屬偶然。他小時候調皮搗蛋、好玩愛動，沒想到，一位業餘藝術家的鄰居教他畫畫時，一向貪玩的石村竟對顏料很感興趣，還為了畫畫一坐就是好幾個小時。石村的媽媽喜出望外，馬上用微薄的工資為兒子購置了畫具和顏料，希望他不要再出去惹事。石村也因此踏入了他的藝術生涯。

　　很快，石村便踏上了投師問藝的道路，拜到了設計師張欣恩師之後，石村的繪畫技藝水平開始突飛猛進。後來，石村又投師藝術大師賀野，受益匪淺。幾年後，他參加全國高考，多次以藝術專業第一名的成績名列浙美及蘇州工學院等高等院校榜首，但都因為離总分數線差幾分最終名落孫山。

## 在紐約打開了一個世界

　　一九八七年，石村移民到紐約，繼續追逐他的藝術夢想。紐約這塊藝術大本營的創意天空，讓思想活躍的石村彷彿小魚游入大海，一下子將他的藝術創意大門全方位開啟。

　　當時的石村，非常喜歡紐約東村的藝術風潮，他還把自己當作藝術品，以一身出格怪異的裝束將自己包裝成一個行為藝術作品，每次都引爆回頭率。

　　到了紐約後的石村深受美國當代藝術和搖滾音樂的影響，變成了一個地道的藝術青年。他聽重金屬搖滾樂，自學電吉他，長髮披肩，穿著軍用皮靴。這時帆布油畫已不能夠表達他內心各種湧動的念頭，他開始製作木版燒刻，用各種可以想到的媒介來進行創作，畫面表達的內容充滿了詭異的色彩和令人目瞪口呆的骷髏。

　　八十年代末期和九十年代初期的紐約街頭常見窮困潦倒的中國畫家。他們當時沒什麼出路，便在街上以五美金一幅畫的價格給路人畫肖像。這些藝術家很多都是央美和浙美畢業的高材生。最終一些人選擇了回國，也成為了現今中國當代藝術界的牛人。石村曾跟著幾個這樣的藝術家在街頭畫過幾天肖像。

　　幸運的是，他比別人年輕也比別人運氣好，靠著作品的特色得到了美國的幾個藝術獎金，開始埋頭在家進行創作，並得到紐約酷勁十足的另類博物館和白柱子幾家當代藝術博物館的參展機會，他的油畫作品還被畫廊拿到歐洲參加巡展。

　　比起那些在路邊上畫肖像的藝術家，石村當時已經邁進了紐約藝術圈的大門，如果他順著這條路往下走，今天可能就是紐約的一位著名當代藝術家。但偏偏石村是個另類動物，他厭倦了紐約畫廊的做作風氣，也對不懂藝術卻裝摸做樣盛裝出現在各個開幕式上的時尚男女感到失望。於是，當台灣的一個畫廊邀請他去台灣開畫展，他一甩手離開了紐約，跑到台北住了兩年。

## 在台灣成娛樂界明星

　　一九九三年底，打扮與眾不同、在台北街頭騎著單車的石村被台灣名導王財祥發掘，拍攝了王導開喜烏龍茶新新人類系列廣告片，並作為紐約街頭藝術家本色出演當時所謂台灣新新人類的代言人。

　　沒想到，這個廣告在一九九四年新年播出後引起轟動，將石村推上了娛樂界的頭版頭條。

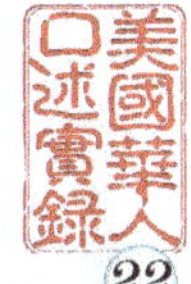


# 画家石村
# 画不惊人死不休

■ 胡桃

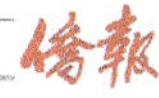

纽约街头无奇不有，每天在发生着各种各样的新鲜事儿。初冬的时候，纽约街头出现了一辆黑蓝色 SUV 拉着的一辆平板拖车，上面赫然矗立着一副双面立体的一块美元油画作品。这辆车频繁出现在华尔街、时报广场……吸引了路人和游客的目光。很多人在作品前拿出手机拍照或自拍，生怕错过这难得一见的一幕。

这个拉着艺术大钱满街跑的发起人是纽约艺术家石村，他给他的艺术品起了一个有意思的名字"王八客"，即英文 One Buck 的谐音。这个名字图的就是新鲜，让人过目不忘。眼球效果一直是石村喜欢追求的一种戏剧性感觉，也是他做艺术家与生俱来的一种画不惊人死不休的气质。

## 另类艺术家的最初

十七年前，我第一次踏进艺术家石村位于纽约的工作室，扑入眼帘的是墙上的一幅巨大的画作，艳艳夺目的色彩和诡异的形像，两种极端相反的结合产生的强烈视觉冲击让我震撼。

多年后，我认识的一位艺术爱好者看到我手上石村早期的油画作品时，惊呼道："原来石村就是这个画家"。眼球，这位朋友早年去欧洲游历，曾在一家德国美术馆看到一幅风格诡异的大型油画，她当时为之震憾，却今难忘。油画家是中国人这一点让她更加惊诧，因为八十年代末能在德国美术馆展览的中国画家寥寥无几。后来看到她在我这里看到石村的早期作品，才知道那个让她惊艳绝伦的油画就是石村。

这就是很多人初次看到石村油画作品的感受。虽然时光荏苒，当年的毛头小子已经成为经历卡宫的中年人，但油作品个人的抑郁神奇依然不减，魅力始终不变，每一次出场都会令在场人的注目。

石村走上艺术的道路纯属偶然。他小时候调皮捣蛋、异常爱动，没想到，一位业余艺术家的邻居教他画画时，一向贪玩的石村竟对颜料很感兴趣，还为了画面一块就是好几个小时。石村的妈妈发现此后，易上用颜料的工资为儿子购置了颜料和颜料，希望他不耽再出些能量，石村也因此踏入了他的艺术道路。

很快，石村便踏上了投稿习画的道路。摔到了设计师推崇爱好之后，石村绘画的技艺水平开始突飞猛进。后来，石村又成师艺术大的学院，受益匪浅。几年后，他参加全国各种油画奖的竞赛，多次以这种方式的成绩多名夺魁，并最美术馆等高等院校榜首录，但都因为部分原因落选，几分都惨败失落。

## 在纽约 打开了一个世界

1987 年，石村怀揣着对世界、梦的艺术梦想，独自踏进纽约这块艺术大本营的创想天空。让思想活跃的石村仿佛小羊羔入大海，一下子错愕的艺术洞察让门汇全方位开启。

当时的石村，非常着迷纽约东村的艺术风潮，他还把自己当作艺术家，以一身出格怪异的装束和自己包装成一个个艺术作品，每次都引爆回头率。

到了纽约后的石村深受美国当代艺术和摇滚音乐的影响，变成了一个地道的艺术青年。他听重金属摇滚乐，学学电吉他，长发散舞，穿着军用皮裤。然而纽约的油画已不能够侵透他内心多种浓烈的思火气，他开始制作木板绘制，用各种可以想到的媒介来打破创作，画面表达的内容充满了诡异的色彩和令人目眩口呆的表现力。八十年代末和九十年代初期……

## 在台湾 成娱乐界明星

……的纽约街头常见穷困潦倒的中国画家。他们当时没什么出路，便在街上以五美金一幅画的价格给路人画肖像。这种艺术家很多都是央美和浙美毕业的高材生。最终一些人选择了回国，也成为了现今中国当代艺术界的华人。石村物跟着几个这样的艺术家在街头画过几天肖像。

幸运的是，他比别人年轻也比别人运气好，带着作品的特色得到了美国的几个艺术奖金，开始埋头在家进行创作，并得到纽约酷勒卡兰的冯毫博物馆和白桔子几家当代艺术博物馆的参展机会，他的油画作品还被邀能拿到欧洲参加巡展。

比起那些在路边上画肖像的艺术家，石村当时已经迈进了纽约艺术圈的大门，如果他顺着这条路往下走，今天可能就是纽约的一位著名当代艺术家。但偏偏石村是个另类动物，他厌倦了纽约画廊的做作风气，他对不懂艺术却装模作样盛装出现在各个开幕式上的时尚男女感到失望。于是，当台湾的一个画廊邀请他去台湾开画展，他一挥手离开了纽约，跑到台北住了两年。

没想到，这个广告在 1994 年新平播出后引起轰动，把石村推上了娱乐界的头版头条。

那一年，大小 S 刚刚出道，金城武刚刚出演王家卫的电影《重庆森林》。当石村和他们一起出现在各种娱乐界的盛会时，他从一个埋头作画的艺术家转倒成了一个娱乐明星。美国 People 杂志台湾版《时人杂志》采访石村的故事，用四开幅的中心彩页散头条刊《传奇》栏目中的《德华人生况魅影——星人石村，吃"蟹"的奶水长大》，而期期新的封面选到的国际影坛上爆起的身极风采。

当年的石村已经是跨界高手，不仅在台湾置台的伸通摄影下格，还出版了被系统予称开创台湾海滨激素河的重金属唱片《迷源滨东一条汉子》，并因为主持了台湾电视连续剧《七住红头》的片头而被录选津乐道，至今在任何卡拉 OK 场所都可以听到这首气声脆扬。充分展示了石村多性的歌喉。

石村在台湾成名了没多久，就赶上美国音乐台 MTV 重拓亚洲圈，准备卷土重来，杀回亚洲。MTV 电视台正苦苦寻觅能同时正在亚洲招兵买马、网罗各路英高手。在台北开办娱乐音乐会的石村正好被 MTV 高级制作人相中，请他担任 MTV 主持人，提席大中华地区……

## 告别商业 重归艺术

成为 MTV 亚洲龙头牌主持人不到一年，石村就厌倦了主持人这种工作。他渴望重回艺术的天地，像鱼儿一样在天空瞬游翱翔。

然而，一年多后，孩子接取回到纽约的石村起没有准新走回艺术道路。而是机缘巧合转行于电视制作公司做创意制作并主持《60 分钟亲密报》一时膨胀商业这条纽路，就要以轻易的话。接下来的十几年，石村不断创新公司、创意项目，然后卖了公司，再把新项目……

比起画肖像边上画肖像的艺术家，石村从艺术跨到娱乐、媒体热潮后重商业、好像把自己的项目当作行为艺术来要新建。在取得人脉和资源益丰的同时，也耗尽了时间和金钱。从商业角度看，反反的变化大概是他商业不定法折腾刺激、不断变化才能达到，永新才能更新创造。石村如果不是经商一笔钱财，恐怕对人生也太难有如此透彻的了解，也无法创造出人民币这样的系列作品。

## 打马赛克的人民币

人民币系列作品的创意源于一个偶然，一位石村认识的上海商人请他画他一张油画，出价是五千人民币。让他吃惊的是商人画出一张油画能卖出的价格是一万多美金。因此，他这商低于这个价格都是对他艺术生涯的嘲讽。更重要的是，无论画有还是画纸，石村就价不在乎了。这让石村觉得是用金钱亵渎了艺术。

石村当时说光一现：不如就是钱嘛，给他画很人民币好了。他想到画棒会拼金盒钱主宰艺术其其人生的现实，他决定把这种国的感觉把块钱主宰雷克的方式投射到人民币的创作中，并拿这种描述起了个名称，叫做"瞬染马赛克"——利用油彩的色彩将人民币抽到成块块很小的正方形小方格，组成一幅完整的人民币。

同时，采用马赛克方式也是极具当前中国特色的一种启发。马赛克在中国已经成为了一种隐蔽识，尤其在电视或者图片上，不愿暴露旧面的人物被石头遮掩，人体私处都会打上马赛克。连监狱的囚犯广泛应用马赛克遮盖的方式，我用马赛克这种非常中式的遮盖方式，引申出人民币中中国社会乃至世界货币的影响，具有非常特殊的意义。

马赛克人民币的系列画作重新开启了石村的艺术道路。这一系列六张的人民币油画整整花了石村三年，但结果令人惊愕。人民币系列画张陆续参加了北京宋庄美术馆、2012 年艺术中国展，以及纽约的下城切尔西画廊《哮居发财》的个展。

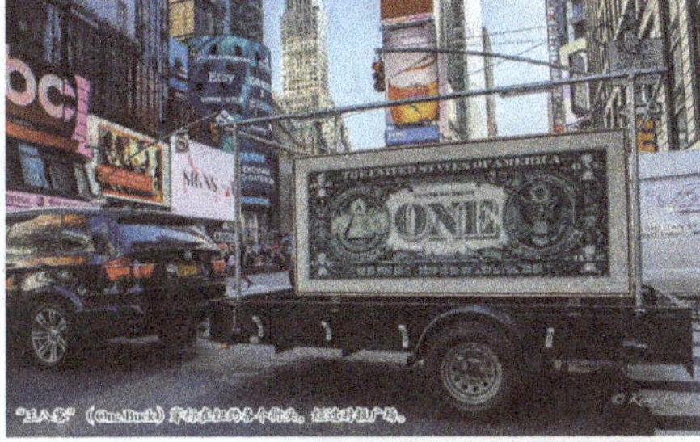


完成了人民币系列，石村开始关注货币的战争。他采用同样的画法画出世界两大货币人民币和美元的马赛克油画作品，演示出这场发生在大家眼前无声的中美货币战争。

创作货币战争的两大货币本身对石村而言就是一场艰难的战争。每一幅作品都是上万块马赛克组成，每一个马赛克的颜色都不一样，需要一笔笔调式才能达到他所需要的结果。一张乍看是千万万格，所需时间几乎要一个月，而且是在每天至少五六小时，最长十二小时放纹不动地作画的情况下才能一个月完成。画对如比苦工，石村戏剧地称之苦的"币"，苦捱达历九年面壁，讲的就是九年如分，对一切境界困扰不至，日心如如不动的内在功夫。石村的画币，隔苦福隐也是一场熊色战争情，将中美的经济政治之战扣艺术方式润择。这本身就是一幅巨大的行为艺术。

## 童行纽约的"王八客"

从 2010 年起，石村围币五年，画了 9 幅货币作品。最后一张货币是美金一美元的反正面，花了石村整整一年的时间完成。

一美元的第一笔马赛克油画刚完成的时候，石村便想画一幅中国军用卡车艺术图的当代艺术馆（Scene）展。展览过程中，很多人都被这张价廉物美的作品吸引，纷纷在作品前面拍照留念。石村因此突发奇想，开始规划一美元的立体作品，他花了大半年画完了一美元的反面，将两张货币用自己亲手制作的木架安放在一起，成为了一张立体的美元油画作品。

石村认为，纽约是最好的没有围墙的美术馆。他购买了一辆卡车，改装后将一美元的作品安置上去，成了一个流动的美术馆，在纽约的街头巡展。

石村的"王八客"每到一个地方，都会被人流包围。正如石村自己瀑滚时说的："自从 ONE BUCK 王八客出门在外以来，我就没法知道他的未来了，我也随之不知道自己的未来。也许人生真正是无法知道未来的，所以我们活着，我们走路，并不知道是往前还是往后，也不知道是往上还是往下。我们只是在路上。在路上，纽约的路、人生的路，都是我命运注定的路途。只是在纽约这个世界最好的街头博物馆中，艺术才可以打破形式和围墙，自由地存在，让所有的人欣赏。这就是我做画的目的，也是我艺术所追求的终极目标！"

纽约是石村艺术生涯的一个重要的里程碑。1987 年他在纽约成为艺术家，2015 年他在纽约完成王八客的巡游。这二十多年间，他从画家到新新人类，从 MTV 主持人到商人，从商人再次回到艺术，完成了这样一个奇幻的人生，也是一个奇迹。别人用跨界作为行为艺术，而石村则用自己的人生作为行为艺术，每一次跨界又回归，没有几分狂妄和胆量，是无法有勇气做到的。

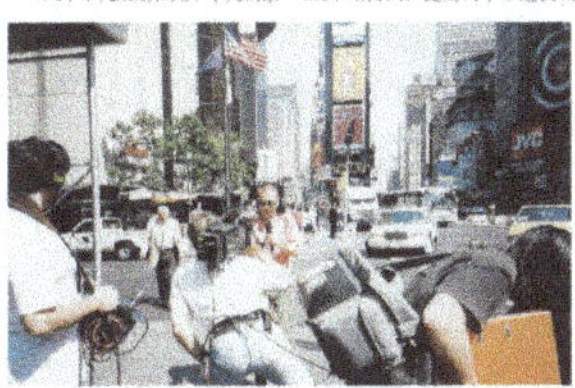
石村在时报广场。

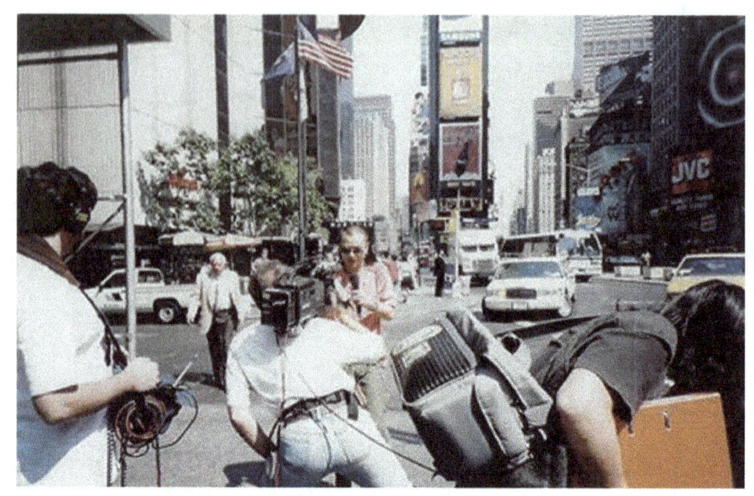

石村在時報廣場主持節目

　　那一年，大小 S 剛剛出道，金城武剛剛出演王家衛的電影《重慶森林》，當石村和他們一起出現在各種娛樂界的盛會時，他從一個埋頭作畫的藝術家轉型成了一個娛樂明星。美國 People 雜誌台灣版《時人雜誌》採訪石村的時候，用四開幅的中心彩頁重頭介紹《傳奇》欄目中的《詭夢人生說鬼夢——異人石村，吃“鬼”的奶水長大》，而那期雜誌的封面是剛剛在國際影壇上崛起的明星鞏俐。

　　當年的石村已經是跨界高手，不僅在台灣首屈一指的伊通畫廊開個展，還出版了被樂迷號稱開創台灣搖滾先河的重金屬唱片《搖滾街頭一條漢子》，並因為主唱了台灣電視連續劇《七俠五義》的片頭曲而被津津樂道，至今在任何卡拉 OK 場所都可以聽到這首氣宇軒昂、充分展示了石村個性的歌曲。

　　石村在台灣成名了沒多久，就趕上美國音樂電視台 MTV 重組亞洲部，準備捲土重來，殺回亞洲。 MTV 電視台亞洲部當時正在亞洲招兵買馬，網羅各路高手。在台北開辦搖滾音樂會的石村正好被 MTV 高級製作人相中，請他擔任 MTV 主持人，提高大中華地區收視率。

當年，MTV 音樂台重回亞洲在美國各大媒體上被大肆報導，其中《洛杉磯時報》的專版採訪中，代表 MTV 出現的就是石村，他被譽為扛著 MTV 大旗進入华语市場的旗手。

## 告別商業重歸藝術

成為 MTV 亞洲部頭牌主持人不到一年，石村就厭倦了主持人這種工作。他渴望重回藝術的天地，像鳥兒一樣在天空隨意翱翔。

然而，一年多後，終於辭職回到紐約的石村卻沒有重新走回藝術道路，而是機緣巧合轉行在電視製作公司做創意製作並主持了《60 分鐘看美國》。一旦踏進商業這條路，就難以輕易回頭。接下來的十幾年，石村不斷創新公司，創意項目，然後賣了公司，再重新開拓新項目。

回看這十幾年，石村從藝術跨界到娛樂、媒體然後是商業，好像把自己的項目當作行為藝術不斷變換創新。在收穫人脈和良師益友的同時，也耗損了時間和金錢。從商業角度看，反复的變化大概是他商業無法取得巨大成功的原因；但從藝術角度看，不斷改變才能求新，求新才能更新創意。石村如果不是經商多年，恐怕對人生也未能有如此透徹的了解，也無法創造出人民幣這樣的系列作品。

## 打馬賽克的人民幣

人民幣系列作品的誕生源於一個偶然。一位石村認識的上海商人請他隨便畫一張油畫，出價是五千人民幣。雖然石村已經多年不作畫，但他最後一張油畫賣出的價格是一萬多美金，因此，他覺得低於這個價格都是對他藝術生涯的嘲諷。更重要的是，這個商人尚未看到作品，上來就標價五千人民幣，這讓石村覺得是用金錢褻瀆了藝術。

石村當時靈光一現：不就是錢嘛，給他畫張人民幣算了。他回想自己從商多年未果的辛酸，看到眼前拜金社會金錢主宰藝術甚至人生的現實，他決定將這種嘲諷的感覺用塊狀馬賽克的方式投射到人民幣的創作中，並給這種畫法起了個名稱，叫做"禪宗馬賽克"——利用油彩的色澤將人民幣切割成一塊塊很小的正方形馬賽克形狀，然後塗滿油彩，組成一幅完整的人民幣。

其實，採用馬賽克方式也是極具當前中國特色的一種啟發。馬賽克在中國已經成為了一種隱蔽標識，尤其在電視或者照片上，不想標識出來的人物面孔或者人體私處都會打上馬賽克，連盜版碟都廣泛應用馬賽克遮蓋的方式。利用馬賽克這種非常中國式的遮蓋方式，引伸出人民幣對中國社會乃至世界貨幣的影響，具有非常特殊的意義。

馬賽克人民幣的系列創作重新開啟了石村的藝術道路。這一系列六張的人民幣油畫整整花了石村三年的功夫，但結果令人驚艷。人民幣系列單張陸續參加了北京宋莊美術館、二零一二年藝術中國展，以及紐約下城切爾西畫廊《恭喜發財》的個展。

完成了人民幣系列，石村開始關注貨幣戰爭。他採用同樣的畫法畫出世界兩大貨幣人民幣和美元的馬賽克油畫作品，演示出這場發生在大家眼前無聲的中美貨幣戰爭。

創作貨幣戰爭的兩大貨幣本身對石村而言就是一場艱難的戰爭。每一幅作品都用上萬塊馬賽克組成，每一格馬賽克的顏色都不一樣，需要一筆筆調試才能達到他所需要的結果。一張作品近兩萬方格，所需時間幾乎要一個月，而且是在每天至少五个小時，最長十二个小時紋絲不動地作畫的情況下才能一個月完成。面對如此苦工，石村戲虐地稱之為面"幣"。菩提達摩九年面壁，講的實是心無分別，守性不移，面對一切境界四相不生，自心如如不動的內在功夫；石村的面幣，運籌帷幄的是一場貨幣戰爭圖，將中美的經濟政治之戰以藝術方式演繹，這本身就是一場巨大的行為藝術。

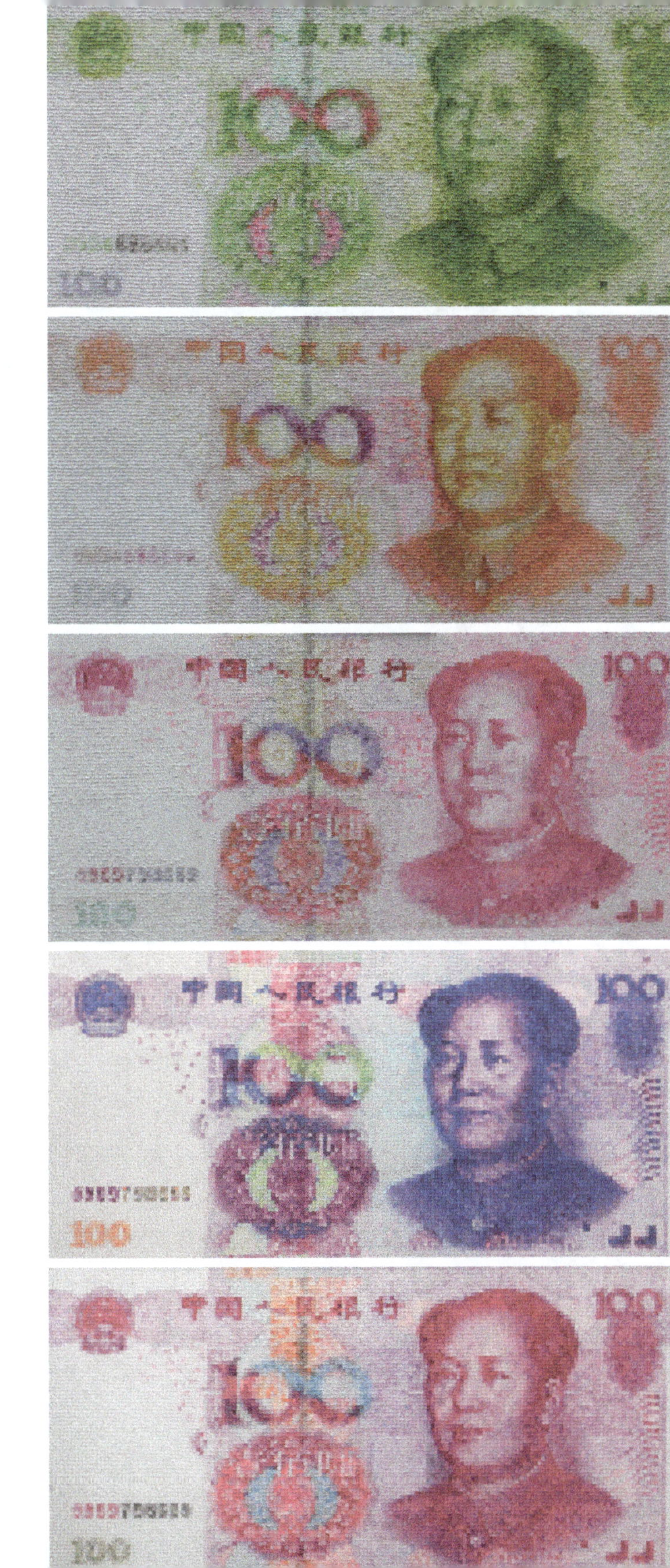

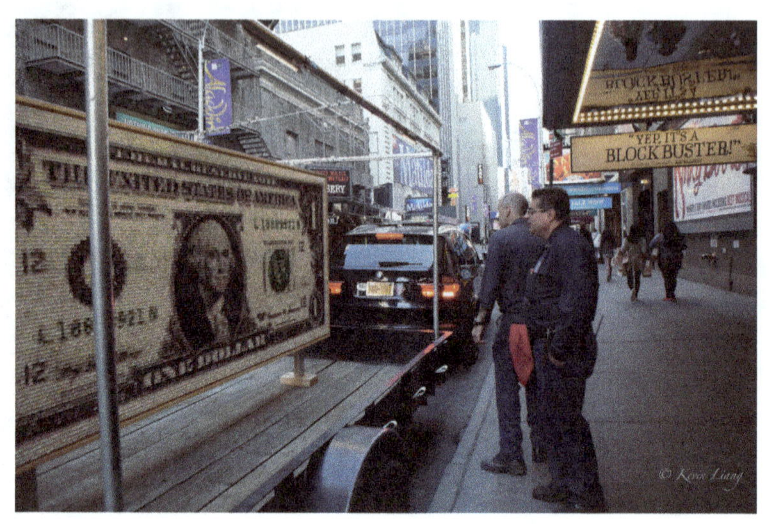

紐約街頭的“王八客”與駐足觀看的行人

# 穿行紐約的“王八客”

從二零一零年起，石村面幣五年，畫了 9 幅貨幣作品。最後一張貨幣是美金一美元的正反面，花了石村整整一年的時間完成。

一美元的第一面馬賽克油畫畫完的時候，石村應邀參加了紐約軍械庫藝術週的當代藝術展 un(Scene) 展。展覽過程中，很多人都被這張鈔票作品吸引，紛紛在作品前面拍照留念。石村因此突發奇想，開始規劃一美元的立體作品。他花了大半年畫完了一美元的反面，將兩張貨幣用自己親手製作的木架安裝在一起，成為了一張立體的美元油畫作品。

石村認為，紐約是最好的沒有圍牆的美術館。他購買了一輛拖車，改裝後將一美元的作品放置上去，成了一個流動的美術館，在紐約的街頭巡展。

石村的“王八客”每到一個地方，都會被人流包圍。正如石村自己解讀時說的：“自從 ONE BUCK 王八客出門在外以來，我就沒法知道他的未來了，我也隨之不知道自己的未來，也許人生真正是無法知道未來的，所以我們活著，我們走著，並不知道是往前還是往後，也不知道是往上還是往下，我們只是在路上。在路上，紐約的路，人生的路，都是我命運注定的路途。只是在紐約這個世界最好的街頭博物館中，藝術才可以打破形式和圍牆，自由地存在，讓所有的人欣賞，這就是我做畫的目的，也是我藝術所追求的終極目標！”

紐約是石村藝術生涯的一個重要的里程碑。 一九八七年他在紐約成為藝術家，二零一五年他在紐約完成王八客的巡遊，這二十多年間，他從畫家到新新人類，從 MTV 主持人到商人，從商人再次回歸藝術，完成了這樣一個變幻的人生，也是一個奇蹟。別人用跨界作為行為藝術，而石村則用自己的人生作為行為藝術，每一次跨界又回歸，沒有幾分狂妄和膽量，是無法有勇氣做到的。

2015. 12. 15　美國《僑報》

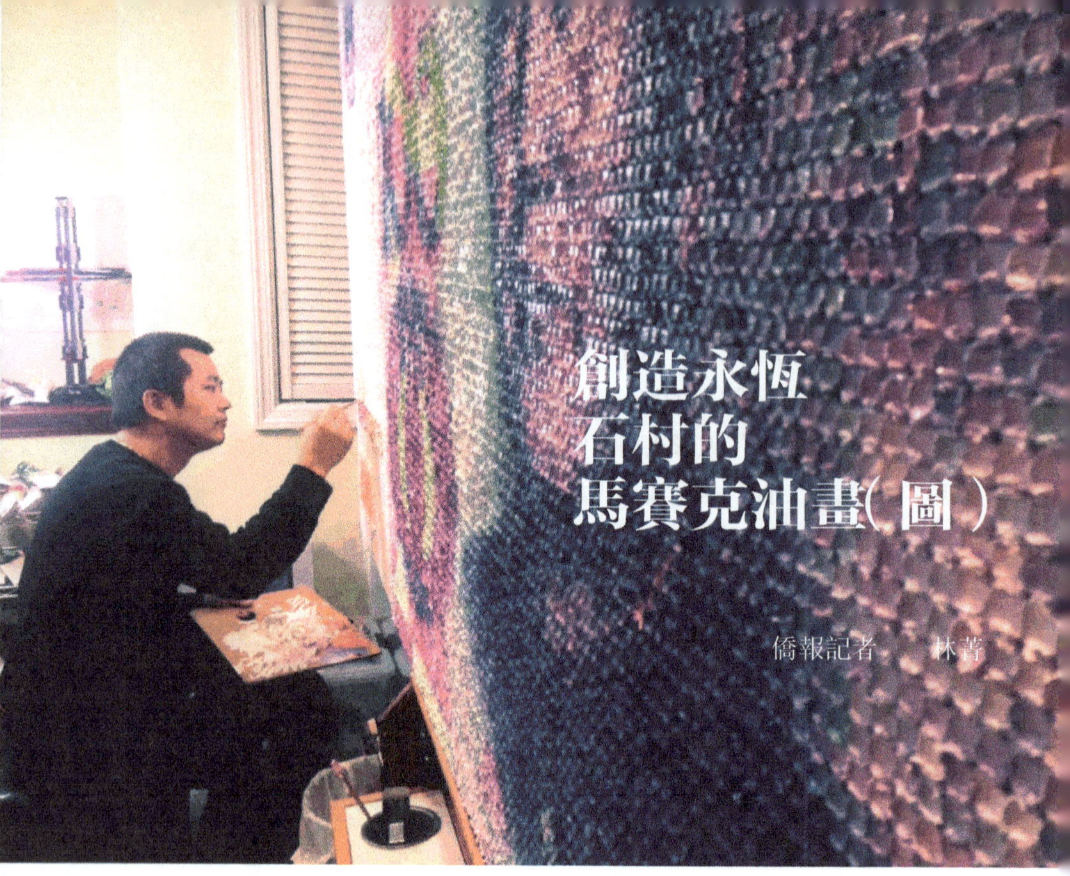

# 創造永恆
# 石村的
# 馬賽克油畫（圖）

僑報記者　　林菁

　　畫家石村在紐約切斯特港擁有一間很大的地下畫室，桌子上堆滿了各種油畫顏料，畫架上放著他正在創作的馬賽克油畫作品。當他創作一幅作品時，他連續兩三個月，每天十幾小時呆在畫室裡，像他自己說的，畫畫時進入了一種閉關狀態，精神高度集中，生怕一筆劃錯，把作品搞砸了。

　　幾天前，他剛把一幅巨大的馬賽克油畫裝在一部搬家用的大卡車里送走。他的馬賽克油畫，大幅作品由一萬多塊馬賽克構成，每塊顏色都不一樣，肉眼近距離觀看，只看到一塊塊色彩，退幾步看，這些深淺明暗區別極為微妙的色塊，呈現出了圖像：一張百元人民幣大鈔、一張伍百元美鈔、一尊微笑的佛像、一個京劇臉譜，如果你一直盯著看，你會發現這些畫似乎有催眠作用，色彩流動起來，彷彿音樂般把人融入其中。

　　人到中年的石村頭髮染成金色，穿時髦短夾克，穿著打扮仍保留著前衛藝術家的風格。不過，比起年輕時長髮披肩、抱著吉他在舞台上瘋狂跳躍的搖滾青年造型，他現在算是低調了很多。

## 人生充滿傳奇色彩

　　石村的人生充滿傳奇色彩，他出生於南京，從小喜歡畫畫，一心一意想考美院油畫系，每次專業成績都很好，但都因文化課差幾分而名落孫山。他連續考了六次大學，最後還是沒考上，乾脆跑到美國來。

　　一九八七年他來到紐約，剛開始在藝術家聚集的東村畫畫搞藝術，那時候他畫的後現代風格作品已經受到認可和賞識，蘇豪區有畫廊代理他的作品，也參加過美術館展覽。但一九九一年他卻跑去台灣拍廣告、當娛樂明星、搞搖滾、當 MTV 主持人，再後來又下海經商十多年，那些年他幾乎不再碰畫筆，甚至對藝術產生了厭惡感。

　　他曾經在台灣拍過一個烏龍茶廣告，廣告中他是新新人類的代表，光著上半身唱搖滾，甩著齊腰的長髮狂舞，吉他彈得極為煽情。在現實生活中，他的經歷比廣告裡的新新人類還更有戲劇性。九十年代初搞搖滾，從第一次摸吉他，到自己作曲彈唱出專輯，總共才花了 8 個月時間。

　　剛開始他每天練十幾個小時，彈了 2 個月，對自己感到很失望，因為他彈不出感覺來，無法讓吉他成為自己的樂器。可是那時候他已經買了十多把昂貴的吉他，放棄了，這些吉他豈不是浪費了。於是他咬咬牙繼續練。

　　有一次他在納什維爾（Nashville）買了把老吉他，這種老吉他帶著很多音樂人的精神，因此很有靈性，有一天他在家裡隨意地彈，第二天鄰居說"我們聽到很好的音樂"。石村這才發覺，當時他隨意撥弄琴弦，並沒感覺到自己在彈琴，其實音樂來自內心，自然而然流淌而出，這就是音樂的真諦。在短短幾個月內，他寫了一批曲子，製作了

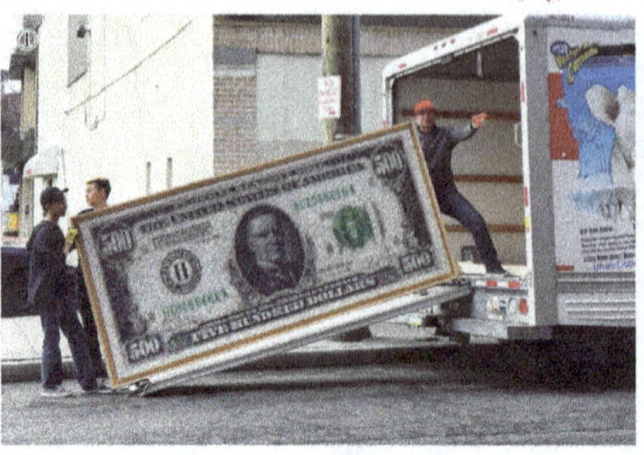

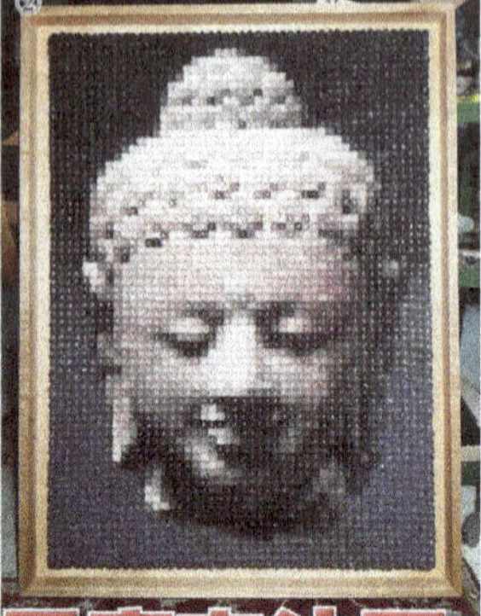

1：石村画的巨幅美钞马赛克油画。
2：马赛克佛像。
3：石村在绘画。
4：马赛克美钞局部。
5：马赛克玛丽莲梦露局部。
6：马赛克京剧脸谱。
7：马赛克京剧脸谱。

（照片均由石村提供）

# 创造永恒　石村的马赛克油画

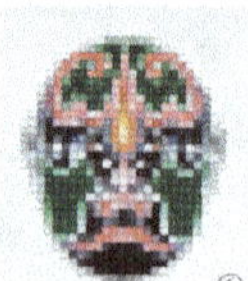

画家石村在纽约切斯特港拥有一间很大的地下画室，桌子上堆满了各种油画颜料，画架上放着他正在创作的马赛克油画作品。当他创作一幅作品时，他连续两三个月，每天十几小时呆在画室里，像他自己说的，画画时进入了一种闭关状态，精神高度集中，生怕一笔画错，把作品搞砸了。

■ 侨报记者 林菁

几天前，他刚把一幅巨大的马赛克油画装在一部搬家用的大卡车里运走。他的马赛克油画，大幅作品由一万多块马赛克构成，每块的颜色都不一样，肉眼近距离观看，只看到一块块色彩，退几步看，这些细微而略区别极为微妙的色块，呈现出了图像，一张百元人民币大钞、一张伍百元美钞、一尊佛教的裸像、一个京剧脸谱，如果你一直盯着看，你会发现这些画似乎有催眠作用，色彩流动起来，仿佛音乐般把人融入其中。

人到中年的石村头发染成金色，穿时髦短夹克，穿着打扮仍保留着前卫艺术家的风格。不过，比起年轻时长发披肩，抱着吉他在舞台上疯狂跳跃的摇滚青年造型，他现在算是低调了很多。

## 人生充满传奇色彩

石村的人生充满传奇色彩。他出生于南京，从小喜欢画画，一心一意想考美院油画系，每次专业成绩都很好，但靠文化课差几分而名落孙山，他连续考了六次大学，最后还是没考上，干脆跑到美院旁。

1987 年他来到纽约，刚开始在艺术家聚集的东村画画艺术，那时他做的后现代风格作品已经受到不少人赏识，苏城区有画廊代理他的作品，这些加州是美术馆收藏。但 1991 年他却跑去台湾拍广告，当歌星屏星、摄摇滚，当 MTV 主持人，再后来又下海经商十多年，疯狂年代几乎不再继续画画，基本对艺术产生了厌恶感。

他曾经在台湾拍过一个乌龟茶广告，广告中他是最新大荣的代表，光着上半身唱摇滚，他着身疯狂的我发疯，吉他弹得很及嘶啦。在现实生活中，他的经历让广告里的新潮人形还显得不够疯狂，几十年代初摇滚波，从第一次唱歌，到自己作曲弹唱出专辑，总共才花了 8 个月时间。

刚开始他每天练十几小时，练了 2 个月，对自己感到很失望，因为他泳不出成果，无法让音准成为自己的乐感。可是那时候他已经花了不少昂贵的肯他，放弃了，这些时间也不是浪费了。于是他咬牙继续练。

有一次他在纳什维尔（Nashville）买了张老吉他，这种老吉他带着很多音乐人的精神，因此特有灵性，有一天他在家里随地弹，第二天邻居说"我们昨晚都很好的音乐"。石村这才发觉，当时他画意弹奏等级，却没感觉到自己在弹琴，完全音乐融入内心，自然而然随音乐起伏。在短短几个月内，他出了一批唱片，实现了一个音乐专辑。

1995 年，美国 MTV 重返亚洲，要部总部设在新加坡，石村报名中担任 MTV 的主持人，在镜头前显得从容的石村被偶然有余，年纪也算当高。这是一份很多人争抢的工作，石村却顺利一举便得职，回到了美国。他说，辞职的一个原因，是他播国回到四季分明的地方生活，只有四季分明的地带，才能激发起强烈的情感和创造力。

当他向 MTV 老板辞职时，老板留他，下一步想做什么，想出唱片呢？索尼还是最时代保持的一这是一个绝好的机会，可是石村"知像自然一样没有被动，回为我当时已经跨过不一站，便想做音堂"。

## 自学能力强 商业嗅觉敏锐

接下来 18 年，石村开了 3 家公司，做电视导目、做网站、做手机电子游戏，虽然不是 IT 科班出身，但他有极强的自学能力和敏锐的商业嗅觉，在每个潮流到来时都成为走在前面的弄潮儿。他说："当苹果出手机时，我就知道就是互联网，苹果手机其实是一个手机，手机只是其中一个功能而已，未来的世界是移动世界，于是我们开始做手机电子游戏。"

下海从商十多年后，他几乎不再碰画笔，并对美术产生了厌倦感，甚至对艺术无法解释为何有这种心态，但那段经历对他后来成为绘画却起到很重要的不到的作用吗？因为厌倦艺术，他就退了以往绘画的包袱，所以重新拿起画笔，使自己有了一个全新的开始。

## 重拾画笔 第一张画就是钱

有意思的是，当石村再次拿起画笔，画的第一张画就是钱。他说，我只要想到那些年他变卖房产时人都在谈钱，无论五星级酒店，还是在路边吃大排档，只要有两个人，都在谈生意，全民皆谈生意。画家那无聊中做的作品、像癫狂般观，"我的画疯了了"。石村发现，除了谈钱，大家之间没有别的话题，当钱被无限放大时，人与人之间一段美好的东西便消失了。

恰好这时候有人请他画一幅佛，准备挂在办公室里，但那人只能支付 5000 元，石村说机一动，那就画一张钱吧。

石村说："我要画这个时代最大的图腾，自从货币开始出现以后，它就成为唯一能够使我们十生一生的最大图腾，钱是我们那年大众膜拜的佛。"这可如何回报呢，石村是处理画了半年，以前他画的作品，是把不同的有代表性的图形叠在一起，都是叠像方式，他觉得自己没有转的表现语言。现在，需要创造一种全新的绘画语言，这时候，他找到了属于自己的绘画语言——马赛克。

石村说，在中国很多东西是需要膜拜的，不能言情，只能暗象，马赛克起到很重要的作用，这种手及适他心还的绘画。当他把一张人民币放大，用马赛克来表达时，他自己一看自愿吃呆了，太壮观了。

石村说，选用马赛克的原因是：第一，他不想用别人用过的方法；第二，不想自己的能复制；第三，他能画出很多的颜色。

一幅作品用 15000 个马赛克，每个马赛克的色彩都不一样，石村关生对色彩有感觉，他调出深浅微的光暗、透明度、纯度的变化，然后耐心地一笔一笔地画上去，每笔都中间到另一笔，四周凸起，像一块有弹性的海绵。

## 自认作品无法复制

石村认为，他的作品无法复制，因为别人很难调出他这样细微的色彩变化，也无法模仿他的笔法。他亚，"别人如果临摹仿制我的笔法，他形不想要仿制我的作品了。"

回忆着自己的经历，石村觉得这一切仿佛是命运的安排，不是他的缘择。1994 年，他的画已经在台湾卖到 1 万美元 1 张，但他说不同或不固，现在重返绘画，也不是事先做准备的。

创造出一种新的绘画语言，并他强调，"我从来没想成为大画家，我只想成为我自己，只是自己做到绘画，我就想与众不同，因为我不想成为任何人。"

他说："我画什么不重要，马赛克是我的符号性绘画语言，我找到了画画的方法，它独一无二，你一看就知道是石村画的，同时这种画法赋予了油画新鲜的生命力。"

这几年乐心画画，也改变了石村的绘格，他说，"以前我是个很毛的人，上画下来画，现在创绘都累平静，可能因为我现在成为真正的我了。"

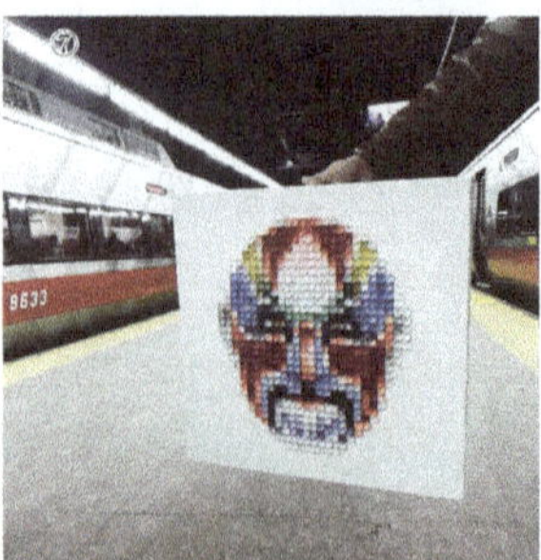

第一個音樂專輯。

一九九五年，美國MTV重返亞洲，亞洲總部設在新加坡，石村被看中擔任MTV的主持人，在鏡頭前灑脫自如的石村做得游刃有餘，年薪也相當高。這是一份很多人爭搶的工作，石村卻做了一年便辭職，回到了美國。他說，辭職的一個原因，是他渴望回到四季分明的地方生活，只有四季分明的地方，才能激發起強烈的情感和創造力。

當他向MTV老闆辭職時，老闆問他，下一步想做什麼，想出唱片嗎？索尼還是時代華納？這是一個絕好的機會，可是石村"卻像白痴一樣沒有接話，因為我當時已經跨進下一站，我想做生意"。

## 自學能力強商業嗅覺敏銳

接下來十八年，石村開了三家公司，做電視節目、做網站、做手機電子遊戲。雖然不是IT科班出身，但他有極強的自學能力和敏銳的商業嗅覺，在每個潮流興起時都成為走在前面的弄潮兒。他說："當蘋果出手機時，我就知道諾基亞完了，蘋果手機其實是一個終端，手機只是其中一個功能而已，未來的世界是移動世界，於是我們開始做手機電子遊戲。"

下海從商十多年裡，他幾乎不再碰畫筆，甚至對藝術產生了厭倦感，至今他無法解釋為何有這種心態，但那段經歷對他後來重返繪畫卻起到意想不到的作用：因為厭倦藝術，他跳出了以往繪畫的經歷，擺脫了過去的束縛，使自己有了一個全新的開始。

## 重拾畫筆第一張畫就是錢

有意思的是，當石村再拿起畫筆，畫的第一張畫卻是錢。他說，做生意那些年他發現國內所有人都在談錢，無論在五星級酒店，還是在路邊吃大排檔，只要有兩個人，都在談生意，全民皆談生意。畫家朋

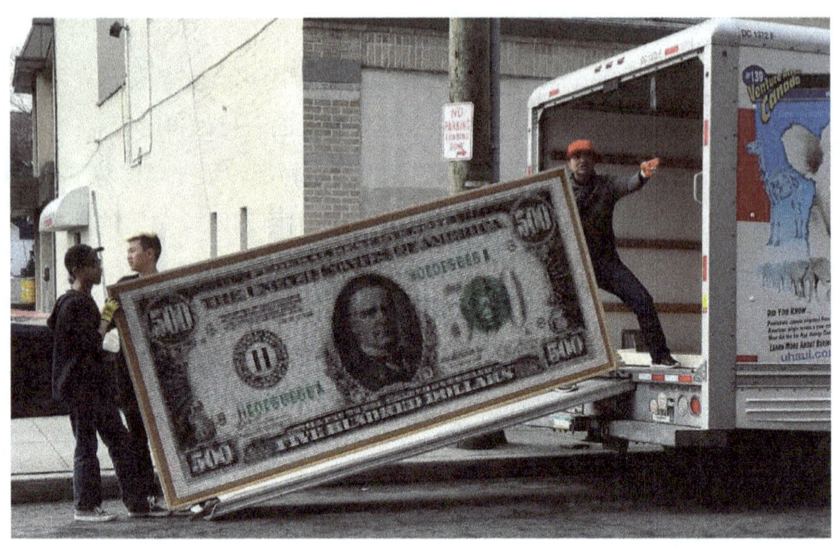

友聊他們的作品，像聊房地產，"我的畫漲價了"。石村發現，除了談錢，大家之間沒有別的話題，當錢被無限放大時，人與人之間一些美好的東西便消失了。

恰好這時候有人請他畫一幅畫，準備掛在辦公室裡，但那人只能支付五千元。石村靈機一動：那就畫一張錢吧。

石村說："我要畫這個時代最大的圖騰，自從貨幣開始出現，它就成為唯一跟隨我們一生的最大圖騰，錢是我們終生無法擺脫的。"

可是如何畫錢呢，石村足足琢磨了半年。以前他畫的作品，是把不同的有代表性的圖形整合到一起，那是波普方式，他覺得自己沒有獨特的表達方式。現在，需要創造一種全新的繪畫語言。這時候，他找到了屬於自己的繪畫語言——馬賽克。

石村說，在中國很多東西是需要掩飾的，不能言傳，只能意會，馬賽克起到遮蔽的作用，這種手段被他運用到繪畫中。當他把一張人民幣放大，用馬賽克來表達時，他自己一看目瞪口呆：太壯觀了。

石村說，選用馬賽克的原因是：第一，他不想用別人用過的方法；

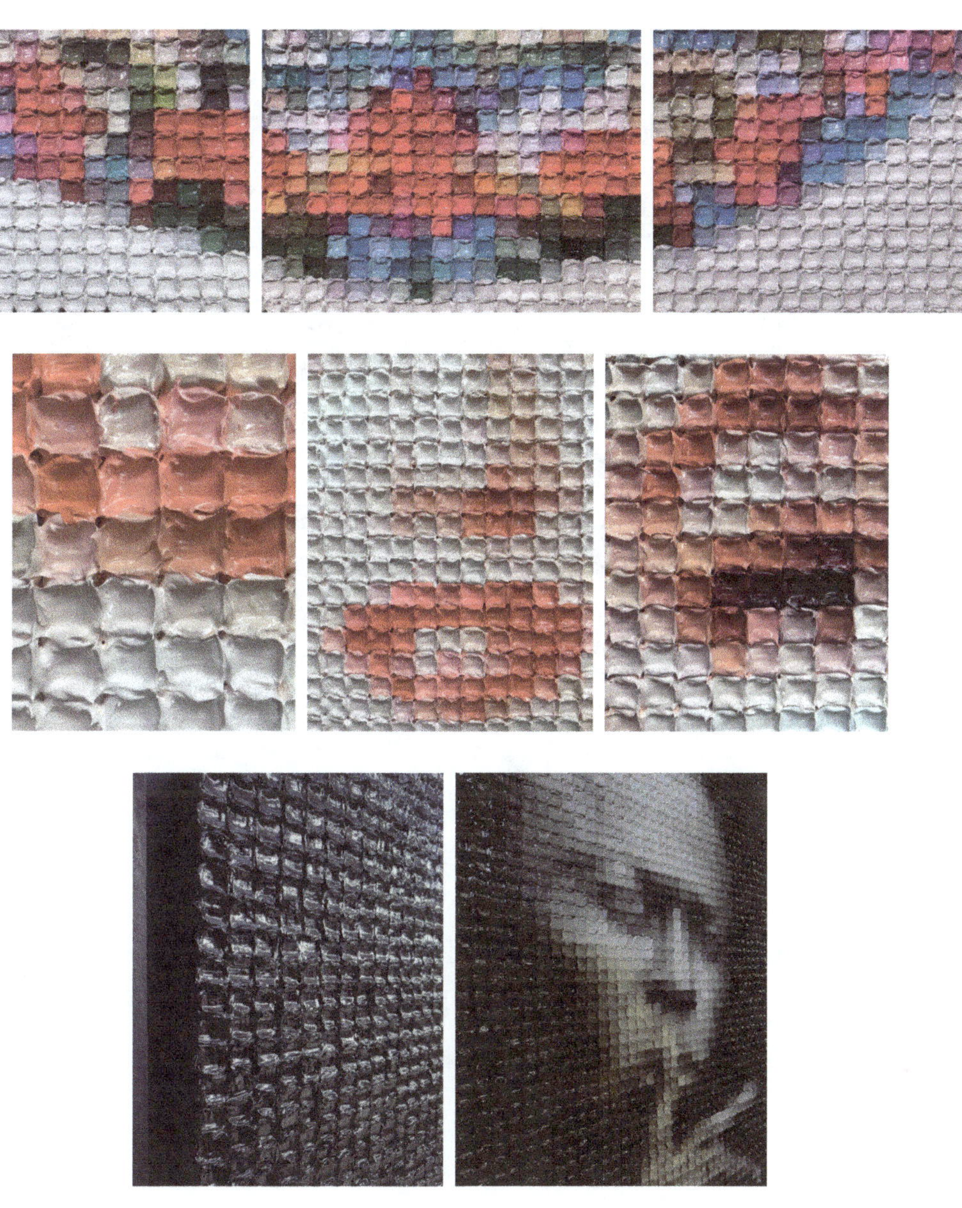

石村的馬賽克

第二，不想自己的畫被複製；第三，他能調出微妙的顏色。

一幅作品用一萬五千個馬賽克，每個馬賽克的色彩都不一樣，石村天生對色彩有感覺，能調出極細微的冷暖、透明度、純度的變化，然後耐心地一筆一筆地碼上去，每筆都中間平滑，四周凸起，像一塊有彈性的奶油。

## 自認作品無法複製

石村認為，他的作品無法複製，因為別人很難調出他這樣細微的色彩變化，也無法模仿他的筆法。他說，"別人如果能仿製我的筆法，他都不需要仿製我的作品了。"

回頭看自己的經歷，石村覺得這一切彷彿是命運的安排，不是他的預謀。一九九四年，他的畫已經在台灣賣到一萬美元一張，但他說不畫就不畫，現在重返繪畫，也不是事先盤算好的。

創造出一種新的繪畫語言，並非偶然。"我從來沒想成為誰，我只想成為我自己，從彈吉他到繪畫，我就想與眾不同，因為我不想成為任何人。"

他說："我畫什麼不重要，馬賽克是我的符號性繪畫語言，我找到了畫的方法，它獨一無二，你一看就知道是石村畫的，同時這種畫法賦予了油畫顏料新的生命。"

這幾年靜心畫畫，也改變了石村的性格，他說，"以前我是個很毛的人，上躥下跳，現在倒是很平靜，可能因為我現在成為真正的我了。"

2017. 4. 3

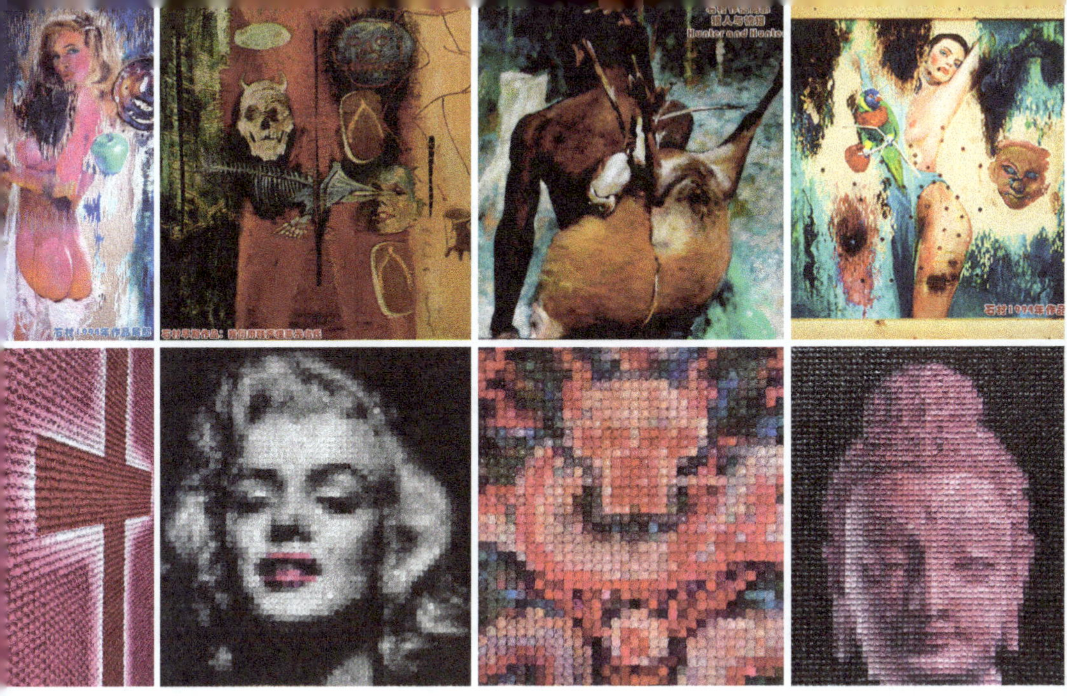

# 石村藝術的
# 前世與今生

紐約桃花

　　石村是一個非常有故事和話題的藝術家。不管是紐約八十年代嶄露頭角的當代藝術畫家和詩人，還是台灣曾經轟轟烈烈的新新人類代言人，重金屬搖滾明星，或者是曾經的美國 MTV 亞洲電視台的另類主持人，他混身都是一個很另類的話題和故事書。隨著時代的轉變與時光的流逝，這些故事與話題愈發清晰地襯托出他的個性，體現在他前後兩期的藝術作品創作上，形成了兩個截然不同的繪畫風格和語言，也將他的畫家生涯分割成貌似不同的兩段差別鮮明的時期。

　　回看石村從南京到紐約，再從紐約回到北京的幾十年人生路的轉變，以及這個轉變帶給他藝術的徹底改變和重新塑造，我們似乎看到了時代背景後的翻雲覆雨，給前台的中國當代藝術家造成的命運影響和改變，因此，石村藝術上的前世今生，也反射了中國當代藝術時代變更交替的一段歷史。

# 一、八十年代紐約藝術

石村一九八七年初來紐約，在此之前，他是一個酷愛繪畫的青年，多次考美院未果，留下了幾次浙美與蘇工等藝術院校專業課考生第一名的"榮譽"。如果，當年石村高考總分成績提高了七分而考上了浙美的話，他的藝術道路估計另闢蹊徑，也不是當今的這個藝術家石村了。

八十年代的紐約正進入一個當代藝術的復活時期。如同中國八十年代的改革開放帶來的知識分子和藝術家的反思與出國熱潮，紐約的八十年代，是裡根經濟學（通過自由競爭、自動復興並健全地發展美國經濟的一種經濟理論和政策）的全面興起的時代，華爾街股市提倡的"貪婪是好"的理念以及艾滋病的興起，給紐約一方面帶來了經濟的重新起跳，另一方面帶動了當代藝術思潮與風格的轉型。

那是一個嶄新的當代藝術突圍而出的時代，也是蓬勃發展的股市將街頭藝術家轉變成藝術明星的時代。曾經的工業區，紐約曼哈頓下城的蘇荷區緊鄰藝術家聚集的東村與格林威治村，優越的地理位置、工廠區留下的寬敞的廠房空間，讓蘇荷區成為很多當代藝術畫廊建立與遷入的理想地段。隨著華爾街炒起的熱錢與新錢流入當代藝術，這些畫廊開始尋找下一代的新藝術家。

隨著藝術的回歸，美術館和畫廊開始有錢支付給藝術家讓他們自由創作出內心的思想，藝術市場開始繁榮，當代藝術從六七十年代的概念藝術、視頻、表演以及其他模式中擺脫出來，一個新表現主義浪潮在紐約出生的藝術家朱利安·施納貝爾 (Julian Schnabel) 的帶動下，左手朝向藝術史，右手朝向流行文化的方式開始快進。

從一九八七年起，紐約當代藝術開始了從東村轉向蘇荷區的轉型。首先，早期在東村興起的塗鴉及趣味式的當代藝術已經發展到了一個瓶頸，東村很多曾經為這些街頭藝術家開創的畫廊開始凋零，曾率先推出了街頭塗鴉藝術家 Keith Haring 以及 Jean-Michel Basquiat 的當代藝術據點《趣畫廊》居然已經關門，很多成熟的畫廊開始向更商業的蘇荷區轉移，展出作品的畫風也開始趨於更精緻更成熟的抽象藝術。當然，這種變化主要是因為隨著東村藝術的成名，東村地價的上漲，導致了不少小畫廊都開始從經濟利益考慮問題而決定向商業比較完整、生活型態更精緻的蘇荷區搬遷。

## 二、石村藝術的前世

就是在這種大背景下，石村來到了紐約。熱火朝天的紐約當代藝術與音樂，強烈地吸引著石村，讓初來咋到的他居然有找到自己夢想之地的感覺。

石村對當代藝術的啟蒙始於他在國內的恩師，蘇州工學院的美術系主任賀野。當時在賀野的家裡，他給石村看他收藏的 Jackson Pollack 作品畫冊。賀野對 Jackson Pollack 的讚賞，在石村的頭腦中打開了一扇當代藝術的天窗，當時國內很少能看到國外當代藝術家的畫冊，石村通過各種渠道尋找並瀏覽了當代藝術家的畫冊，如朱利安·施納貝爾 (Julian Schnabel) 等人的作品。這些對石村的早期藝術創作起到了潛在的影響，為他後來到紐約成為當代藝術畫家埋下了伏筆。賀野是歐洲畫系，手法和風格一反當時一統中國美院的蘇聯畫派，他的指導奠定了石村歐式素描的基礎，加上石村對當代藝術的熱愛，使得他很快就摒棄了中國油畫一貫遵循的道路，開始自成一派。石村的這種特性到了紐約便得到了極大的發揮。

對石村而言，紐約當時藝術的熱潮和改變打開了他的眼界和視覺，他在各色博物館與美術館裡看到他所喜愛的大師們的作品。以前，這些作品只在國內的畫冊上看過，而現在，這些大師的作品原作被推到了他眼前，近距離地讓石村感受到了他們的創作氣息，激發了他創作欲的同時，也影響了他作品的內容和走向。他迷戀上當代藝術家 David Salle 和 Robert Longo 的作品，他們破舊立新的創作手法，尤其是 Robert Longo 充滿紐約當地人文藝術的作品成為了石村創作道路上的新樣板。

初到紐約的石村馬上就被東村和格林威治的流行文化藝術吸引，那種紐約街頭藝術特有的反叛精神，以及與所謂時代潮流逆向而行從而創造出更酷更新潮流的紐約特質給予了石村文化上的衝擊與精神上的指引，他很快就在當代藝術的大潮中如魚得水。來到紐約的第二年，石村搬到了紐約下城格林威治村 Bleecker street 和 Thompson street 夾腳的一幢公寓樓，身處紐約當代藝術的最前沿，滿懷激情地加入進紐約藝術翻天覆地的新崛起。他一邊聽著他最喜歡的搖滾樂團震耳欲聾的音樂，一邊火燒木刻地創作著同樣具有搖滾精神的當代藝術作品。很快，石村就拿到一個紐約曼哈頓藝術俱樂部的獎學金，參加了紐約郊區的 HRRISON 公共圖書館以及曼哈頓的 Sabrina Fung 畫廊的當代藝術的群展。一九八九年，石村來紐約的第三年，他以後現代的油畫作品參加了位於東村的 Kenkeleba Gallery 以及 Phoenix Gallery 的畫展。直到今天，這兩個見證了紐約東村藝術興衰成敗的畫廊依然在紐約曼哈頓繼續推介著新一代來自全球各地藝術家的作品。

一九八八年到一九九四年這幾年，石村的畫風基本都定位於後現代，深受後現代大師 David Sally 以及 Robert Longo 等人的影響，充滿了八十年代的紐約文化的騷動、年輕藝術家對時代的不屑和反叛、以及對社會以及人性暗淡的描述。不同的是，石村的作品中也深藏不露著他對江南家鄉的思念，以及家鄉在他成長過程中烙印的痕跡。雖然，石村那個時期的作品深澀晦暗，但並不妨礙他在色彩上充分發揮出的張力，如同他從小對色彩的敏感與直覺。

死亡與憤世似乎成為了石村當時繪畫的主題定義，鬼魂與骷髏不斷湧現在大幅的油畫作品中，與觀者相望，讓人產生一種汗毛直矗的感覺。石村當年的的一個女鄰居晚上看到他牆上的油畫，嚇得捂著眼睛從邊上走過去，不敢直視。然而，這種表現力強、充滿青春反叛張力的後現代作品正是改變中的紐約當代藝術所欣賞的，因此，石村很快就受邀參加了幾個群展，都是當時紐約數一數二的當代藝術機構舉辦的。

一九九零年，石村一口氣參加了三個紐約一流的當代藝術展，一個是在當時位於蘇荷區，專門為他們眼中即將成名的藝術家舉辦展覽的 White Columns( 白柱子 ) 的群展。第二個是那年秋天，位於曼哈頓下城 Tribecca 白街的一個非常前衛的美術館《另類博物館》(Alternative Museum) 舉辦了一個名為 Dia De Los Muertos （亡靈節）群展。當時，策展人邀請了紐約當地最前衛的一群藝術家參展，石村的油畫作品也名列其中。《另類博物館》由幾個當代藝術家於一九七五年在紐約成立，目的就是絕不向商業妥協，只挑選展出具有真正藝術價值和潛力的藝術家和作品，因此成為紐約下城當代藝術文化中的一個重要據點。一九九一年，《另類博物館》搬遷到當代藝術文化潮流最中心地帶的蘇荷區百老匯大街 594 號，與其他知名當代藝術畫廊共同匯成了蘇荷區的藝術文化大潮。

參加《另類博物館》展的同年，石村應邀參加了紐約當時最火的一個當代藝術畫廊 The Clocktower Gallery ( 鐘樓畫廊 ) 的群展 "Positive Actions: Aids Timeline"。鐘樓畫廊由後來創立了紐約當代藝術博物館 MoMA PS1 的 Alanna Heiss 於一九七二年創立， 位於曼哈頓下城百老匯大道 346 號的一座紐約著名的地標樓。這座樓的前身為紐約人壽保險公司大樓。

**Alternative Museum** 的 " 亡靈節 " 到 The Clocktower 的 " 艾滋時間表 "，石村的作品都是圍繞著死亡這個他當時非常熱衷創作的話題展開，揭示了他內心對死亡與鬼魂的看法。

據我所知，石村當時是中國大陸畫家中唯一的一個在一九九零年一口氣參加了三個當代藝術重頭展的年輕藝術家，標誌著他當時的抽象油畫作品已經被紐約當代藝術界接受。就是在紐約，石村的作品開始成熟定型，踏上了職業畫家的道路。

從一九九二年到一九九三年這兩年，石村的作品不斷被挑選到歐洲的當代藝術展上進行巡展。他在德國參加了四五個群展，其中的一張作品還被卡塞爾的 Grimm 博物館收藏。

建於十八世紀。這座高樓大廈的樓頂因為有一個鐘樓也被紐約人稱為 Clock Tower 大樓。當時，正好是艾滋病流行肆虐的時代，藝術家們的作品都圍繞著艾滋病這個主題進行創作，展示出人類對死亡的恐懼。

一九九四年，石村應邀在台灣的伊通公園畫廊與阿普畫廊舉行了兩場個展，而誰也沒有預料到，那兩場轟轟烈烈的個展居然為石村的畫家生涯畫上句號。當時個展舉行的時候，石村已經被台灣的電影導演王財詳發掘，成為開喜烏龍茶拍攝的廣告片《新新人類系列之紐約故事》中的主角。　《紐約故事》追隨著石村在紐約曼哈頓下城的生活與工作的一系列實景實地拍攝，成為台灣最早的真人秀廣告片。石村在廣告裡面令人噴目結舌的造型，不同主流意識的繪畫與金屬搖滾樂，以及體現了石村對生活與藝術態度的畫外音讓台灣青年人們耳目一新，一夜間，石村成為了新新人類的代言人與代名詞。媒體鋪天蓋地的宣傳讓畫廊的老闆對石村作為畫家的前途充滿了擔憂，他們禁不住要求石村在謙虛低調的畫家與拋頭露面的明星之間做一個選擇，生性張揚、喜歡熱鬧的石村自然而然地選擇了後者。從此，他踏入了做明星的時代，製作發行了首張以個人製作為主的重金屬搖滾樂專輯《搖滾街頭一條漢子》，被譽為"開創了台灣搖滾樂的先河之作"。

一九九五年，在台灣成為搖滾明星的石村應邀加入當時被全球音樂屆與年輕人熱捧的美國音樂電視台 MTV 的行列，搖身變成 MTV 電視台重回亞洲的一面旗手。石村毅然放棄了他在台灣創立的一切聲名，前往 MTV 亞洲部所在的新加坡任職，從此改變了他一生的道路走向。新加坡後，石村回到紐約，開始創立多媒體內容製作公司，踏上了創業者的道路。

也正是在九十年代中期，很多在紐約生活多年的中國藝術家包括艾未未，谷文達、張偉，林田苗和王功新等人都開始帶著他們在紐約形成的藝術觀點回到北京，成為了中國當代藝術的中堅力量，影響帶動了整整一批新興的本土當代藝術家走向國際，被西方收藏家認可。

已經在創業道路上從事媒體科技公司的開創與買賣的石村，似乎並沒有預料到他的這些看似與藝術無關的人生經歷與經驗已經開始在為他的下一個當代藝術新語境的創造進行了奠基。

## 三、石村藝術的今生

當一九八七年，石村離開南京去紐約的時候，金錢在中國社會還沒有佔主導地位，而當二零零五年，石村重新回到北京和上海做生意的時候，才震驚地發現，金錢已經成為社會的主宰，"笑貧不笑娼"成為了中國社會現象。到了二零一零年，這種社會現像開始已經變成生活常態，因此，石村開始構思用新的藝術手法和風格創作一個人民幣系列，來反映錢對中國社會變化產生的深遠影響。

石村對馬賽克的感覺從做科技公司與設計總監的時候就開始了，他喜歡馬賽克那些形狀統一，但色彩不一的格子，總覺得那些格子充滿藝術的感覺。中國一度流行的為了掩飾某人具體形象而在照片上甚至電視上打馬賽克的方式讓他覺得馬賽克已經成為了社會的一種現象。因此，他嘗試著用油畫將馬賽克這個現象來表達錢對社會影響的另一個現象，由此產生了他在藝術上的新手法和新語境。

石村用馬賽克油畫的新手法開始了在藝術上重新起步的歷程，以他對顏色的敏銳來作為這種畫法的一個重要基礎，斷斷續續歷時將近一年，創作出第一張用各種彩色的馬賽克格子組成的人民幣油畫，這張油畫的尺寸幾乎為公寓一面牆大小，掛在客廳裡，搶了很多來訪者

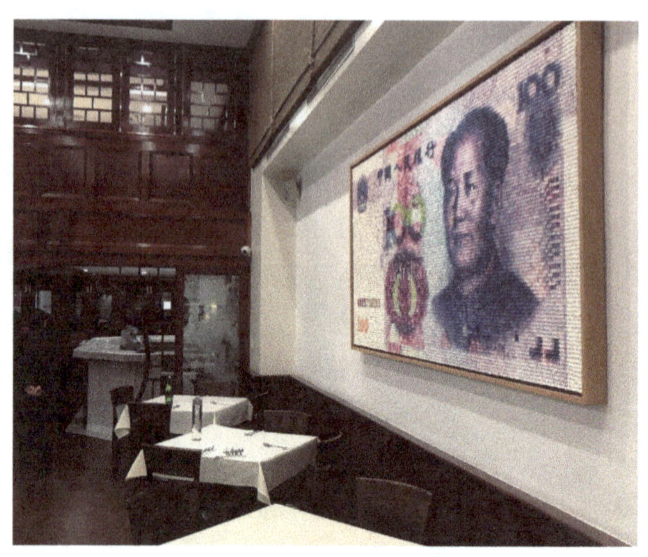

石村二零一零年創作的第一張馬賽克人民幣油畫
（紐約綠楊村收藏 ）

的眼球。第一張人民幣馬賽克油畫的誕生以及它所受到的歡迎程度奠定了石村用馬賽克作畫的信心和決心，他接著用了四年的功夫創作了六張不同顏色的人民幣系列作品。這一系列的馬賽克油畫作品引起了上海電視台拍攝的紀錄片《人民幣》攝製組的注目，他們採訪並拍攝了石村的馬賽克油畫《人民幣》系列，作為該電視系列片的開場。

從一九九四年在台灣最後的個展到二零一二年人民幣系列的完成，時隔十八年，石村在藝術創作語境上已經南轅北轍，前後的作品，除了色彩依舊驚豔之外，其他各方面完全看不出是自同一個人之手，彷彿一個是前世，另一個是今生。

一九九四年前的石村作品，雖然採用的是多材質的媒介來創造，但油畫部分還是用傳統的方式揮灑，然後用蠟，麻繩、木刻等形式將整張作品聯合在一起。而在如今的馬賽克油畫的語境裡，石村完全摒棄了傳統油畫的畫法，將原先在油畫中自由揮灑的畫筆定格在馬賽克的

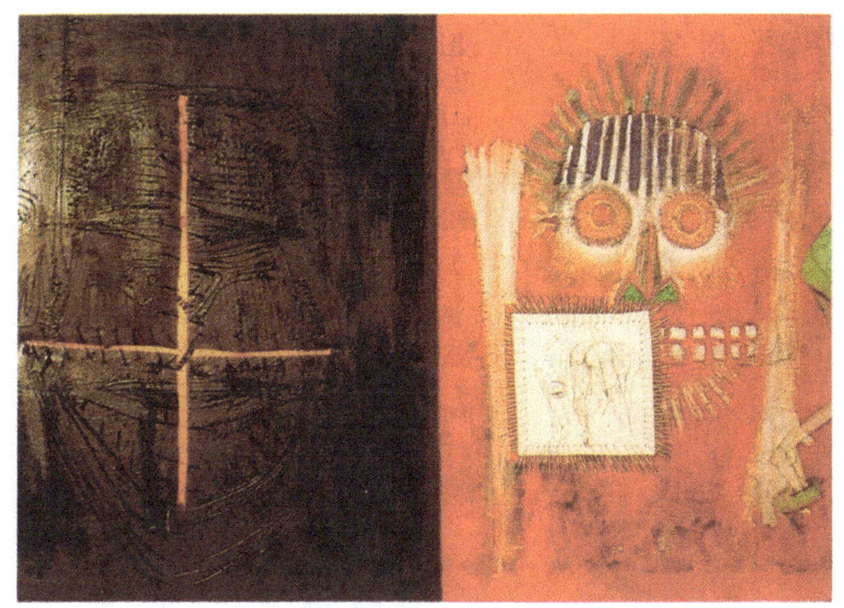

石村運用綜合材料創作的作品，1993 年

格子裡面，以一刷一格的高難度畫法從第一個格子起筆到最後一個格子結束，完整地打造出馬賽克油畫的整張作品。

　　藝術語境的改變反映出石村人生的改變。一九九四年前的石村，是一個具有憤青心態的藝術家，更多的像一個不容易讀懂的詩人，將他對人生的很多看法凝練成作品中的各種混合的形體，或美女或裸女，或妖魔或鬼怪，純真與放蕩混合，夢想與現實接軌，西方的前衛混合東方的古老，形成一系列心態扭曲的作品，讓人愛恨交加，除了在畫廊和博物館這幾個最佳的空間欣賞之外，都不知道如何往家裡擺放他的藝術。

　　現在，石村的馬賽克油畫以極簡的方式，將心裡的東西講得一清二楚，每一塊精心調和出來的油彩畫出來的形像也如同波普藝術的簡單符號，非常討喜地佔據著畫布的正中，讓人一瞬間忘記了藝術，忘記了油畫的本質，而以為在觀看一個漂亮的裝幀，一堆晶瑩剔透的彩色糖塊。最初，石村將他的馬賽克油畫稱之為禪宗馬賽克，作為一種與眾不同的繪畫方式，馬賽克油畫運用油畫最基本的功力，每一筆都進行油彩的混合調色，然後一筆一格地進行繪畫，整個過程無法像一般油畫那樣任意揮灑，而是需要長時間地靜坐，宛如禪宗的冥想打坐一樣需要內心的定力。馬賽克是一種表現手法，而禪宗則是內在思想。禪宗表達的是一種意境與境界，而馬賽克繪畫的創作過程本身就已經傳述著禪宗般的想法和意境。

如果說，石村一九九四年前的後現代作品的構圖和表達讓人看不懂，也讓人害怕，那麼現在的馬賽克作品不僅看的懂，更讓人喜愛。猛一看，人們覺得石村的馬賽克油畫夢露系列非常波普，有點安迪·沃霍的影子。石村並不介意，相反，他覺得安迪·沃霍當年用絲網印的方式將油畫下架，開創了波普藝術的弧形，而今，他另闢蹊徑，以馬賽克油畫的方式讓藝術重新回到油畫架上，將波普藝術的弧形變成一個完美的圓圈。

有些人不理解石村為什麼採用馬賽克的方式進行油畫創作，一筆一格花費心血，將原來一天可以揮灑一張油畫的速度變成一個星期，甚至幾個月才能畫完一張的方式來創作。其實，用石村自己的理解來說，這種馬賽克油畫的繪畫的方式以及繪畫的過程本身就是在進行藝術的創造，也許終極的目標是完成一副藝術作品，但過程本身也是這幅藝術作品的一個不可分割的組成部分。對於石村來說，藝術的價值在於作品的質量與稀有性。越是技術難度高的作品，越具有作品的稀有性，那麼這個藝術創作的價值就越高。

石村對藝術的觀點得到了美國藝術家與策展人 Michael Glass 的認同。在他看來，石村是那種"砍下胳膊，裡面都是流淌著濃厚油彩的血"的藝術家。當他在二零一四年看到石村創作的美金馬賽克油畫時，他對作品的藝術價值、創作的艱難與稀有性產生了極大的認同感，因此，他將石村的作品放到他一年一度舉行的向純藝術致敬的紐約當代藝術展

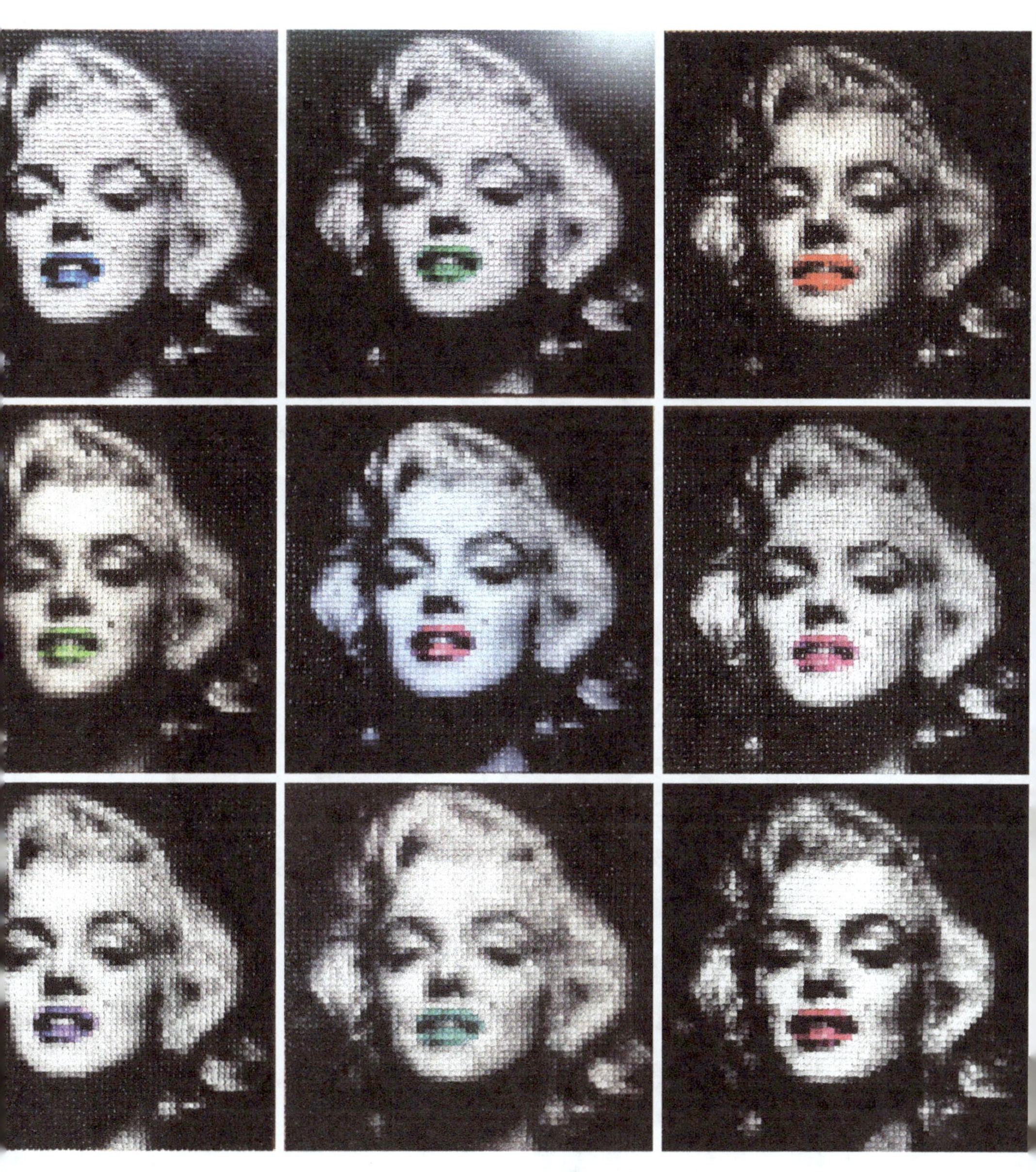

石村作品——瑪麗蓮夢露系列

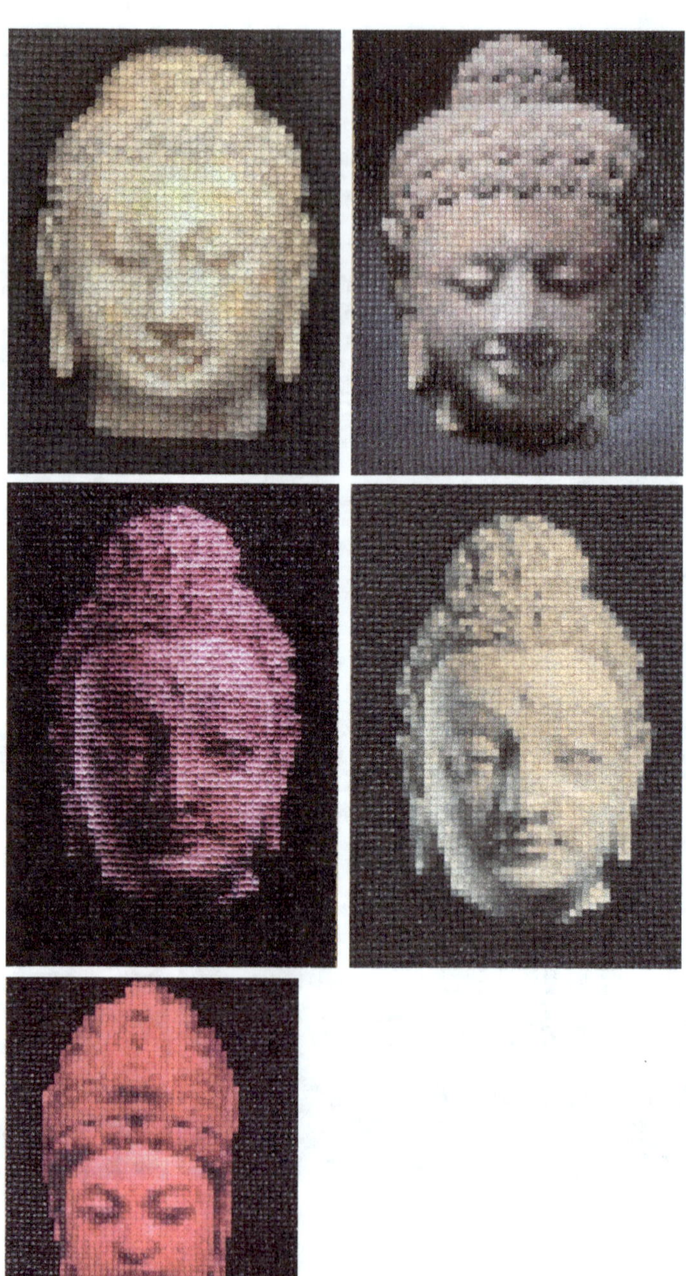

石村作品——佛系列

un(Scene) 裡。二零一四年四月 un(Scene) 當代藝術展在紐約藝術週開幕，歷時一個星期，展出紐約藝術家非常純粹藝術作品，被藝術媒體廣為報導。

從二零一零年到二零一七年的整整七年時間，石村創作了一系列的馬賽克油畫作品，從人民幣系列開始，然後是美金和港幣，再延伸到瑪麗蓮·夢露系列，菩薩系列，以及京劇臉譜系列。不管是哪一種系列，石村都是採用同一種極簡的馬賽克油畫方式，一筆一格循序漸進、細緻入微地繪畫出作品的內容，用同一種動作的重複累計，用時光流逝的日子疊加，創造出最終的作品。

雖然，石村的馬賽克油畫從創作至今只有短短七年的時間，但是這種畫法的探索與技藝將要追溯到一九八七至今他在紐約，台灣以及北京的生活過的時代，以及特殊的人生歷程。沒有這些時光、人生與經驗的縱深的積累而導致的思想形成，他無法突破到對一個社會，一個時代，以及一段歷史的感知與認識，更無法創作出他心目中一直在苦苦追索的具有個人風格和語境的藝術作品。按照石村的說法，"作品是人格的記錄，你是誰？你想說什麼？你怎麼說？我用我的生命馬賽克我的一年，像時間一樣一塊一塊的鋪展堅定，你收藏的是我生命的一個橫切面。"

北京的一個策展人看到石村一九九四年前的作品，就表示說："如果你一直不停地創作下去，你今天就已經是一個藝術大師級的畫家了。"對於過去取得的成就，石村並不後悔他的選擇。雖然，將過去的藝術語境重新打翻重來不是一般藝術家有勇氣做的，但是對石村來說，他過去的後現代作品有著太多塑造出他藝術語境的西方當代藝術大師的影子，而今天的馬賽克油畫則是他全新創造出的語境，不受任何人影響獨立於世，讓他更感到內心的滿足。石村認為，不管是是什麼流派，藝術的目的就是用別人沒有用過的手法和方式將自己內心的概念表述出來，這就是創意和語境，馬賽克油畫創作的方式與過程本身就是藝術的最根本的體現。

　　記得一九八九年石村參展時，一位收藏家以二千五百美元的價格收藏了一張他的後現代作品。那個收藏家雖然非常欣賞石村的作品，但是擔憂石村的藝術是否成型，他是否會一直不改變畫風而走下去。確實，對於收藏家來說，收藏年輕藝術家作品的缺陷就是藝術家是否在藝術上定型的問題。石村在藝術語境上一百八十度大轉變，對他來說，是成長完成的表現，而對收藏家來說也許又是一個藝術成型與否的問號。對此，石村表示，馬賽克油畫是他的藝術符號，是他一生各種轉折和經驗磨礪出來的最終想法和表達。因為，他認為好的當代藝術語境都是漫長的時間和經驗磨練堆砌而成，不會是一揮而就，如同藝術作品的價值，也是要經歷時間的考驗而慢慢提升的。

　　從八十年代到九十年代，中國當代藝術開始走向世界。早期的當代藝術更多表達了政治與社會對他們人生影響的一個時代，後期則是借鑒西方的波普藝術符號作為藝術語言，想快速找到一個讓西方當代藝術接受的方式。經過了二三十年的不斷的摸索，創作，改變與沉澱，今天的中國當代藝術才在各種批評聲中開始慢慢找到了自己的定位，藝術的價值也從虛高變得穩定。作為經歷了這一代歷史成長期的藝術家，石村認為，他的每一組馬賽克油畫系列都是他為重塑當代藝術的價值觀而嘔心瀝血的作品，經得住任何時間與定位的考驗。

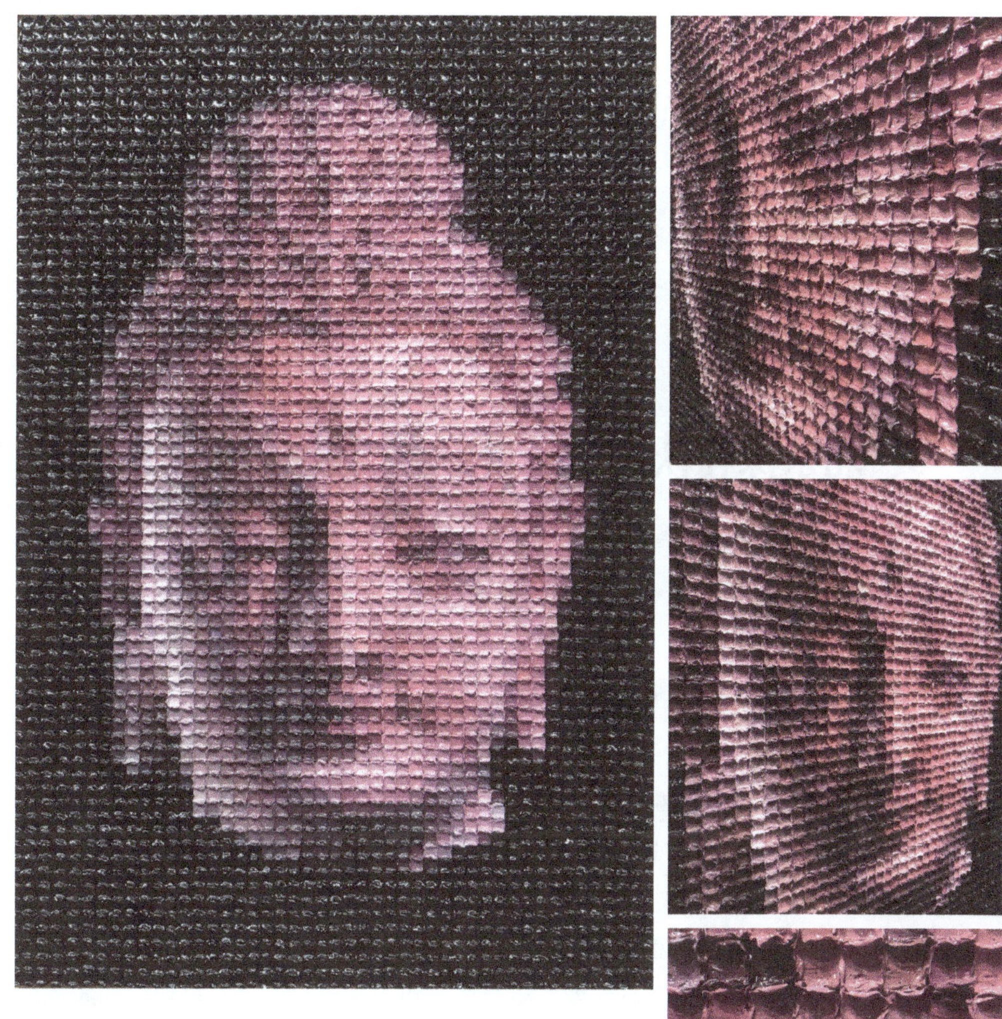

石村 2017 年的馬賽克油畫作品《佛·蓮花》
2017 年 4 月參加北京保利秋拍

# 北京保利秋拍將拍賣石村油畫

僑報記者　　林菁


［紐約畫家石村獨創的"石村塊"油畫作品《佛·蓮花》，十二月中旬將在北京保利二零一七秋季拍賣會上拍賣。］


石村採用一種"大道至簡的色彩組合方式"，用成千上萬個色彩變幻細緻入微的"石村塊"組合成一幅繪畫，每個"石村塊"的顏色都有極微妙的變化，塗抹手法也極具質感，像一塊塊蓬鬆飽滿的奶油塊，近看秀色可餐，遠看則呈現立體感，畫家用自己的名字為其命名為獨一無二的"石村塊"。

《佛·蓮花》起拍價八十到一百萬人民幣。這幅作品是石村創作的佛系列之一，他還創作了鈔票系列、夢露系列、京劇臉譜系列。這些作品都是石村時隔十多年後重拾畫筆，經過歲月積累沉澱和靈感突發後獨創的一種嶄新繪畫形式，稱為馬賽克油畫。

石村在南京長大，從小熱愛繪畫，一九八七年來到紐約，在東村和格林威治村一帶藝術家大本營從事藝術創作，其作品參加紐約多個展覽，也在德國等地展出並為博物館所收藏。

上世紀九十年代石村拍廣告、當娛樂明星、節目主持人，進入音樂傳媒領域。當多媒體尚未成為潮流時，他又辭去MTV主持人工作，下海創業，創辦了三家公司，做電視節目、網站、手機電子遊戲。

擺脫束縛找到繪畫語言馬賽克

下海從商十多年裡，石村幾乎不再碰畫筆，甚至對藝術產生了厭倦感，至今他無法解釋為何有這種心態，但那段經歷對他後來重返繪畫卻起到意想不到的作用：因為厭倦藝術，他跳出了以往繪畫的經歷，擺脫了過去的束縛，使自己有了一個全新的開始。

當石村再次拿起畫筆時，他的眼界已經超越了從前，以往繪畫的條條框框不復存在。更重要的是，他摒棄了以往熱衷的波普藝術，找到一種全新的繪畫語言，一種屬於屬於自己的繪畫語言——馬賽克。

石村說："我畫什麼不重要，馬賽克是我的符號性繪畫語言，我找到了畫的方法，它獨一無二，你一看就知道是石村畫的，同時這種畫法賦予了油畫顏料新的生命。"

2017. 12. 11

# 石村藝術印象

葛文潮

　　18 年 2 月 4 日，雨夜，紐約下東城。一家小酒館裡，準備開場的吉他手在試音，來自中國的搖滾歌手秋野被一群旅居紐約的中國藝術家們簇擁著。有人讚秋野真牛，秋野卻衝著一個精幹漢子神情鄭重地伸出大拇指“他才牛，牛逼！”

　　這個被秋野贊牛逼的漢子就是石村。石村曾經也耍過搖滾，耍到 Sony 公司幫他出了台灣第一張原創搖滾唱片，耍到當年他唱作的《七俠五義》片頭曲響遍台灣的街頭巷尾。

　　但這個出生南京的新新人類，去台灣前在紐約耍的不是吉他，而是油畫筆。

　　石村本來並不是搖滾樂手，是一個在上世紀 80 年代被叔本華和德國表現主義啟蒙的油畫家。石村的早期作品依稀可見德國表現主義的模塊和色彩，但相比溫文爾雅的德國表現主義，石村把自己的表現主義推向更加荒誕，更加狂野，精旺的雄性荷爾蒙從畫面中噴湧而出，直把看畫的人激個冷戰，深深刻在心底。

已經在紐約藝術圈收藏圈成名的石村，視垂手可得的功名利祿如無物，拍拍手去台灣作搖滾歌手了，以後又作 MTV 主持，轉戰商場十多年，近年又復歸畫家角色。

石村復歸畫家後推出了一系列 Mosaic 作品，起源竟然是對錢的嘲弄，這些錢系列的作品和夢露的作品顯然呈現出波普文化的一面，但在技藝和繪畫手法上無疑是獨創性的。通過這種獨創的技藝，石村的藝術又達到了另一個境界。

兜兜轉轉幾十年的石村回歸畫家後，以往肆意橫流的表述慾望不見了，激情似乎看不到了，但這些都只是似乎而已。石村的激情不再表淺而是變得更深沉了。以前那個揮霍浪費天才的石村不見了，變得能控制自己的激情和才情，而控制的秘訣就是這一小塊一小塊大小完全一樣卻又變化豐富的油塊。

與其說石村在畫畫，不如說他在和自己格鬥，如同海明威筆下的老人和大魚，石村的激情和才華就是大魚，從這個角度返視石村一路走來的經歷，就能夠明白他一路折騰都是在尋找和自己相處的方法，如今這一塊塊的 Mosaic 就是當下他找到最好的和自己相處之道。在油畫創作中，石村和 Mosaic 化為一體，石村就是 Mosaic，Mosaic 就是石村，於是這個有明顯石村標記的油塊被圈里人稱為"石村塊"，至於畫的是錢也好，夢露也好，觀音也好，其實都不重要。

當下藝術家這個詞已經被用到濫得有些貶義了，藝術家正變得越來越市儈而媚俗，真正突破商業和自我束縛的藝術家少之又少，而能不斷超越自我又取得商業成功的藝術家更少，石村是這更少的藝術家中的一位。老天對石村真是太眷顧了，但這眷顧不是無緣無故的，因為石村是一個純粹到 99.99% 的人。

在秋野登場紐約唱搖滾後的兩個星期，為歡迎上海作家夏商，紐約本地一些作家約在了中城的綠楊村。那天也是一個雨夜，我遲到了，匆

匆落座後，一抬頭就看到石村的百元人民幣大鈔，巨大的毛主席頭像
向我露出粉色的微笑。

胡桃

# 捕獲神奇的藝術彩蛋——
# 「石村塊」來龍去脈之實錄

## 什麼是「石村塊」？

「石村塊」是藝術家石村的油畫藝術語言。「石村塊」是壹筆筆畫的油彩塊組成布上油畫，沒有任何添加材料，每壹塊都是純手工，沒有機器或者工具的輔助。「石村塊」形狀相同、大小均勻，厚度相等，但色彩卻完全不一樣，近看是抽象的塊塊，愈遠看愈具象。

難度：101%　　　耐心：200%　　　定力：300%
顏色：復雜　　　材料：昂貴　　　時間：漫長

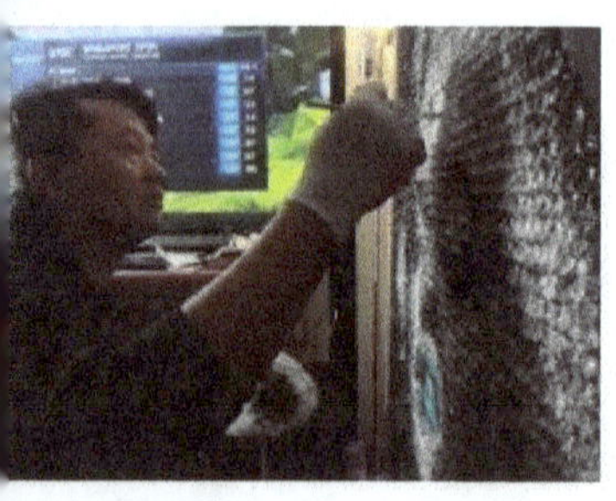
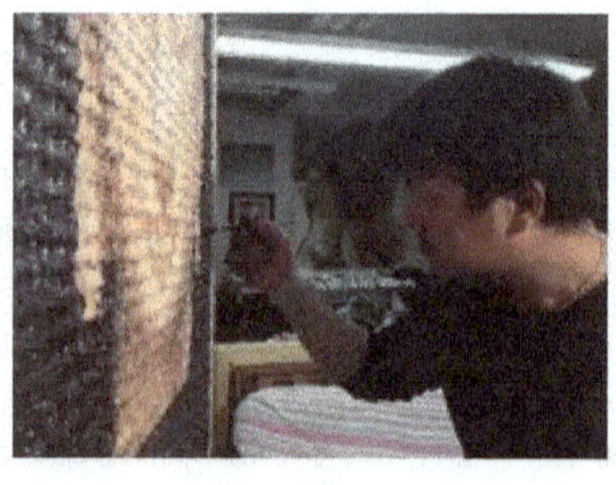
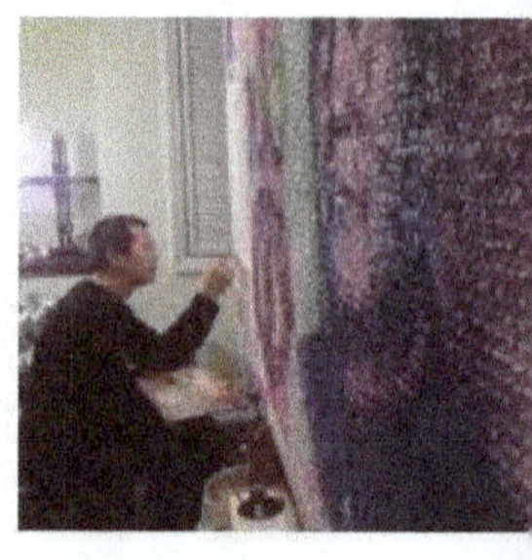
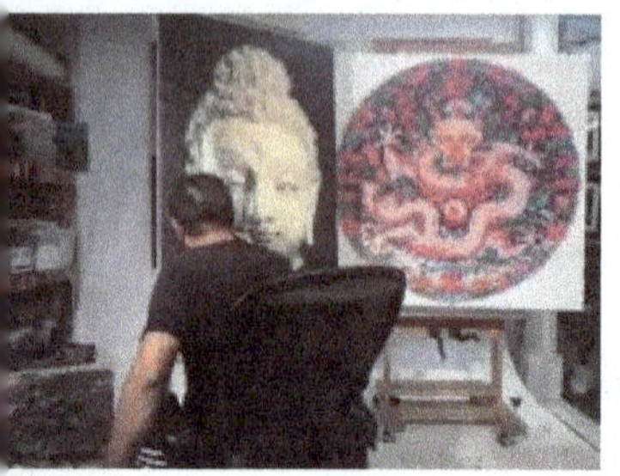
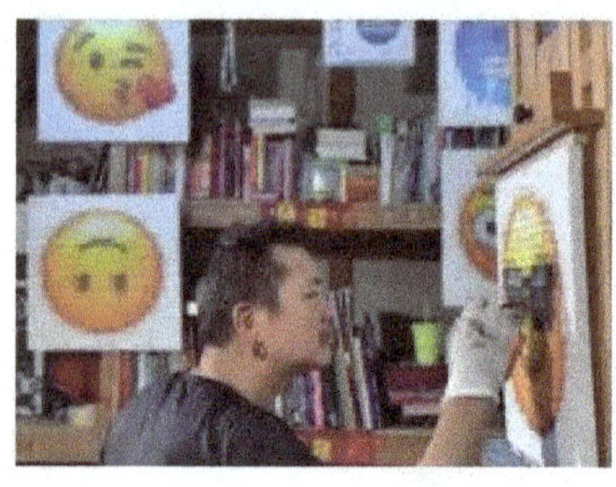
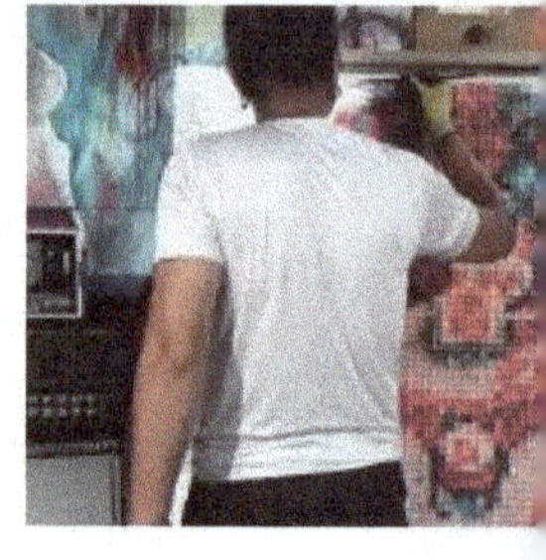
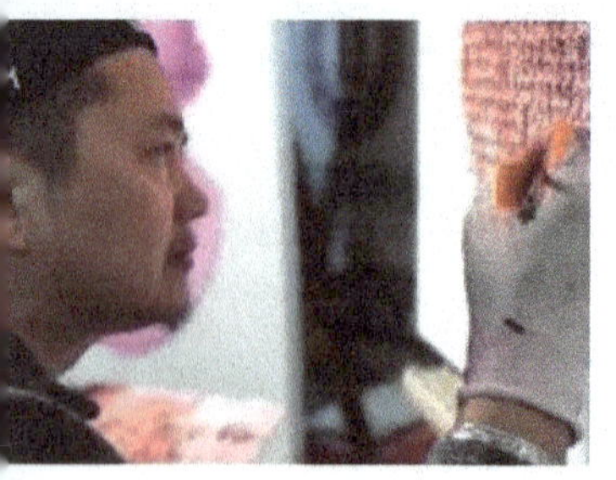
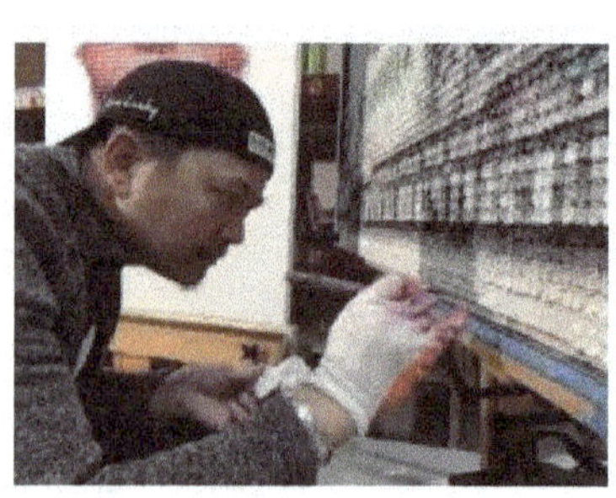
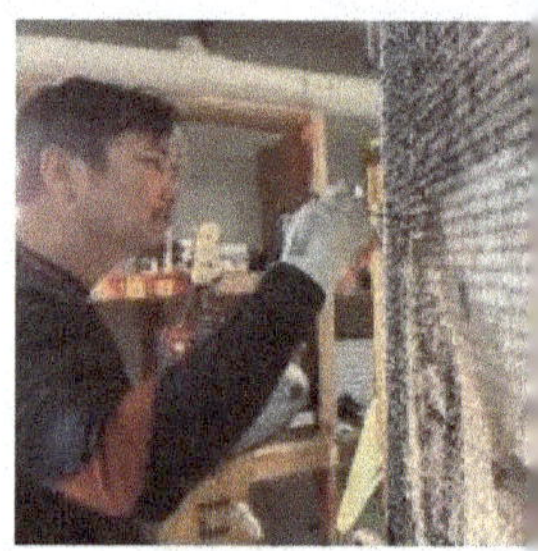

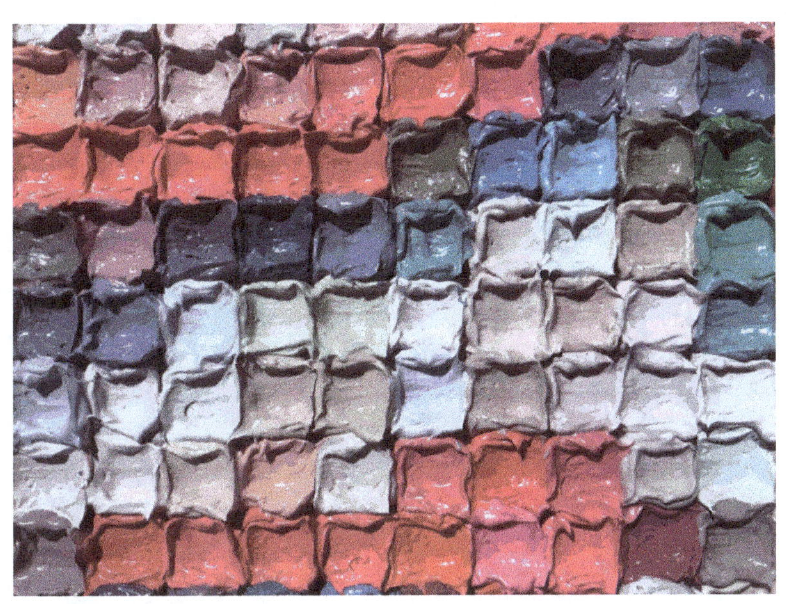

## 「石村塊」名字來歷：

　　「石村塊」最早叫做馬賽克油畫，就是油畫看上去像馬賽克。由於這種畫法非常獨特，需要長時間的手工操作，還要求全神貫註才能壹塊塊地調色、畫完。所以，他又把這種畫法叫做禪宗馬賽克。　那時候，石村畫的基本都是錢幣，因此，有人說：達摩面壁，石村也面"幣"。

　　隨著石村的精益求精，他開始對塊狀的厚薄、大小、形狀、以及光潤度等等有了很高的要求，形成了他自己一套的調色方式，並運用中國書法的筆法繪畫。一次，有人直呼說："這就是「石村塊」啊"！由此，「石村塊」的名字誕生。

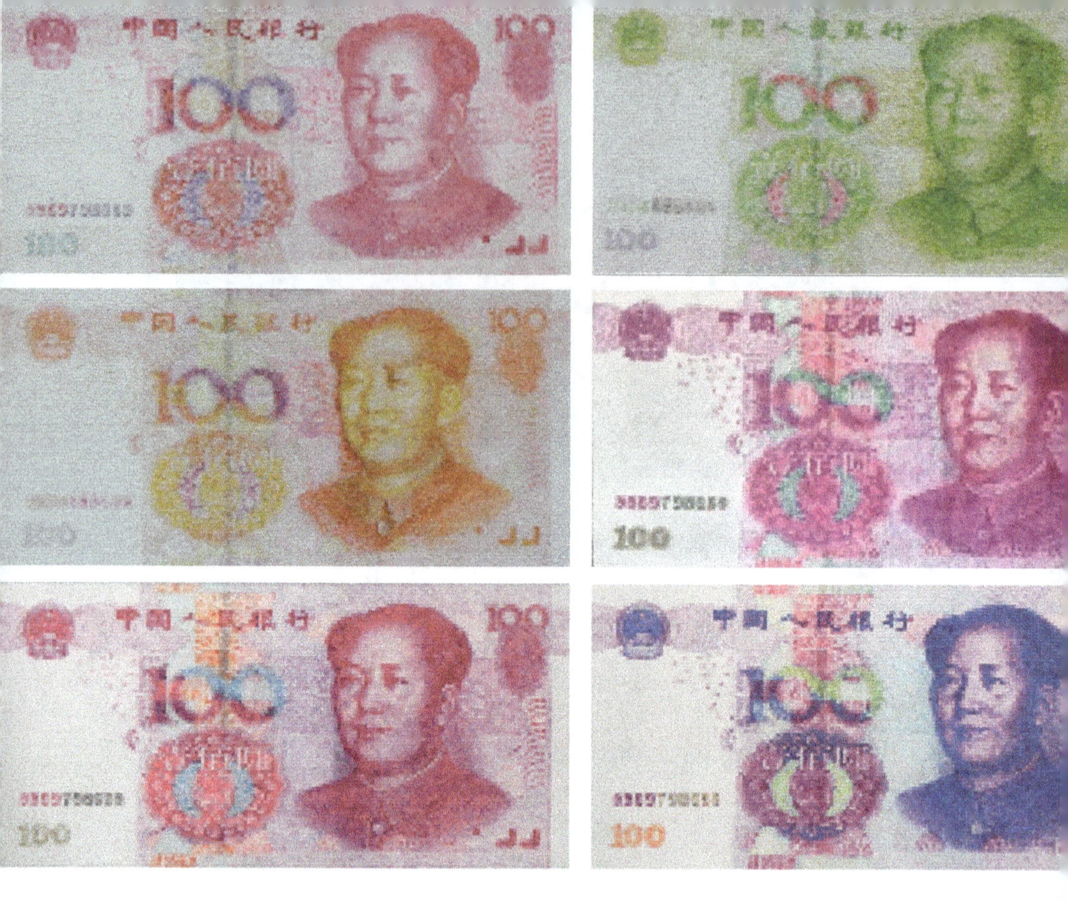

人民币系列 1 号 -6 号

# 貨幣系列

緣起：

「石村塊」起源於 2010 年石村創作的一系列貨幣，人民幣、港幣和美金。

人民幣是面額 100 的六種顏色的錢幣，一套 6 張。除此之外，他還畫了一張特別的人民幣反轉 "紅財"。

港幣只有一張，1 千元。

美金前後畫過 4 張：一美元前後 One Buck（王八客），100 美元和 500 美元。

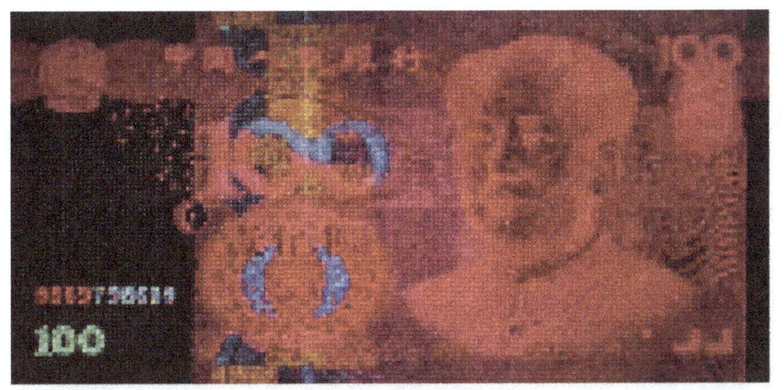

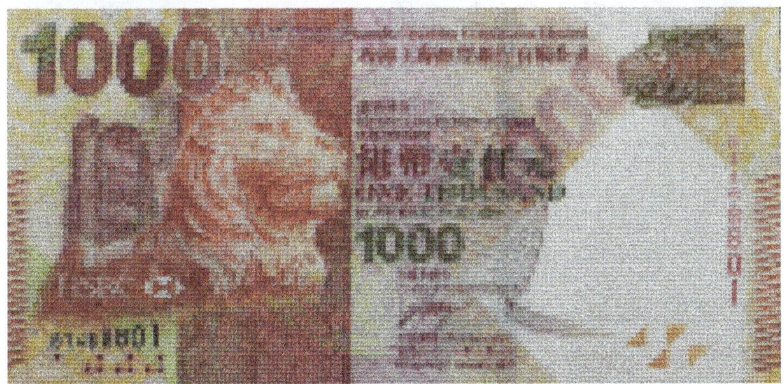

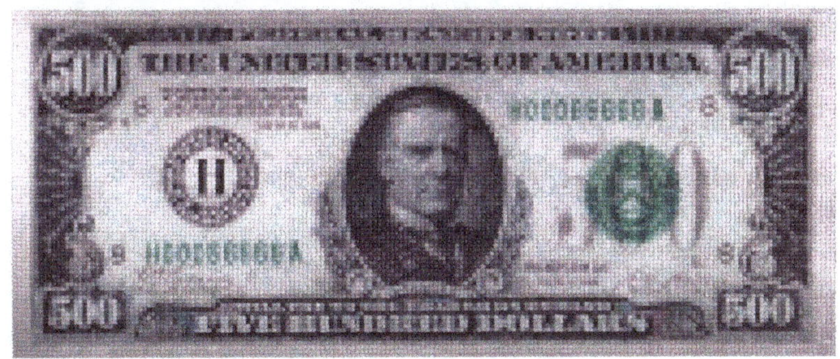

人民币反转《红财》（上）

千元港币（中）

美金 500 元（下）

大事記：

· 2012 年，人民幣系列參展背景東亞銀行的畫展《藝術就是財富》

· 2012 年，第一財經和東方衛視制作的大型《人民幣》專題片采用了「石村塊」繪制的人民幣系列以及石村的采訪作為開場，並在全國衛視播出。

· 2013 年，《人民幣》系列首次在紐約切爾西地區畫廊舉行個展，美國中文電視新聞采訪。

· 2015 年，「石村塊」的《一美元》立體油畫踏上紐約街頭展覽，《僑報》專題報道

· 2016 年，央視專題報道了「石村塊」的《一美元》作品

· 2017 年，《僑報》和美國中文電視網《哈啰紐約客》對石村的作品進行了專題采訪

· 2017 年，保利拍賣「石村塊」作品《佛蓮花》，創造 92 萬人民幣的成交記錄。

· 2018 年，「石村塊」的《一美元》立體油畫裝置應邀參展紐約藝術博覽會並獲得最佳展出獎。

· 2019 年，「石村塊」的蒙娜麗莎誕生。

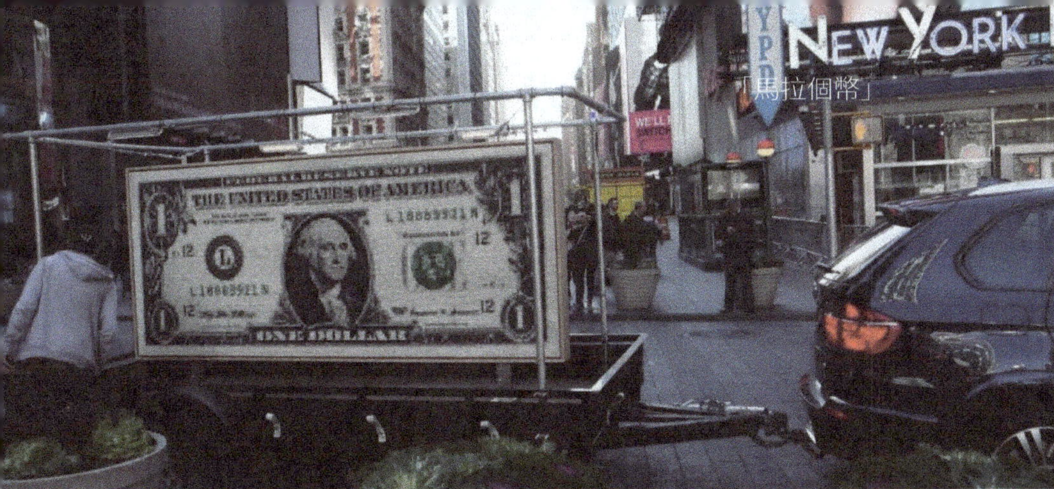

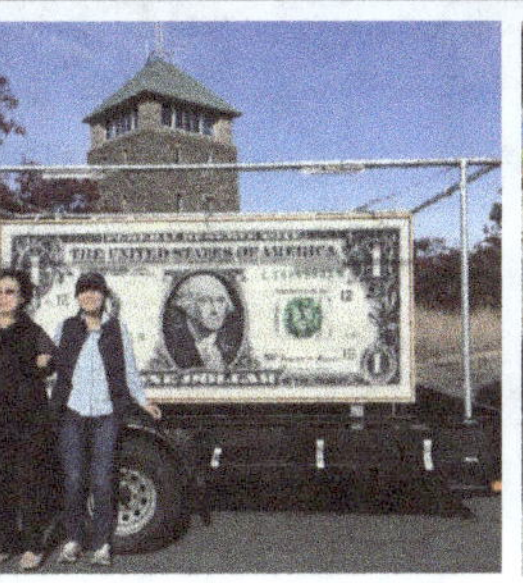

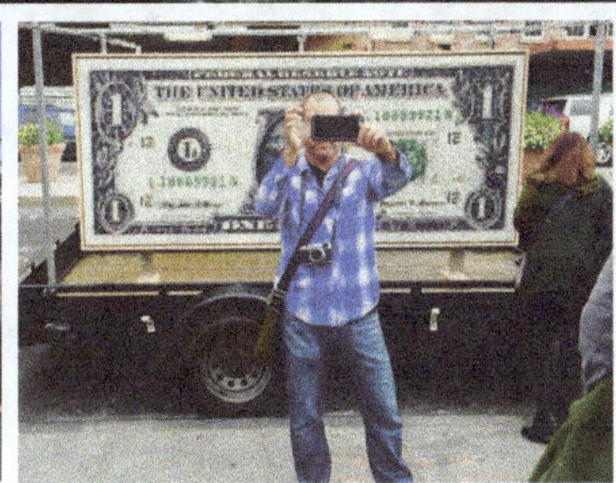

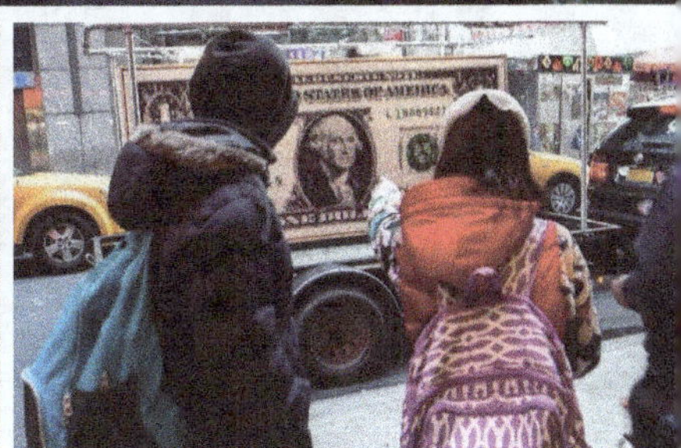

# ONE BUCK 王八客

　　《One Buck 王八客》是石村唯一畫過的一美元美金前後面。兩面合起來就是一張立體的作品。2015 年，石村將這兩張合一的作品放在一輛拖車上拉在紐約街頭，被人稱為“一輛流動的藝術博物館”。

　　《One Buck 王八客》將平面的油畫作品推進到行為藝術，並通過路人的反應將這種藝術伸展到藝術活動中，從而引起媒體宣傳，使得這種作品最終成為空間和時間的藝術，這本身就是一種創新，符合石村一貫“我行我素”的個性。

　　有朋友笑謔建議說：　這次活動應該稱為“馬拉個幣！（寶馬車拉個錢幣）

　　One Buck 在顏色上一如既往貫穿了「石村塊」的特色，調色上的獨特眼力，對色彩的特殊直覺。妳永遠也不會想到這綠色的美元鈔票

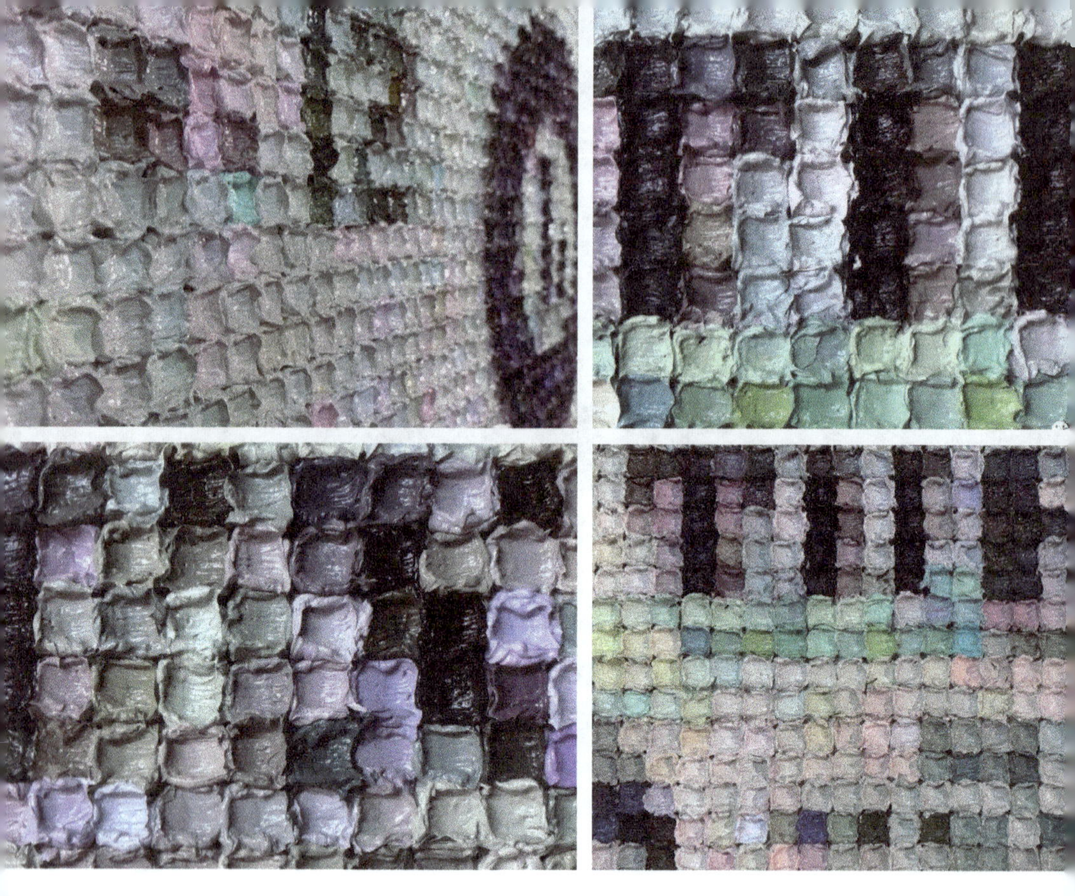

上面，近看的時候居然會發現一塊塊的紫色、黃色、咖啡色，甚至粉色等的不同色塊，就是綠色也有深淺、色彩不同的綠和白綠色。如果在色彩上沒有天生的直覺，這種油彩的調和不會達到這種地步，一塊塊排列起來的時候也不會形成凹凸的光影透視效果，整個鈔票的逼真效果也會大打折扣。

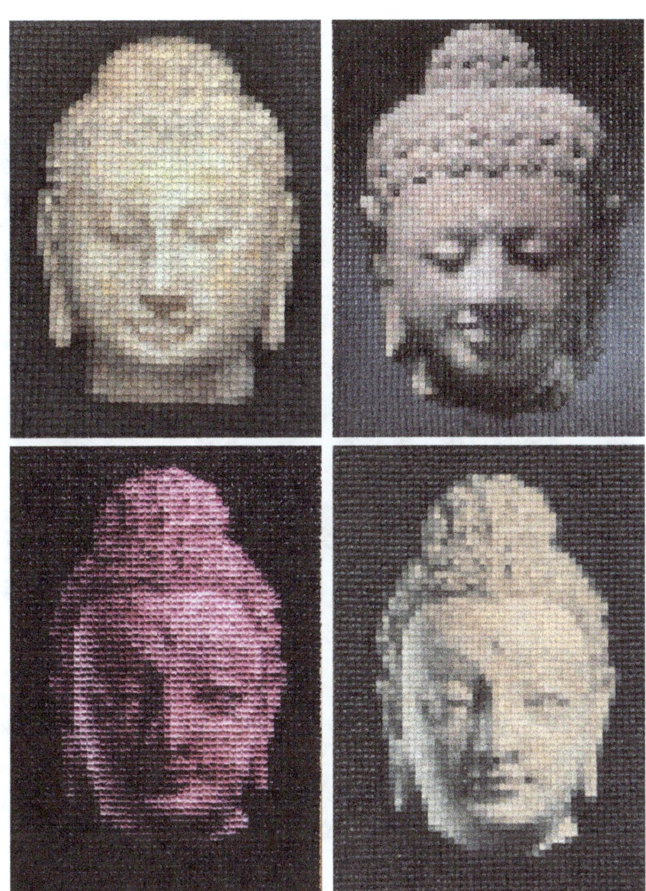

佛像系列

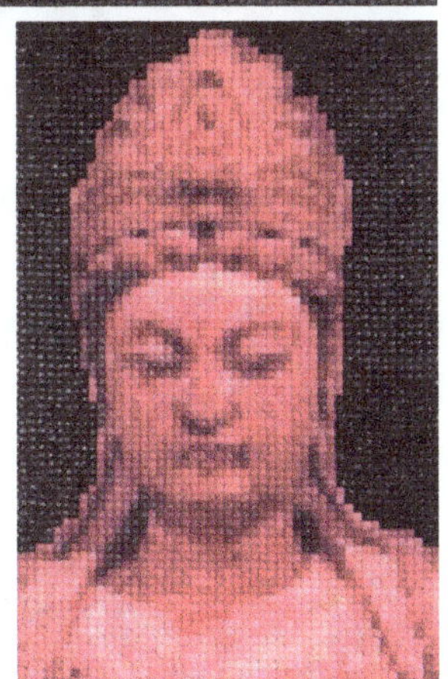

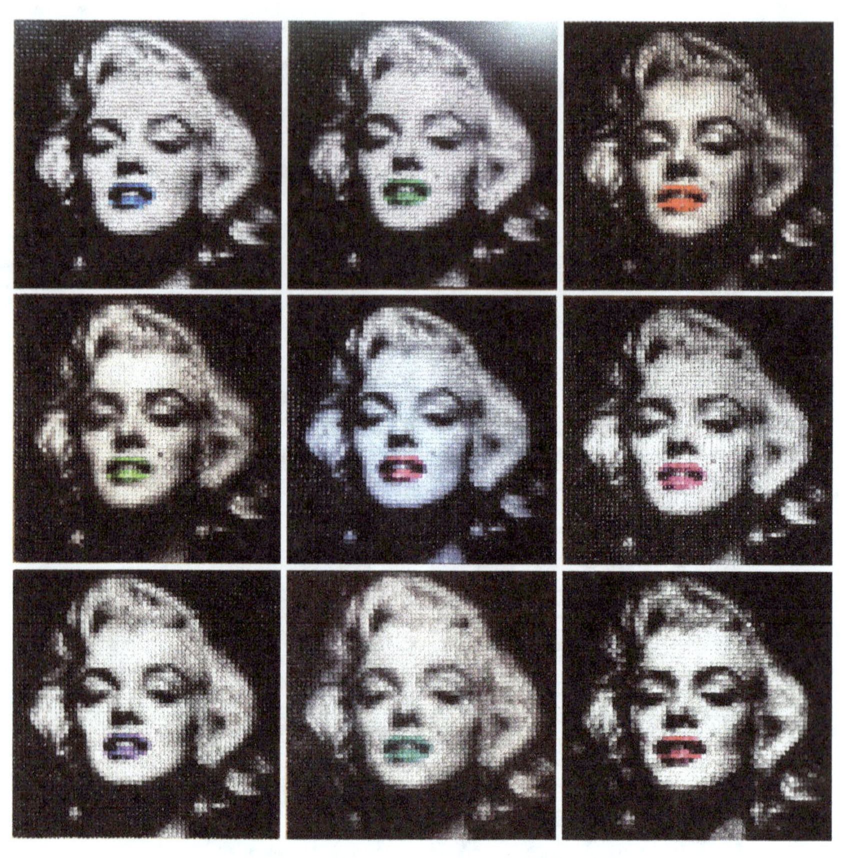

## 夢露系列

　夢露系列包括 11 張黑白的 1.0
系列，以及兩張彩色的 2.0 系列。

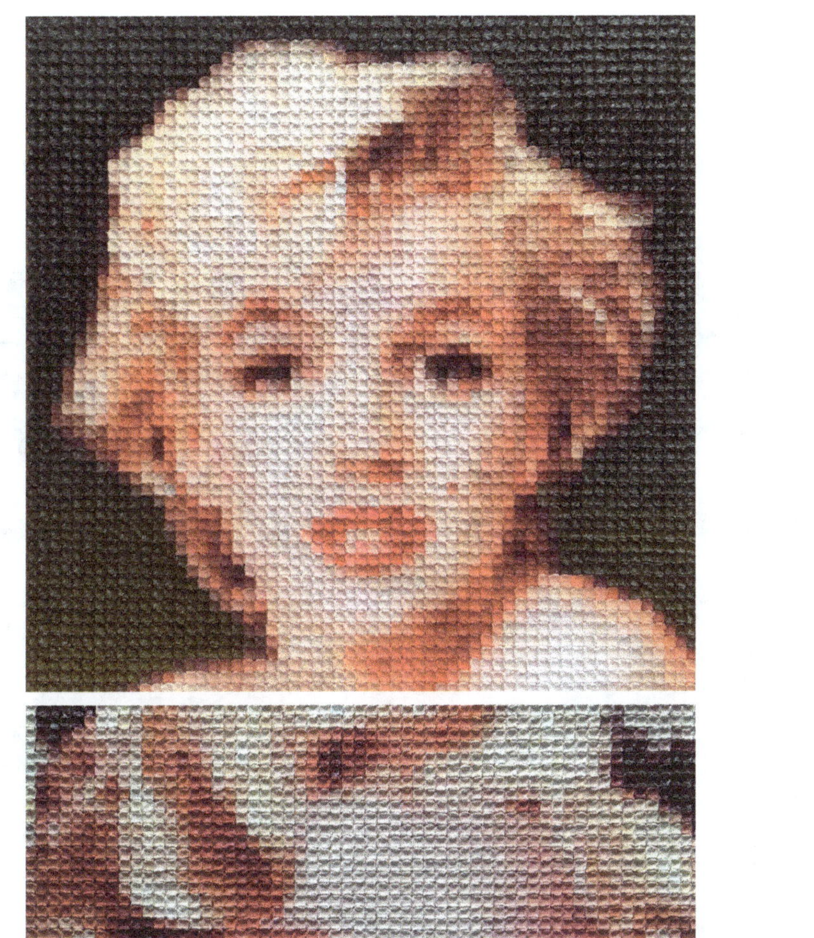

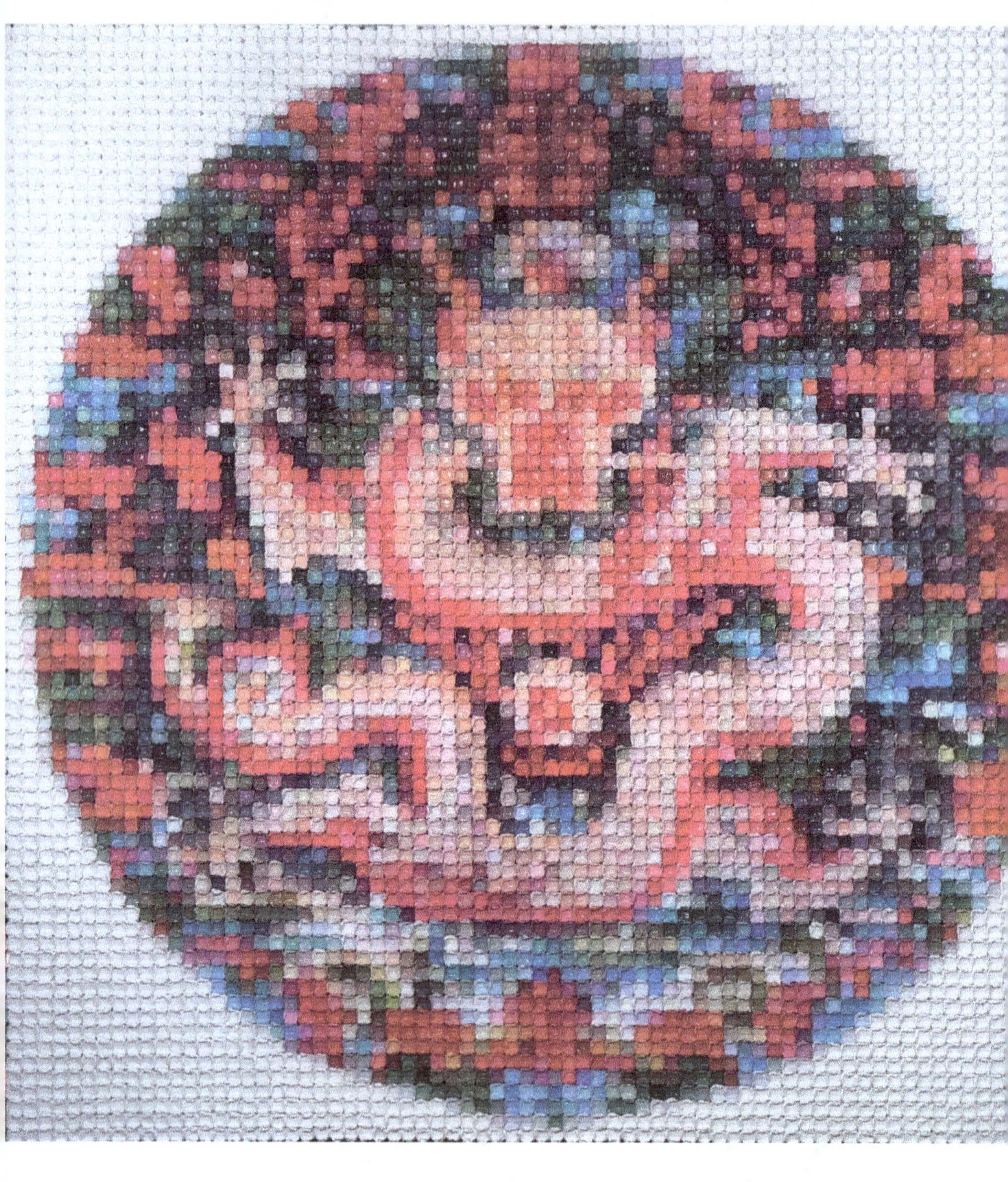

# 龍

　　《龍》這張作品是「石村塊」中色彩最鮮艷的一張作品，因此，由一家美國化妝品公司將其中 30 種顏色開發做成指甲油，成為《龍》從平面到立體的延伸。

　　話說這 30 種顏色在他們實驗室開發了很長時間，因為目前國際采用的潘東色譜上根本就找不到這 30 種顏色，因此，實驗室的研究員將作品留在他們實驗室兩個月，對著挑選出的 30 種色塊開發顏色，直到滿意為止。因此，這 30 種「石村塊」的顏色，獨此一家。通過這個項目，我們了解到顏色的開發和使用在國際上是一件非常商業的行為，「石村塊」的顏色可以通過獨特的商業行為而制造成各式各樣的獨家色彩產品。

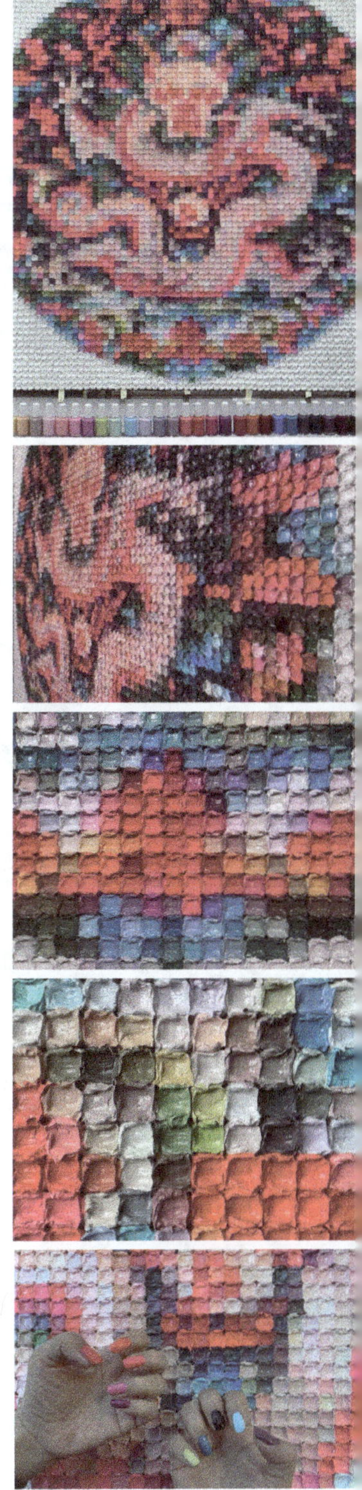

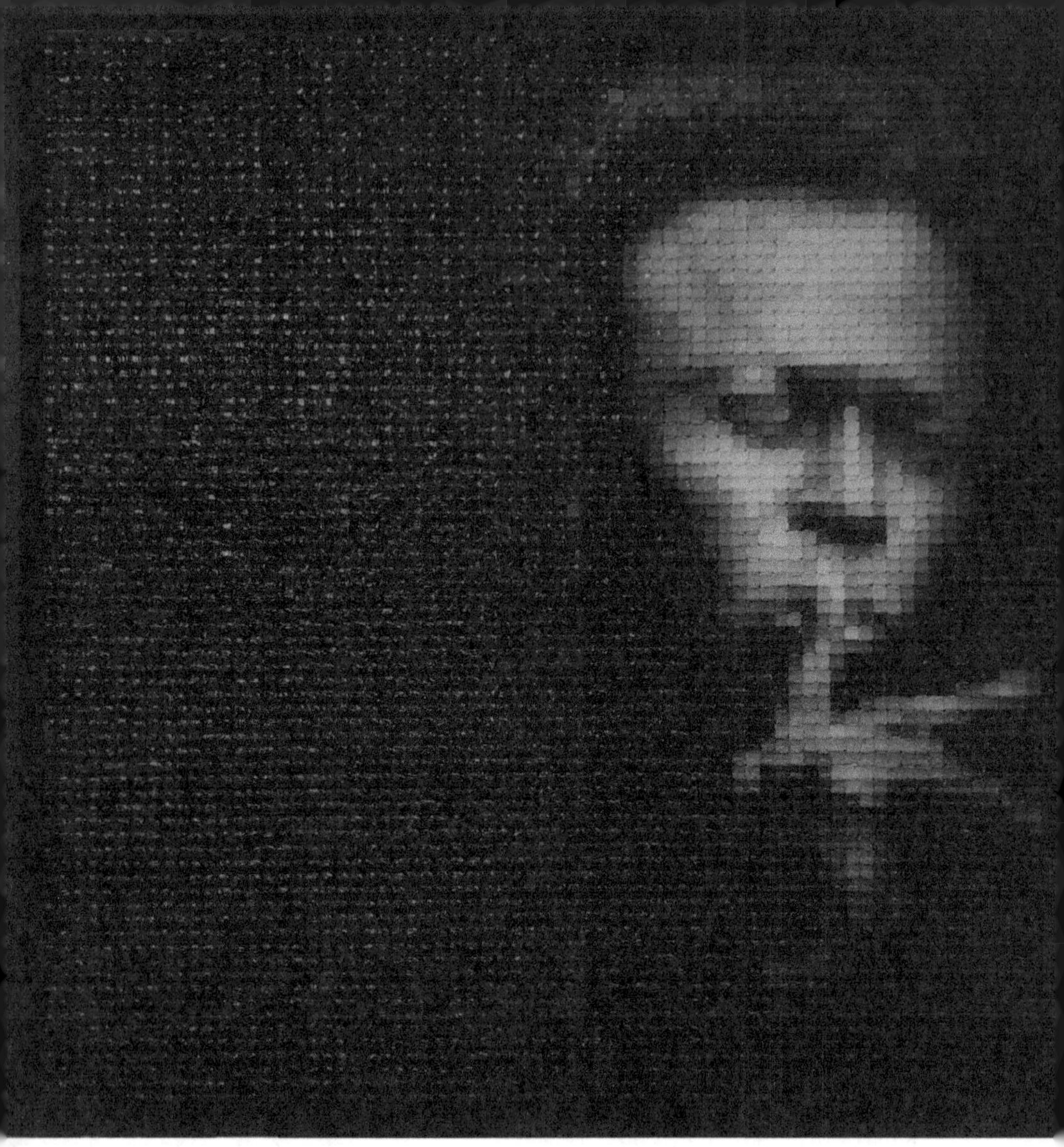

Miles  Davis

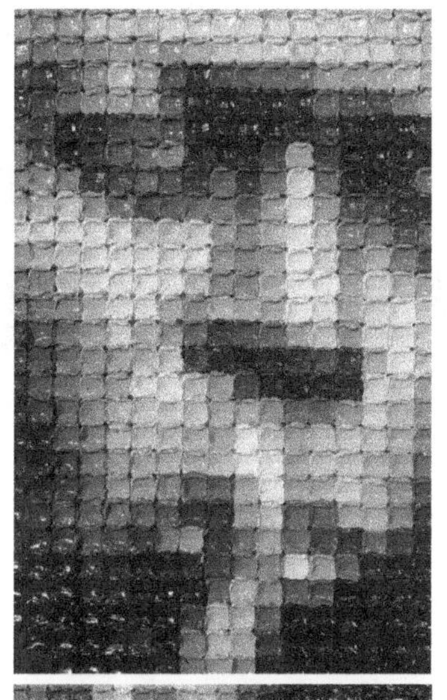

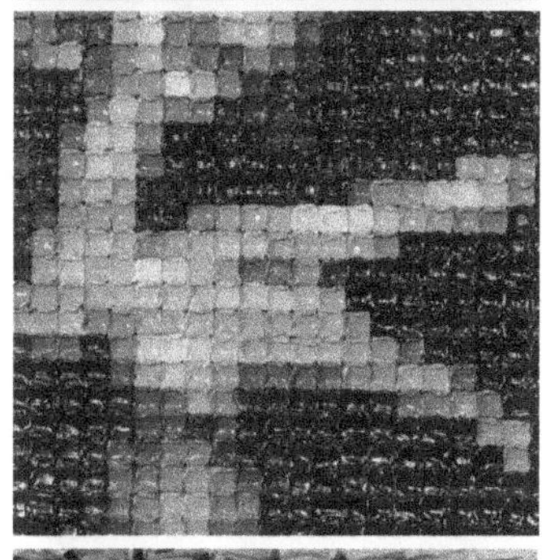

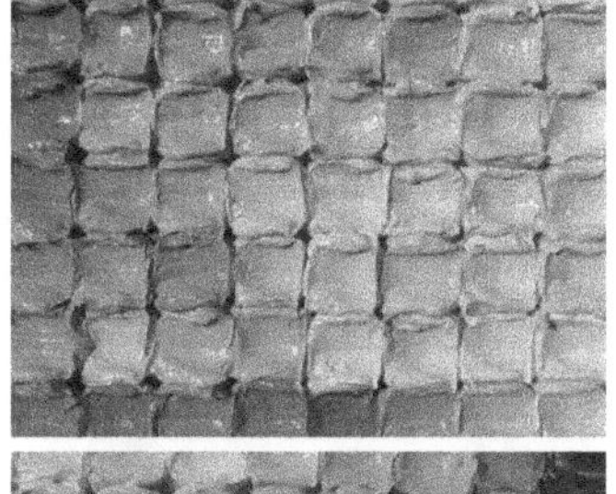

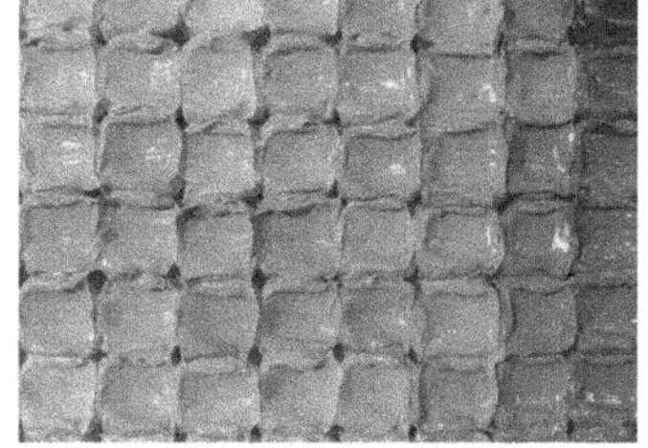

Miles Davis 是石村最喜歡的美國音樂人之壹，因為 Miles Davis 把 Jazz 這種舞廳流行音樂，發展成了極具藝術深度的嚴肅音樂，因此，他的爵士樂有著獨特的韻味和感覺。石村認為原創精神是藝術的脊梁骨，因此他對開發、拓展藝術流派的人充滿尊敬。

這張作品是「石村塊」最柔潤的一張作品，石村將黑色的顏料經過特殊的調色達到反光的境地，然後畫出一格格「石村塊」。如同鏡面一樣，這張作品反射周邊所有的顏色，為作品周邊的環境添加了一層神秘感。

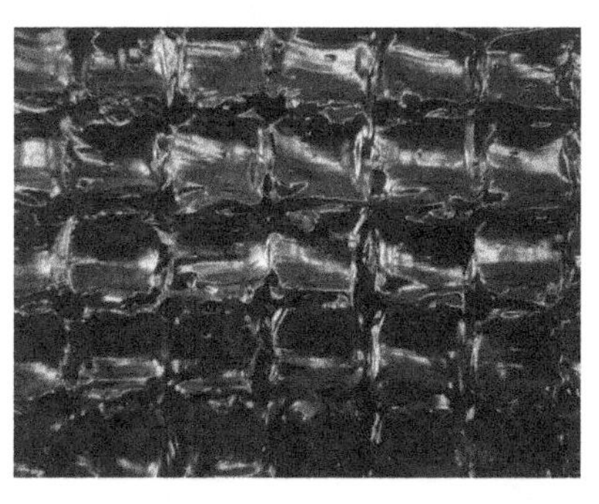

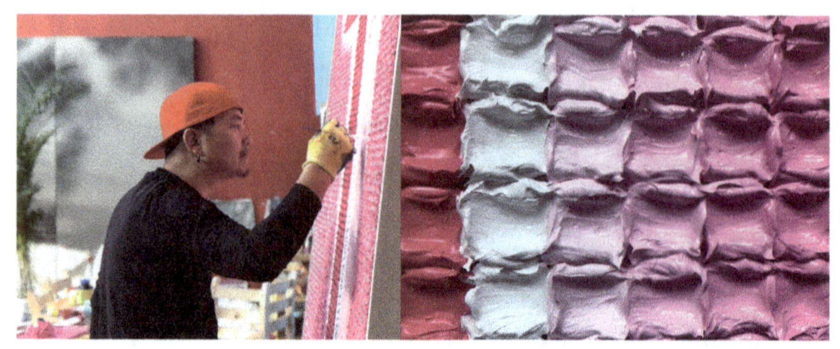

# 十字架

　　十字架是石村突破之作。為了讓每一塊不同粉色的「石村塊」看上去明艷動人，他不惜鏟除幾百個色塊，為了達到他要的光影要求。

　　「石村塊」的創作有多難？

　　石村自己說："對於一個小時候被我媽說是一個"鴨蛋屁股坐不住"的人來說，一天能專心致誌的十幾個小時畫畫是非常不容易的，特別是那些大錢，1萬5千到1萬7、8千個石村塊需要三至四個月，每天都是十幾個小時，中間不能間斷。所以我需要在閉關的狀態中堅持專註去完成每一件作品。我每年如此專心致誌地畫10萬個石村塊，平均3600個一件作品，那就是27張畫一年，30年才能畫810張畫，一下子就覺得時間太保貴了，需要更加珍惜，多畫畫少廢話，多一些作品少一些遺憾，且行且珍惜。"

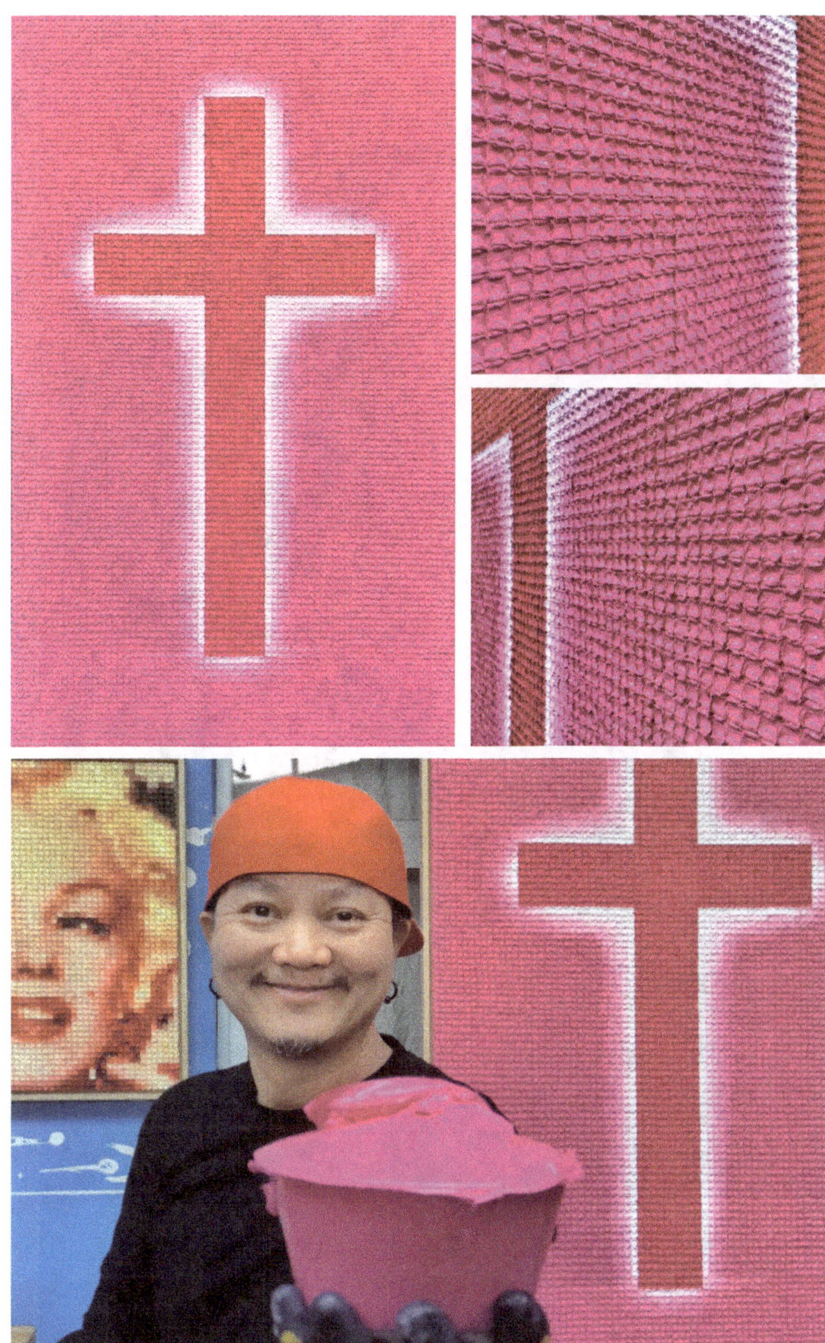

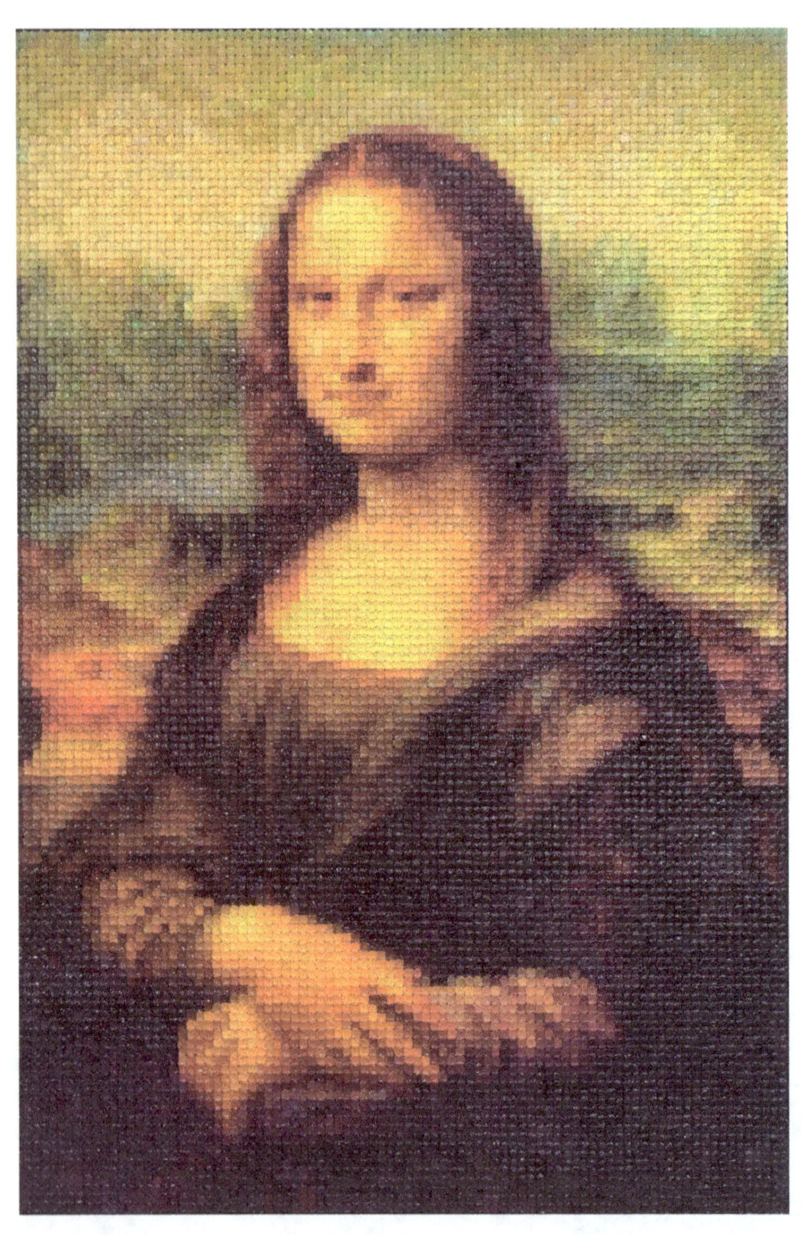

《蒙娜麗莎》 布面油畫 86'x55' 2019 年

# 蒙娜麗莎

　　石村在 2019 年 5 月 1 日說：紐約的明天就是達芬奇去世整整 500 年了，如果沒有文藝復興，沒有那些偉大的人，我們是不是依然在沒有藝術沒有靈魂，只有在吃喝嫖賭，相互殘殺的黑暗中野蠻的像動物一樣過日子，感謝文藝復興時代，感謝偉大的人，因為妳們我們才知道人類精神生活是多麼重要，感謝上帝用妳們傳遞來的藝術之美，感謝達芬奇，500 年的輪回，我知道妳在盧浮宮的蒙娜麗莎微笑中活著。

　　關於蒙娜麗莎這張作品，各路豪傑評論如下：

吳飛躍（電影導演）：

　　從 2011 年認識至今，他就一直在堅持用自己獨特的藝術形式“石村塊”進行創作，兩個月閉關，一萬多次重復的動作，最終完成這樣了不起的創作。

周曉輝（作家）

　　蒙娜麗莎的微笑超越了原作的神秘，是光明而恬淡，是洗去鉛華後的安詳。現在是上帝以石村之手讓《蒙娜麗莎》以另一種魅力展示在世人面前，繼續源遠流長。

黑楠（音樂評論家）

　　石村是太優秀的藝術家了　他為紀念【蒙娜麗莎】500 周年而做的石村塊作品非常震撼，我起了很多次雞皮疙瘩！用“石村塊”所構建的藝術作品　無疑是其獨創、獨有藝術語言的結晶！從某種意義上來說，石村就是藝術界的中本聰，石村塊作品外人無法加以仿制　。

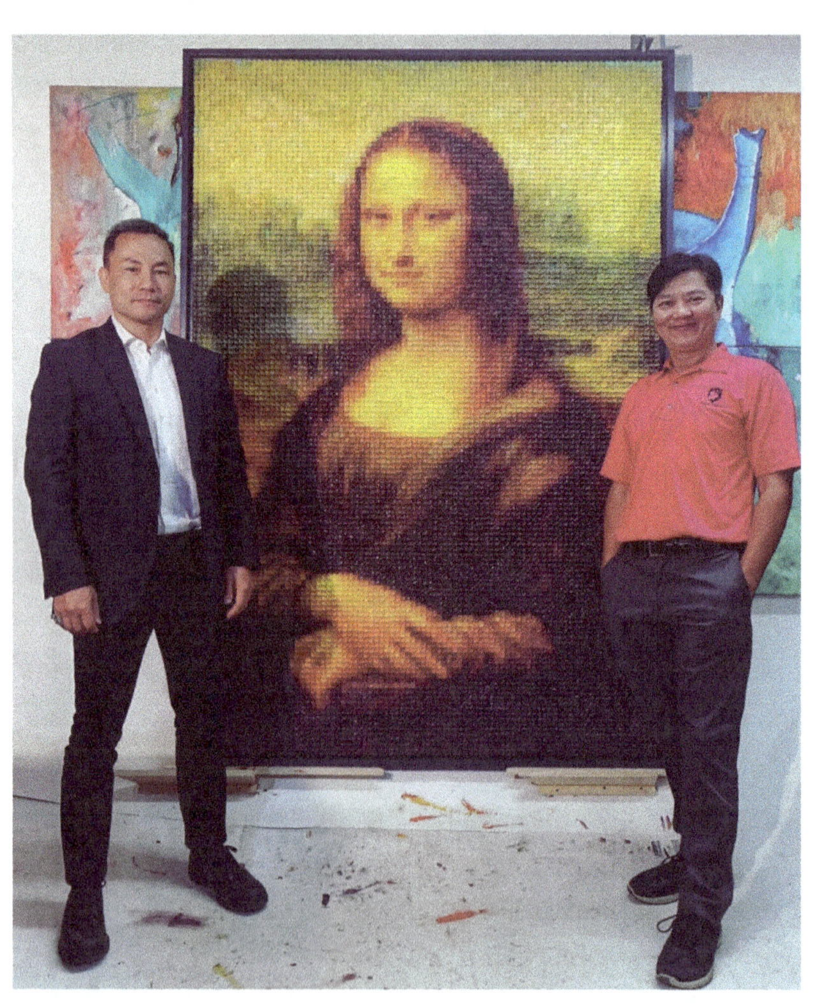

龔繼遂（藝術評論家）

　　這件作品既是視覺作品、又是觀念作品，又是行為藝術，又是個體的 meditation 和修行。因為綜合性強，其單項的沖擊力就相對平緩。


郭承輝（藝術家）

　　"石村塊" 是第一視覺和第二視覺完美重疊的繪畫語境，也是具象和抽象徹底互相消減的魔法。這正是他把藝術與修行合一的過程，石村是兩個人，一個呈現了妳看得見的眾相石村，另一個是他自己分成塊的虛無石村。


麥田　（茶藝專家）

　　起初看到石村的新作以為是簡單的馬賽克拼圖而成，看到細節圖才知道自己的以為是種錯誤。親自看到這幅蒙娜麗莎的新作無法用語言描述作品帶來的震撼和內心的歡喜。蒙娜麗莎是由成千上萬個油彩塊組成，近看是不同的奶油般的色塊，遠看則是一張色彩斑斕的油畫作品，更有趣的是妳在不同角度不同光線和遠近程度來欣賞畫作都帶給視覺不同的享受。這些色塊的組合在一起彼此相連，離開任何一塊都無法成為一張完整的藝術品，就像石村本人所說"他覺得完成這幅畫就是一個禪修的過程，每天都在重復同一個簡單的動作，但當妳每天完成了這些簡單動作後就完成了禪修。"我喜歡石村做藝術的狀態，他讓我看到做藝術過程是艱苦的，甚至是枯燥的，但同時也是享受的，快樂和純粹的。


Lisa Fan

　　石村老師這幅挪用的"蒙娜麗莎"再創造的真好！多年前，我在羅浮宮曾近距離仔細觀看過原作，除了高超的藝術技巧，我感覺人物的表情和色彩令我不舒服，很世俗，還有一種陰暗感。而這幅石村版的"蒙娜麗莎"令我眼前一亮，精神為之一振，藝術家在這再創作的

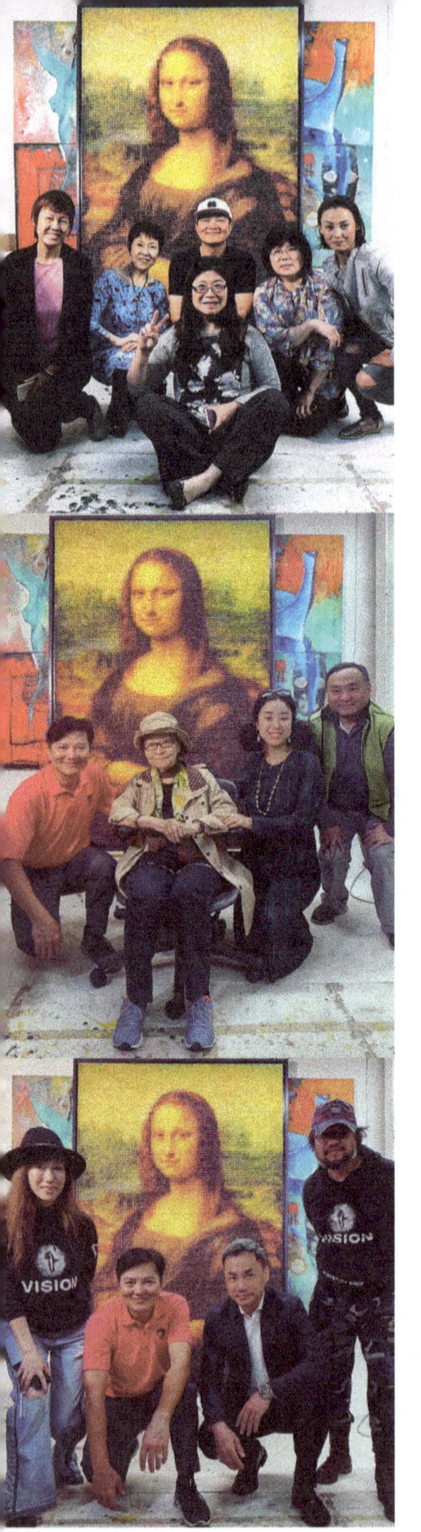

過程中，為人物註入了神的靈性，那是那種光明、美好、向上的精神。藝術作品是要有靈魂的，帶著這樣美好的神性，以我個人的觀感，這幅挪用的作品遠遠超過原作。

神仙姐姐：

　　以前在石村北京畫室有幸見到人民幣的畫，真是驚嘆，每一格都是跳躍的生命色彩，每一格都是眼睛所不能辨別的色差。當時聽妳介紹安迪沃霍當年用絲網印的方式將油畫下架，開創了波普藝術的弧形，而今，妳另辟蹊徑，以新式的油彩塊油畫的方式讓藝術重新回到油畫架上，將波普藝術的弧形變成一個完美的圓圈。

王渝　（詩人／作家）

　　石村塊是結晶啊！詩情，畫意哲思的創意。而且滿溢宗教情懷。我們一直缺少宗教情懷。不信教，卻不可缺少宗教請教。有了，就深厚，就有大愛。創造必然大氣。

葛文潮（紐約七堂堂主／作家）：

　　七絕　己亥夏初訪石村畫室

　　　　雨霽初晴綠滿枝，城郊畫室煮茶時。

　　　　石村妙筆朦朧笑，五世光塵有聖知。

　　　　己亥夏初，雨後乍晴，訪石村上州畫室，觀新作蒙娜麗莎。達翁巔峰之一笑，石村色塊之精微，似是非是，亦幻亦真，流光溢彩，前續五百年之神，後創五百年之韻，一人之力聖靈之功，奇哉異哉！

李虹麗（大學老師兼老板）：

石村的話，要是畫好畫，工作室周邊 500 米，一定要有一個有著徐娘半老，風韻猶存老板娘的小飯館，他回紐約以後，不知道他現在工作室附近有沒有，像宋莊我這樣的小飯館，不過畫，是越來越好！

石村很單純，幹幹淨淨的，畫畫就是畫畫，玩音樂就是玩音樂，軸的認認真真的，要是有一天，石村老師說他又去幹個，和現在行當八桿子打不到的事，我也一點都不驚訝，他是對世界充滿無限好奇的一個人！

一直說，好的作品自己會說話，我在宋莊呆的久了，天天坐店裏看紅塵裏的熱鬧，其實那個行當都一樣的吧，那些在某個四，五線城市什麼藝術培訓班混幾天的，會抹一兩筆，然後就在臉上恨不能，刻上，藝術大師，這幾個字，然後鄙睨一切蒼生眼神，恨不得就這麼點小小手藝，整個世界就得供著他，真的拿出作品來了，無語的，就不好意思說什麼了，妳要告訴他，您這個畫地攤 50 快錢賣，還得是眼神不太好的人，又怕人家碎我！這種人吧還挺多！超級自信！

石村一直對自己的作品價格沒有底，直到在保利拍賣會上，他的一幅佛頭的石村塊，油畫作品拍出了 80 萬的價格，他就高高興興滾回美國去了！本來他說畫不賣錢，他在街東頭去站街的！

楊輝（藝術創業家）

石村先生，我這次來美國新結識的朋友，一開始我以為他只是當年 MTV 的金牌主持人，參觀了他的工作室後才知道，他在繪畫藝術上能量更大，他獨創了"石村塊"的畫法，燦爛奪目！石村未來一定會成為一代宗師。

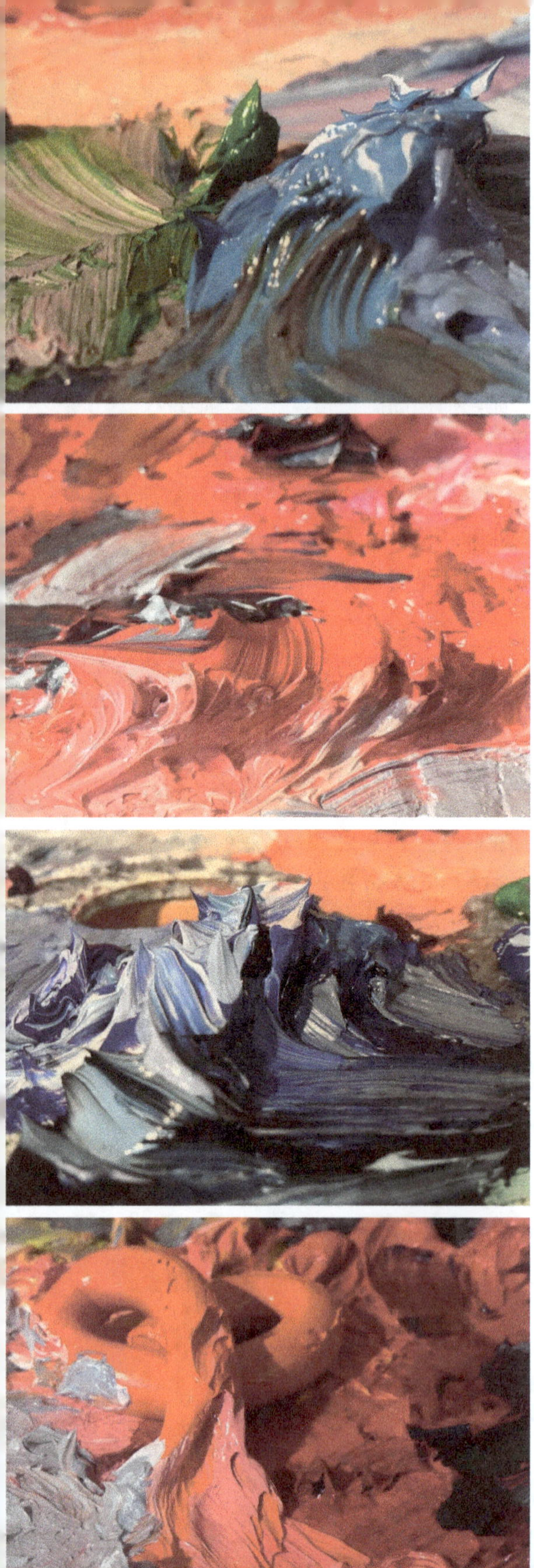

# 藝術家石村的 "王八客" 雕塑
# 是一個超越生活的奇觀

Megan Lee

MENISCUS 雜誌

　　熱情友好的藝術家 Stone 石村講解了他在 2018 年紐約藝術博覽會的雕塑花園裡展出唯一一件作品 "One Buck" （意為一美元，諧音 "王八客" ），這個花了四個半月才完成的作品，採用了石村獨特的 "油彩塊" 技巧創作的正反兩面的尺寸為 52 x 120 英寸的一美元鈔票，他精心畫出來的每個方塊之間的顏色都有所不同。石村將作品小心地掛在一個超重的展示用的架子上，用汽車拉著在紐約市到處跑，他自己製作了整個金屬框架，包括架子本身。這位藝術家興致盎然地回憶道，有一次，他在高速公路上用汽車拉著 "王八客" 跑時，從倒視鏡中看到一輛車出現在他的車後側，然後不見了一會兒，又出現他車的另一邊，為的就是能夠好好看看他拖著的移動藝術品。

　　石村確實是一個 One Man Show（意思是 "一個人能幹到把活全包了"，在此雙層意思又指藝術的 "個展" ），沒有簽約畫廊，選擇自

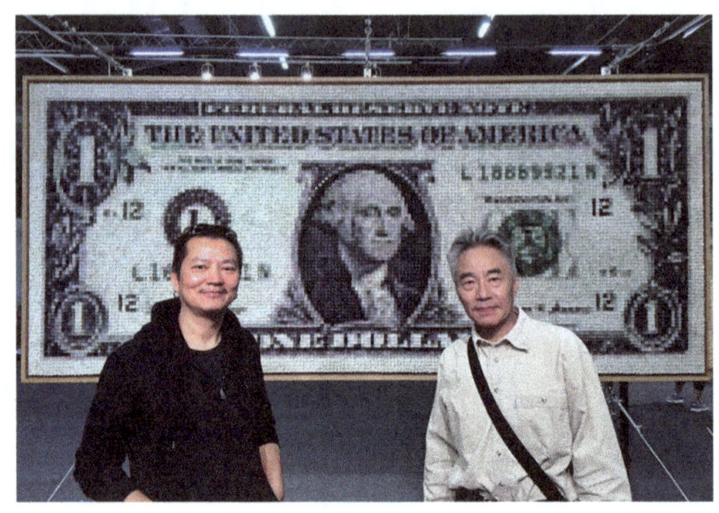

畫家、诗人嚴力与石村在畫展上的合影

己創作的每件藝術作品並獨立展示他的藝術，移動藝術品"王八客"則是最好的證明。石村的妻子和商業夥伴 Sonia Hu 解釋說，1994 年台灣的開喜茶廣告《紐約故事》描述了石村作為紐約藝術家和音樂家的生活以後，石村就成了亞洲名人。Sonia 是在 1995 年她擔任美國 MTV 電視台亞洲部製片人期間，遇到做為 MTV 主持人的石村的。

石村的藝術作品無法複製，正如他的標誌性布上油畫作品瑪麗蓮·夢露（Marilyn Monroe）在照片上顯示出來的那樣，雖然每一個作品都略有不同，但沒有一個作品真正相似，油畫布上不同的唇膏顏色和略微不同的灰色與黑色漸變出來的方塊使每件作品都獨一無二。

正如胡女士所說，定價為 80 萬美元的"王八客"此次參展目的不是為了出售。而是想讓藝術博覽會的公眾能夠親眼享受這件作品。

2018. 5. 3

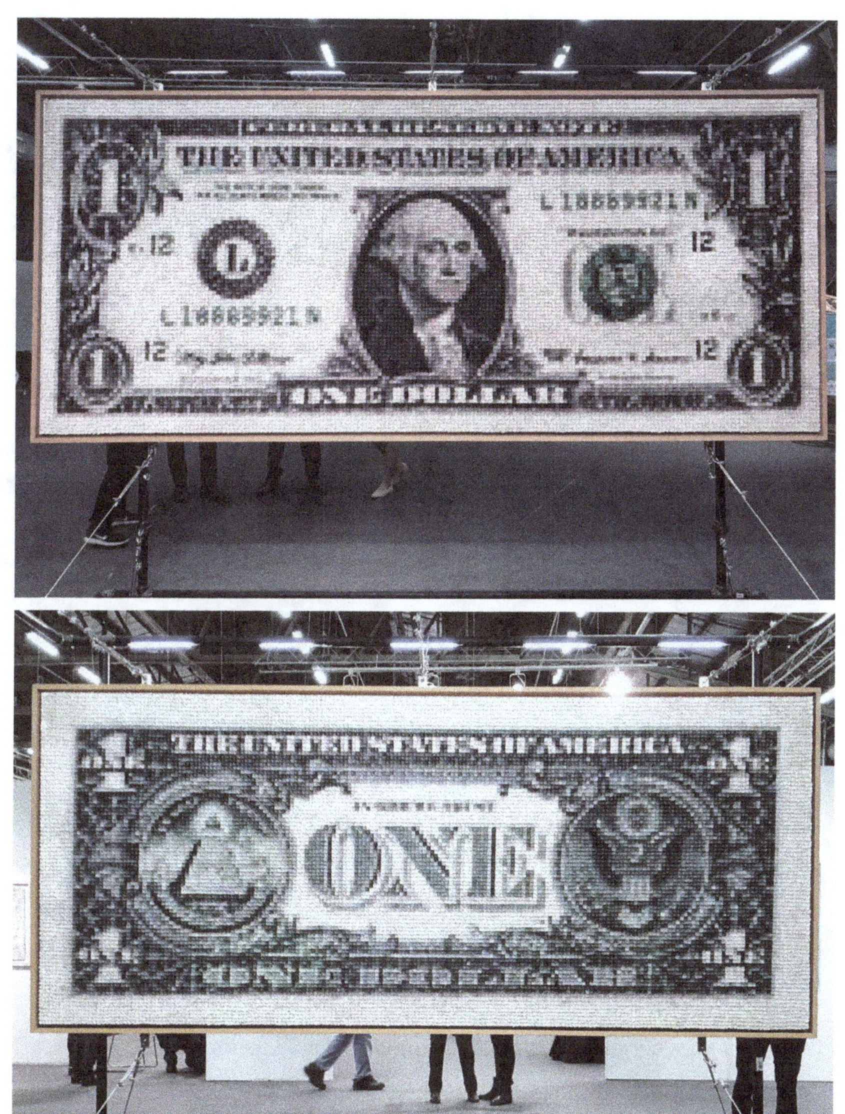

石村油畫作品 One Buck　　正面（上）背面（下）

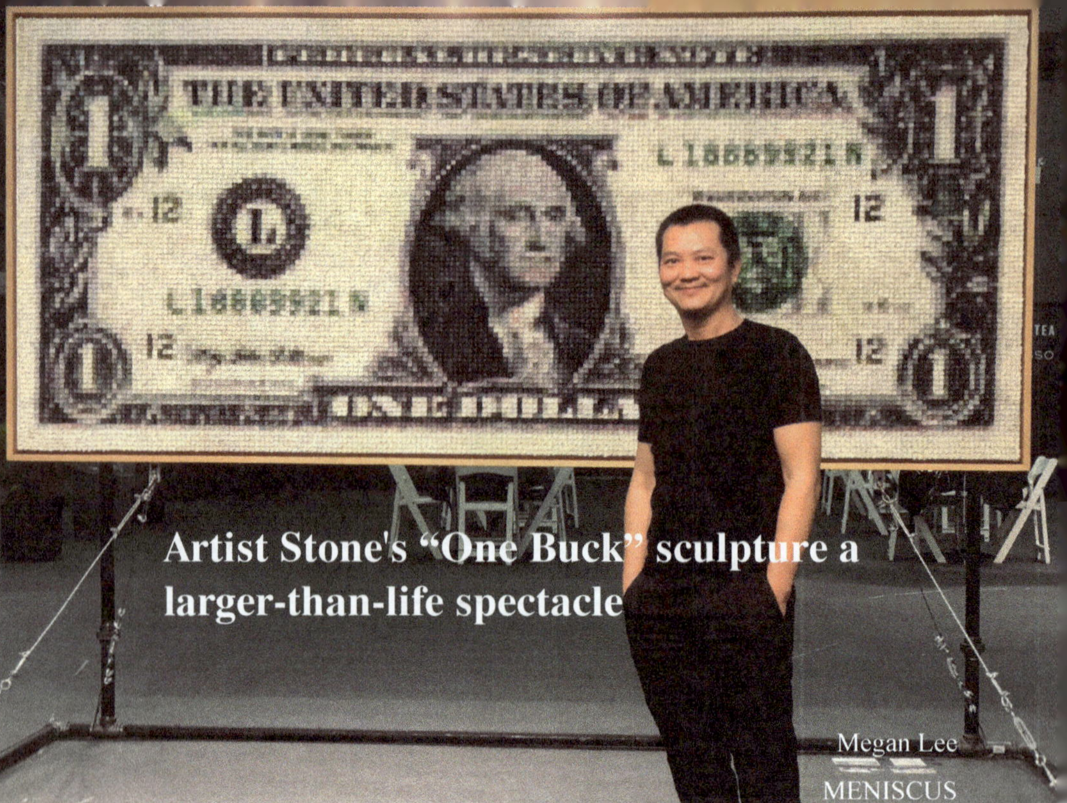


Enthusiastic and friendly artist Stone (Chun Shi, 石村 ), explained that "One Buck" – his sole art piece on display at Artexpo 2018 in the Sculpture Garden – took four-and-a-half months to complete. His unique "Oil Mosaic" technique comprises the whole of both sides of a 52" x 120" US one dollar bill, each cube a painstakingly slightly different shade than the other. Stone decided to drive it around New York City carefully hung up on a heavy frame; he built every part of the display himself, even the frame. The artist reminisced, amused, about driving "One Buck" on the highway and seeing a vehicle appear on one side of his own, and then briefly disappearing only to appear on the other side, to get a good look at his mobile art piece.

Stone is truly a one-man show, not represented by a gallery, choosing to create each piece on his own and showcasing his art independently, as evident by the traveling "One Buck." Sonia Hu, Stone's wife and busines s partner, explained that Stone became popular in Asia when he was cast in a 1994 Kaixi Tea commercial that profiled his life as an artist and musician in New York City. Hu met Stone, then a VJ for MTV in 1995, during her stint as a producer for MTV Asia.

Stone's art pieces cannot be replicated as evidenced by photos of different variations of Marilyn Monroe done in his signature oil on canvas. Though slightly different, none are truly alike; a different lipstick color and slightly different placements of gray and black gradients make each piece unique.

Priced at US$800,000, "One Buck," as suggested by Hu, is not really meant to be sold. Rather the public at Artexpo was simply able to enjoy the piece.

MAY 3, 2018

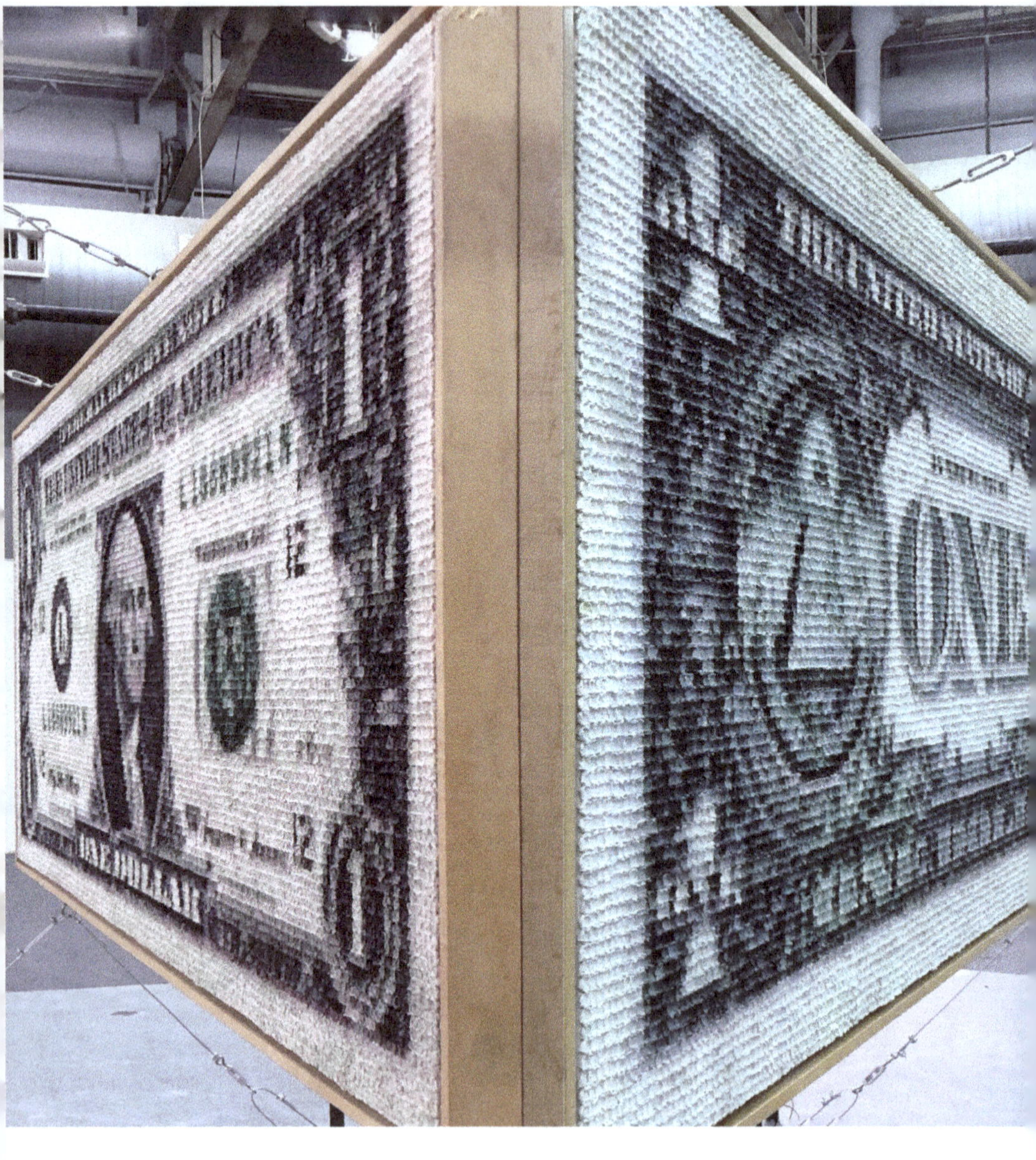

# 財神到

陳儒斌

　　第一次看到石村創作的大幅人民幣油畫，是 2013 年農曆大年初一，應老朋友的邀請去曼哈頓切爾西畫廊區歡度春節，那天是石村畫展的開幕式，展覽題目就叫《恭喜發財》，非常應景。

　　整個畫廊展廳，滿牆都是人民幣題材的繪畫，而且都是最高面額 100 元的人民幣，以不同的顏色不同的尺寸來表現，紅色的叫做"紅財"，還有綠色的（叫做"綠財"嗎？），大大小小一大批。

　　看得出來畫家一定和我一樣，愛錢如命。

　　石村說曾經去過華爾街與大公司談業務，對方老闆開口便說，如果今天你來這裡不談金錢，那就請便，門口就在那邊。

　　金錢是紐約繁榮的秘密，也是整個社會運行的最重要元素。

　　在藝術和商業之間遊走多年的石村，從大千世界的紛繁圖像中，提煉出用途最廣人見人愛的"鈔票"，作為創作對象，這一點，與紐約作為大本營的“波普藝術”精神一脈相承。

後來又在另外兩個展覽中看到石村的“一美元”油畫，這先生不僅愛人民幣，還愛美金！不過，這次他畫的不是100美元，而是一美元，不知道他是怎麼一下子變得那麼謙虛了。

石村說，這些畫，都是一小塊一小塊油彩慢慢拼出來的，就像坐禪一樣，每次畫畫，都閉門不出，石村曾將這種畫法稱為“禪宗馬賽克”，很閃亮的名字。

畫這樣的畫，需要慢功夫，需要韌性，更需要對色彩和形狀的高超把握，非常不容易。

看著石村的畫越來越多，看得出他非常勤奮，或者是對鈔票充滿熱情。

這樣的執著，這樣的愛，非常明顯，也很能讓人找到同理心。

2019年的社會已經逐漸實現“無紙化”，也即將步入人工智能的時代。紙質鈔票即將進入歷史，變成一些冰冷的數字，但石村那些一筆一筆創作出來的油畫，飽含情感，也更顯珍貴。

作者為藝術主筆【紐約藝術觀察】2019.1

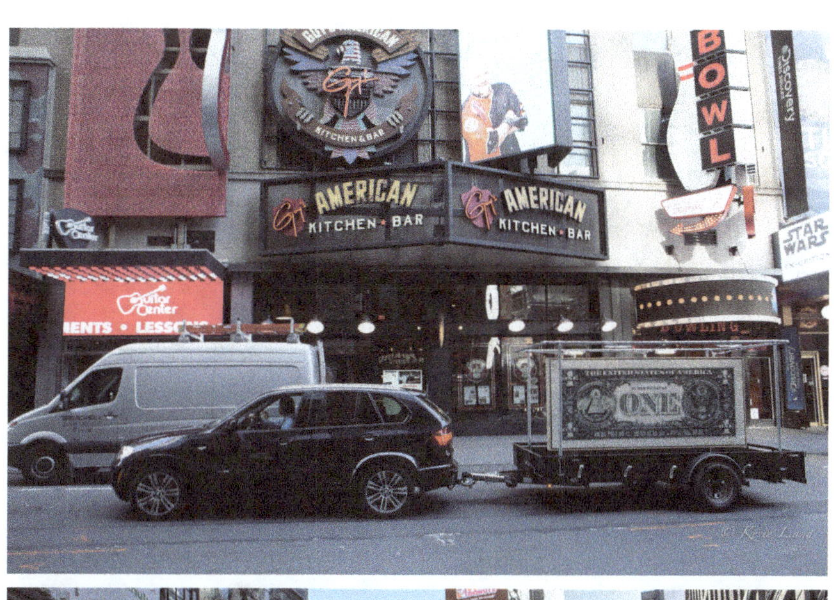
BOWL
GT AMERICAN
KITCHEN · BAR
GT AMERICAN
KITCHEN · BAR
STAR
WARS
Guitar Center
MENTS · LESSONS
THE UNITED STATES OF AMERICA
ONE
BOWLING
© Kevin Liang

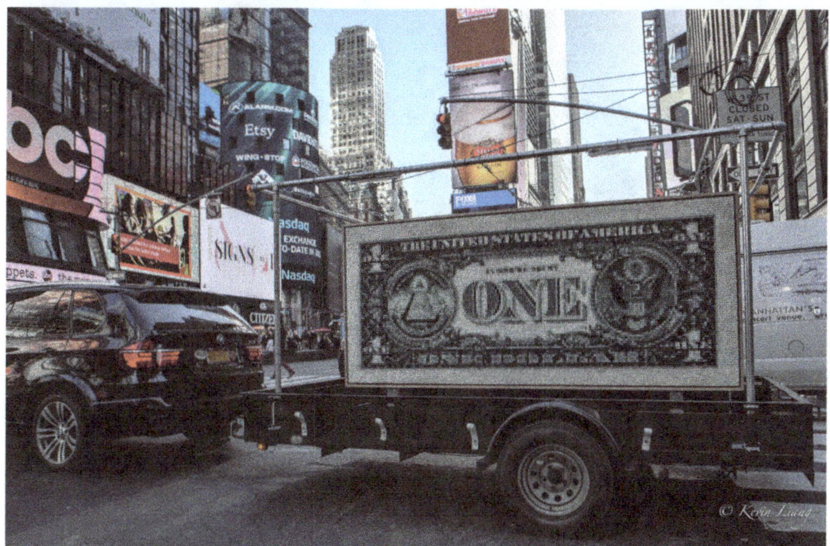
ALARM.COM
Etsy
WING · STOP
Nasdaq
EXCHANGE
TO-DATE IN AS
Nasdaq
SIGNS
CITIZEN
W 39 ST
CLOSED
SAT - SUN
FOX
MANHATTAN'S
escort venue
THE UNITED STATES OF AMERICA
ONE
© Kevin Liang

# 紐約街頭的「王八客」奇觀：
# 大錢大藝術

梁奇雲

　　早上 5 點多起床，查看微信。相信這是不少人的通病。起床後睡覺前都查看微信 。

　　畫家石村放了一條微信，說今天要到華爾街去展示他的王八客《一元》大作，問誰要去。這樣的熱鬧場面肯定有我的份，我馬上報名參加。

　　11 點多石村開著一輛運動型的 BMW，後面拖著一張大作。正確來說，應該是兩張，正反面背靠背的一元大美金油畫。據說每一張都要花費他大半年時間，每一張畫有一萬七千多塊馬賽克，每一格的色彩又千變萬化，是眼力、腦力、體力的最大考驗。

　　前幾天在微信中看到他發了一組照片，像有大工程似的裝修，工具堆起來像一座座高樓大廈。又是一大堆鐵鉗，一疊疊厚厚的鈦合金板、還有比單人床還要大的二寸木板。問他幹啥？他神秘的說："等著瞧"。

　　哦，我現在終於明白了。

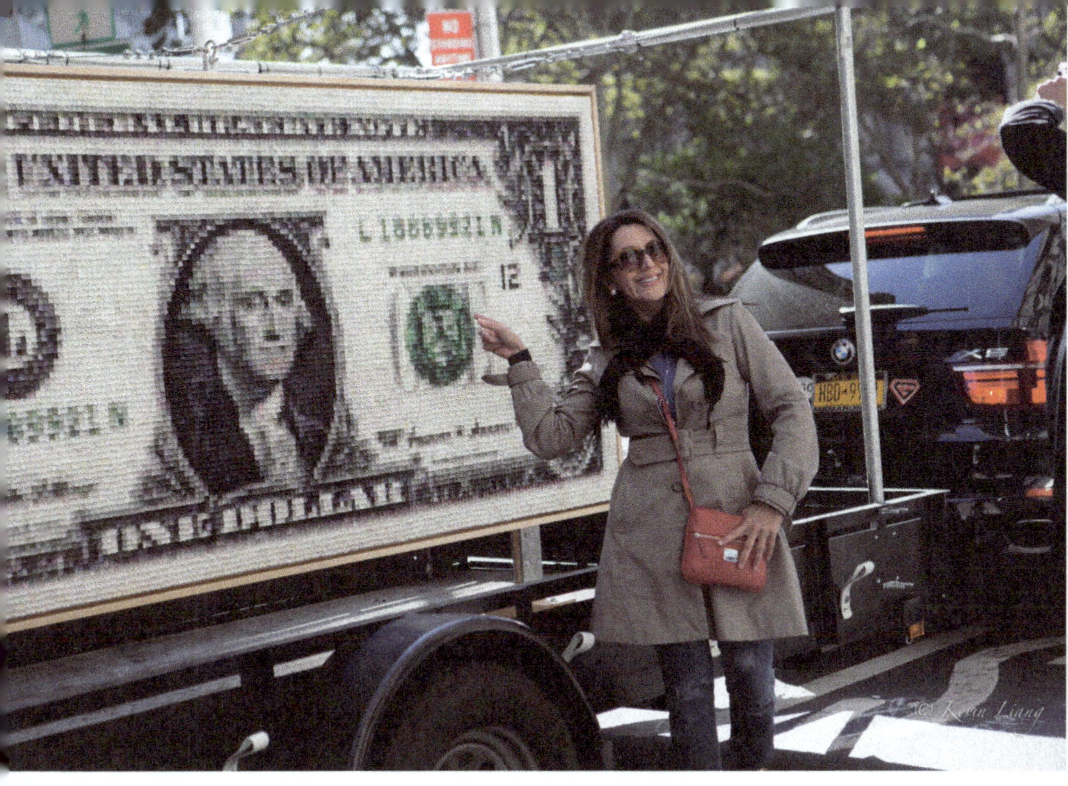

　　這讓我想起小兒時聽過的一個笑話。一個外國人想買一條蔗，問多少錢一條，那個賣蔗的居然會說一句廣州英文，他說：“one dollar, one look”。外國人聽後慌忙放下一元，然後飛跑離去。

　　石村的 one dollar 妳可以 one look or hundreds looks or thousands looks，還可以拍無數照片，全都免費。他說，這就是他的紐約大錢大藝術的目的之一。

　　當然，第一站是華爾街，其目的和用心一目了然。當他把拖車停在著名華爾街大金牛雕塑對面，剛好有一大群從中國來的遊客正圍著大金牛拍照。他　們根本沒把一元看進眼裏。千山萬水到美國紐約，不拍張大金牛回去炫耀一下，他們就算是白來了。所以，中國遊客所到之處，就是拍張照片完事，證明自己來過。

　　反而，有不少外國遊客湊進一美元前仔細觀察，還有不少遊客拿起相機拍照。當我也拍的起勁時，身後有個警察拍拍我的肩部，禮貌地說：“拍完了沒有？這裏是不準停車的”。 警察們都是荷槍實彈，絕不是在開玩笑。

從華爾街轉到 Exchange Place, 再轉到 Stone st. 和 Gold St., 街名似乎都與畫家的名字和畫作掛鉤。Big Money Big Art 是石村的一個藝術理念和追求，也是他的心靈、巧手和生活與美術觀的大結合。

在开车去四十二街的路上，他打电话给也挂着他的大钱画作的上海餐厅「绿杨村」订了两个上海炒饭。大钱大艺术家总不能饿着肚子，扣紧皮带过活。当他吃完一大盆炒饭，外加瓶可口可乐，还有一盒家乡凉瓜，石村顿时又精神大振，边开车边述他的精彩经历和绘画体验，这下子轮到我精神百倍，认真聆听了。

# 石村印象

梓櫻

認識石村，從他的馬賽克大錢作品開始。

去年末，與"紐約桃花"等文友相約在曼哈頓中城的綠楊村餐館聚餐。走進餐館，我便被懸掛在左面牆上的百元人民幣作品吸引。畫面上的毛澤東像讓中國人感覺親切，讓外國人感覺新鮮。

這巨幅作品，是"紐約桃花"的先生石村所作。盡管從大陸出來的人對這百元大鈔再熟悉不過，但當我站到它面前，仍不由得感覺到震撼。

整幅作品長約 2.6 米，寬約 1.3 米，是用一塊塊 1.5 厘米見方的馬賽克油彩整齊編排而成。

我們聚聊的話題便從藝術家石村的人生與創作談去。

在我的記憶中，從來沒有哪一位畫家畫錢幣，就算貧窮潦倒、生活靠弟弟接濟、生平只賣出一幅畫的梵高，也沒畫過錢幣。

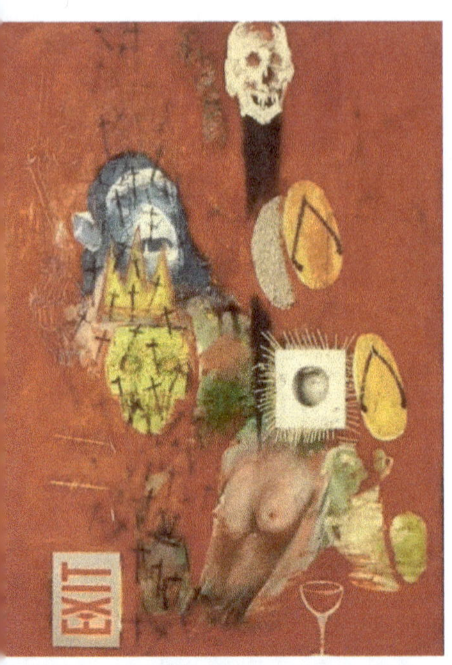

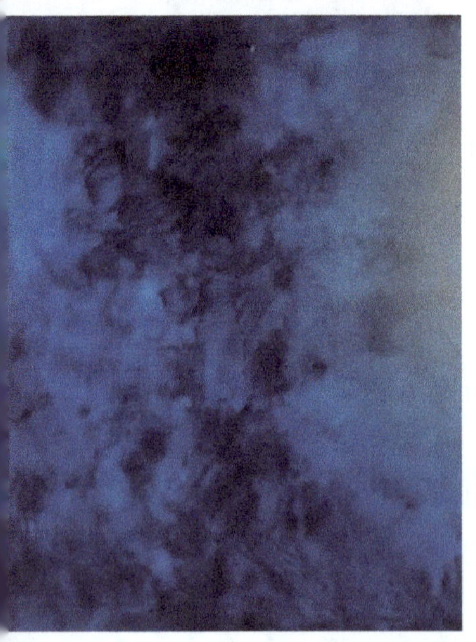

石村早期的多媒介油畫作品

挖掘故事的好奇心促使我脫口問"紐約桃花"："妳先生怎麼會想到畫鈔票？"

我從桃花口裏得知，石村自幼對色彩敏銳，更有幾位貴人恩師早早發現了他的才能。在物質匱乏、工資微薄的 1980 年代初期，有一位老師竟定期給他送顏料，鼓勵他不要停止繪畫。

石村幾次考美術學院，都獲得專業第一的成績，但卻因文化課的成績攔在了美術學院門外。

然而，門檻攔得住人、擋不住天賦和才華，擋不住大鵬展翅，20 歲左右的石村已展露別具一格的創意優勢。

1989 年，石村來到藝術大都會紐約，比眾多街頭藝術家幸運的他，僅幾年時間，作品就進入畫廊參展，並受邀去歐洲和臺灣巡展。

在臺灣逗留期間，石村的獨特裝束引起了著名導演加慧眼星探王財祥先生的注意，於是被邀參加"新新人類"系列廣告片拍攝。石村以紐約街頭藝術家的本色出演，一舉成為臺灣家喻戶曉的搖滾娛樂明星，由他原唱的電

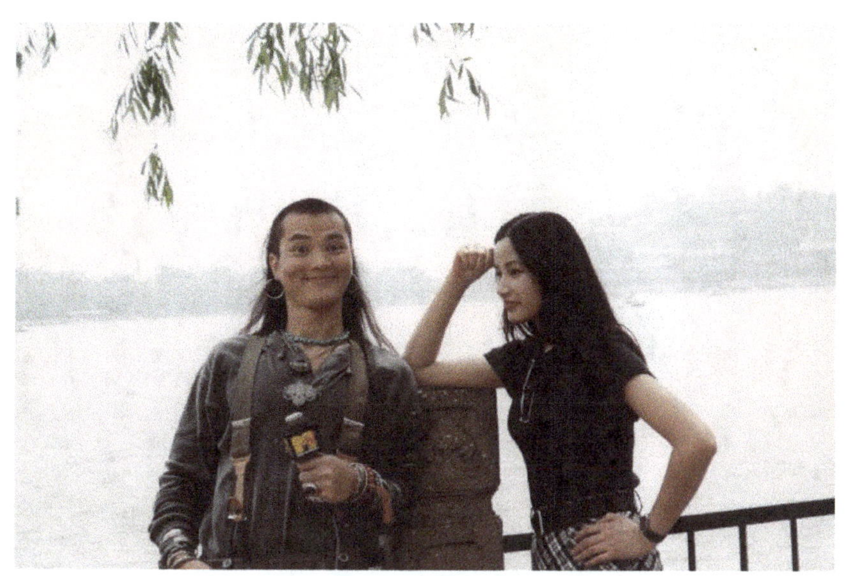

石村與瞿穎在北京後海為 MTV 節目實況拍攝

視連續劇《七俠五義》片頭歌曲一時風靡臺灣，8 個月內就推出了自編自唱的個人專輯。

之後，石村轉戰美國音樂電視臺，成為 MTV 音樂臺亞洲部頭牌主持人。

逐漸顯露跨界藝術天分的石村，創意源源不斷，由於制作與主持《60 分種看美國》節目，他踏入了商界，開始創辦自己的公司，創辦一個，包裝一個，轉手賣出一個，就這樣先後賣了四個公司。商海沈浮 16 年，他看盡人間百態與商場的翻雲覆雨。有一天，一位商人得知石村還是個繪畫藝術家，便出價 5000 元人民幣，要石村為他作一幅畫。這一要求引起石村的深深思考——且不說自己停筆前作品已賣到萬元一幅，人生經歷積累十幾年後再動筆，必定遠超當年的價值。貨幣與藝術之間到底是一種怎樣的關系？難道藝術在附庸風雅的商人眼裏是可以隨便出價定制的嗎？拜金意識是否已滲透到藝術界？這一切的一

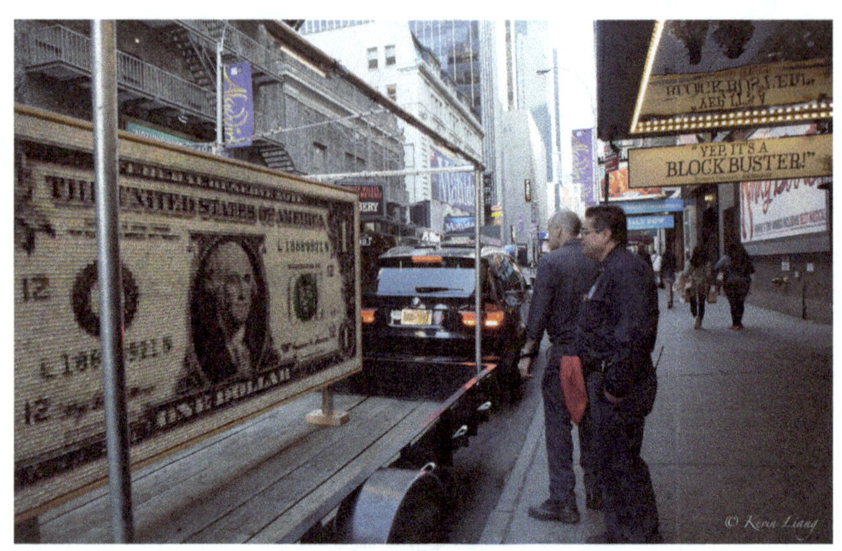


切，不就是因為錢嗎？石村突發奇想——乾脆給這商人畫張人民幣吧！

　　石村想到，在電視鏡頭裏，出現不想讓觀眾看清的畫面時，常常用馬賽克來屏蔽，至於屏蔽背後的畫面，任人去想象。這一靈感，開啟了石村藝術生涯的新裏程碑，由近兩萬格馬賽克組成的百元人民幣大鈔誕生了！

　　隨後，石村又作了 5 幅色彩稍異、精致如一的百元大鈔，組成一個系列。作品完成後，受邀參加了北京與紐約的多個展覽。

　　石村洞悉到，中美之間的角力，實際上是貨幣與貿易的爭雄，貨幣大咖——美金屹立不倒，稱雄世界，於是開始了馬賽克美鈔的創作。石村先後用了一年多時間，創作出正反兩面的一元巨幅美鈔，並自己動手制作木架將正反兩面鑲嵌成立體的美鈔油畫作品，命名為"王八客"（One Buck），也就是 "一元錢" 的意思。

　　2015 年，由大拖車承載著的一美元大鈔在紐約街頭巡展，開啟了"流動博物館"之先河，所到之處，無不被圍觀、拍照、詢問。

　　如今，馬賽克油畫作為石村的獨創，被越來越多的藝術家推崇和

# 石村印象

【新泽西州】梓樱

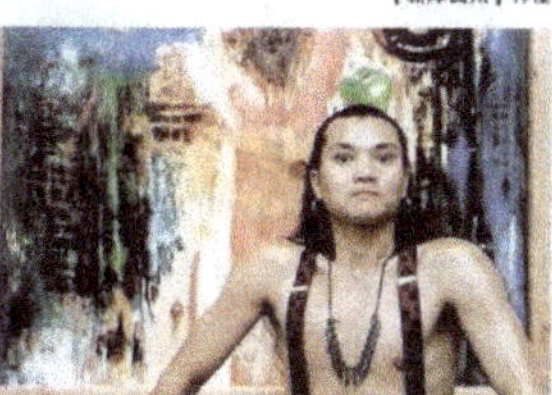

石村早年长发过膝、满脸雅髯、袒胸赤臂的艺术家形象。

《侨报》资料图

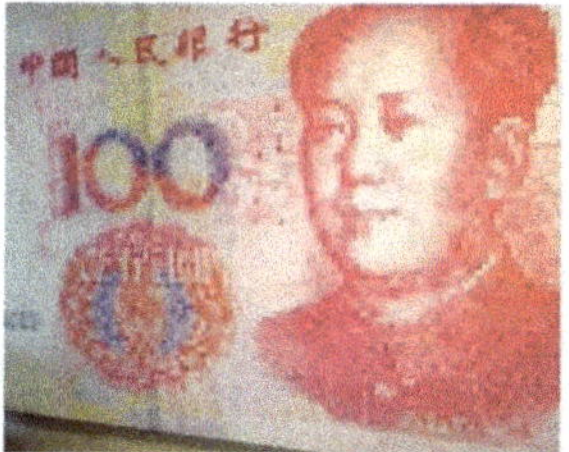

毛泽东人民币作品。

《侨报》资料图

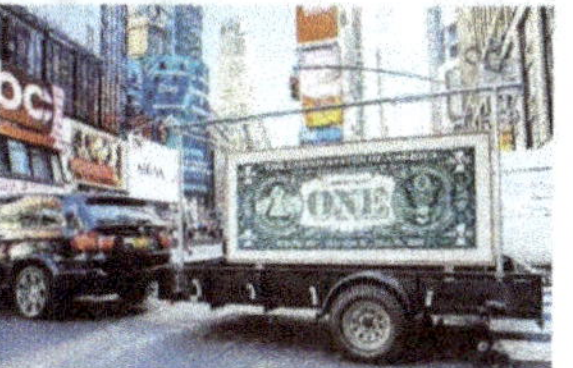

毛泽东一美元作品。

《侨报》资料图

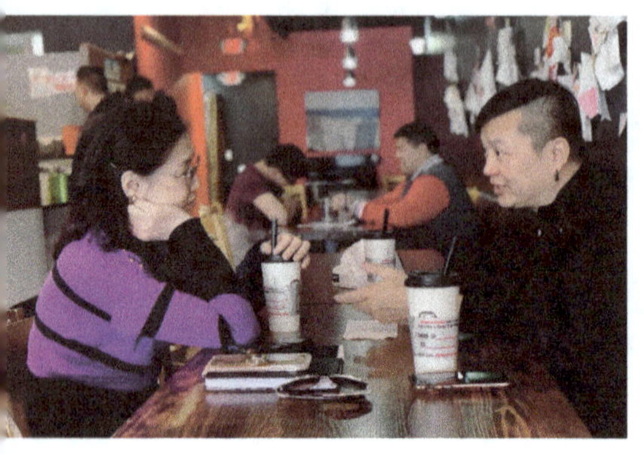

接受梓櫻采訪

藏家收藏。

"紐約桃花"有關石村的故事讓我想見見這位才子，當然，還因為我對藝術家的敬仰和好奇，有一堆問題想問他。比如，為什麼不少著名藝術家，要到死後作品才被人追捧並賣出高價？比如，藝術家的靈感真的與酒精、毒品和性緊密相關嗎？比如，為什麼石村早期的畫風與他停筆16年之後的畫風完全不同？

再有，他為什麼總是在跨界跨行獲得成功之後，說放下就放下，另起爐灶玩新花樣？他獨創的馬賽克畫法有什麼新挑戰等。

與石村、"紐約桃花"相約在新州中部的巴黎餅屋見面，我喜歡這敞亮幽雅的環境，一長溜靠墻的沙發，精巧淺灰的塑料桌椅，加上漂浮於空中的餅香，讓人心情舒暢。

然而，三人碰面時，石村卻建議去隔壁的"功夫茶坊"。他曾與朋友去過，喜歡那裏的木質桌椅，原來藝術家喜歡自然質樸，與我這文學愛好者的小資情調大相徑庭。

進到茶坊，大聲的現代音樂與隆隆的磨咖啡豆聲夾雜在一起，迫使來客扯著嗓子說話。

石村又開口了："在這裏，大聲說話沒人覺得我們奇怪，我們也不影響別人，我看妳也是喜歡大聲說話的人。"

我一楞：藝術家的洞察力果然極強，居然知道我也喜歡大聲說話？

我想起自己曾有好幾次與朋友在公共場所正聊得忘乎所以、手舞足蹈，突然發現周圍的食客或遊客不無怨懟地看向我們，再次嘆服藝術家縝密心思的比我高出幾個等級。

待石村與"紐約桃花"在桌對面坐定，我努力把先前聽故事留下的石村印象，與眼前的石村聯系起來，哪還找得到當年那個長發過腰、滿臉桀驁、袒胸露臂、懷抱吉他的藝術家影子？只有他那對黑色耳環以及放在身邊那件色彩斑斕的夾克衫，讓我覺得他與我頭腦中的藝術家形象沾點兒邊，我感覺他更像一位鄰家大哥哥，準備好了讓妳隨時提問。

"紐約桃花"遞給我石村出版的新畫冊，我嚷著："藝術家，簽名簽名。"石村卻讓我先把名字寫在紙上，說怕自己把我名字寫錯了。這一串謙和、謹慎又周到的言行，一改我"藝術家令人敬仰，卻不易接近"的偏見。

我們談起藝術，我說："我不懂藝術，尤其看不懂現代藝術。"石村卻不同意我的看法，他說人人都懂藝術，只是看藝術的眼光不同，衡量藝術的標準不同而已。

我說，文藝復興時期的藝術不僅美，而且讓人人都能看懂，也易受感動。近現代作品中，有的仍然很美，有的卻讓人匪夷所思，比如法國畫家安格爾的《泉》（Spring）多美，可杜尚那個也稱為《泉》的尿壺，無論如何，我也看不出美感。還有被稱為超現實主義的德國畫家達利的作品，那些怪異的、誇張扭曲的人體肢解畫面，說別美感了，簡直是虐待我的眼睛。那次，我去費城看他的個人作品展，從博物館出來，好多天心裏都不舒服。

我問他："是不是現代藝術也像有人形容現代詩歌那樣，'越是讓人看不懂的越是好作品？'"石村說，這是對藝術的扭曲，藝術首先應該給人帶來美感和愉悅，藝術應該回歸自然，也回歸大眾。

我向石村直言，看不懂他早期的作品，只感覺有暴力和血腥，與重金屬搖滾樂的感覺一樣。

石村說，"妳看，妳懂藝術啊。"

他說，那個時期的他就是那樣，充滿叛逆卻不自覺。他的畫、他的音樂和他的穿著打扮都被稱為帶有先鋒氣息，他自己卻覺得與別人沒什麼不一樣。

我說：“妳現在的畫我能看懂了，感覺厚重還帶有哲理。”

石村說，我就是希望今後的作品能回歸大眾，回歸美感。

看來，石村把“王八客”拉到大街上巡展，正是在身體力行“讓藝術回歸大眾”。

我很想聽聽石村制作馬賽克油畫的過程。石村說，馬賽克油畫不同於一般油畫，不僅顏料多好幾倍，每小格的色彩和排列都要考慮到，多壹格或少一格都會影響直觀效果和感覺，構思的時間往往比創作的時間還要長。

他從開始準備創作就基本與外界隔絕了，整日都在畫室裏琢磨、清理、準備、構思，腦子裏就只有作品。

一旦動筆，就如同進入“閉關”狀態，調配需要用的油彩，千遍百遍地從調色板上刮取油彩，懸空著胳膊，一次又一次摁到面前垂直的畫板上。刮取顏料的多少、往畫版上摁顏料的力度以及馬賽克排列的精確度都要求高度一致。

他工作時精神高度緊張，每一兩個小時就要停下來休息，喝水吃零食補充能量，甚至打個小盹。每天工作 10 小時以上，連續幹一個多月才能完成一幅作品。

“紐約桃花”說，作畫期間，石村整個人看上去都是木木的，如同活在另一個世界。

石村說“是的，精神必須集中到完全不被日常事務幹擾的地步，這在起初畫馬賽克畫時很難做到，現在不難了。”

這讓我想到“藝術苦行僧”一詞。

從媒體報道得知，酒精、毒品和性常常是藝術家靈感的來源，我問石村，這是不是也是他的寫照？

石村說，圈子裏不少人確實是靠這些來激發創作靈感，但他從來不碰毒品，就是吸煙都會感覺不舒服，朋友們也知道他的情況，從不勉強他。

至於喝酒，石村坦言，醉一次就如同大病一場，非常難受，所以

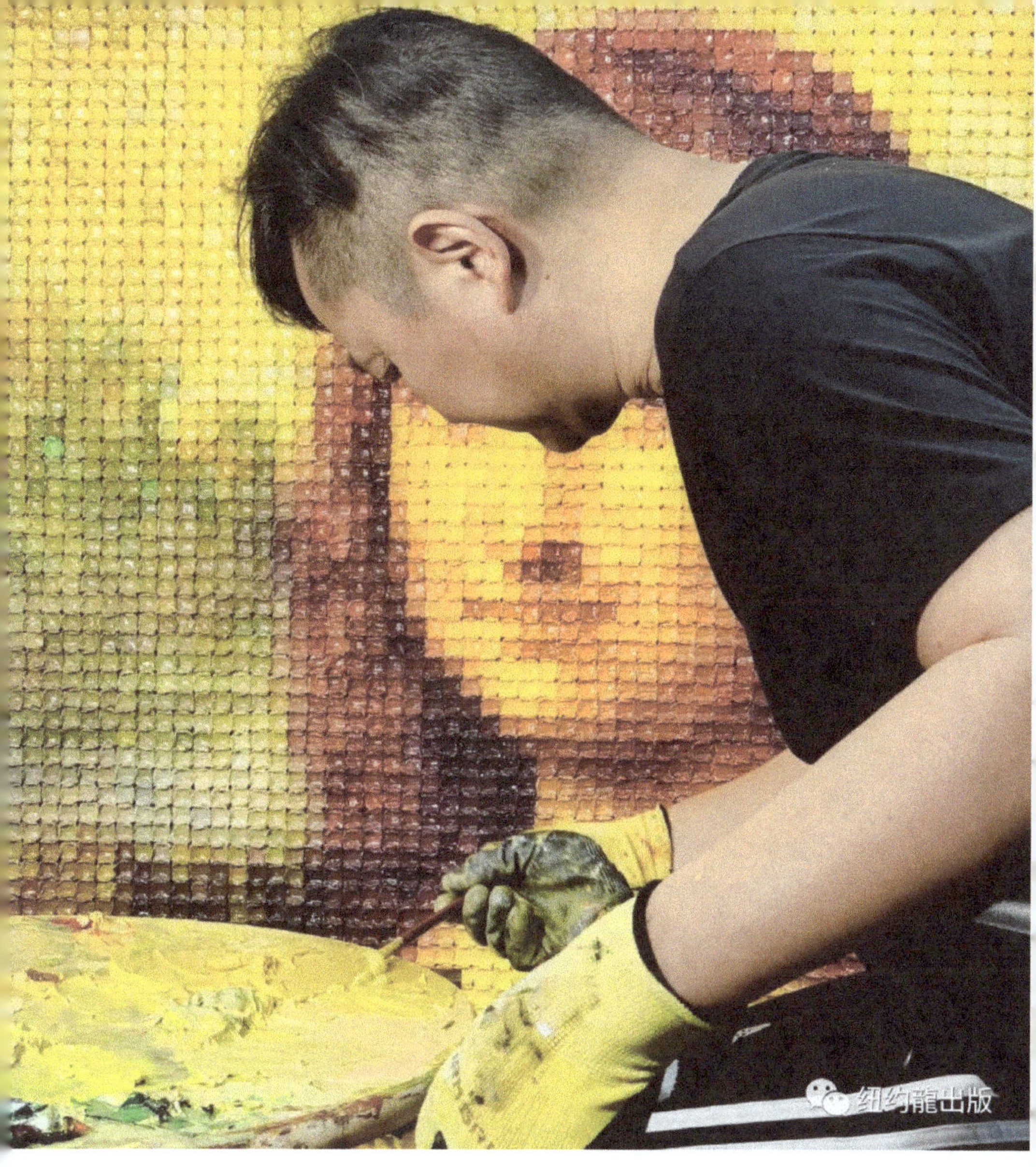

正在畫室埋頭創作的石村

也很少醉酒，只是晚餐時喝點紅酒，幫助松弛過於緊繃的神經。

談到情感，相信所有經過的人和事，都是命定的，都是有原因的，也是幫助自己成長的。

我笑了，說：「妳這話怎麼聽起來像基督徒說的？」

石村和“紐約桃花”幾乎異口同聲地說：“我們也信主了，決定在復活節主日一起受洗。”

難怪啊，從見面起我就覺得石村與我腦子裏的印象不符，平安、謙和取代了激情四射。

我想起石村馬賽克作品中有佛像也有十字架，尤其是那有光暈的十字架，非常端莊有氣勢。我們的談話就轉到了信仰。

石村說，他從小就對哲學、宗教、科幻、自然界非常感興趣，他無法理解幾千年前沒有電鑽，人類就造出了金字塔這樣偉大的作品，總覺得它是一種神力的創造，抑或是外星人的幫助。

石村說，“在文學藝術界，常聽人說創作是為了表達，可對我來說創作一直是探索，探索生命和神秘世界。”

難怪，他總是在一個行當做得很好的時候轉行，哪怕被同行或經紀人看好，也會毫不遲疑地放下，就是因為在成功或掌聲中，他還是覺得不能完全獲得滿足，覺得缺點什麼。

比如年輕時，畫作被德國博物館收藏，他會問自己，我就這麼畫下去嗎？靠作品賣好價錢，過上好生活？好像不是。

待出了個人音樂專輯，在臺灣演藝界受追捧，他又問自己，就這麼唱下去，賺大錢、過好日子嗎？答案又是否定的。

後來，在商場上摸爬滾打，總算摸到了一些門徑，又覺得不是自己要一直走到老的路。

就算創造了馬賽克畫法，在北京藝術家聚集的宋莊有一個 300 平米，6 米高的大畫室，布置得如同世外桃源，自己也進入到宋莊最核心的圈子，拍賣、畫展路路都通，但好像還是缺少點什麼。

這讓我想起著名神學家奧古斯丁的名句：每個人心中都有一個空洞，那是上帝按照自己的形狀造的，只有上帝自己能夠填滿。

我問石村，是不是已經明白自己的使命？他說是的，余生的使命就是要讓藝術回歸美，回歸大眾。

我又問：“可不可以用一個詞來定義妳自己，或者描述妳的角色？”

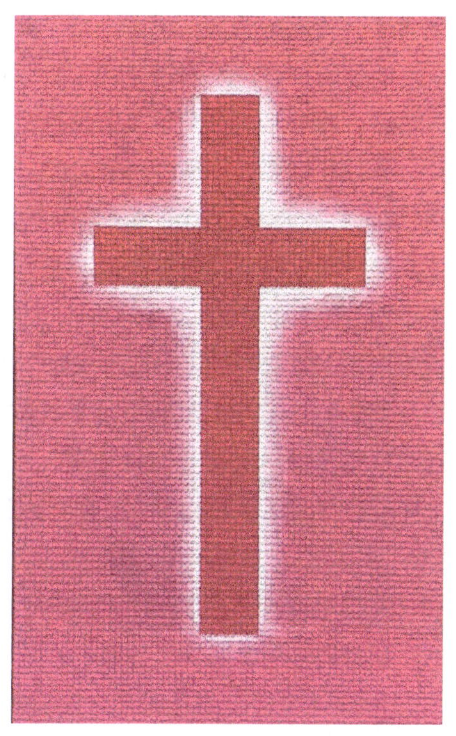

石村想了想說，"'信使'或'器皿'吧，我願意被主使用。"

看來，剛信主的石村，就達到願意全心身擺上讓主使用的境界，可真是幾十年的思考，而不是一時的沖動了。"紐約桃花"說，真是這樣，不僅她覺得石村突然變了，他的朋友們也說他變了。感覺他最大的變化是不再認為一切都是理所當然的了，更有感恩之心了，也變得不再那麼自我中心了。

我問石村，聽說妳從前常與"紐約桃花"鬧分手，現在怎麼看她？她是妳的靈魂伴侶嗎？石村說，"比靈魂伴侶更多，她是上帝賜給我的守護天使。"

"紐約桃花"笑笑說："用'搭檔'稱呼我們最合適，我不願意被人說成是石村的妻子，或石村被說成是'紐約桃花'的先生。"

石村說：“風箏不能沒有線牽著，但線太緊了就會斷。桃花從來不批評我，尤其對我的藝術創作，她真的懂我，也一直包容、支持和鼓勵我。當然，有些處事觀念不同引起爭執還是難免的，但她真是我的天使。當我說要回到繪畫，需要資金重建畫室，還要買大量的顏料，只能賣房子了，她就順著我把房子賣了。我長期中國大陸、美國兩邊跑，她一人帶著兩個孩子，學校開家長會，很多時候都是她一個人出席，真挺不容易的。現在，我把宋莊的畫室解約了，也不再需要兩邊跑了。”

看來這個“風箏遊子”真正找到了方向、安定下來了。

我想起知名書籍《荒漠甘泉》中的一個小故事，說是有一根竹子，特別得主人寵愛，因此長得茁壯，也比其他竹子高。一天，主人要把它砍下放倒，它不理解，問為什麼？主人說，不砍倒我不能用妳。

竹子被砍倒後，主人要削去它茂盛的枝葉，那可是竹子的榮耀啊，竹子不情願，主人說，不削去這些枝葉我不能用妳，竹子勉強同意了。

之後，主人說，我要把妳裏面的竹節打通，這可是最痛苦的事情。竹子傷心極了，問為什麼為什麼啊，我不是您最寵愛的嗎？主人說，不這樣我不能用妳。竹子順服了，它被主人打通，安放在山間，把山上的泉水引到山下，成為莊稼和人們的祝福。

這個故事說的是基督徒遇到苦難或困境時，常會詰問“為什麼”，而在一次次經歷後，終於明白了上帝對自己的設計，以及自己生命的意義和使命。

然而，石村根本沒問那麼多“為什麼”，因為他幾十年一直在尋找，一旦找到了，就認定了，就降服了，就心甘情願地把自己獻上了。這是他的福氣，是他們家庭和朋友的福氣，也必將成為藝術界的福氣。

石村找到了生命的答案，我也找到了想要的答案。讓我們拭目以待，石村再次出現人生的騰飛！

原載於《僑報》文學時代

2019.4.28

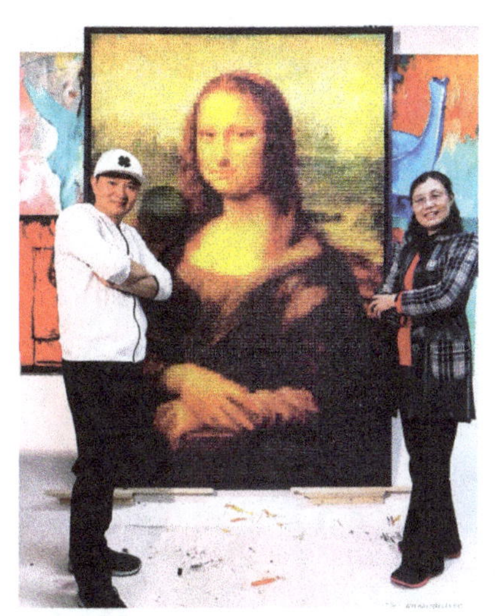

梓櫻在石村畫室參觀《蒙娜麗莎》

　　作者補記：當這篇文章刊發時，石村與＂紐約桃花＂已雙雙受洗歸主，而采訪時石村說暫時向外界保密的新作已經完成。他沒有意識到這幅他稱為"石村的蒙娜麗莎"完成之際正是創造原作《蒙娜麗莎》的藝術巨匠達芬奇逝世 500 年周年紀念，如此多的巧合令人驚喜。數日前有幸前往石村畫室目睹他的新作，真真嘆為觀止！

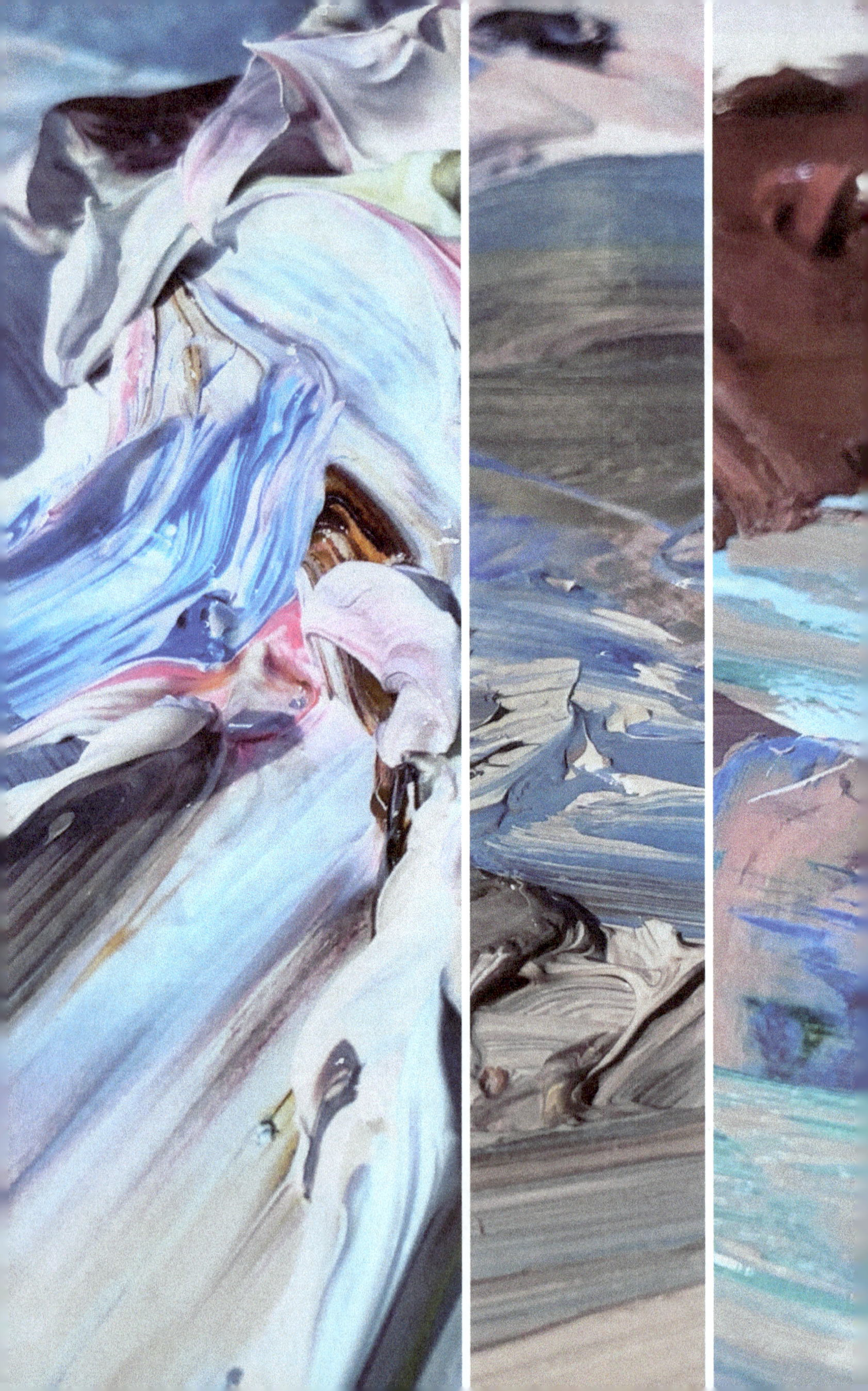

# SHICUN
## 石村談

生命盡了洪荒之力後的一切都心安理得那就非常美好，一起經歷，一起前行，慢慢的積累成一本厚厚的回憶錄，當未來的一天講述今天的故事，希望後輩子孫們在嘻嘻哈哈當耳邊風吹過時有一些感動，不曲折不戲，不精彩無人生！

# 會飛的夢

　　大概是 84、85 年的秋天吧，賀野老師在南京博物院舉辦素描展，我的老師張欣（現在叫張鑫）就是電影《不肯去觀音》的導演，也是賀野的學生兼好友，委派我負責把賀老師的全部作品送去蘇州絲綢工學院，賀老師是油畫系主任。為什麼要囉囉嗦嗦的說這些呢？因為今天的我就是從那時開始的⋯⋯

　　因為當時的中國繪畫都是嚴重的蘇聯派，長直線到短直線到更短的直線，誰畫弧線必死無疑。可是當我第一次看到賀老師的素描時眼睛裡都是淚水啊，這講著一口蘇州話不修邊幅的老頭竟然完全不是蘇聯直線上的人，曲線優美的素描，極簡的造型明暗點到為止，什麼叫腦洞大開呢？如果那時有這樣的詞可用就好了，沒詞用，但是是這個意思。

　　那時在展覽期間見到了賀老師，他所說的一切都讓我著迷，整個一個大海棉進水，大電鑽鑽洞般的一片空白，初到天堂大概跟這差不多了。後來接受委派去送畫，那時幸好不像現在一張畫值很多錢，要不這兩大卷賀野素描，一個 16 歲的小朋友坐火車坐公交的往蘇州郊區跑，多危險啊，但事實是那時沒有藝術品市場，我們都是固執的熱愛畫畫，只有畫畫快樂自來。我扛著賀老師的作品送到他在蘇絲的住處，他要我住下，把我安排在研究生專用的教室畫石膏像。

賀老師不但说蘇州話，一激動就會有點像英國國王。而且他經常激動，一看到好畫更是激動得淚水先出話才說完。好在我在無錫長大，聽得懂，不吃力。

於是我被賀老師指定畫【海盜】，是那個石膏像，不是 Johnny Depp 演的海盜。畫素描我當時已經很牛 B 啦，不是初學，所以我覺著一天下來賀老師看到一定會一陣誇獎，就可以學曲線絕活啦。可是……沒有，他一看拿起像皮就擦起來，基本上三分之二沒了，我當時在圈子裡可也是個人物啊，名聲也是叫得響的，這裡幸好是高級研究生專家專用教室，沒有外人，要不以後江湖上怎麼混啊！好吧，誰讓我覺得賀老師素描天下無雙呢。

第二天，我又是一陣畫，當然傍晚又被擦掉三分之一，當時我感覺就不好了，我可是有點小名氣，也是叫得響的才情少年啊，這兩天下來已經有點支不住了，但是賀老師必定有他的道理，可是，可、可是當時的鉛畫紙可是也有點掛不住了，在長線條到短線條到更短的短線條橫穿南極內陸的蘇派刻肉般的造型硬漢的死摳下，經歷無數次小擦，兩次大擦，而且是賀老師的大擦，開始力透紙背的前兆。要知道，賀老師可是個大塊的蘇州男人，還當過兵，自己的素描一根線頂人家的一大片直線條。走出教室，心灰意冷的才情少年走進了夜色，找個可以舉頭望明月的大磚頭，思考，再思考，不是拍自己，是坐在大磚頭上思考，用羅丹思想者的 Pose。

那時發小徐學輝同學在蘇絲做小同學，剛剛入學，吃飯都是跟他一起，蘇絲食堂 6 分錢一盤小菜，好吃之極，我老爸每次都會給我像富二代一樣可以花的零花錢，那時一千塊錢可就是巨額財產了，一萬塊是城中首富，我有五十塊那可是可以吃空食堂的氣勢了，我們吃啊吃啊，……終於吃撐了，我父親是個愛心滿滿的人，還讓我也給徐同學6塊錢，帖補伙食，理論是男孩子長身體時期要多吃。

第三天一早吃得很飽，很飽，很飽後來到大教室。賀老師每天會一早陪我去，安排好，講些我以為我聽懂的素描話題，然後他去忙，我就一個人很安靜的在一個很大的教室畫素描。我想這紙已經掛不住了，再次說換一張吧，以我當時的財力，兩毛四分一張的鉛畫紙，四開，無論如何是難以在這將破將爛的紙上繼續了。但是，賀老師說不用換，繼續，這樣的第三天，就必須小心翼翼，慢慢畫啦，有的地方紙已經破了，直接在畫板上拉直線，不能擦了，只能用像皮碰下，按下，這脆弱的紙堅強的頂著各種摧殘，我繼續默默地畫線條，直線條。

這天依舊是賀老師結束一天的工作，如期地來研究生教室看我一天的苦畫成果，不同的是他帶了塊饅頭，那種皮已經剝掉只有軟的部分的饅頭。他用饅頭在鉛畫紙上拈去了一些要修改的地方，當然每天會有一些誇獎，但是那沒卵用，過去幾天從擦掉的比保留的多的實際情況説明我不行。賀老師肯定是明察秋毫，看出了我有志苦學青年的功力中有些江湖花拳繡腿的成份，必須擦去。今天擦的不多，不知道是不能擦了還有我有些進步了，反正紙已爛，我也開始有點明白為什麼不換紙重畫的道道了。那時我已經熟讀唐詩三百首，宋詞也燕子樓空佳人何在的可以侃倒一大片，也是被叔本華啊、尼采、弗洛伊德的西方哲學開了腦洞的。少年維特之煩惱之類的文學也是讀了一大堆一大堆的，甚至於周易八卦也是有些研究的。如果理解力和悟性有考級，那肯是兩位數的級別了。這天沒有需要找磚頭拍死自己的挫折感，説實話昨天找磚頭最初的動機是拍死自己，後來看到明月，就改變了主意，思明月和拍板磚是南方與北方的區別，那時幸好還沒去過北京，找到板磚也不會使，只會思明月。

按照賀老師的指教，早餐饅頭的心就不吃啦，帶回去畫畫用。幸好這樣，要不現在這故事哪裡還有人說出來呀，知道實情的唯一人物，那時就撐掛在蘇絲食堂了，現在想起還有葛優在"活著"裡的那種後怕，那種心有餘悸。乖乖隆地咚。這第四天情況大不一樣啦，紙已爛，饅頭心也從白到黑，海盜已經畫得可以從破紙上搬出來了，當然是紙上剩下的部分。我也明白了這不換紙的最深原由，只有這樣我才從 1 走到 9，原來一直從 1 到 5 到 6 到 7，又從 1 到 5 到 6 的重複，天下所有的事都要深挖，再深深的挖，事物的本質是人類永遠到達的地方。素描只是一個讓我們理解繪畫的一個方法，就是單詞，會多少單詞都只為了我們表達思想而用，武功秘籍多少招都是一樣，一劍封喉的的殺招只有真正明白劍為什麼出鞘，而且具備一劍封喉的功力的人才有，本質，本質，本質。

這一天才情少年畫的不多，教室巨大，光線一塊從大窗口湧進，鋪蓋在無人的課桌上，黑板一片漆黑，像一個無底的方洞，腦洞在這一天大開，透過爛去的鉛畫紙，再也看不見海盜，再也看不見江湖上立足的直線條，一切無聲無色的開寬。那天晚上我做了第一個會飛的夢，地心引力在我的夢裡再也沒能捆住我的身體，在夢的外面再也不能捆住我的靈魂，我在空寂的空中可以看到了一滴水滴入泉中的清純。

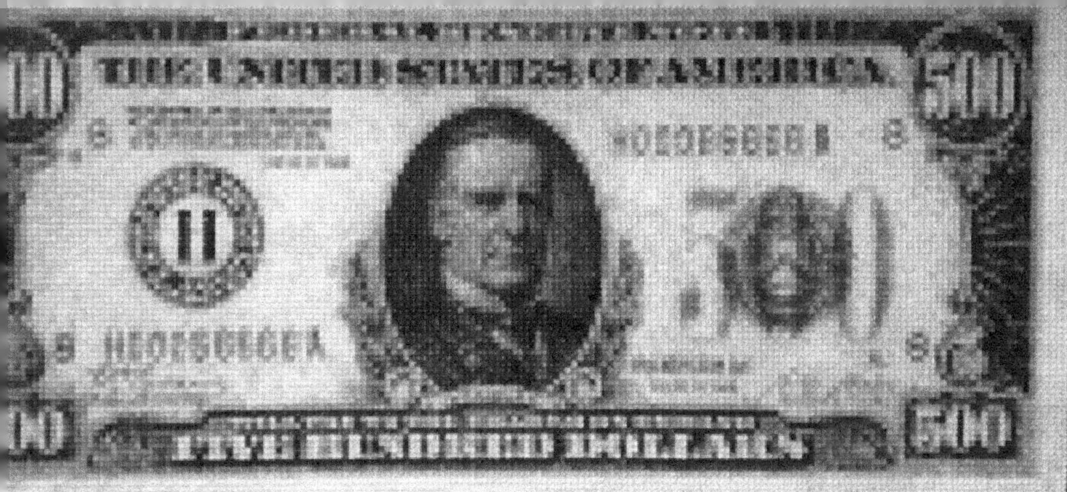

# 我為什麼畫錢

往往容易的技巧，容易被模仿，在今天山塞不為恥的時代，被快速模仿導致光頭畫，大嘴畫，紅唇畫，大頭娃娃畫遍地都是，搞得中國當代藝術不如大風村。大風村將世界名作流水作業地複制，而有些藝術家們不忍放棄創造的門面，又逃不出簡單快捷的成功學的誘惑，最好的方法就是創造性的模仿。這是個悲劇，讓太多的人迷失自己，太多的人陷入僵局。絕對的創造性是藝術家的天職，人們原諒藝術家的神經兮兮，盡量去理解藝術家的不可思議，就是給藝術家最大的寬容和支持了。可是如果藝術家偷偷摸摸地將模仿別人隱藏在自己的作品中，欺騙支持我們的善良的人們，那就不該稱呼自己是藝術家，如果是因為錢而那樣去做？我的大錢剝掉的也是這些作品的皮。

於我，藝術之美必須開天闢地，給人全新的想像力，當然還要用一種說不出為什麼喜歡，反正就是喜歡，那種一見鍾情的感覺。

　　一見鍾情的心動，是生命中最難得的感受，看見一大堆錢只有心跳加速和我發啦的喜悅，可是一見鍾情一定是你遇見的對像是一個你心靈深處似曾相識的，這種似曾相識是雙方同時產生的，不能一往情深，一廂情願。

　　所以作品的產生，必然像一個美女自然生長，她從來不知道會遇到誰，不知道哪天遇見她的白馬王子。所以她自由自在，天真可愛，從來不為誰裝腔作勢，只為她自己的美麗而存在。

　　我為什麼畫錢，我認為畫什麼是最關重要的，然後是怎麼畫。錢本身俱備了它自身的意義，而且每個人在錢面前的反應都是最內心深處的真實反應。

　　每個人獲取錢的方式與途徑都不同，但是目標卻都是一樣的，獲得錢，通過權，利用美色，艱苦勞動，說不完的方式和途徑……人人每天個都在忙碌，為了錢，從生下來到死都是，錢是區分人類和動物的第二標準，但是又能夠使人變得連動物都不如，也是人類註定要成為比動物更加殘忍的一種宿命，動物只獲取所需而生存　，而人却要滿足慾望之所需，那麼人的慾望有多大呢？

　　貨幣的產生本意只是方便物品的交換。进化论说人類是從動物進化過來不久，但是現在又說我們是從另外 1400 光年那個星球轉過來的，人類自己都說不清自己是哪兒來的，但是數錢一定數得門清。一個高學歷的人去買菜，那個賣菜的農民，手上的泥巴可以種你家後花園的玫瑰花了，可是 1 斤 2 兩 4 錢的空心菜 2 塊 8 毛 4 分，一口氣就報出來了，還會補兩根給你表示大方，讓你成為回頭客。

金錢本身無意義，貶褒都是人為的，金錢首先通过獲取的過程與方式，然后再通过使用方法，這样赤裸裸的展現人性。钱可以用於制造武器，殺死生命，這種屠殺本身就是為了金錢。去佔領一個地方，去殺一些人，去嚇倒一批人，然後奴役人類也是為了錢。同樣的錢，用於研發醫療，用於支持藝術，幫助人類文明進步，製造樂器，支持音樂人專心製作好的音樂作品，支持藝術家專心畫出更好的作品，支持美術學院可以收藏更多偉大的作品。所以金錢的功能在不同人的手中自然就有了不同的功能。

錢本身只是一個符號，是中性的，人心給予了錢意義，所以我畫錢是因為錢是人性的鏡子。到今天為止沒有任何直白而不帶任何表情的圖騰能夠像錢一樣放大人性。

我經歷過很多，見過錢，有過錢，沒有過錢，三教九流，見過太多太多的人世滄桑變化，太多的人世繁華落盡。從生到死，時間是免費的，金錢却不是，於是人世間就有了我們所見的一切。

藝術必須直白，簡單粗暴，手法必須是一劍封喉的殺招，必須能夠將所畫對像全部一覽無餘地呈現於世。剝了皮的錢，透露出的是錢的本相。對於藝術作品我認為還需有一目了然的識別度，不需要註明也不需知道是誰的作品，內容是一面，技巧是一面，難度是一面，製作過程是一面，四面八方匯聚而成，過程越能體現藝術家的精神越好。

小時候一直對量變產生質變的論點著迷，質變來之不易。做愛可以說是量變，生孩子可就是質變了。所以世界上人類如果不是因為這個質變而延續，只是量變，那是多麼可怕的一件事，幸好所有的一切都以量為基礎，質為突變，以質變的結晶去傳承去繼續發展。藝術品當內容與技巧融為一體產生了超越內容和超越技巧時，才能產生質變。

這是可遇而不可求。每個人的機遇和造化都會決定這事是否會發生，如果發生了，那是個神奇的事情，如果沒有發生，也許是時機不到，也許是因为很多其他原因。

我喜歡打高爾夫球，因為高爾夫能讓我明白這個道理最直接。打球的人才能明白。我喜歡科技，科技的實用性是藝術品不能比的，沒有人會花費金錢和時間去研生無用的產品。只有藝術家，藝術家們太容沉靜在自己的世界，可是我們已经活在一個世界了，幹嘛還要再弄個自己的小世界去與世隔絕呢？我們創造的作品終將會見眾生，那麼無論如何，好看而美麗是很重要的，再怎麼說能夠讓一個環境蓬蓽生輝也是造化吧。所以我一向認為作品好看是必須的。罵人家不懂藝術，那有惱羞成怒的成分，不應該，藝術沒有懂與不懂一說。

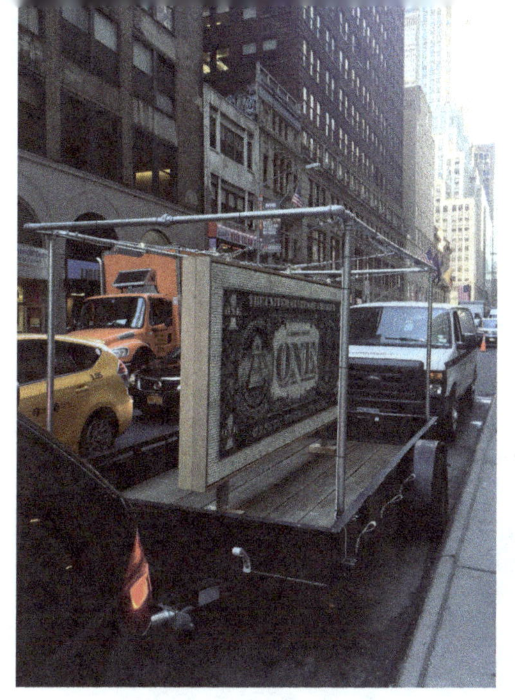

# 王八客
## 在路上

　　大錢是我的長篇小說，每一件作品都需要 3-4 個月才能完成，每一次從開始準備進入狀態到完成都是一個大功大法的修行之路。閉關待在狀態中，作品從 15000 到 18000 石村塊不等，畫的過程像極了爬大山的感覺，在孤苦中保持其愉悅是個大挑戰，一個藝術家的世界銀行。

　　《王八客》總共 35000 個石村塊，用了差不多一年的時間完成，每天都是十幾個小時，對於愛動愛熱鬧的我來說是非常難的，但是這種方式倒成了我的閉關修行。每一個人都有不同的緣分，每一個人都有不同的悟性，每一個人都有自己該走的旅程，《王八客》也有它該去的地方，人生這場精彩絕倫的大戲，要慢慢領悟才有意思。

　　王八客是一美元的兩面，最初是一面作為一張石村塊油畫參加了紐紐的 Un（scene）獨立藝術展，很多人合影。後來我在畫華盛頓這一面的時候一直在琢磨如何展示一張鈔票的兩面，上下还是左右。後來

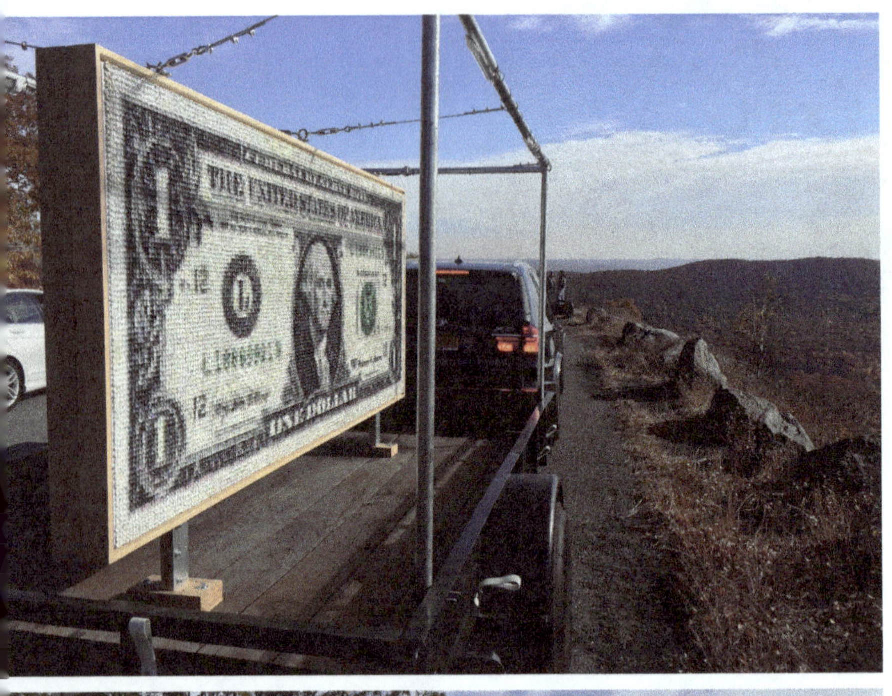

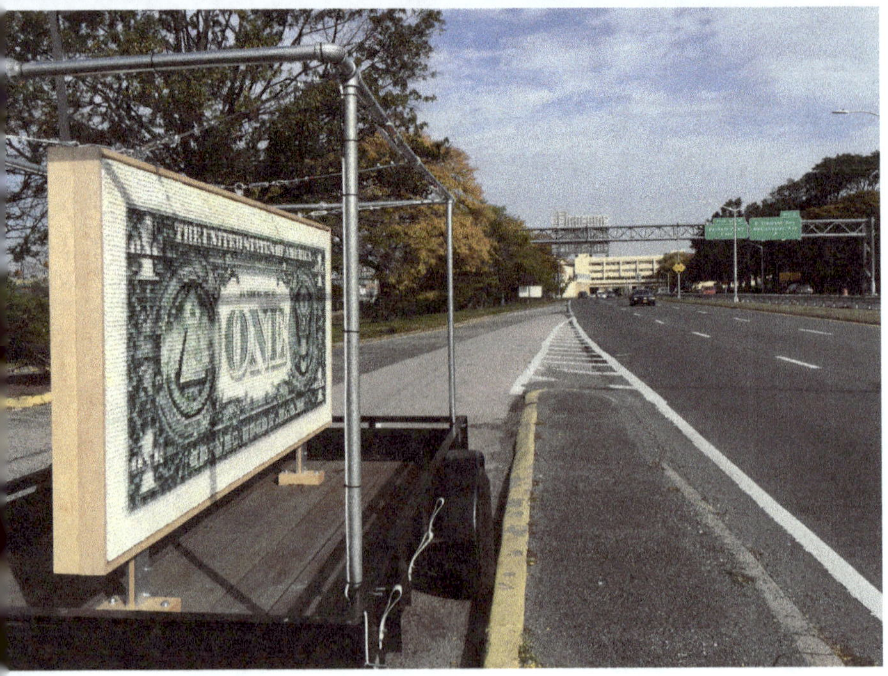

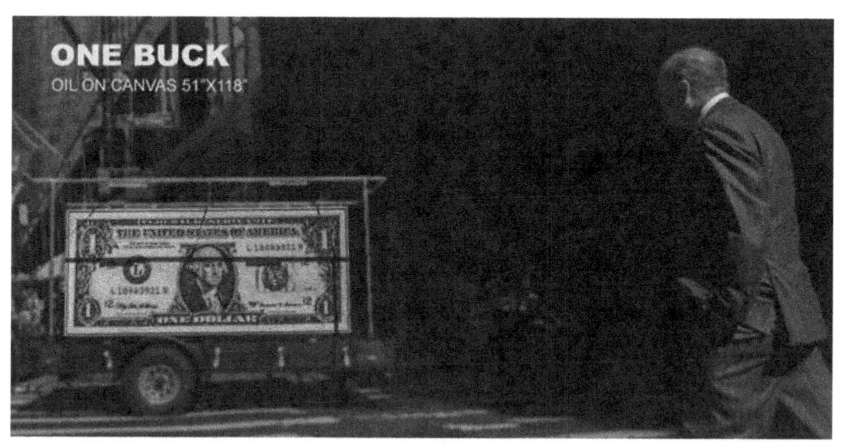


覺得鈔票是兩面的，嗯，有點意思了，油畫成了雕塑！你知道這一面就畫了差不多 4 個月，一萬七千多石村塊，兩面用了快一年的時間，三萬五千左右的石村塊……。在這個過程中，腦子是很活躍的，如何展示？後來覺得，整個紐約是一個世界最好的美術館，行色匆匆的紐約人，世界各地來的遊客。一個城市不是建築物的大比拼，而是人！人！人！於是我決定弄一輛平板車來，用一個多月設計製作了一個《王八客》，把寶馬大 X5 也改造了，於是紐約有了一道新風景。

首先我要說說地點不同聚集的人群不同，对王八客的反應也完全不同，我覺得王八客也是一面鏡子，照出不同人群的内心感受。

華爾街，全世界最大的金融中心，每天在這裡流淌的錢大概可以賣下好幾個蘋果公司了吧，我曾經也在這裡賣過公司，街道特別窄，隨便掉下塊石頭都能砸到一個身价百萬、千萬或者億萬富翁的地方。王八客的出現是极其搞笑的。那天 Kevin Liang 陪同我一道去作街展，他拍了很多精彩的照片。這是個完全不能停車的地方，也因為 911 以後安全管理非常嚴格，到處都是警察，還有真槍實彈的軍人，有個軍人來問我在做什麼，我坦然的告訴他，就是逛著玩，他也坦然地微笑著說 Cool。

在一個相對人少的地方我們停下來，Kevin 非常認真的拍著照，一個高大的黑人警察走過來跟我說這裡不能停車，但是他沒有馬上讓我們離開，反而站在 Kevin 身邊等著，直到 Kevin 拍好還很友好的問了一句：拍好了嗎？在一個被人認為冷酷無情的金錢為王的地方，人情味兒反倒十足。

Chelsea market: Chelsea 毫無疑問已經是當今世界最最有意思的地方，曾經的肉食市場（Meat Market），又是因為藝術家、地下俱樂部、畫廊的進入而變成了一個人氣極其旺盛的紐約塔尖。5 百家左右的畫廊，高線公園，Google 紐約總部，Youtube 紐約總部，說不完的机构，但是曾經的藝術家們只有极少数還在，他们都已經被高昂的房價給擠到了新的蠻荒地，開始了新的初期開發工作了。這也是藝術家的使命，永遠是社會的墊腳石，如果沒有藝術家對蠻荒地的開發，今天就不會有 SOHO，Chelsea、Williamsburg、Greenpoint 等地。

Chelsea 的蘋果店王八客去了 5 次，是王八客最喜歡去的地方，圍觀的人最多，拍照的也多。只要我下車總會有人来聊天，想收買王八客的也多，但是我說不賣的時候他們反而更加想要，在這裡我認識了一位電影製片人，他就是很多年前進入這個肉食市場，至今還住在這裡的紐約人，因為有好多共同點所以我們成了朋友。蘋果店樓上有廁所，我去洗手間的時候門口的小攤販們會幫我照看王八客，其中一位喜歡跟我聊天，他說中國人是世界上最 Smart 的，未來世界一定會被中國人全買了。（什麼意思？看我的錢大嗎？）

自從把紐約變成畫廊以後，王八客去了不少地方。人們看王八客，我看人們看王八客，拍照的，自拍的，聊天的，各種體會。

首先我要說說地點不同聚集的人群不同，王八客的出現反應也完全不同，我覺得王八客也是一面鏡子，照出不同人群的內心感受。

下城的 Broadway：678 百老匯三樓在 1997 是我居住的地方，整個一層樓啊，好瘋狂的年代，所以對這一帶特別有感觸。這個地區一直是紐約潮人的聚集地，儘管 NYU 一塊一塊的在吃掉這個地區，但是街上的行人依舊完好無缺地保留了紐約牛逼哄哄的不屑一切的原生態氣

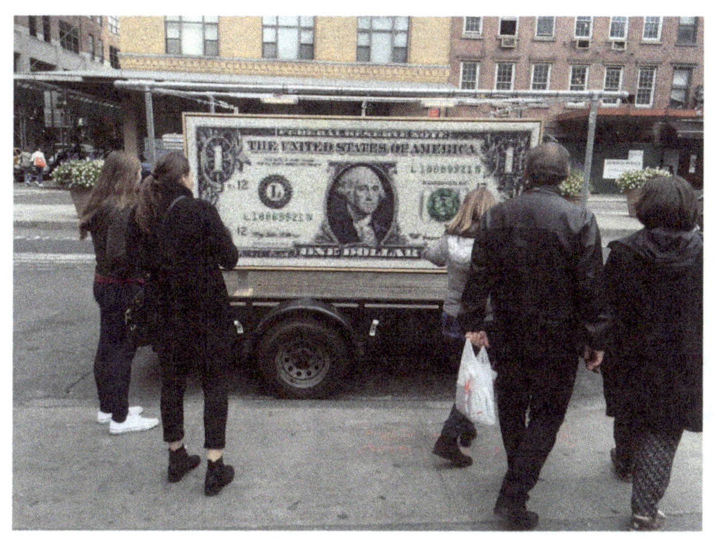

質，滿大街的 eyecandy（眼糖）。我的第一個傳媒公司 eyecandy Inc. 就是在這裡開始的，公司就在 678 号的四樓。五樓是個錄音室，當年陳昇來紐約就是我介紹，由胡老師陪同來這裡錄的，我極喜歡這一帶。

這裡的人群比較年輕，有很多模特經紀公司在這一帶，有意思的是模特在街上大多數是蓬頭垢面、不修邊幅的，我前女友 Claudia Scheffer 就是其中一個，呵呵。

王八客來這裡不是周末，而且是個晚上，本來是朋友邀請我和王八客去下東區的一個畫展開幕式的，我到了這裡停下來看地址，看完正要離開，後面一陣大呼小叫，回頭一看，好多人在拍照，於是乾脆息火讓大家拍個夠吧。這時我注意到了人群的後面有個拿大機器的，很專注的看著大家好像還在思考，於是我就下車去跟他聊天，原來他是 Instagram 上大名鼎鼎的 flickman，相談甚歡啊，他很期待能去中國，相約一起同行。

這些其實都是預料中的，說了也是很顯擺的感覺。這些經歷給予我的都是開心和感動，還有做一個藝術家的滿足。可是我去過的新澤西的 Union City 是什麼樣子的呢？你們猜猜。

　　去 Union city 是一個星期一的上午，我在那裡的一條主幹道上停了一個多小時。Guess what？只有一個年輕人跟我說好，而且很誇奖。还有一 homeless 在王八客前面注視了有半個小時。沒有一個人拍照，偶爾有幾個人邊走邊豪無表情地看了一眼，路中間的車上有些人看。

　　王八客也去了布魯克林八大道（紐約的华人第四個聚居地）！Guess what？不用說了吧？倒是在進入八大道之前的傳統猶太人區域，就是那種留小辮穿黑袍的猶太人。那是一個星期六，應該是一個什麼猶太节日，路上都是一群群帶著松糕帽的大人，有的帶著孩子，也有一大群在路邊玩的孩子。帶著孩子的女人，幾乎全部注目，笑容燦爛的行大拇指禮。孩子們更可愛，從街對面全部停下來看，而且還問是什麼？當我告訴他們是油畫時，都異口同聲的"哇"聲一片。

　　在八大道停下來時，一個中國女人拉著個孩子邊走過王八客，邊操著方言訓斥那個小男孩，小孩子一臉沮喪的樣子實在和剛才的猶太人孩子是天壤之別。

　　還有很多的經歷，今天先說這些，王八客還在路上，還沒有去其他城市和國家，會有更多的體會，下回繼續。

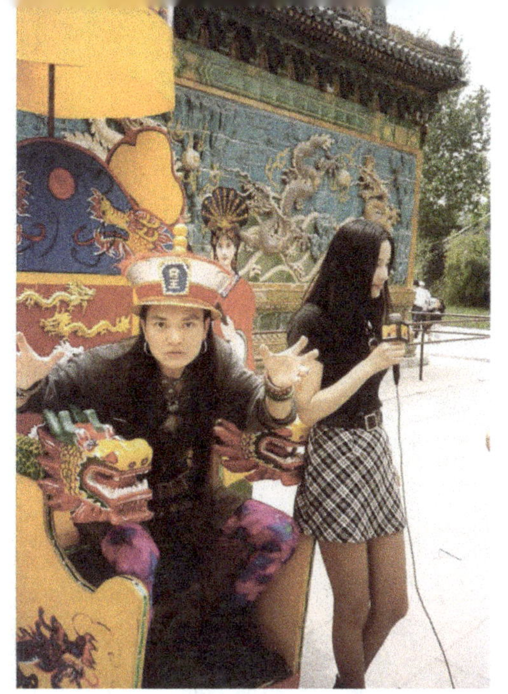

# 我是一個
# 全力以赴
### 的人

　　我對所有我想做的事都會去做，而且會全力以赴地去實現目標，當然目標是從開始行動之前就設定的。比如，音樂方面的目標我設定的是在當時最大的音樂商店 Tower Record 有我的 CD 和海報銷售，成為搖滾明星在台上演出，觀眾數量當然要好幾千……這些莫名其妙的想法都是因為初來美國時，發現玩音樂的人隨性而友好，沒有畫畫的人那麼沉重和陰鬱。也許，這跟我剛來美國英文不好有關，我來美國時不會英文，畫家說的話我基本上聽不懂，而跟玩音樂的人倒是沒有交流障礙。還有，就是當初一直把 MTV 電視台的音樂節目作為背景每天從醒來到睡覺都開著，裡面的搖滾明星都挺酷的，音樂也好聽，特別是那些彈吉他的我覺得太帥了，這其實也是我後來選擇 MTV 放棄 Channel V 的一個很大原因。

　　做任何事情前，我會先弄明白這件事的最基本原則是什麼？比如音樂，那麼就是節拍和旋律。我是這樣理解的：節拍是給身體的，旋律是給精神的。於是首先要節拍穩定，據說比較高的境界是數 60 剛剛好一分鐘，一秒一下，妥妥的慢搖基本功，聽節拍器跟著滴滴滴噠的數，有一天我帶著耳機正全神貫注的走在 St. Mark's Cooper Union 大學的樓前，一個人迎面拍我一下，我一看是好朋友 Reinhold。他問我做聽什麼音樂，我說在聽節拍器，後來他跟我其他朋友表示了他深切的擔憂，怕我是走火入魔了。

再後來有一天，我一個人逛台北的西門町，路過 Tower Record 時拐進門，一眼看到我的大海報高懸在上，便趕緊到 S 開頭的 CD 架子前翻開，一看有石村的，當時內心一陣竊喜。然而同時，我又覺得這好像跟我一點關係都沒有，而是跟那個在紐約下城聽節拍器的少年有關，跟那個每天練習 16 個小時吉他的少年有關，要知道那個人在 8 個月前根本不知道吉他和 Bass 的區別。

後來在台灣歷史上第一次在中正紀念堂廣場舉行好幾千人的演唱會，我作為壓軸演出，那一天台灣所有能上台的都上了，這個夢想也實現了。如果不是當時有一些照片，有一些媒體報導，我想我基本上不會記得我的人生到底都發生過什麼事，經歷過什麼事。現在我想要什麼，我非常清楚，但是我不太善於表達，我只會全力以赴繼續……

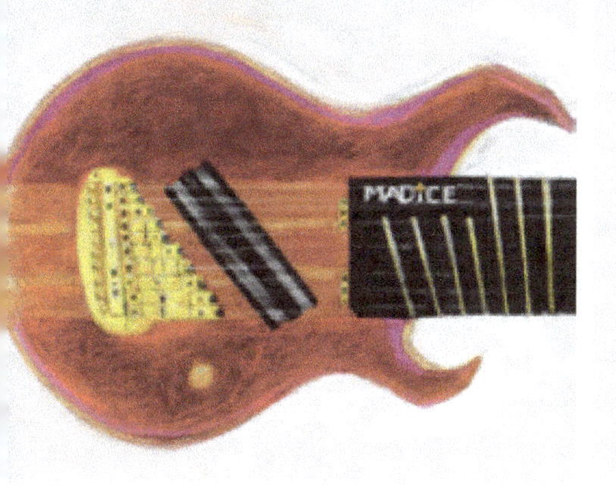

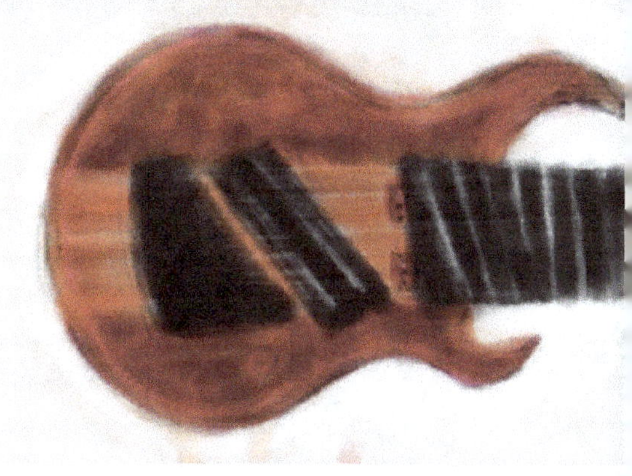

# 我為自己設計了一把十弦吉他

這是一次從未有過的身體與聲音混合的旅行！

冬天，紐約冬天的寒冷只有視覺沒有了聲音，而就在這種情景下我突然相遇了叫 Djent 的音樂。那是 2015 的冬天，在 Chelsea 19 街一個夜裏 2 點開始的一場小眾的嚴謹的 PARTY 上，那天的夜晚在皮膚上感覺到一種有溫度的濕潤，一種幾乎聽不見的口音至 Polyphia 的音樂浸入肌膚直入內心。我突然感到我進入了太空中的黑洞部分。我突發其想要為這種感覺設計制作一把吉他，由此開始了一段激情進發的旅途。

翌日，我開始搜索有關制作的方法，并設計了一個嚴密的流程。首先是選木頭，特殊奇木專賣店，這种店整個紐約地區沒有幾家，我驅車到了紐約郊外的 Mamaroneck，找到了來自世界各地的奇木，經過各種敲敲打打，聽音尋夢，我決定用非洲的 Purple Heart，它滲透著紫

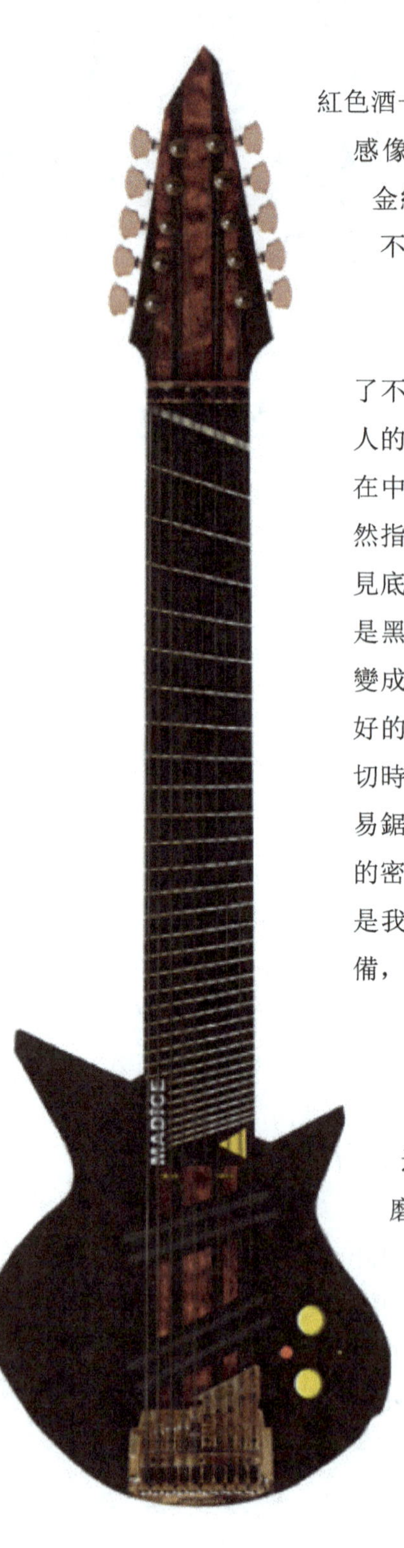

紅色酒一樣的色調；黑色 Wenge，產自非洲，其質感像鐵但並不冰冷；還有來自非洲的 Bubinga，金紅金黃且多變的紋樣。這三個美女本來完全不搭邊的，但是它們相遇了，我預感這將是一次冒險。

這一天是沒有對話的一天，但這一夜開始了不眠之夜，我用了整整一個夜晚設計這三個美人的角色，它們的外形，厚度，誰在左誰在右，誰在中間，誰在前誰在後，誰是腹地誰是山峰。當然指板必定要用最黑的 Ebony, Ebony 的黑是深不見底的黑，應該叫黑心木，一棵大樹，只有中心是黑的，並且只有一小塊。就這樣它們仿佛已經變成了我所期待的最佳搭配。次日，我依據設計好的圖紙打印出大紙樣描線，在木頭身上準備鋸切時發現幾乎無法鋸開它們。我錯了，若我能輕易鋸切，那它們必不是我最終需要的材料，它們的密度太高了，有脾氣，像美人，我突然明白，於是我 從好朋友的工作坊搬來了電鋸、車床等設備，用了一整個星期將材料開出了不同的形狀。

這是一個疲憊不堪的星期。帶著沈重的身體休息了一夜之後，開始慢工細活的階段，萬萬沒想到日復一日，這個過程是一個漫長的過程。粘貼，打磨，微整形，打磨，待幹，打磨，拋光——足足過了一個月，它終於脫穎而出，懸掛在我畫室的中央。

我呆呆望著它，我不再動手去修改它，它已經完成了，它就是我的作品，一件完美的雕像。我每天對著它喝珈啡，抽

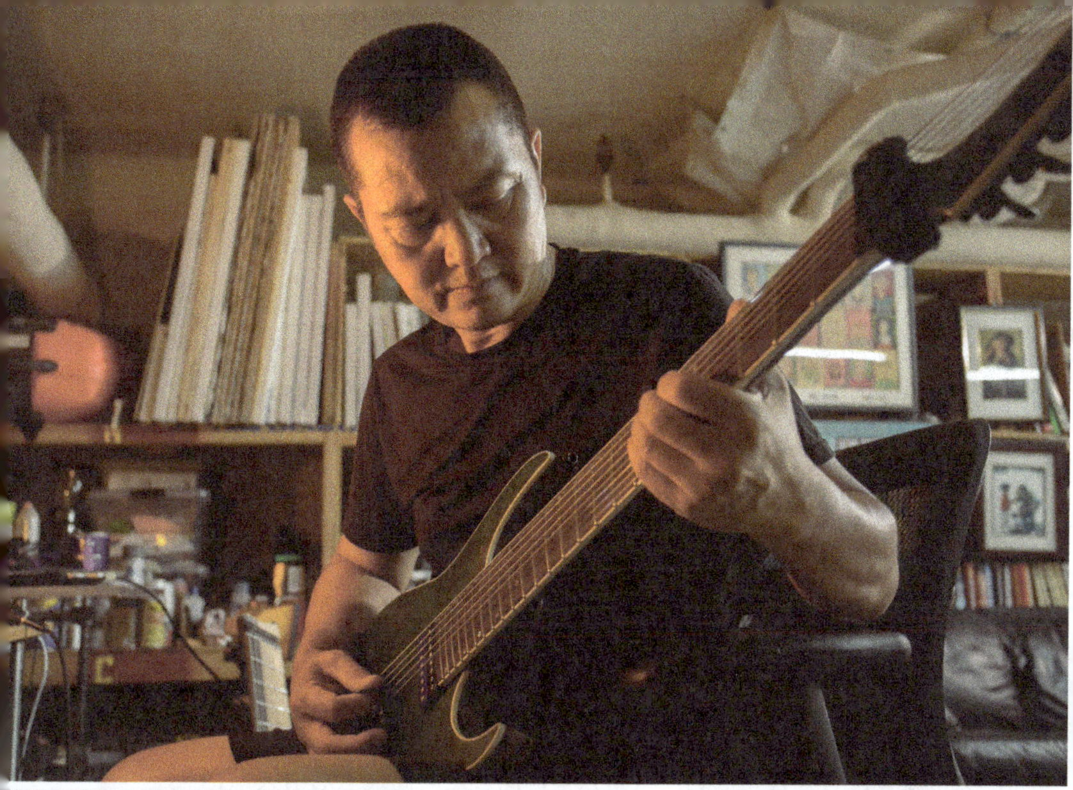

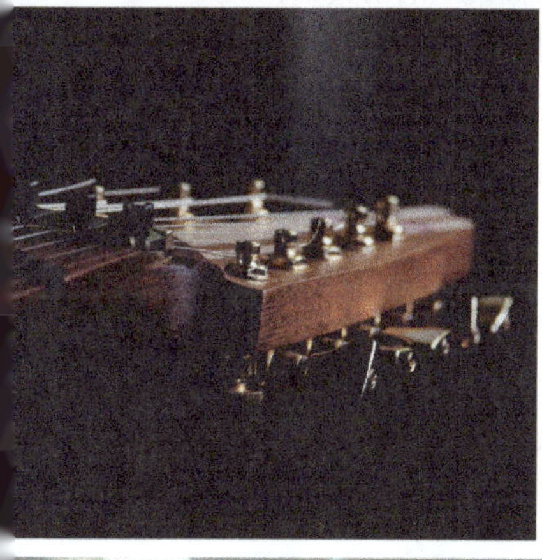
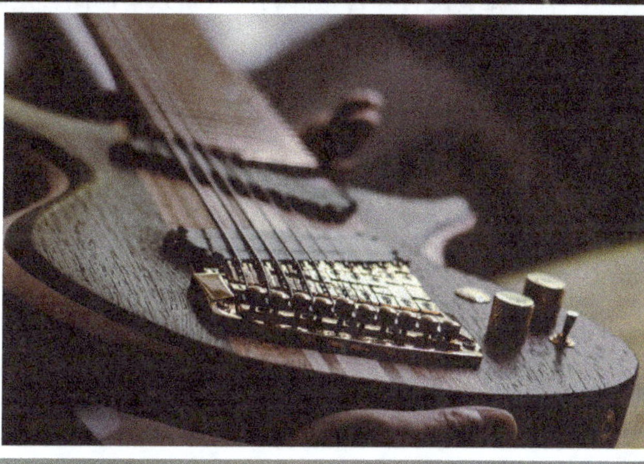
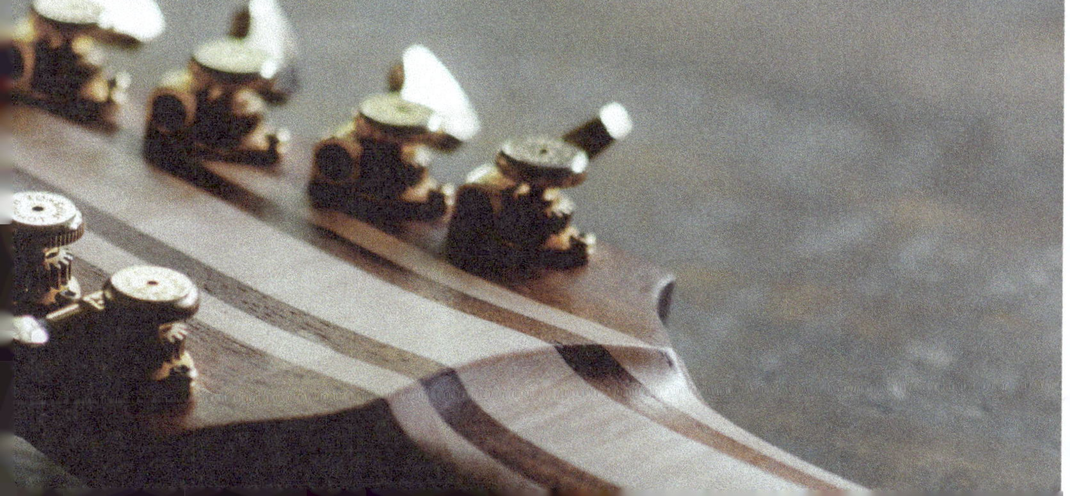

雪茄，走來走去。我是做視覺藝術的，我是做產品設計的，我是做音樂的，此時我已忘卻我是誰，我不知道在做什麼？也許我已被這種艱苦的勞作變成了一塊木頭。而這時，被我懸掛著的它們，這三個美人，這把已經成形的樂器不願意了，它不願意只被觀賞。它在提醒我不光是為造型藝術工作的人，不光是外觀的設計師，同時應該是音樂人！天吶，它將讓我進入太空的維度！就在中國新年來臨之際，我又開始了興奮的旅途中最激情的階段：找美國最有名的吉他弦生產商定制10弦，致電金屬配件工廠和他們討論我的設計，致電拾音器公司定制拾音器。這過程中，所有的配件商也都充滿激情，他們為自己的產品能實現我的願望而興奮，他們對音樂與產品的執著令人震驚。所有硬件、電路用了三天快速地安裝好，此刻急切的內心實在無法按捺。

試音！低頻，高音，突然像一艘宇宙飛船，在太空中，寂靜沒有雜質沒有聲音！低調是振動頻率，高音是時間飛逝的消失聲！

就這樣，我和它——這三種木頭結合而成的樂器有了第一次無法形容的藝術體驗。

我給它起了一個名字：宇宙飛船拖拉機。這就是我為我自己設計的那把琴。

（原載《PDC DESIGN 全球十八城市三十一名艺术家设计师之我见》）

# 原創力是我生命的源頭

## 一 、小時候在無錫

　　對畫彈琴《爸爸來呀……》我一歲剛剛會走路的時候，我父親把我從南京帶到上海，然後再從上海帶到無錫鄉下，記得我坐的是雙層的火車，上車的時候坐上層，後來我睡著了，在上海站出站的時候剛好在從地下過道上樓梯出來見到天的時候我醒了，以至於我一直相信天是有兩層的很多年，其實現在我依然相信天是有兩層的。不記得怎麼到的無錫，只記得在大年三十晚上，我媽媽的奶奶，就是我說的那個皮膚透明、天天念佛經的太太，跟我說："吃了這個腳跟團子你就三歲了"。在中國，媽媽肚子裡算一歲，再虛一歲，我後來認為我實際年齡是一歲的時候，我父母回來過年。他們每年過年都會來鄉下，我也只有這時候才能見到他們。我姐姐有時候也會跟他們一起來，我只記得城裡來的姐姐和我們鄉下的孩子不一樣。我會拉著我爸爸的手帶

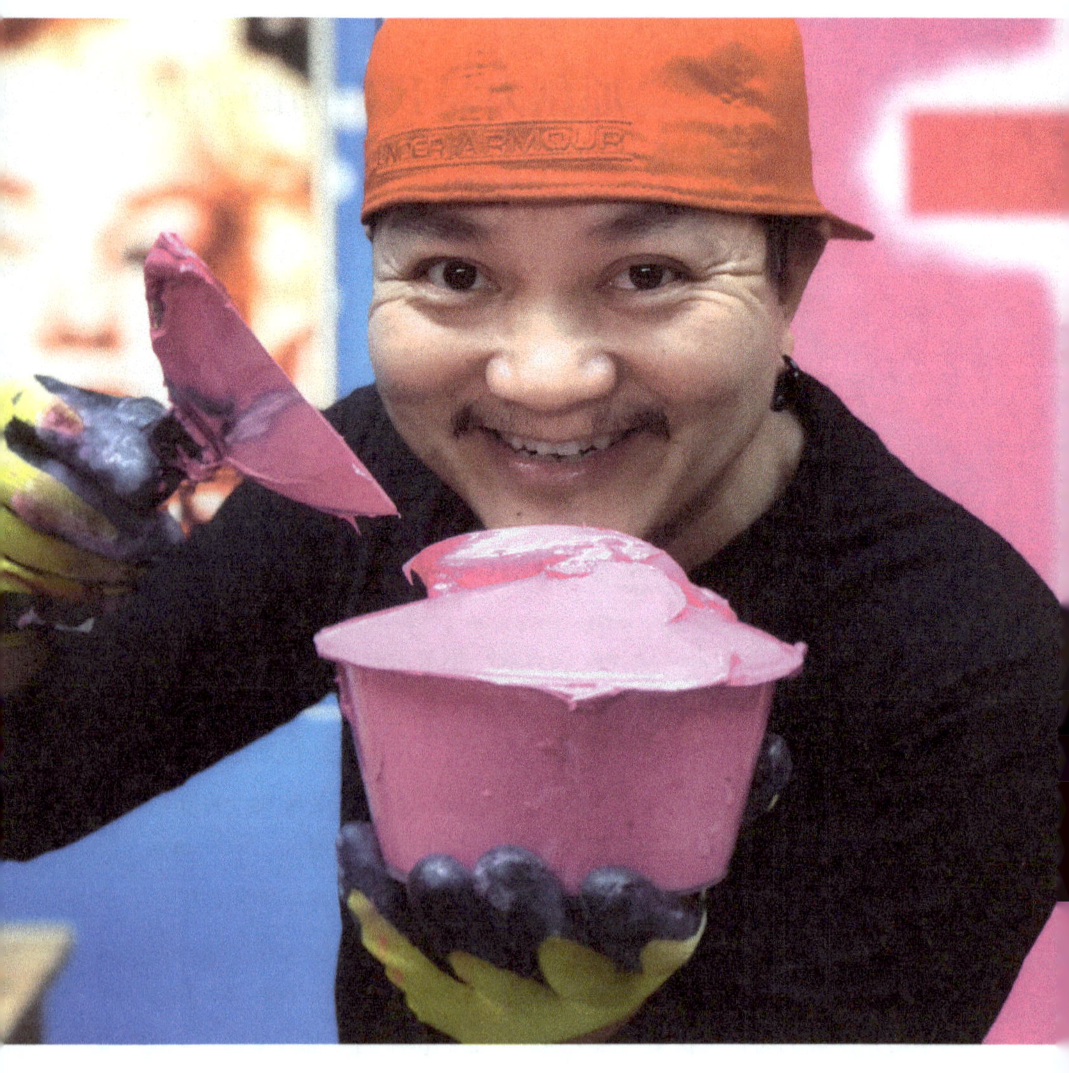

他去看我常常走過的地方，那些草墩子和田梗，還有豬圈，我不願意放開他的手，覺得好溫暖。就這樣，我一直在無錫長到十歲，再後來，長輩們告訴我，我爸爸第一次送我到鄉下離開後，我哭了整整一個月，每一天我都會跌跌爬爬的走到我爸爸離開的村口哭著叫："爸爸來呀"……

我時常會想起我小的時候，我媽媽的奶奶，我們無錫人叫太太，她快 100 歲了，手裡的佛珠閃閃發亮，她老喜歡跟我講鬼故事，所以我一直相信作惡會有惡鬼拉去地獄受煎熬，與人為善會去天堂。無錫的冬天非常寒冷，江南當然不會有暖氣，雪花會從瓦片的縫隙中滑落到太太的身上，她告訴我那是雪老虫（無錫話管老鼠叫老虫）。她幾乎通體透明的樣子在寒冬中念念有："阿彌陀佛！阿彌陀佛！這個伴隨我遠離父母、孤獨長大的聲音，在無錫的鄉野迴盪著。雪地白茫茫沒有天際，雪花片片悄無聲息，靜得令人窒息，阿彌陀佛！阿彌陀佛！

快快走吧，快快走啊……我覺得我小時候在鄉下最快樂的時候就是躺在地上看天上的雲朵，有時候像兔子，有時候像龍，有時候就像是一條大魚。那時候兩個一河之隔的村民（小朋友們）不知道為什麼就開始用石塊隔河開仗，我做為小孩子就幫那些前線的大孩們運石子（彈藥的意思）一時找不到那麼多石子的時候，就把夠得著的瓦片拿下來踩碎匍匐前進的運到前線，後來大孩子們說這個火力很強，估計有 F35 的感覺了吧，所以我們就集中力量拆瓦片。後來。大人們開始修房子的時候，我們的內心是很痛苦的。畢竟。用上了代價高昂的瓦片也只是堅持到天黑就不得不全部回家了。眼看要割的草沒有完成，大孩子們還是會給小朋友們分一點的。

我 9 歲（實際年齡應該是 8 歲）那年，過完年拉著我爸爸的手送他去火車站回南京，那時候無錫的冬天是有雪的，而且能夠厚厚的把整個村莊田野覆蓋的沒有任何生命的痕跡。中學時讀水滸，裡面說林沖夜奔，我是用上了這種場景的。雪景了無生氣但卻奇美無比，那種萬籟俱寂的力量成了我孤獨中茁壯成長的想像能力助推器。但是，美的另外一面往往是慘不忍睹的。雪停太陽出，又一層美，俄羅斯的陽光下雪景油畫想必畫畫的都臨摹過幾張，無錫的雪景沒有那麼浪漫，高出來的往往不是那些有著漂亮造型的樹，而是孤苦伶仃的土墓。這層美以後，孩子們的惡夢就開始了。雪後的泥巴路成了三步一滑、五步一摔的滑泥漿，孩子們基本上就成了一個個泥菩薩。我拉著爸爸的手一直跟他走了十里路，到了洛社火車站。我想我一定有了泥菩薩的法相，我爸爸在窗口買票的時候猶豫了一下，低頭問我想不想跟他一起去。我點點頭，他就買了兩張票把我從無錫農村帶回了南京。我那時對南京的家沒有任何印象，我只知道我是開心的，因為我跟我爸爸在一起了。儘管，從他把我留在無錫鄉下到那時已經是八年前的事了，但是對於一個 9 歲的孩子來說，那可是生命的全部。

立春是我真正的出生日子，據算命先生說我出生那年有兩個春天，我是水瓶座流著 AB 血。我一直是兩個人同體，我有時候懷疑不止兩個，搖滾者是我，安安靜靜畫石村塊的也是我，小時候認真學畫，華爾街大呼小叫融資賣公司的都是我。錢從來都不是我追求的東西，如果我活著，還有家裡老婆孩子活著不用錢，我可能一輩子都不會要錢。我身體裡的每一個我都在證明自己的存在，每一個我都不願意比另外一個我平庸。所以，他們你追我趕的去做自己喜歡的事，而且每一個我都願意成全那個正在證明自己的我去實現理想，證明自己可以做到自己想要做的事。我從來不會一邊做音樂一邊畫畫，一邊創業一邊寫詩，永遠都是全力以赴孤注一擲，出來就沒有給自己留過後路，於是一生過了好幾生。　我這一生從一條線看是過山車，從立體看是群山森林。我以前無所謂過生日，今天我非常高興感謝我出生的那一年的兩個春天，感謝很多個我和平共處沒有把我弄成瘋子的家人朋友。也許我就是一個不承認自己是瘋子的瘋子。

## 二、　人生的碎片記憶

　　我剛剛來美國的時候特別喜歡開車橫穿美國，從紐約出發，走最南的 40 號公路，中間的 70 號公路，還有其它不記得的好多路，直到 96 年與幾個朋友用 48 個小時從紐約開車到內華達的火人節，橫穿了半個美國。這以後，好像 98 年，在 LA 住了四個月以后買了輛車，用 10 天時間開回紐約，一路拍的視頻後來成了《60 分鐘看美國》的起源。再後來就沒有乾過年輕瘋狂的長途開車行為了。在路上，最美好的記憶是"說了也是白說"的感受，今天翻出這 89 年在印地安部落買的印地安人的綠松石項鍊，記憶瞬間就回來了，物品刻落的記憶，有些美好有些傷感，美好的留下，那怕成了散落的花瓣，也一樣可以看到美好，那些令人傷感的就丟掉吧，所謂斷離捨其實不是丟物，而是斷念，捨棄一切不美好的過去。

　　那些年在 MTV 亞洲部支持每星期六午夜的一小時重金屬音樂節目，遺憾的是 MTV 亞洲部在新加坡而不是北京，要不會有意思很多，也可以有機會和國內的重金屬夥伴們一起玩，新加坡一個文化沙漠我無法忍受，所以辭職不干回紐約了，1995 年我來過北京拍節目，也拍過一些樂隊，黑豹，羅琦……主要也是和瞿穎一起拍"天籟村"。經歷過的人生才是有趣的人生，現在那整天不出門閉關畫畫，也是因為經歷過嚮往的一切，現在的閉關畫畫其實是最想要也是最歡喜的狀態。經歷！去做你想做的事！不留任何遺憾！

　　我們小時候喜歡在一家咖啡館做布爾喬亞狀談論詩歌，從竹林七賢到詹姆斯·喬伊斯，從艾略特到蘇東坡到西西弗斯到姜白石……記得有位仁兄說：我們應該常常把自己的眼珠子放在空中俯視自己，我做為一個畫畫的少年，自然是天生形象思維能力比較強，可想而知這對我是個什麼樣的體驗。

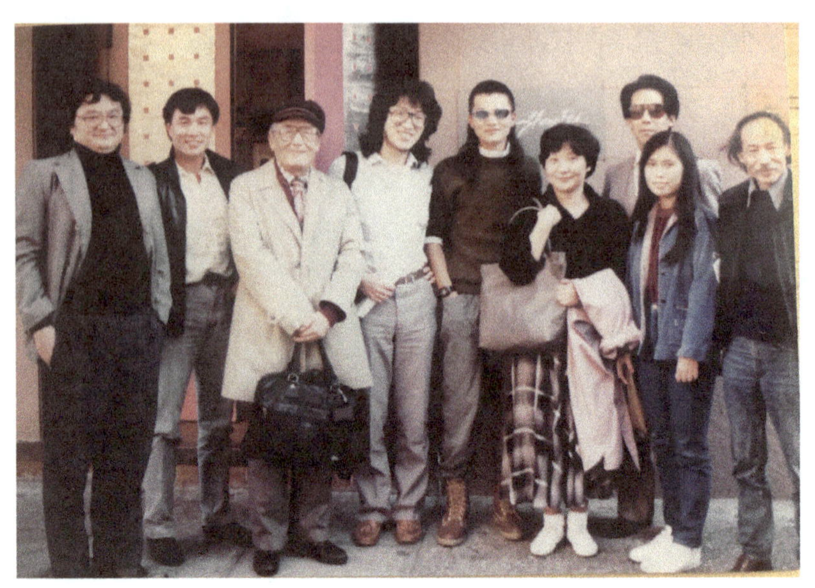

1987年攝於紐約：　楊來、嚴力、郭毅民、貝嶺、石村、王渝、李雅文、任偉琳、秦松（從右至左）

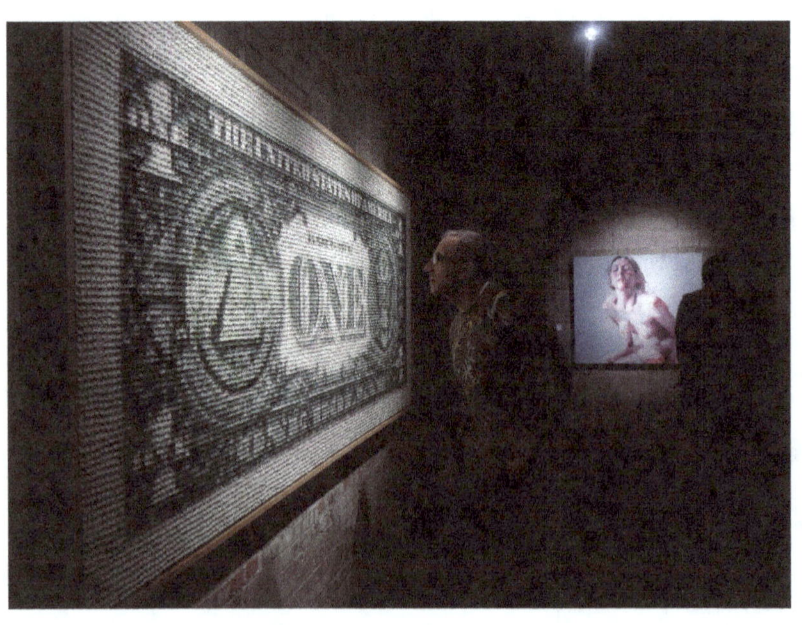

　　1987 年秋天到達紐約時是相當震驚的。原來在國內，對藝術和音樂的認知非常落後，在音樂方一直以為美國就 Michael Jackson + madonna 這兩個人。畢竟，成長過程中從幾個樣板戲到鄧麗君，然後是李谷一的深情抖音，從來就是那麼一兩個人，特別是教室裡掛著的領袖照片也讓我有點只有一個人存在，就沒有其他人了的錯覺。藝術方面，從蘇聯的列賓到德國的表現主義再到抽象派，後來隱隱約約覺得美國藝術家好像比較猛，不知道為什麼就是比較對我的路，特別是紐約藝術家，比如 Jackson Pollock, Andy Warhol 等等。還有不少的紐約藝術家，我從看到他們的印刷品開始就覺得我一定要去國外，能不能去紐約到並沒有敢多想。後來我來到紐約後，首先是一句英文不會，不知道怎麼搞。坐地鐵怕在地下迷路只後在路面上走，好在曼哈頓的街道橫平豎直，SOHO 更是永遠有無法描述的新鮮感。新藝術的大門進了就出不來。88 年春天我開始住在 Bleecker Street 175 號，過一條馬路就是 SOHO，我基本上天天就在那裡逛來逛去。在這個階段，David Sally, Robert Longo 等等 80 年代的猛將讓我打開了全新的藝術認知，也決定了我後來永無止境的探索精神，不找到自己的繪畫語言決不停止，哪怕永遠不再畫畫也不讓任何一個大師的影子擋住我的光彩，在武林中獨孤求敗是因為沒有對手，而在藝術中的獨孤求敗則是為了追求獨一無二。這需要勇氣，孤注一擲、義無反顧去探索未知。89 年的 60 美元買這樣一本畫冊的錢可是好幾頓大餐啊，從花錢上看出來我一直都是鐵了心地。

　　我對所有我想做的事都會去做，而且會全力以赴的去實現目標，當然目標是從開始行動之前就設定的，比如音樂方面的目標我設定的是在當時最大的音樂商店 Tower record 有我的 CD 和海報銷售，成為搖滾明星在台上演出，觀眾數量當然要好幾千。這些莫名其妙的想法都是因為剛剛來美國發現玩音樂的人隨性而友好，沒有畫畫的人那麼沉重和陰鬱，這跟我剛來美國英文不好有關，我來美國時不會英文，畫畫的說話我基本上聽不懂，而跟玩音樂的人到是沒有交流障礙，還有就是 MTV 作為背景每天從醒來到睡覺都開著，裡面的搖滾明星都挺酷的，音樂也好聽，特別是那些彈吉他的我覺得太帥了，這其實也是我後來選擇 MTV 放棄 Channel V 的一個很大原因。做任何事情我會先弄明白這件事的最基本原則是什麼？比如音樂，那麼就是節拍和旋律，我是這樣理解的，節拍是給身體的，旋律是給精神的。於是首先要節拍穩定，據說比較高的境界是數 60 剛剛好一分鐘，一秒一下，妥妥的慢搖基本功，聽節拍器跟著滴滴滴嗒的數，有一天我帶著耳機正全神貫注的走在 St. Mark's Cooper union 的樓前，一個人迎面拍我一下，我一看是好朋友 Reinhold，他問我在聽什麼音樂，我說在聽節拍器，他嚇了一跳。後來他跟我其他朋友表示了他深切的擔憂，怕我是走火入魔發神經了。

後來有一天我一個人逛台北的西門町，路過 Tower record 進門一看我的大海報高高在上，趕緊到 s 開頭的 CD 架子前翻開一看有石村的。當時內心一陣竊喜，同時好像跟我一點關係都沒有，跟那個在紐約下聽城節拍器的少年有關，跟那個每天練習 16 個小時吉他的少年有關，要知道那個人在 8 個月前根本不知道吉他和 Bass 的區別。後來在台灣歷史上的第一次中正紀念堂廣場好幾千人的演唱會我作為壓軸演出，那一天台灣所有能上台的都上了，這個也實現了，如果不是當時有一些照片有一些媒體報導，我想我基本上不會記得我的人生到底都發生過什麼事，經歷過什麼事。現在我想要什麼我非常清楚，但是我不太善於表達，我只會全力以赴繼續……

所謂決定人生的旅途，就是走在人生路上，開始詢問一生想成為什麼樣的人，探索哪個領域的未知，成就什麼樣的生命價值的那個階段。我認為這個階段往往會在 20 歲這個年齡段的經歷。這個年齡段是從青春期慢慢進入成年，在原始的學習基礎上開始進入更大腦洞的開發過

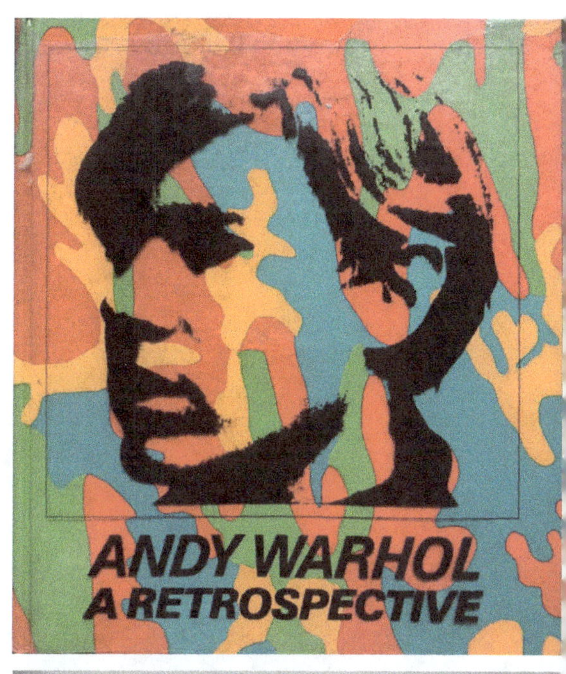
ANDY WARHOL
A RETROSPECTIVE
ANDY WARHOL
A RETROSPECTIVE
5.22.89

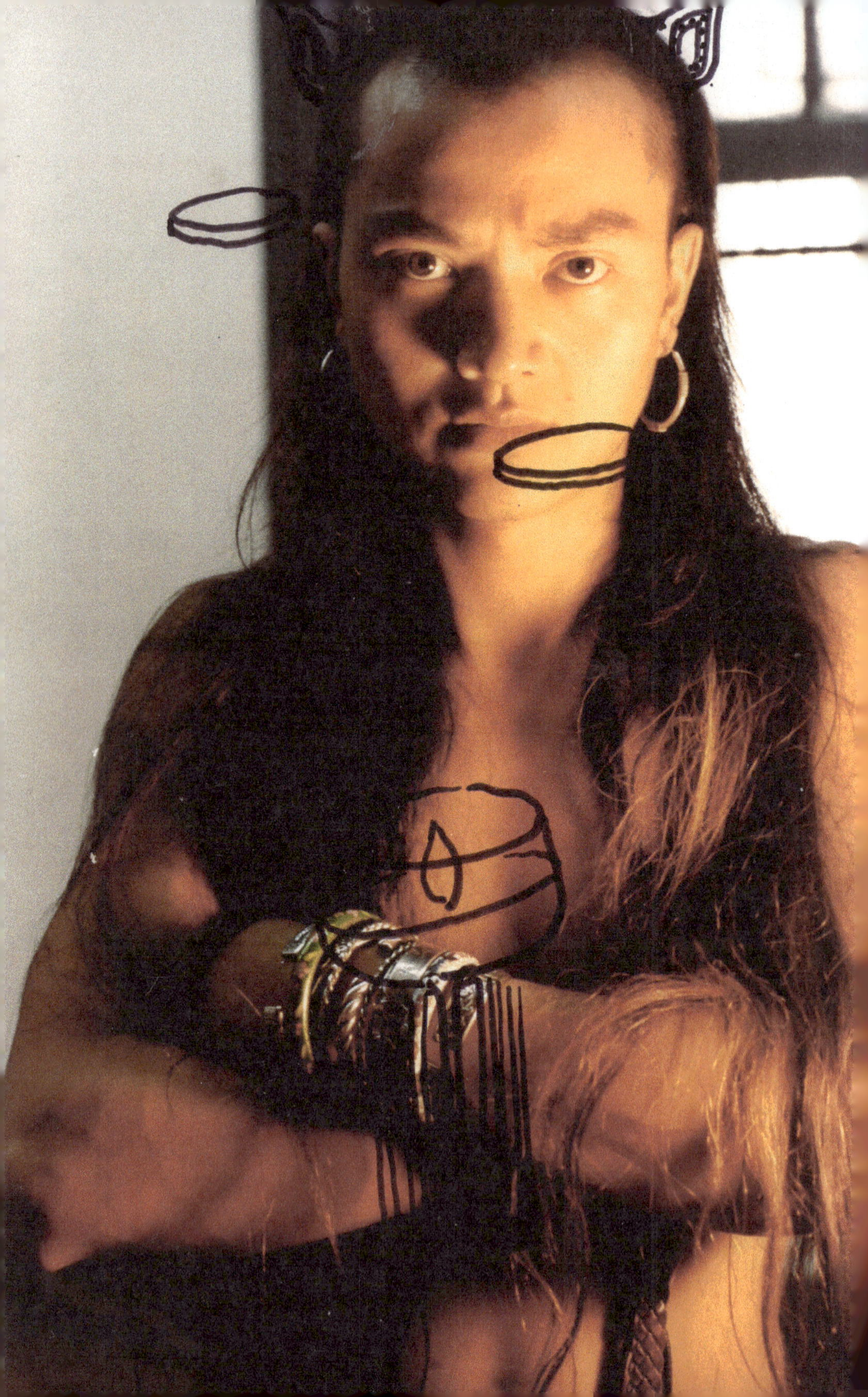

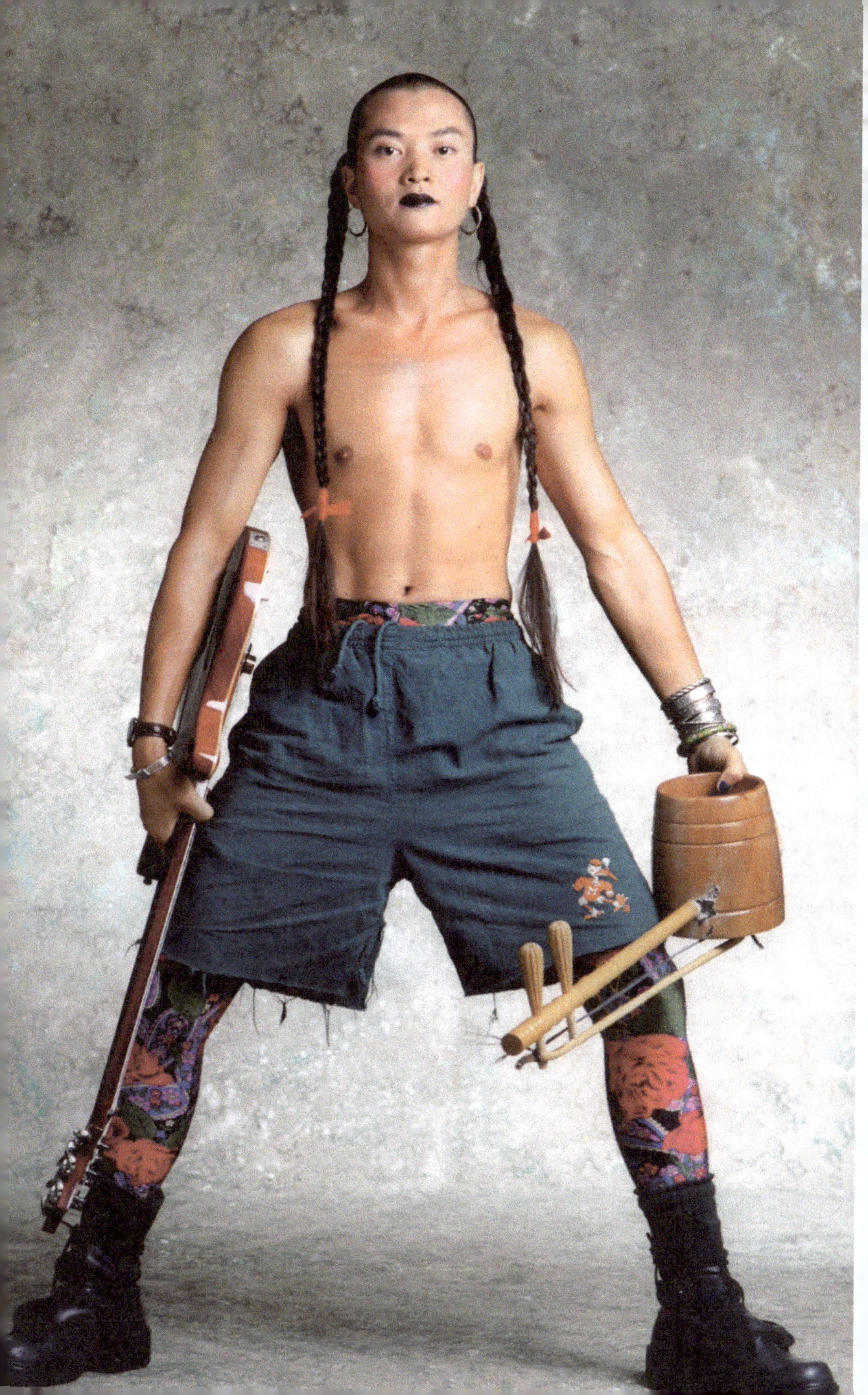

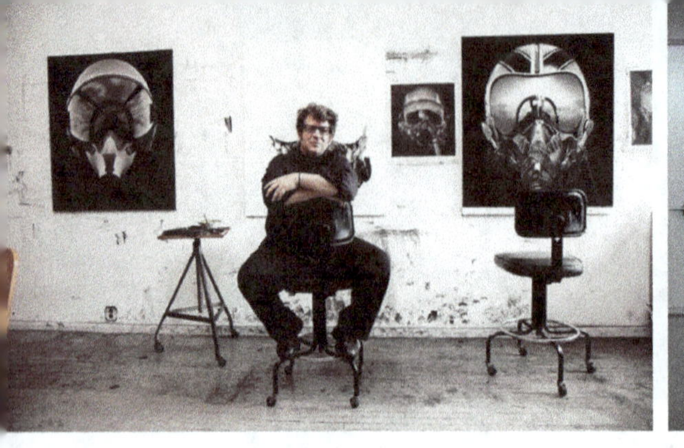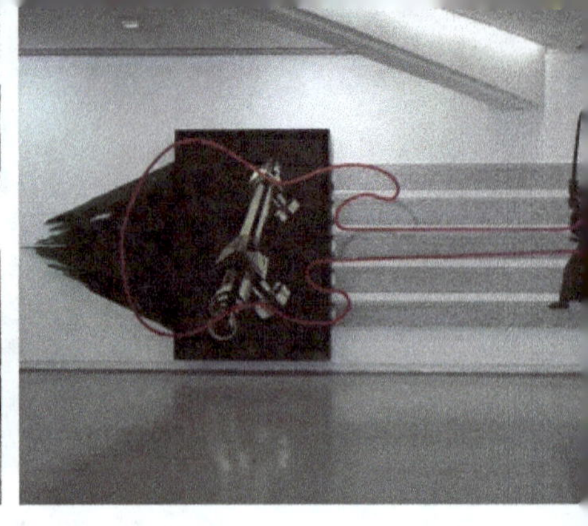

程。在這個階段，人生的目標會因為周圍環境而決定。如果這個時候，從發展中國家來到超級帝國藝術中心紐約，是好是壞沒法說。人生沒有對錯，就像鞋子穿在自己的腳上只有自己真正知道舒不舒服，問心無愧就好。這個人的作品對我影響很大，88 年我在 SOHO Metro Picture 看到的時候，我只能說震驚，那天我依然如故的一個人逛 SOHO，在藝術這件事上我喜歡獨處，不聊天不評論，不交頭接耳，就像一塊海綿一樣吸收能力，那天很大很大的空間裡只有我一個人面對這些巨大的作品，我在那件有日本武士的作品前面站了很久，當時具體在想什麼我現在完全不記得了，只記得我當時震驚以後就是熱血沸騰。建議看作品不要衝著名號，真正有感覺時再看看是誰創造瞭如此偉大的作品，竟然能讓我感動到了。一個孤獨青少年的成長歷程中的一瞬。

## 三、紐約工作室

聖誕節紅配綠，昨天站著畫了一天今天早上起來感覺膝蓋有點痛，於是又想起來一直想要做一隻高的調色桌，但是一直沒有付諸行動。今天早上工作室門外有人扔了一個木馬一樣的東西，是那種自己動手做的節日遊行用的東西，想必在遊行隊伍中也是風光無限的寵物吧，這下真的是感覺人家把要做高桌子的材料都送到了我門口，嗯，一陣木工活以後，現在可以安安靜靜地坐在高椅子上畫原來必須要站著畫的部分了，意念這東西是很神奇的，相信！一切都會心想事成。人會長的一模一樣，但是聲音永遠都不會相同，所以人生來就具備獨一無二

的價值，感謝上天給予了人類發出不同
聲音的權利……聖誕節快樂。


週末愉快，工作室裡度過冬雨綿綿
的時光。一調顏色世界立即變得春暖花
開了，油畫色彩變化微妙到永無止境，本
身就是一個謎一樣美妙無比的童話世
界，我的靈魂在色彩中自由飛翔時，時
光就成了記錄的工具。

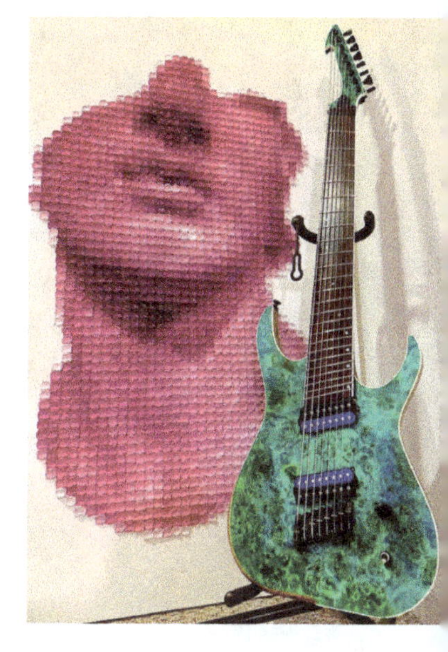

思維方式只有在作品中才能淋漓盡
致的展現出來，任何語言的表達都會有
偏差。小時候的經歷太過孤獨，在很長
一段時間都害怕一個人，現在才知道，一個人的工作室才是真正屬於
我自己的世界。躲進小樓成一統，管他春夏與秋冬。


藝術作品包含創造這件作品過程中的一切，在把藝術從天堂帶到
人間的過程中需要的很多很多的努力，而且也有無數不同的方法和道
路，用自己的方法走自己的路。這本來就應該是一個藝術家最應該做
的事情。


慢下來感受時光流逝的痕跡，美好生活本來就跟物質有關係又沒
有關係，藝術品既是物質也是精神，所以在生活中最能夠帶來幸福感。


如果沒有經過艱苦努力的學習過程，就無法掌握一項技能，那
樣就不可能通過自己的技能去訴說內心的感受……學習音樂，學習繪
畫，學習寫作，學習更多你想學習的技能，因為每一種技能都能夠讓
你把聽到的自己內心的聲音轉化為可以和別人分享的作品，在一生

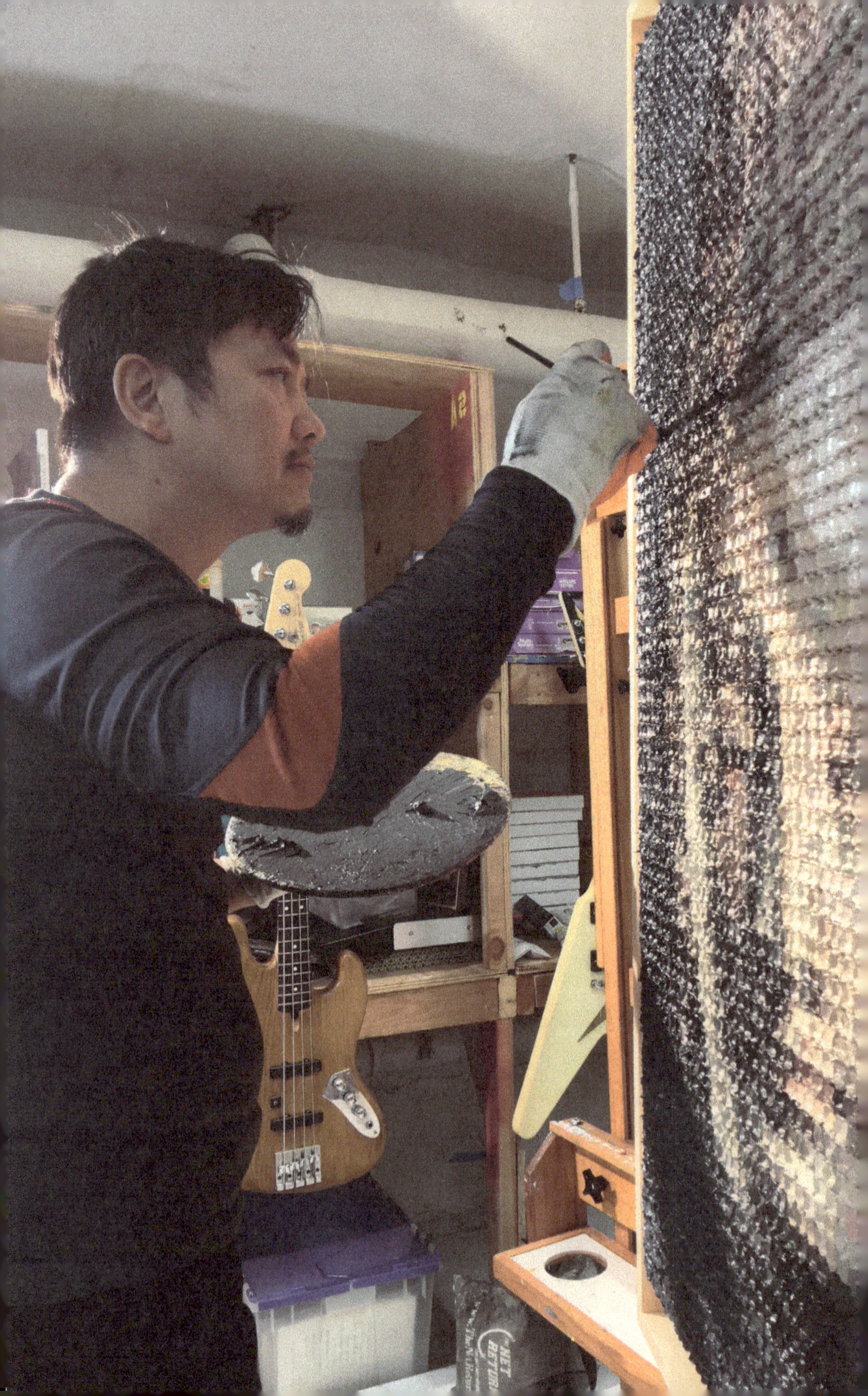

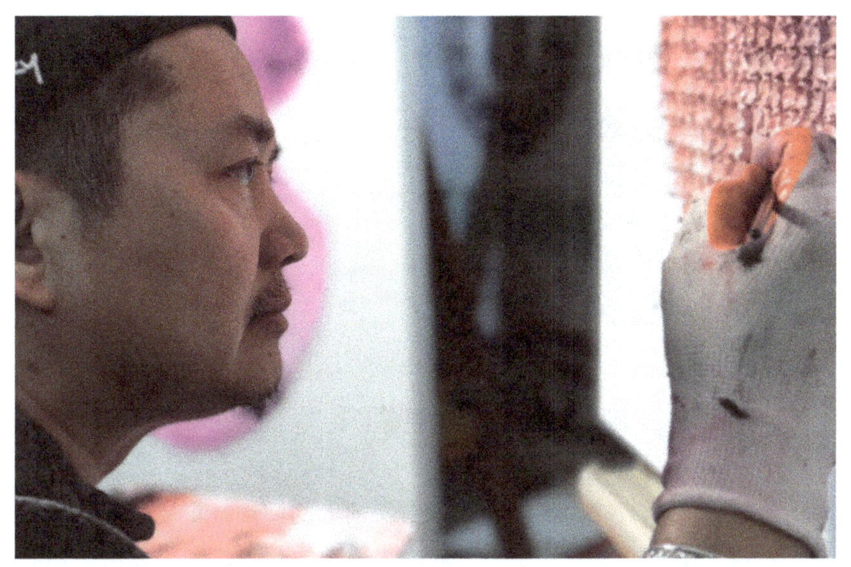

中，金錢無法買到真正的享受，只有技能可以，因為只有技能才能夠將最真實的你展現於世。

每個人都有不同的幾面，滿足每一面的愛好，是活通透的一個簡單方法，壓抑自己的喜好本質上是殘忍的，愛是一種生產力，愛好什麼就去做什麼，並且不需要目的。

對於一個小時候被我媽說是一個"鴨蛋屁股坐不住"的人來說，一天能專心致志的十幾個小時畫畫是非常不容易的，特別是那些大錢，1萬5千到1萬7，8千個石村塊需要三-四個月每天都是十幾個小時，中間不能間斷。所以我需要在閉關的狀態中堅持專注去完成每一件作品，前天晚上和老朋友 TOM 夫婦聊天的過程中意識到，我每年如此專心致志地畫 10 萬個石村塊，平均 3600 個一件作品，那就是 27 張畫一年，30 年才能畫 810 張畫，一下子就覺得時間太保貴了，需要更加珍惜，多畫畫少廢話，多一些作品少一些遺憾，且行且珍惜。

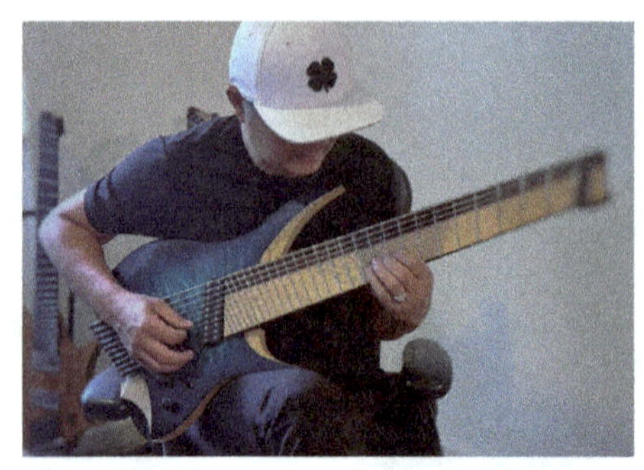

# 四、我的"中國藍調"音樂

音樂有著無窮魅力，一個熱愛音樂的人的靈魂一定比較柔軟，柔軟的靈魂才能感受生命中最美好的細節，昨天晚上看愛因斯坦電視劇對這老頑童有了更多的了解。

我小時候我遇到了一個奇人，他同時教我拉二胡和畫畫，所以在我的生命中音樂和畫畫永遠都是無法放下任何一樣的，這也許就是命運吧，這事也是我這幾天才想起來的，因為我也納悶，我也老問我自己，我為什麼不能安安靜靜的做一個畫家呢？現在我終於明白了，生命總有自己的選擇，我也只是一個載體，那就只好認了……

無論什麼樂器都是來為你發聲的，每一個民族都有自己獨特的音樂，來表達獨特的情感，慢慢的世界融為一體，中國人的五聲音階也開始融入了世界的音樂中，現在越來越多的流行音樂中有了一些中國音樂的元素。音樂是一個聲音一個聲音和時間一起進入耳朵裡的，看不見摸不著，但是實實在在的存在著，一個聲音不成音樂，於是做為愛琢磨大道理的畫家就想透了為什麼我如此喜歡音樂的原因了，音樂對我的繪畫風格的形成是有決定性因素的。功在法外，興趣才是生產力。

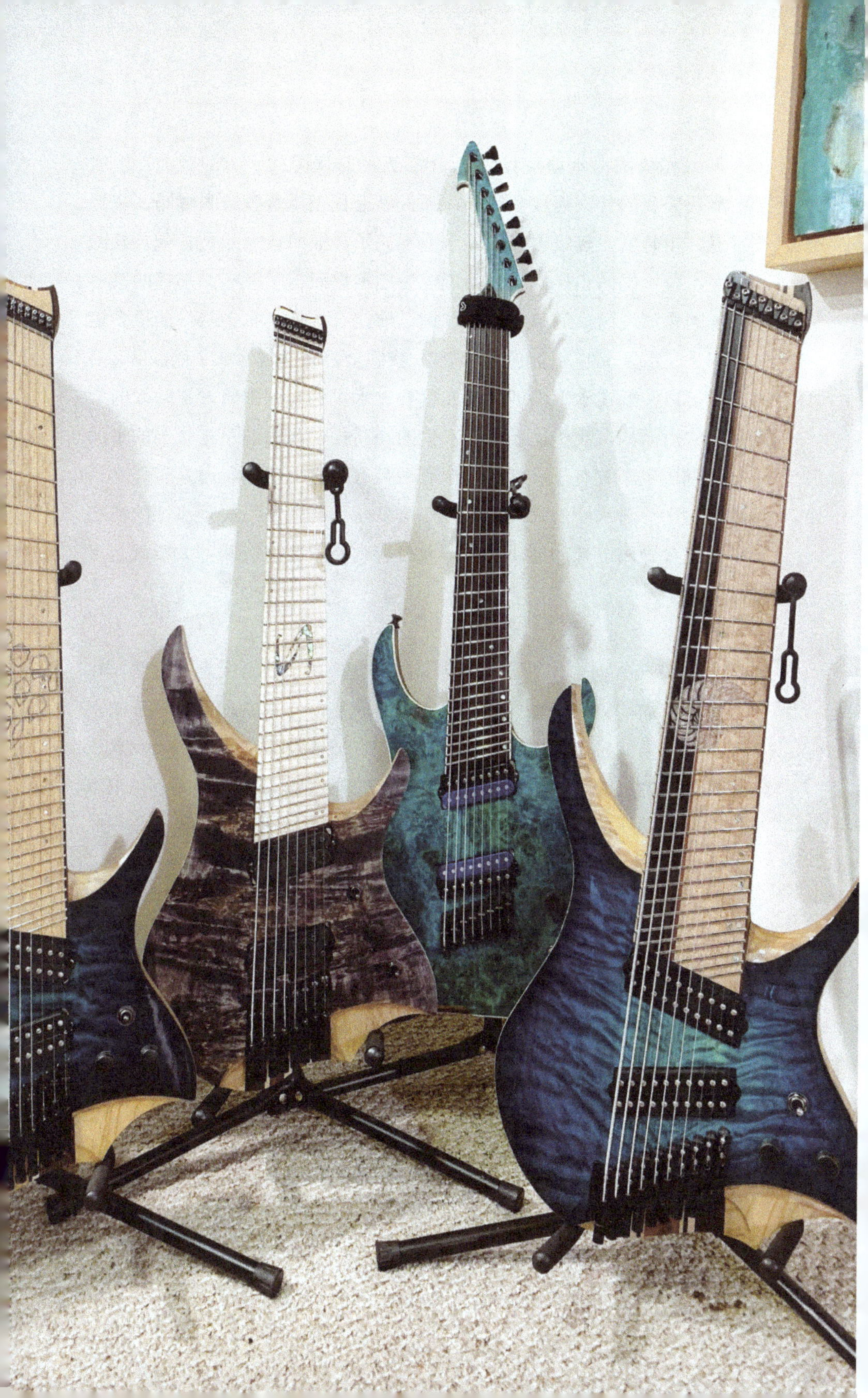

　　《消失的清水塘》我 2012 年春天的時候彈的一首即興曲，這比較能代表我的音樂態度和行為，那天早上我正望著窗外喝咖啡，突然感覺到小時候在無錫農村的清水塘不見了，取而代之的是各種各樣的工廠，我媽媽的小妹妹也因為環境污染嚴重而得了重病，那裡的很多人都因為環境污染而導致得了各種以前沒有的病，我小時候的很多遊戲都是在水里玩的，比如說躲貓貓，我們全都憋住氣水在下面躲著，要去抓著這些躲在水下面的小朋友就要在水里面睜開眼睛，那時候的水是非常清澈的，我們比看誰在水里的時間長，我們的童年後來的小朋友們就再也不會有了，當然他們有遊戲有手機，但是我還是有那麼一些傷感……清水塘的消失也是一個美好時代的消失，於是這樣的情緒中我就會彈出這樣的曲。我的即興和我當時的心情有關，大概就是這樣吧……

　　堅持在吉他上而且還是很多弦的吉他上將五聲音階進行到底，在音樂中更加能夠感受抽像極簡主義的心靈寧靜，畫畫還是有物種的存在，而音樂就完全虛無縹緲地可以瞬間變成雲遊散仙了。所以我無法規規矩矩的去彈任何人的作品，我甚至於不會彈自己的作品，我根本沒有完整的作品，讓我自己把剛才的重複一遍都不可能，我只是在此時此刻讓我自己在音樂里呆一會而已，一種自由的如意之旅……

　　Ghost Note 鬼音，在現代搖滾樂中被極力推崇的東西，一直以為是技術範疇，其實那根本不是人為的，TA 就是鬼音，隱隱約約突然出現，根本不知道那個音是怎麼來的，我沉迷於吉他，總覺得 TA 來自於木，木源自於自然，有著自然的造化，想必是來傳音的，TA 是一個傳音者，制琴者也是，彈者也是，都是傳音者，傳誰的音？傳給誰？

　　Motorhead 是我 1988 年住在紐約 Bleecker Street 的時候，半夜路過唱片店 Bleecker Bob 聽到後就很喜歡的，我在紐約因此而和別的藝術家有了不同的開始，後來自己玩音樂出唱片，又去做了 MTV 的主持人都跟我真的是很喜歡音樂，很猛的音樂有關。Motorhead 的主唱被幾乎所有搖滾樂人的尊重，因為他真的很酷，什麼都不屑，直到死前每天一瓶 whiskey 和現場演出，所以大家都說他 Live rock 'n' roll。

藝術這東西從來都不能標準化，琴在你手裡，彈什麼都是你自己決定，有人喜歡也好沒人喜歡也好，自己自在歡喜就好，如果有人喜歡那就心存感激，畢竟你自己內心真實感受牽動了別人的心，努力做自己想做的事情，一路狂奔，走到哪裡都是自己想看的風景，順便把生活過成了自己喜歡的樣子，淡然中有幾個真正懂你的知己，喝美了的時候可以掏心掏肺，人生不就是這樣嗎？

每一個人的旋律都有自己獨特的氣息，我在音樂上拒絕任何傳統的訓練，那我已經在繪畫中從小訓練過了，我用了 16 年年反藝術的生活才從那些訓練中走出來，音樂我更加願意隨心所欲的去面對，吉他上流淌出來的旋律讓我很舒服就可以了，我從來沒有想過我要取悅任何人，如果你喜歡也舒服，那剛好我們有一點點同感，古人的高山流水遇知音何其幸運啊。

前幾天去我的老朋友 TOM 家，我把吉他帶去，把我最近的小曲子彈給他聽，他說我自己創造了一種屬於我自己的音樂結構，這吉他真的完全是為我設計製作的，因為在用我的方法彈奏我的音樂的時候他顯得格外特別，記得好幾年前，他第一次聽到我的小曲時就說這是中國藍調。因為讚美，所以我得以延續自己喜歡的方式進行。以至於無意中創造出了自己的吉他演奏技巧和結構，要知道 TOM 認識我是從我在台灣演出時開始的，他帶領 MTV 製作團隊重回亞洲來台灣拍攝選擇的第一個人就是我，也是他在拍攝訪談的時候表達了邀請我做 MTV 主持人的意願，那是 1994 年。現在他也是我作品的收藏者之一，在

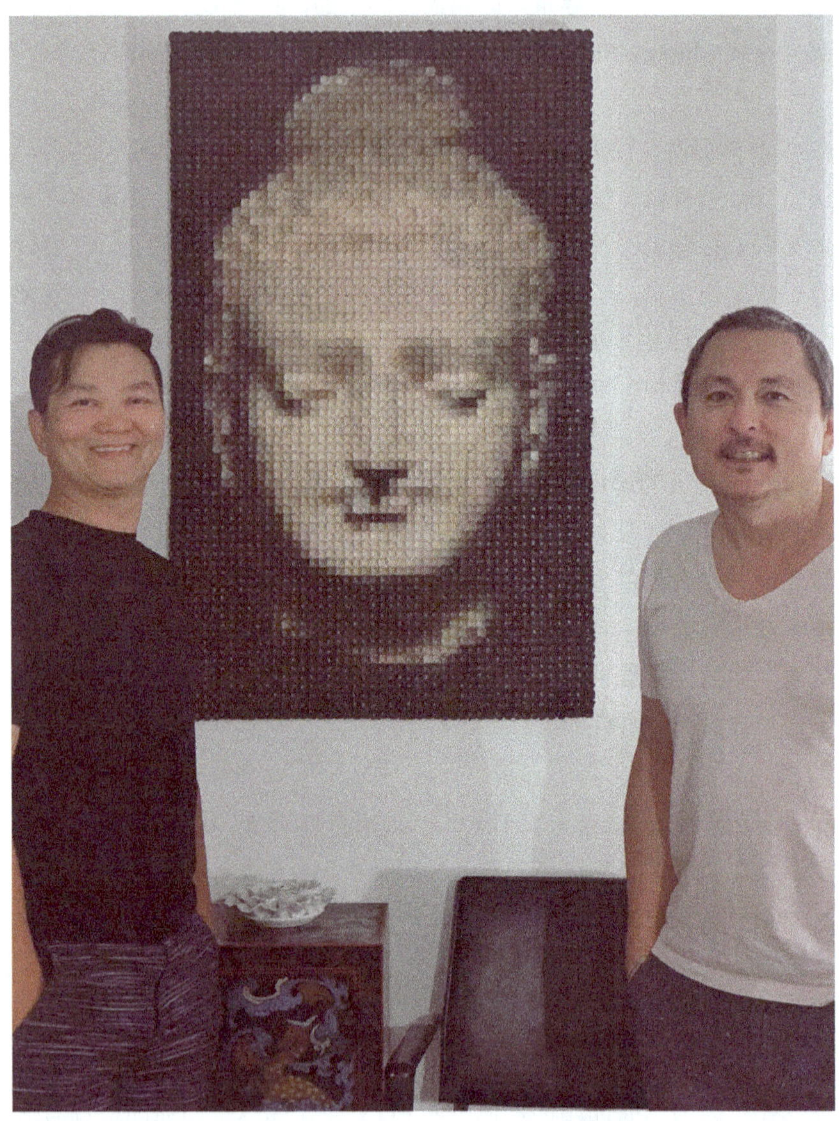

人生旅途中，那些發現你獨特之處的人都是上天安排好的天使，他們是上天的恩賜，在昏暗中點燃一盞心燈，照亮並不存在的前行之路。

真正持久的快樂來自於做一件讓自己喜歡的事。

我時常會分享這些吉他，因為我總是被新的有突破的作品所感動，隨著那些曾經輝煌一時的品牌都開始艱難生存，包括那個我曾經代言過也是我曾經最喜歡的 PRS 都開始面臨破產的壓力，而另外一些新的品牌卻風生水起的全部網上預定，需要等待兩年的時間才能拿到手，商店裡根本就沒有現貨。時代變了，一不小心就會被淘汰，不是人們不喜歡吉他了，而是人們喜歡不同的吉他罷了。

## 五、我的作品

從我 1994 年的以前作品到現在的作品，從想說什麼到怎麼說，我認為怎麼說是一個突破，一種繪畫語言的獲取是艱難而且個脫胎換骨的過程，否定自己的成就是個必須的方式，但是當有了自己的繪畫語言就可以想說什麼就說什麼了，無論說什麼都是自己的聲音。

從作品來了解一個藝術家是比較準確的，我 1994 年以前的作品和現在的作品的反差與內在的關係本質是我一直對美的追求和對藝術的理解，當然人生的各種經歷決定了上面所有的一切，與其說探索藝術不如活成藝術，永遠不要用今天去限制明天的可能性。

我 1990 年在紐約完成的作品《祖先 .1》《祖先 .3》那個階段老是想祖先對我的影響……過去這麼多年了，到現在也沒有完全想明白，只是隱隱約約的感覺他們 的存在……

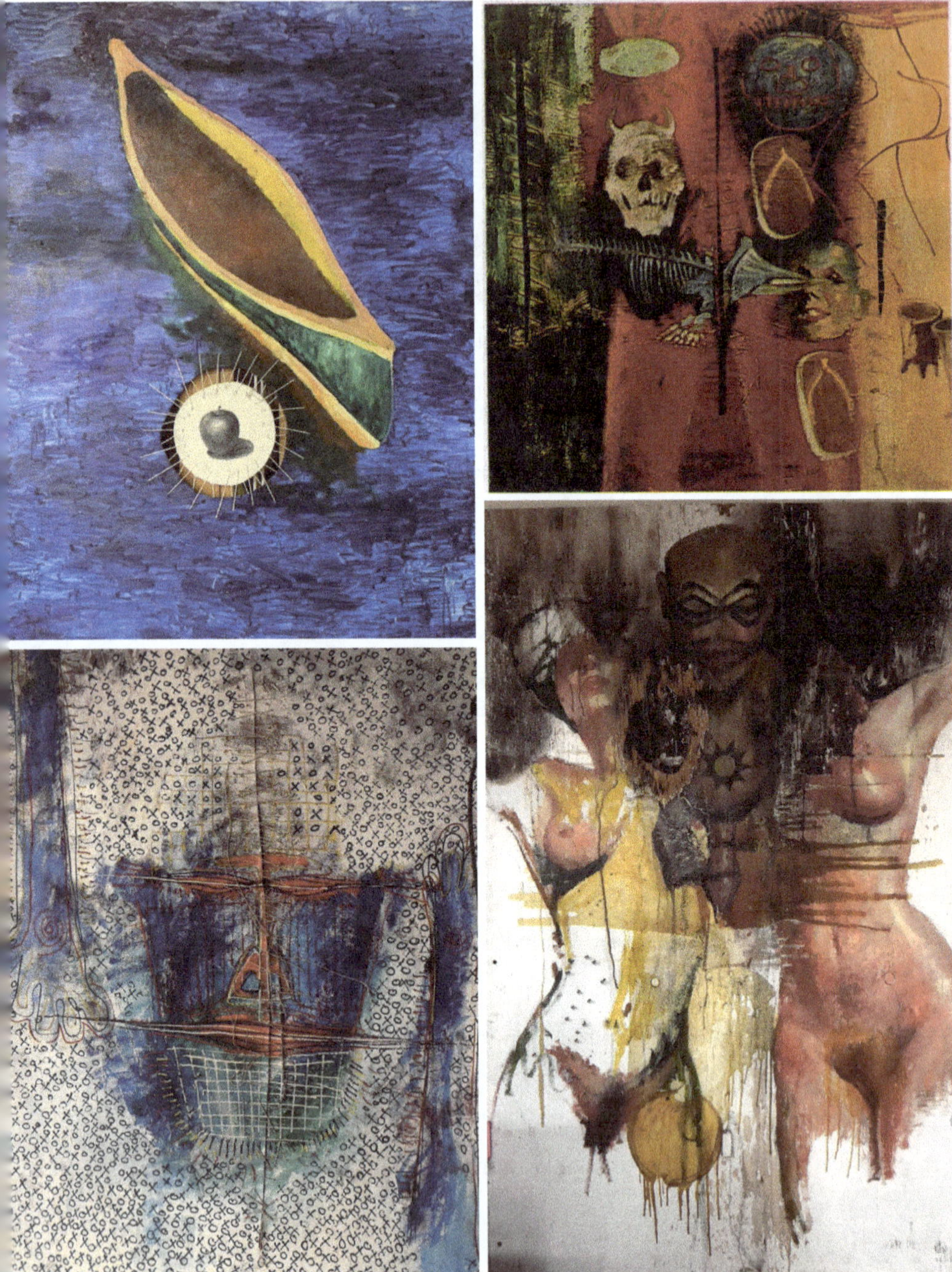

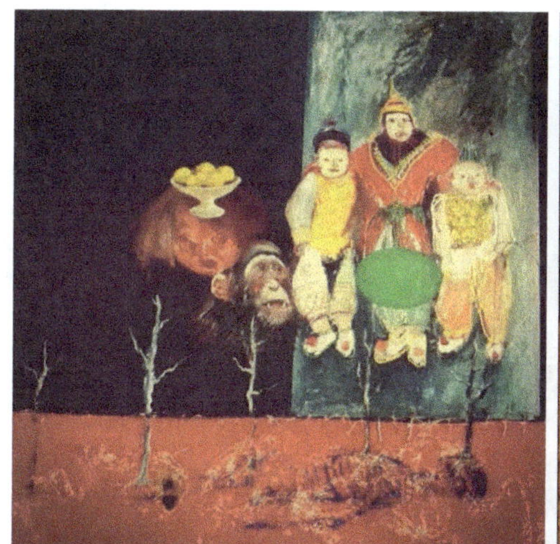
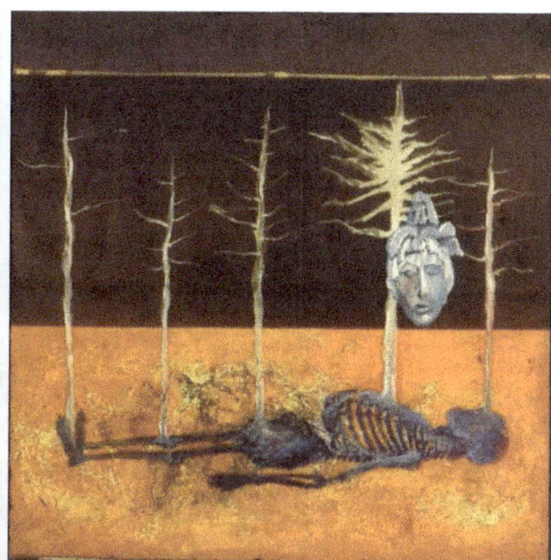
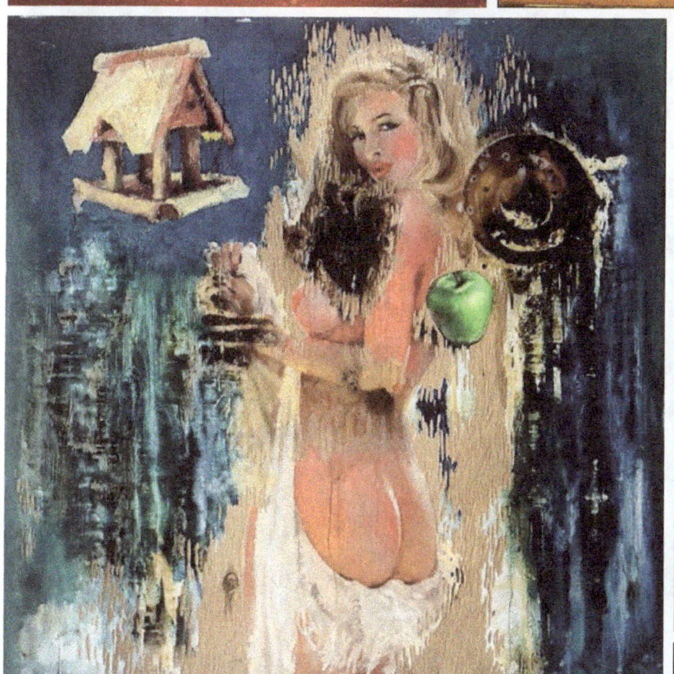
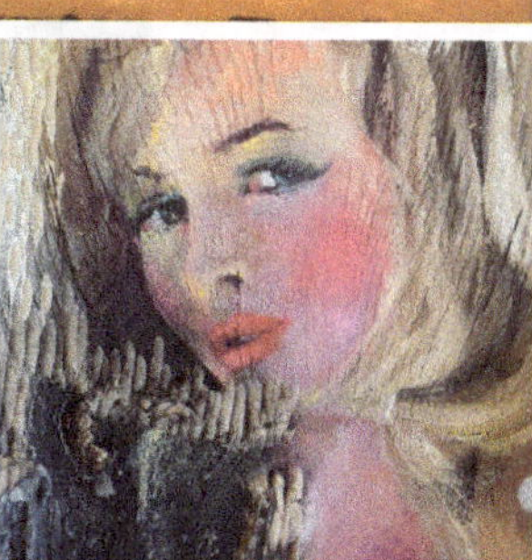
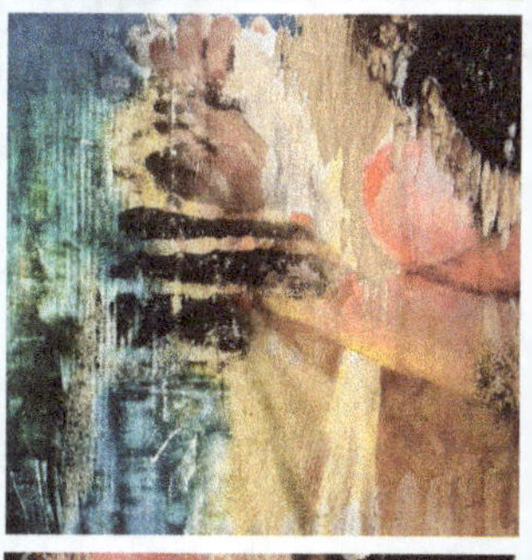
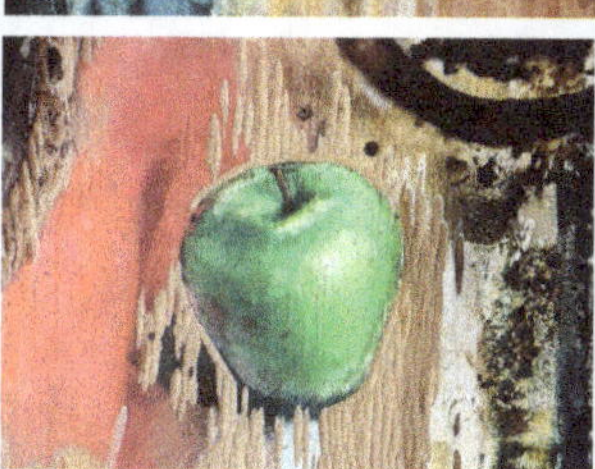

《鳥巢.3 號》

1994 年　48 英寸 x48 英寸

木板混合材料油畫

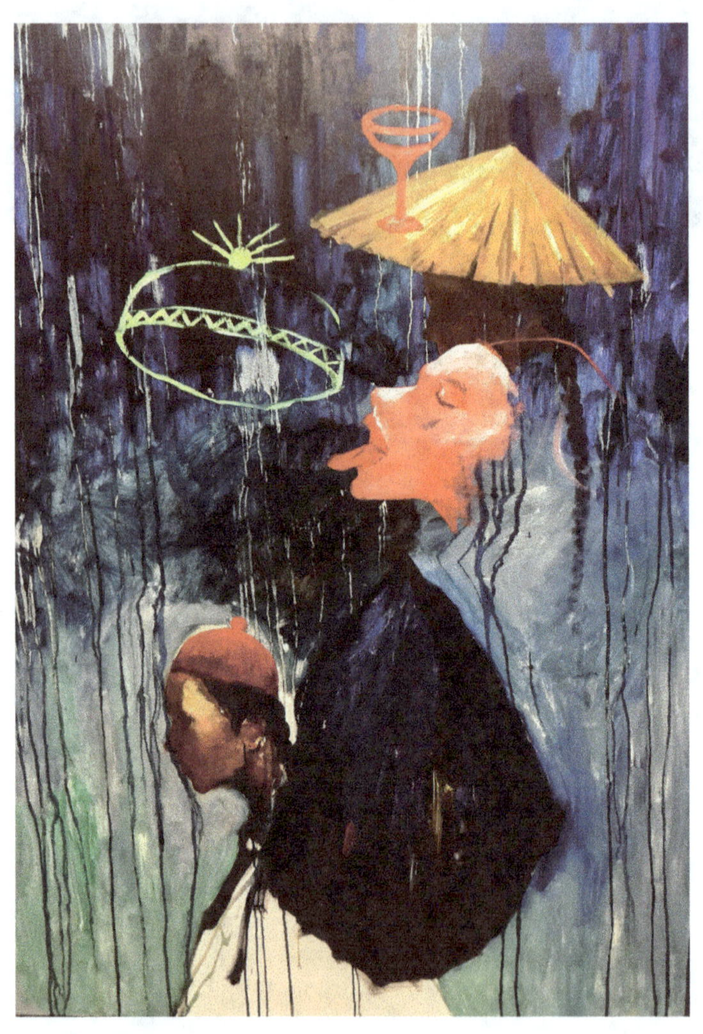

《如何面對祖先》1992 年，大陸紐約客在台灣看到了祖先給我們
留下的痕跡，人與人之間的關係之今溫柔地撫摸著我的心。

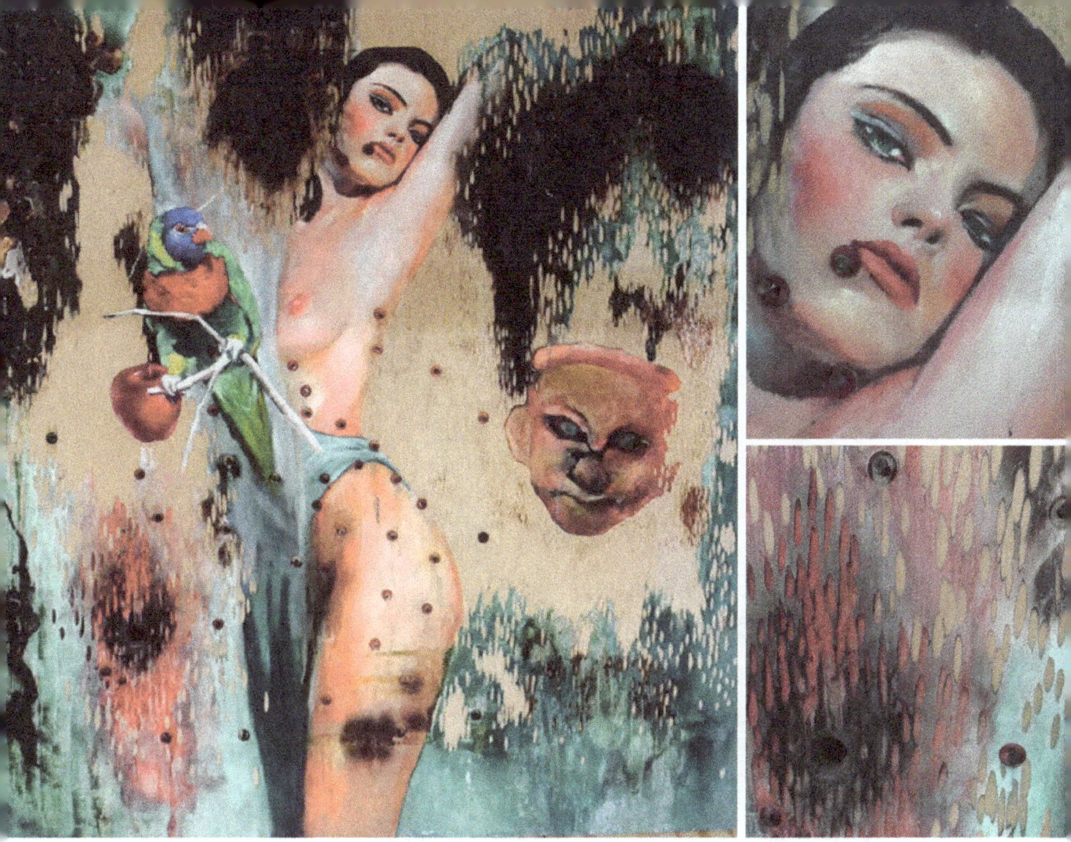

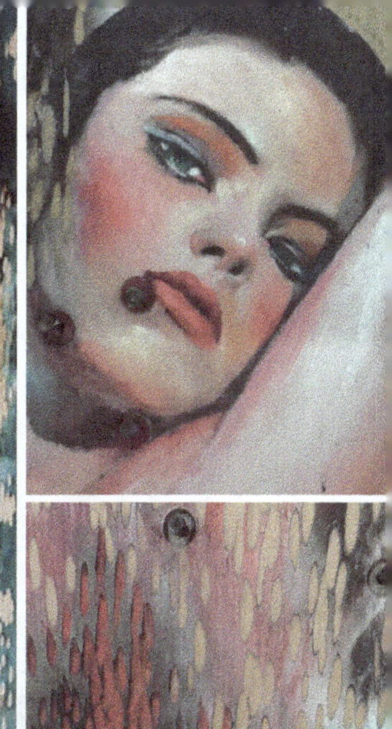

1994 年作品《Helen》
48 英寸 X48 英寸
混合材料
油畫、蠟燭、螺絲、
火焰刀刻……體力活。

　　不破不立！是一句說到做起來很難的事情。我從小苦練的繪畫基本功，是我引以為豪的，當然也是少年時代的泡妞利器。1994 年一萬美元一張的價格更是無法抗拒，但是前師們的影子一直是揮之不去的憂傷，如何與任何一位敬佩的前輩坦然面對？放下執念尋找真正的自己，真正屬於自己的繪畫語言！

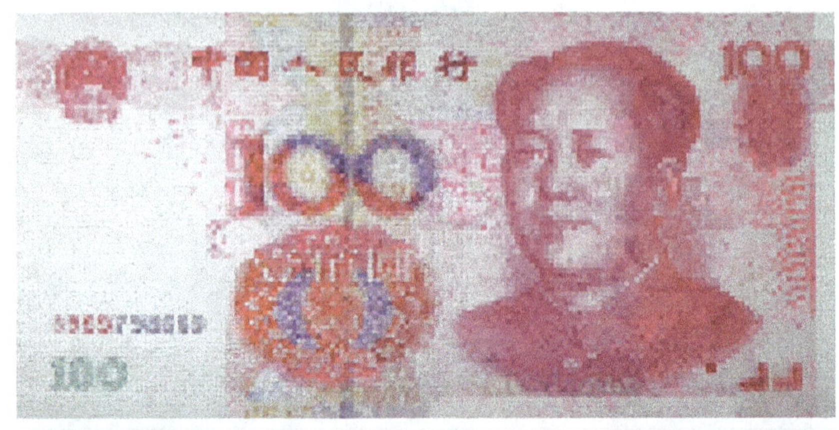

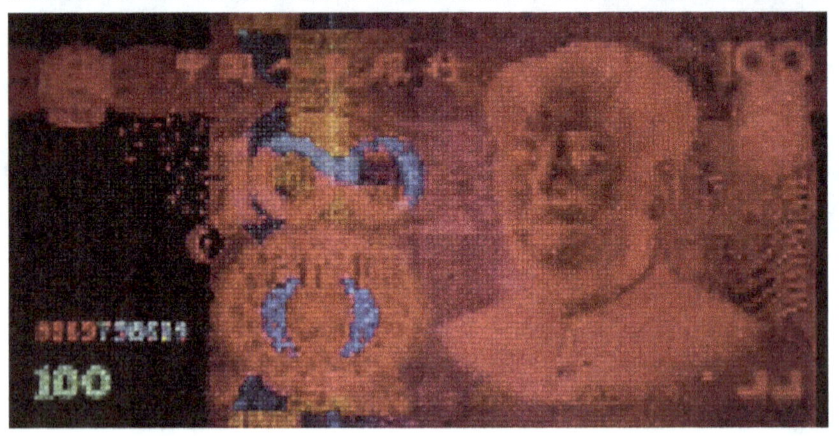

　　石村塊作品誕生於 2010 年的《人民幣一號》，到 2012 年 12 月 28 號完成了《人民幣五號》中間有，二、三、四號。2013 年完成了《紅財》2014 年的《王八客》轟動紐約，因此央視四頻道國際新聞播出了兩分半鐘的國際新聞（並沒有人走關係和付錢，因此對央視有了不同的看法）。2014 年《夢露 1 號》2016《佛說》2017《佛蓮花》《賈家嘍》！每一個藝術家的思維方式不同，創造的作品自有自己的靈魂與生命中里面，也是一生的經歷水到渠成。到了不畫石村塊不行，畫了就歡喜和舒服。不抄襲別人本身是藝術家的骨氣，創造是藝術家的天職，經歷多少在作品中都會流露出來。

這是我 2012 年 12 月 28 號完成的石村塊人民幣 5 號，當時我為了看看我最快多少時間可以完成，每一天能畫多少小時，所以結果就是我每一天 15 小時整整畫了 29 天。這是我自己擁有的唯一一張人民幣了，人民幣我一共畫了 7 張，第七張叫《紅財》前面六張是 1，2，3，4，5，6 號，每一張是不同顏色的一百元，當時的想法是人民幣在每一個國家用 ATM 機器都可以取出當地的貨幣，所以人民幣其實是各種貨幣的顏色。 14 年的《紅財》人不發紅財不富！後來就沒有再畫人民幣了，石村塊也作為一種我自己的繪畫語言去詮釋不同的人生。人民幣國際化從藝術作品軟實力開始，不亢不卑的在曼哈頓接受無數的目光……

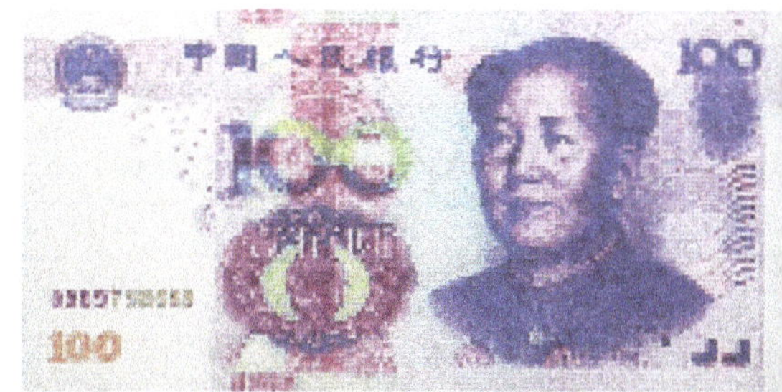

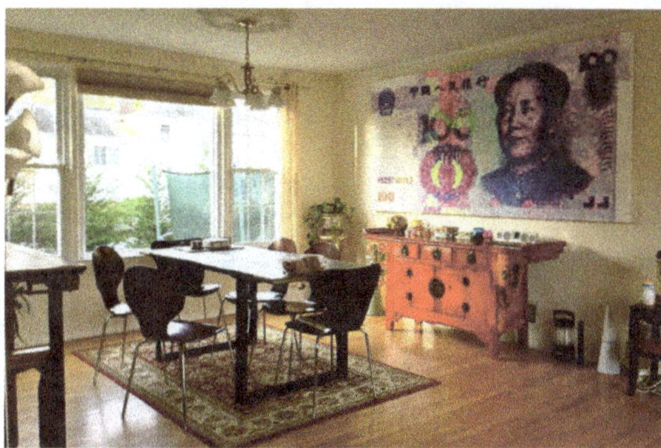

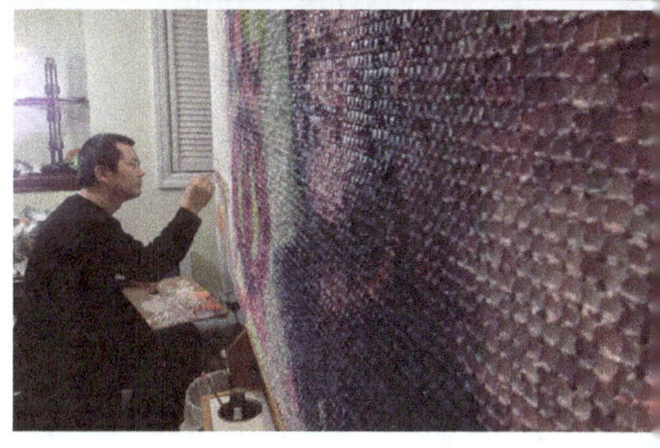

過程再美也只是過程，從小到大的學習過程不是藝術，那隻是讓我們明白藝術理解藝術學習藝術認識藝術的方法，素描基本功訓練過程中的素描很美，但是那隻是讓我們理解在光照下造型質感的工具，靜物寫生也只是觀

察色彩認識色彩的訓練，上了大學也只是在具有慧眼識英雄的老師面前展示真實的你，老師會像伯樂一樣去發現你自己並不知道的潛能，指導你去認識自己發現自己與眾不同的樣子，這些都是過程，都不是藝術，藝術是對社會人類的認識，對你所處時代的理解（這些是一生的學術探討）你的老師如果讓你畫的像他一樣，那你就在被毀滅的路上。

我的作品需要很長的時間才能完成，每一塊都必須全心全意的付出，一條線一個陰影的漸變，完全不能容忍一絲差錯……我一直喜歡挑戰自己的極限，特別是我從小就喜歡的繪畫，我會像運動員挑戰身體極限一樣去挑戰藝術的極限，奇蹟是創造出來的，這事我特別喜歡幹，就像我用一年不到的時間，從學吉他到出唱片，讓出品公司成為江湖的傳說，錢賺到昏天黑地的數不過來，就像用我的一天作為開喜烏龍茶新新人類的產品推廣，使得開喜烏龍茶在 94 年佔領了台灣 40% 的軟飲料市場。 2010 年開始我對藝術的熱情來了，7 年後，本月 16 號我們保利秋拍見證又一個奇蹟的開始，獨行，繼續創造奇蹟！

藝術作品包含創造這件作品過程中的一切，在把藝術從天堂帶到人間的過程中需要的很多很多的努力，而且也有無數不同的方法和道路，用自己的方法走自己的路。這本來就應該是一個藝術家最應該做的事情。

《红财》我画了大概七个月，置身于强光中的我，极力试图用各种细微差别的红色去建造一个影像。红色，西班牙斗牛士用红色激怒公牛，可想而知红色的力量有多么巨大，人不发《红财》不富。

最後的夢露，手工波普之一的夢露收筆完成。最初是因為沒有現代化的工具，首先有了藝術家來繪製記錄生活；後來照像機的出現取代了人肉照片，於是藝術家開始與現代科技產生了衝突，你照的比畫的像，但是比不過藝術家畫的醜。慢慢的人們被難看的藝術作品帶進

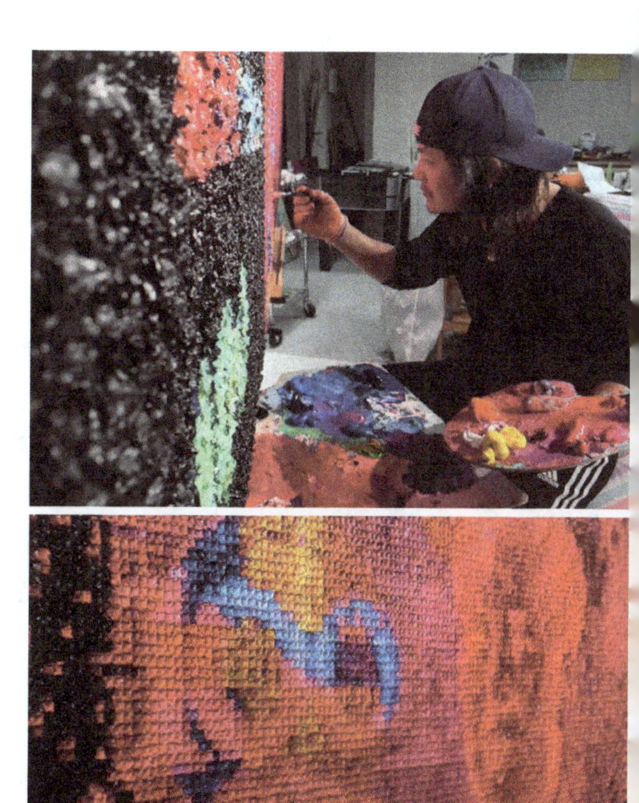

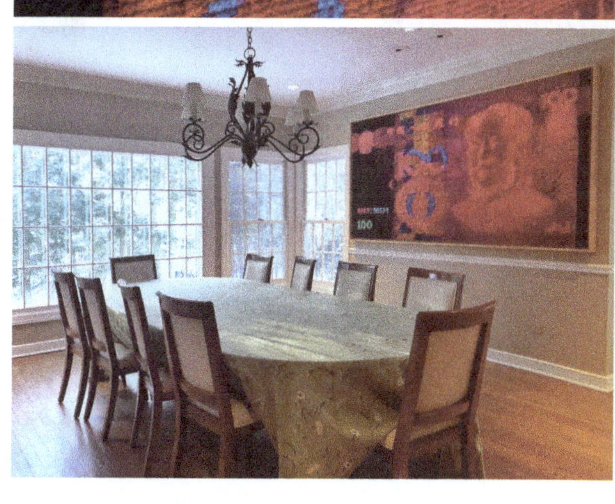

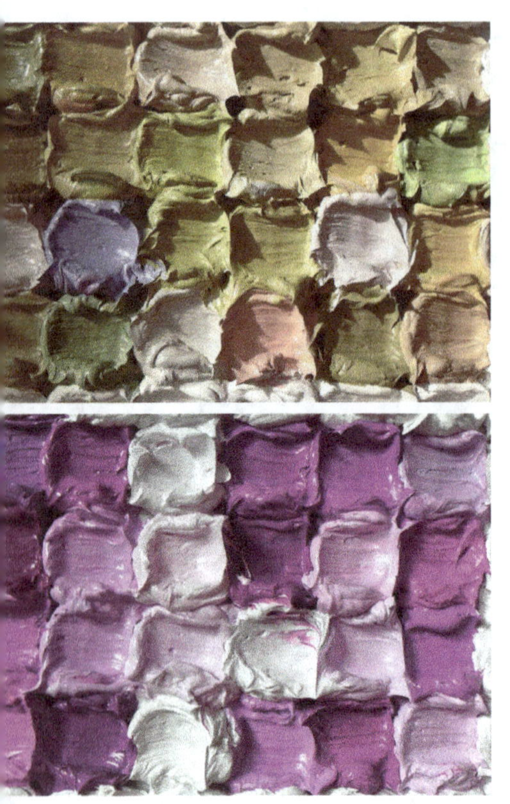

了泥漿，再後來乾脆不畫了，拿個小便池往那一放，欣賞去吧，解讀吧。

這下好人們就暈逼了，藝術家們有錢有財團支持的就更是大沙魚切片，鑽石骷髏頭……窮的藝術家就在路邊撿垃圾，或者家裡壞了不能再用的東西，扔了可惜，可以做藝術品，讓人摸不著頭腦啊。於是慢慢地，人們開始懷疑人生了，家里後花園的樹枝比美術館的樹枝好看為什麼不是藝術品呢？長島老太太花幾十萬美刀買的大魚缸裡泡的兩個籃球每週要把泡爛的藍球換上新的，老太太覺得被忽悠了，才意識到幾十萬買了只幾百塊的大魚缸。這下大家就開始遠離藝術啦，你們玩的開心，自己玩去吧，有意思的事情很多，聽一場美麗的音樂會，看一場喜歡的電影。藝術家們可就難受啦，只能相互捧臭腳，一起罵老百姓們傻逼竟然不懂藝術。可是請問藝術家們，你們真的好好的在創作作品嗎？你們真的是用你們的生命在把你們所看到的美濃縮成精華作品呈現給大眾了嗎？向偉大的人致以最高的敬意，向奇妙的油畫顏料致敬，向美好的世界致敬！藝術是崇高的職業，請給予你的一切。不忘初心！

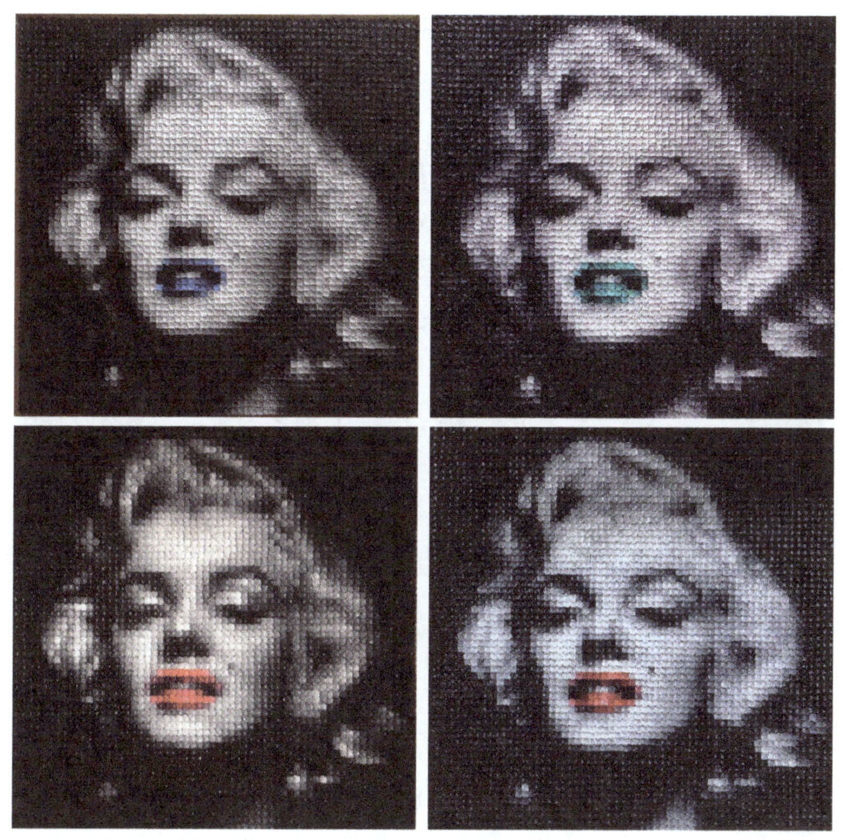

　　沒有準確記錄從 2010 年到現在畫了多少個石村塊，小時候就知道量變到質變的過程就是不斷努力不斷提高，當量到了一定程度，就會產生質變。 任何事情都是如此，沒有捷徑可走。 所謂天賦和才華都只是內心一種感受和召喚，一種能把所有創作探索過程中的苦難轉化成快樂的神奇力量。每一個石村塊也在不斷變化之中越來越完美，從創建石村塊的 0 到 1，現在的 1 以後的更多 1，成長的是我自己。藝術，有無法言喻的神奇力量，幾十萬最簡單的塊最複雜的色彩所產生的藝術魅力，其實最能說清楚的就是愛因斯坦的相對論。

# 六、我的藝術觀

　　往往容易的技巧，容易被模仿的，在今天山塞不為恥的時代，被快速模仿導致光頭畫，大嘴畫，紅唇畫，大頭娃娃畫遍地都是，搞的中國當代藝術不如大風村，大風村將世界名作流水作業的複製，而有些藝術家們不忍放棄創造的門面，又逃不出簡單快捷的成功學誘惑，最好的方法就是創造性的模仿，這個是個悲劇，讓太多的人迷失自己，太多的人陷入僵局，絕對的創造性是藝術家的天職，人們原諒藝術家的神經兮兮，盡量去理解藝術家的不可思議，就是給藝術家最大的寬容和支持了，可是如果藝術家偷偷摸摸的將模仿別人隱藏在自己的作品中，欺騙支持我們的善良的人們，那就不該稱呼自己是藝術家，如果是因為錢而那樣去做？我的大錢剝掉的也是這些作品的皮。

　　小時候一直對量變產生質變的論點著迷，質變來之不易，做愛可以說是量變，生孩子可就是質變了，所以世界上人類如果不是因為這個質變而延續，只是量變就可以，那是多麼可怕的一件事，幸好所有的一切都由量為基礎，質為突變，以質變的結晶去傳承去繼續發展。藝術品當內容與技巧融為一體產生了超越內容，也超越技巧時，才能產生質變，這個可遇不可求，每個人的機遇造化都會決定這個是否會發生，如果發生那是個神奇的事情，如果沒有發生，也許是時機不到，也許是很多其他原因。

　　我喜歡打高爾夫球，因為高爾夫能讓我明白這個道理最直接。打球的人才能明白。我喜歡科技，科技的實用性是藝術品不能比的，沒有人會去花錢和時間研生無用的產品，只有藝術家，藝術家們太容沉靜在自己的世界，可是我們活在一個世界了，幹嘛還要自己再弄個自己的小世界去與世隔絕呢？我們創造的作品終將會見眾生，那麼無論

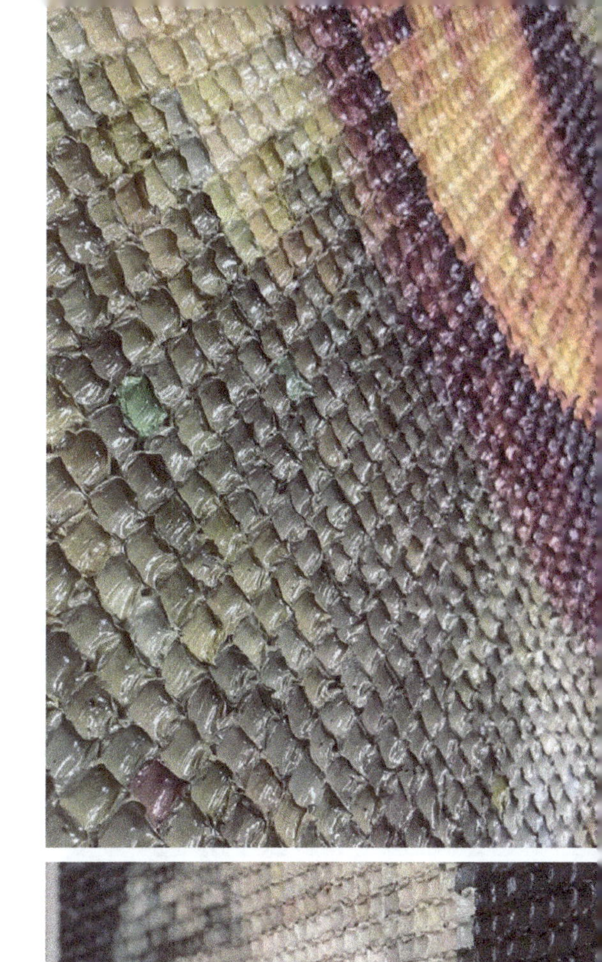

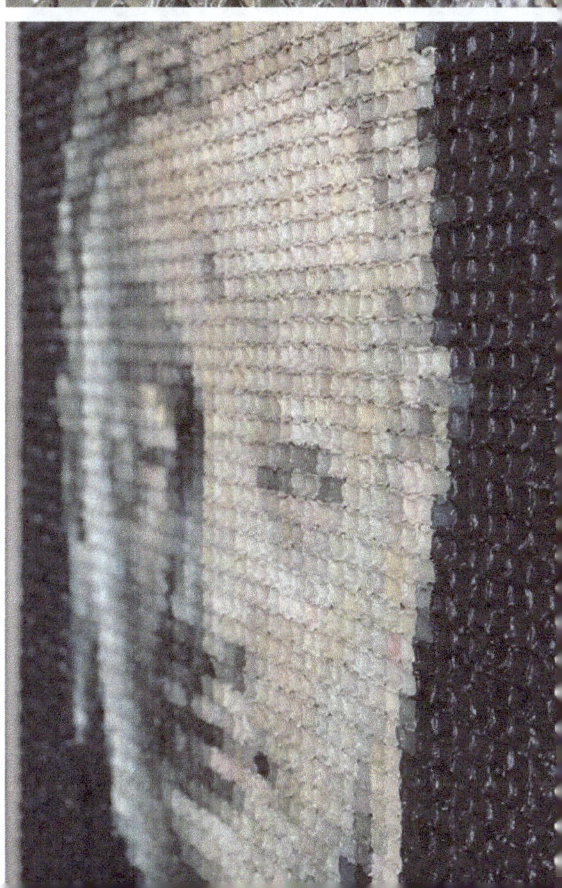

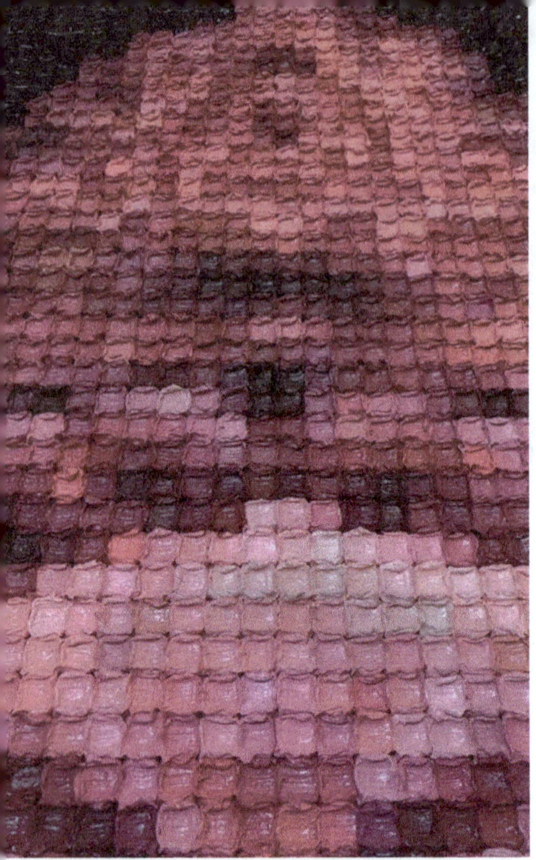

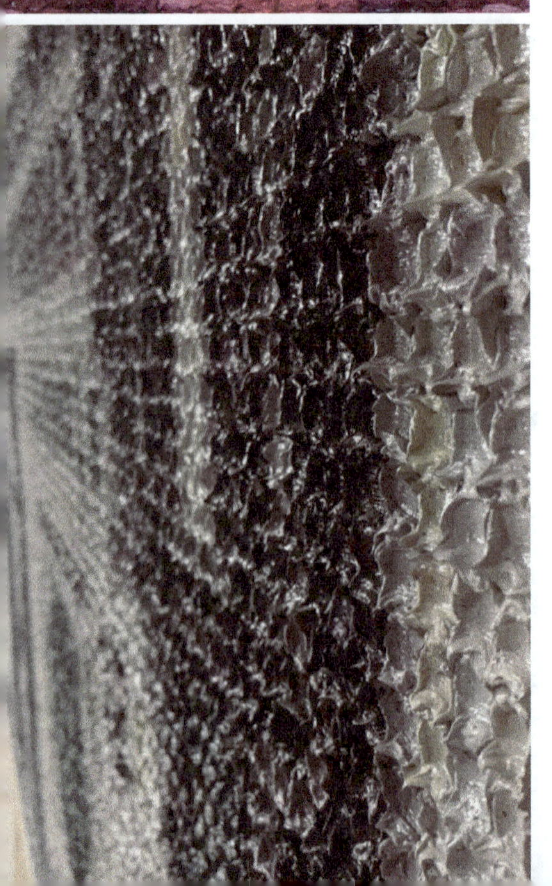

如何，好看而美麗是很重要的，再怎麼說能夠讓一個環境蓬蓽生輝也是造化吧。所以我一向認為作品好看是必須的。罵人家不懂藝術，那有惱羞成怒的成分，不應該，藝術沒有懂與不懂一說。

我們的一生只是一件作品，而且是後來才知道是不是作品的。有很多其實根本算不上作品，只是一張畫，作品用一生去完成，畫不是。我們一生會有很多的經歷，很多的量到質的轉變，每個人的因緣不同，遇到的機會也不一樣，因此啟動了多彩的個性，匯成多彩的世界。

原創力是我生命的源頭，就像我很多年的朋友合夥人 Marty 說的，攔不住，他也一直會保護和提醒我遠離 Mojo killer。 Mojo 大家都有，只是不太一樣，是生命密碼神奇的禮物，要用生命去保護好。才能常常開花常常結果，匯總一生就是一朵奇葩。

說什麼？怎麼說？當代藝術怎麼說是關鍵，也就是表達方式

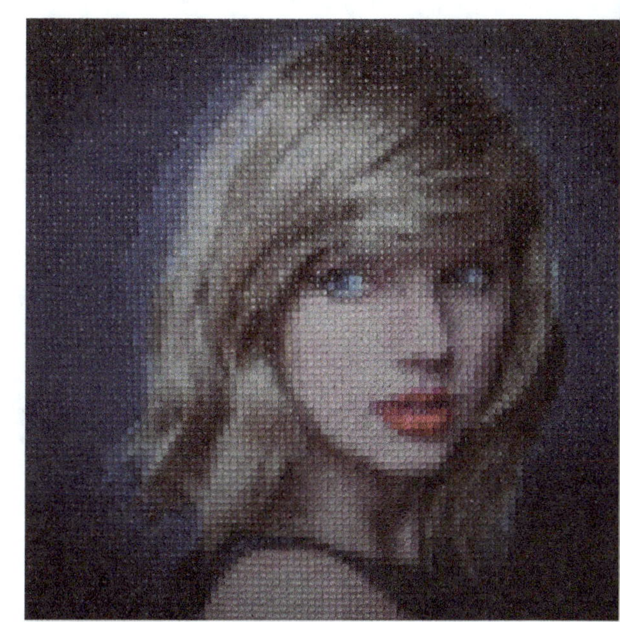

Taylor Swift
布上油畫
52'x52'，2019

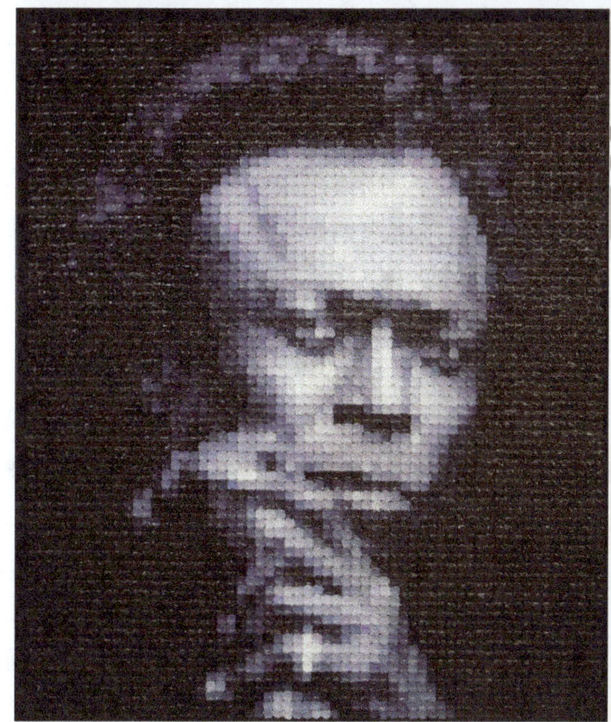

Miles Davis
布上油畫
46'x38'，2019

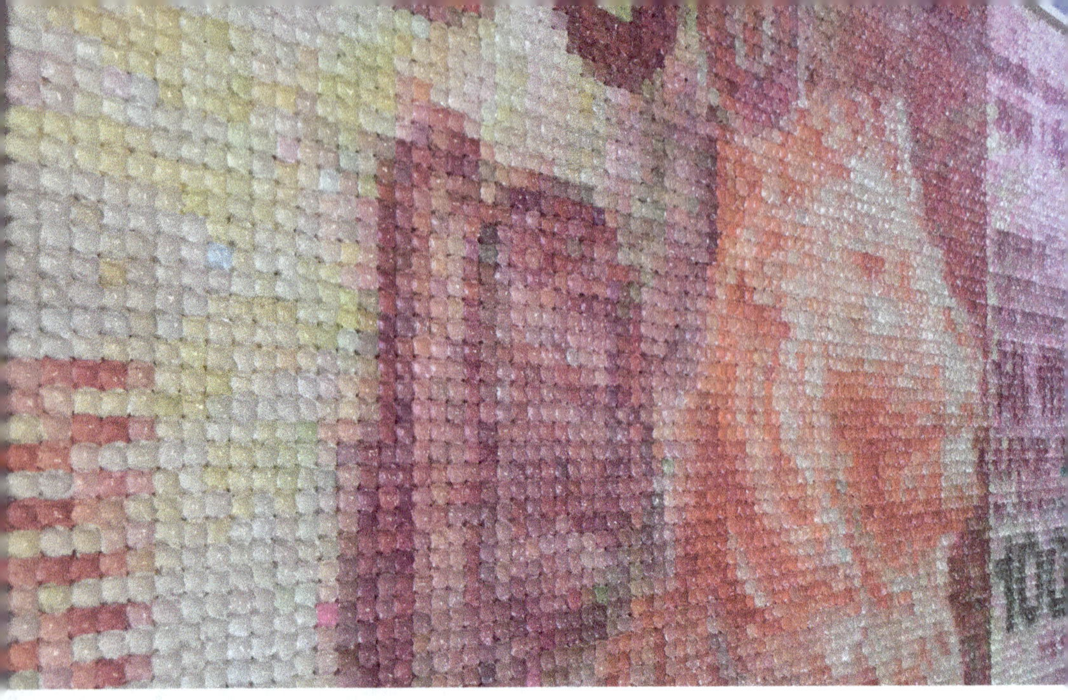

或者語言。說什麼相對比較容易，畢竟每一個人都有自己想要表達的東西，不僅僅是藝術家，只是藝術家用藝術作為表達的方式，比如作家用文字，音樂家用樂器（聲音），這些都是人在被創造出來的時候就被賦予了的特別能力，是造物主按照祂自己的樣子創造的，也是人為什麼是萬物之靈的原因。我們目前認為人類有了上萬年的歷史，這上萬年中從很早開始就有過輝煌的藝術作品存在，古希臘古羅馬的雕塑藝術現在都無法超越，後來因為人類沒有好好珍惜造物主的恩賜，所以有4百多年人類活在黑暗中，那段時間沒有任何文化和藝術可言，直到我們現在稱為的文藝復興可是那些偉大的藝術家們重新解開了藝術的密碼，意大利美第奇家族功不可沒，達芬奇，米開朗基羅，拉斐爾，等等幾十位音樂家，藝術家，科學家，建築師們共同將美麗重新呈現了出來。科學的發展推動了藝術的進步，比如照相機解放了藝術家們，當人類進入現代文明後，藝術也開始更加向說什麼的方向前進，於是獨特的表達方式或者叫繪畫語言就成了當代藝術至關重要的一部分，可以說：古典藝術是說什麼，現代藝術是怎麼說。任何一種新語言的出現都來之不易，經歷只有這個藝術家自己知道。這位顯然是語言的抄襲。

路是人走出來的，這話好好想想挺深的，在別人走出來的路上走好走，自己走出以前沒有的路艱難，紐約是新路的起點，老祖宗留下的話，從小就伴隨長大，世世代代都會言傳，但是明白其中的道理也許需要一生。路是人走出來的！

原創的精神如此重要，因為這是人類唯一能夠接近神，靠近崇高和永恆的可能。

這一天或許在另外一個維度早已存在，也許我們就是另外一個維度。如果沒有藝術，世界和人生都只是一面牆。

上帝創造宇宙萬物，再創造了人並且給予了人靈性。音樂，藝術都是靈性自然的流露。學習技巧，掌握能夠表達靈魂深處的情感的能力需要很大的毅力，如果有功利心那將是件很痛苦的事情。今天氣溫回升，和心靈相通的人一起曬太陽喝咖啡讓心靈感受千年之遇，祖宗在基因中存儲的密碼終究還是會在合適的地方生長，這一切主自有安排……

## 七、我的《蒙娜麗莎》

達芬奇去世整整 500 年了，如果沒有文藝復興，沒有那些偉大的人，我們是不是依然在沒有藝術沒有靈魂，只有在吃喝嫖賭，相互殘殺的黑暗中野蠻的像動物一樣過日子，感謝文藝復興時代，感謝偉大的人，因為你們，我們才知道人類精神生活是多麼重要，感謝上帝用你們傳遞來的藝術之美，感謝達芬奇，500 的輪迴，我知道你在盧浮宮的蒙娜麗莎微笑中活著。

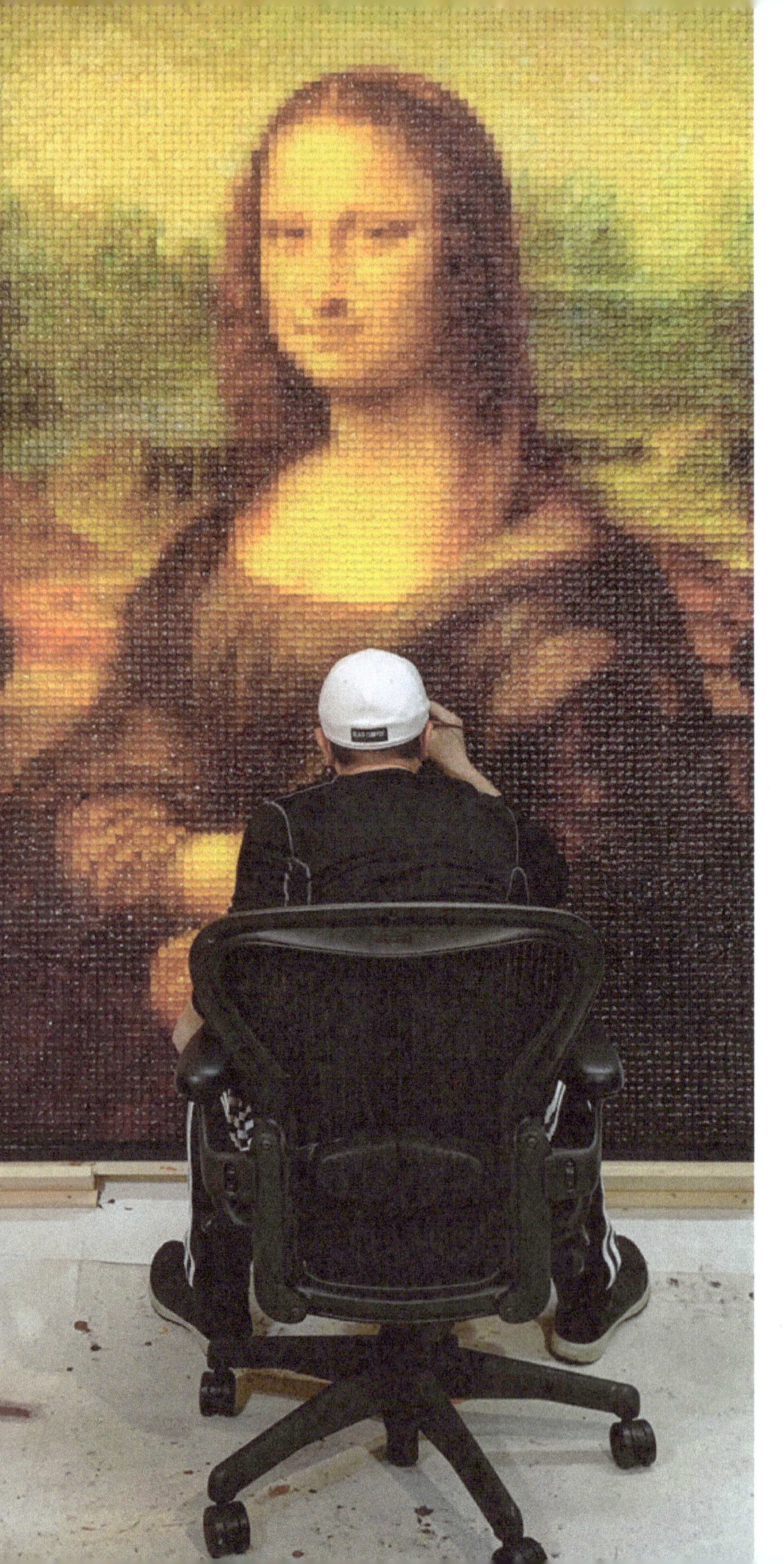

　　紐約的蒙娜麗莎！有些事情是有輸贏的，比如高爾夫球，少打的人贏，籃球足球多進球贏，有些事情沒有輸贏，比如說藝術，榮美，感動就好。每一個人都有不同的喜好，每一個人都有不同的感動，對於我來說：音樂要好聽，藝術作品要好看，能夠有震撼之力。新、與眾不同、獨一無二，那是上帝賦予的。時代不同，人的感受不同。把世界上最有名的作品用自己的繪畫語言再創作，讓這件作品有新的生命力，"重啟" Restart 對了就是重啟。500 年了，藝術本來像伊甸樂園一樣。杜尚的小便池 " 泉 "，就是人類的藝術禁果，杜尚就是那條蛇，他誘惑人類走向了消滅藝術之美的道路，以至於發展到大便是藝術，吃屎是行為藝術。幸好時尚圈，蘋果履行了藝術的責任，讓人們穿的美美的再用著美美的手機和電腦，重回藝術的伊甸園，重回藝術之美，重啟，不斷重啟……

　　其實畫畫既是世界上最容易也是世界上最難的事，因為沒有標準，可以有技巧，也可以沒有技巧。任何人、任何動物都能畫畫，比如貓狗身上腳上佔了顏料，弄哪兒都是繪畫作品，所以好壞全是個人的事，有人喜歡就好，各花入各眼。沒有好的基礎的人是不可能把球打上這個果嶺的。高爾夫球的標準動作要求非常嚴格，只要做不好一點點就難以把球打到目標上。所以那些有天賦，而且願意付出努力的明星大牛給無數人展現出無比精彩的球技，使得人們感受到神奇，敬佩那些牛人的天賦與才華。他們的生命給世界帶來了巨大的力量，一場比賽無數人看，無數人感到振奮。畫畫的天賦與技能培訓如何結合起來，讓人知道這畫如果沒有十年寒窗苦練是不可能畫出來的，而不是說這樣畫我也會！好的、打動人心的藝術作品往往是好想法加上難以實現的技巧，再加上無數時光的留痕。

# 八、致敬我的藏家

　　燈光進行著再創作的體驗，作品可以一直延續想像的空間，這個收藏家精心打造的空間，這種空間與藝術作品完美融合的恰到好處，因為我的石村塊畫法是立體的，燈光會在不同的角度反射出不同的色彩與光，形成意想不到的效果，這與我最近新作品追求更加細膩柔滑的質感很是有些不謀而合的驚喜，收藏家真的是藝術得以傳承發展的最重要環節。感謝您開啟更多的想像空間。

　　收藏藝術作品本身就是從一見鍾情的心動開始的，在自己家裡每天看著讓自己心動的作品，那種愉悅的心情本身就是藝術所應該帶來的，作為藝術家還有什麼能比你的作品能令人心動更加深刻的體會到做藝術家的快樂嗎？感謝所有收藏我的作品的收藏家，我繼續，希望我的作品能在你們的家裡給你們帶來永無止境的愉悅，願美好的藝術陪著你們，願上帝永遠眷顧熱愛生活和藝術的人。

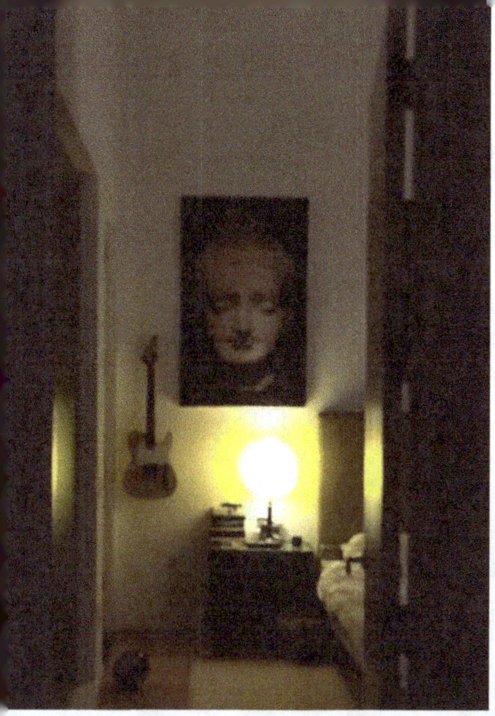

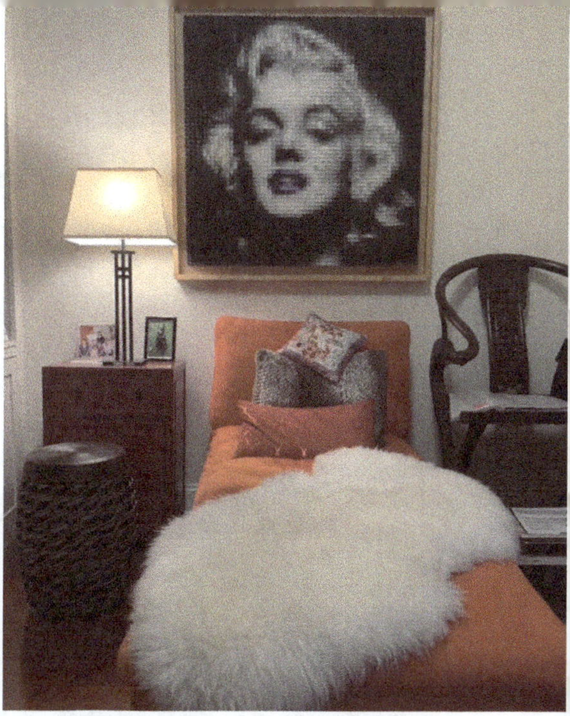

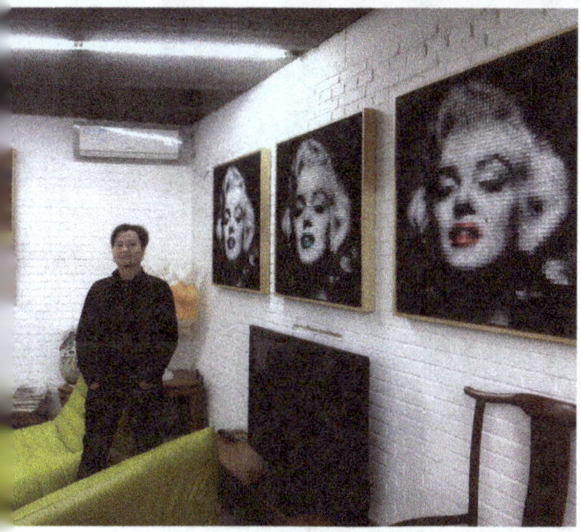

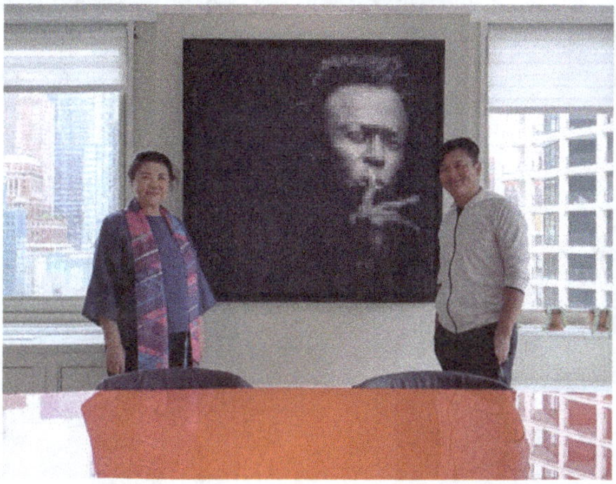

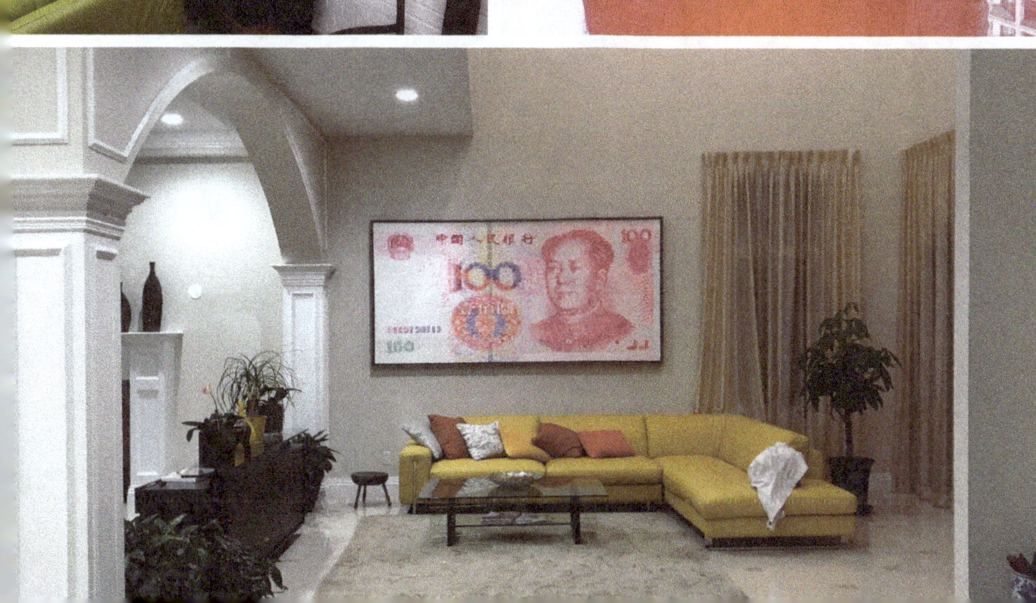

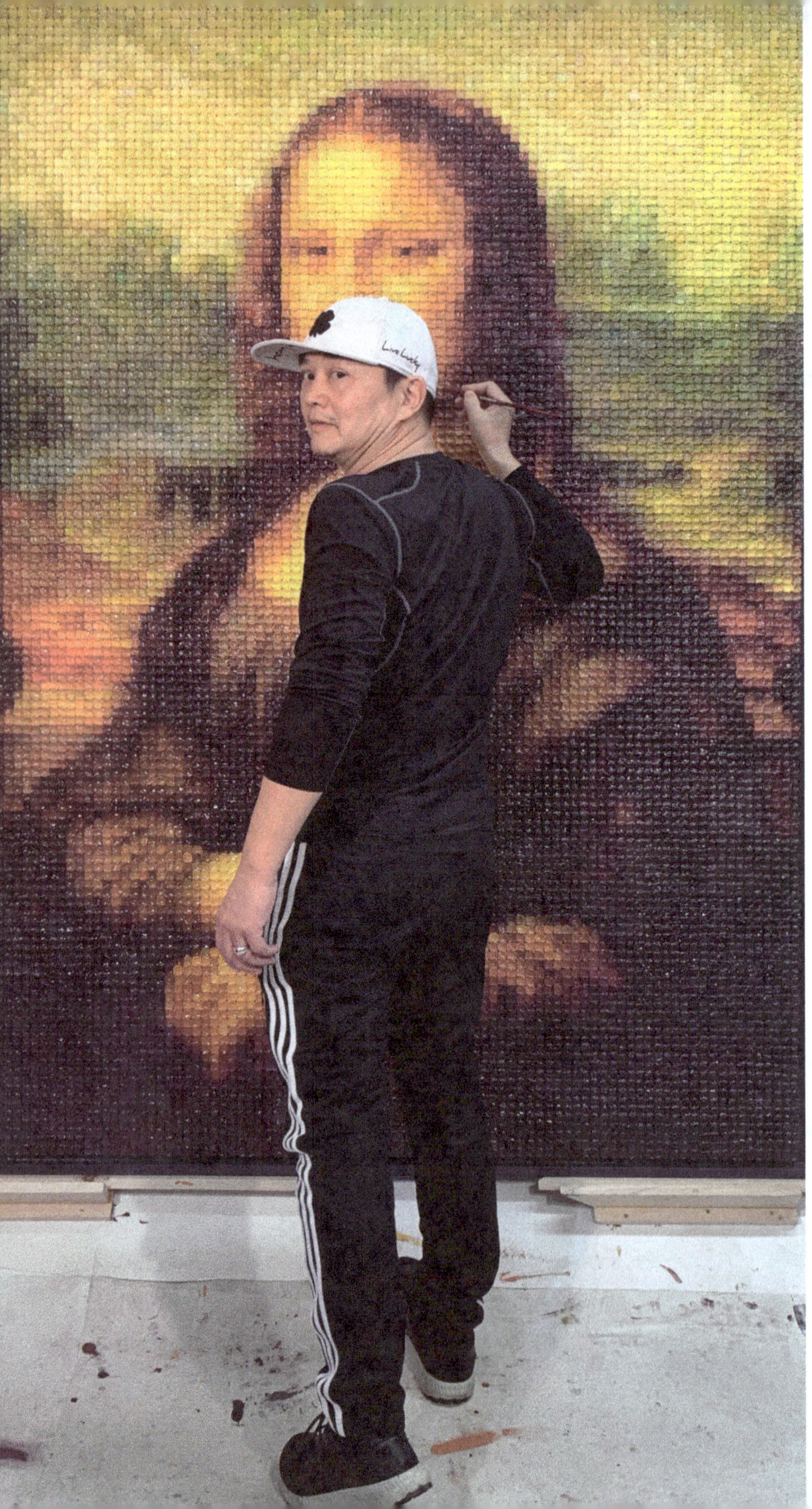

# 達芬奇的 500 周年，
# 我的蒙娜麗莎

　　4 月 27 日晚上，我在半夜一點半的時候，為我的油畫蒙娜麗莎的畫下了最後一塊，完成了近兩個月來的閉關繪畫歷程。我已經累得精疲力竭，掙紮著開車從畫室回到家，一頭栽倒在床上睡著了。

　　從心理精神層面將自己的情緒調整好，然後進行各種物質和精神心理準備工作，一直到完成這幅對我來說並不容易的作品，前前後後一共花了好幾個月的時間。

　　我的石村塊與傳統意義中的繪畫方式截然相反，就像打高爾夫球一樣，越想遠就越不能用力，在如火的藝術熱情裏面我用最最理性的方式，一塊一塊用油畫筆像寫書法壹樣弄成盡可能的正方形，當一個簡單的動作重復一萬兩千三百七十六遍才能完成一件作品的時候，長時間的專註，同時可以專心致誌的去發現創造色彩，這就是說我還沒有瘋掉已經萬幸，也許我已經瘋了，我只是自己不知道而已。因此，這

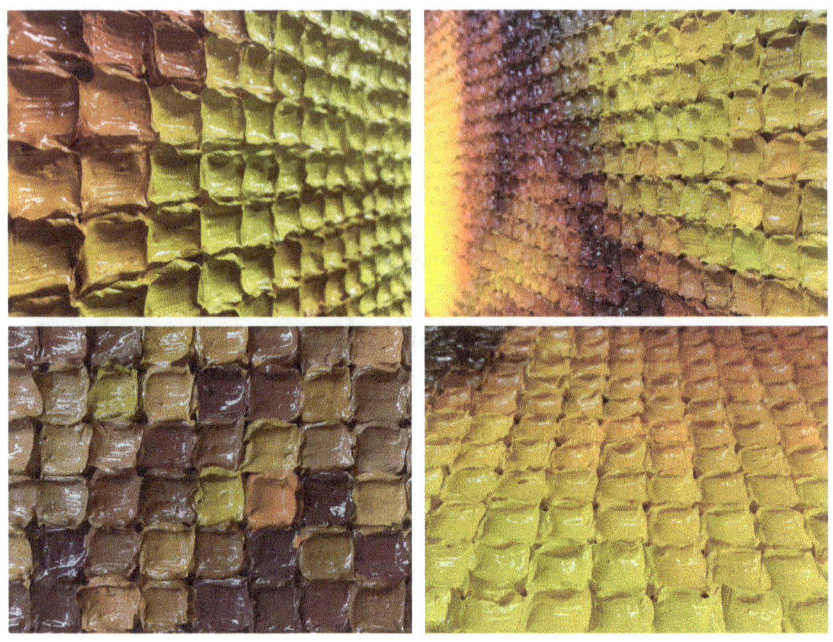

個過程所需要的心理準備以及精神準備相對來說都比較長，然後就是"閉關"的方式靜下心來一塊一塊地，用一個指甲蓋大小一個指甲蓋大小的面積去體驗螞蟻占地盤的快樂。所謂的"閉關"就是不再出門參加任何活動，甚至不見人，為的就是將自己的心理調整到繪畫的這個層面來，完全投入到作品的內容中去。 任何一個與外界的接觸都可以打散創作的整體心緒。

蒙娜麗莎這幅作品高 86 英寸，寬 55 英寸，一共一萬兩千三百七十六塊。我每天十到十五個小時在畫室，除了吃飯和幾個不同時段的短暫的休息之外，都是在畫，畫了近兩個月才完成。 雖然，對我來說，每張作品的過程都是如此，歷經的腦力和體力勞動都一樣艱辛，但是回看蒙娜麗莎這張作品，其中發生的各種事情都是在創作其他作品時沒有經歷過的，因此可謂奇跡。

最初畫蒙娜麗莎的起因是上帝。我一直對神奇的生命非常著迷，對

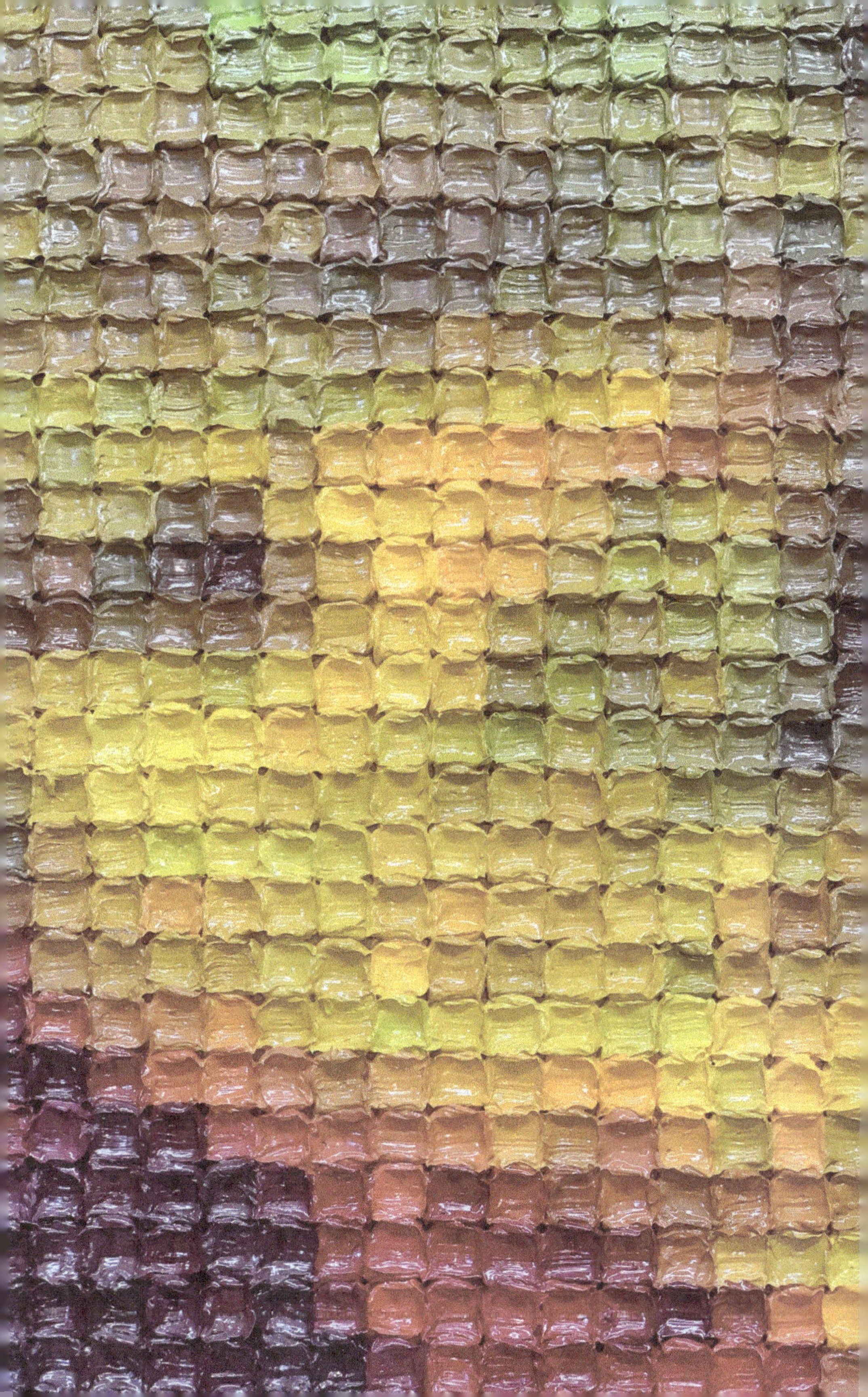

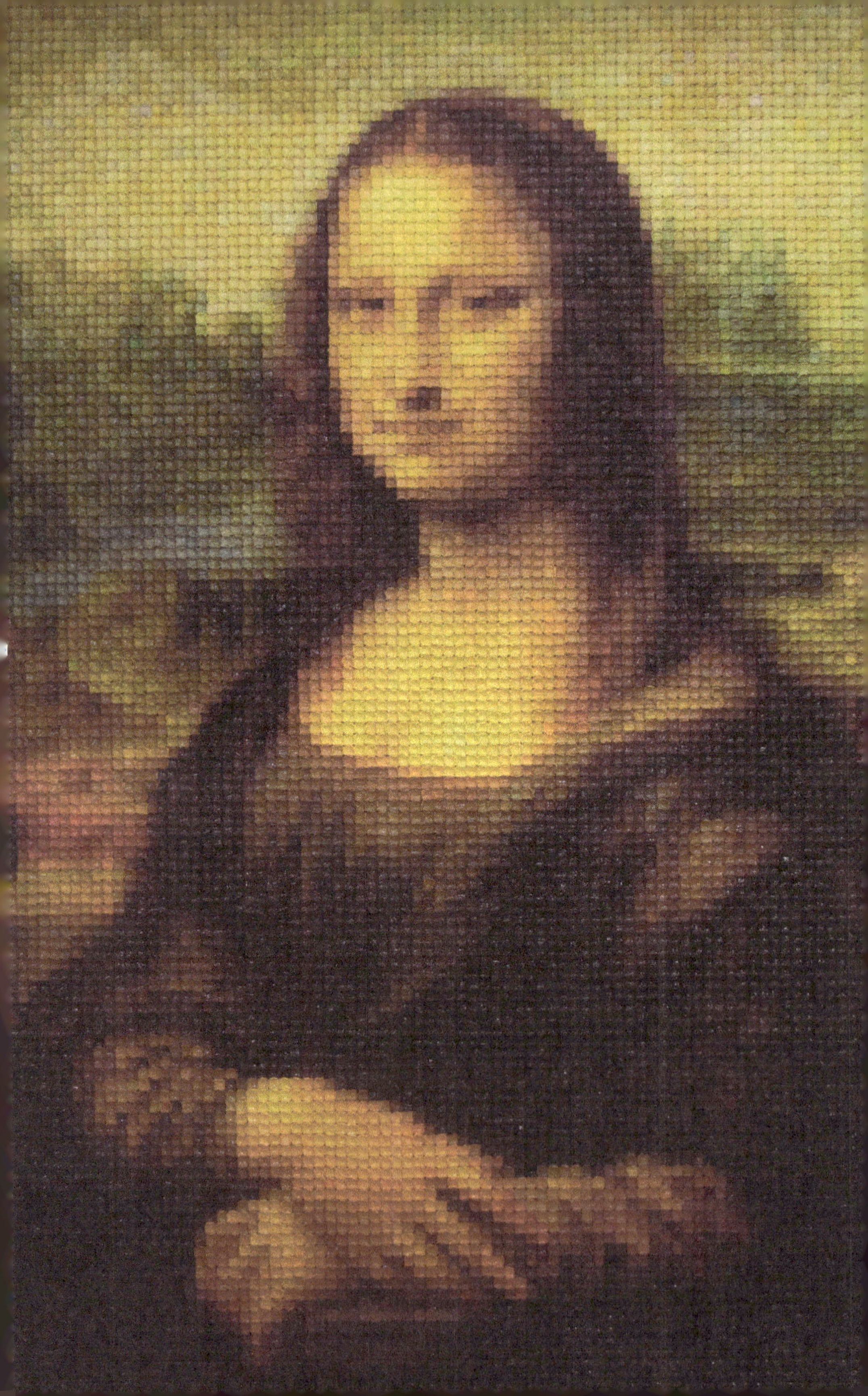

宇宙萬物的來源，人為什麼會有思維能力？到底是誰建造了那些幾千年前的神奇物品？等等……這讓我一直覺得造物主的存在，冥冥之中壹切都早有安排，直到 2019 年新年我在朋友 Emily 家的新年晚會上認識了一個教會的新朋友馬兄弟，他邀請我參加教會的春節晚會。晚會的那天我感覺到一種從來沒有過的踏實，從那時起，我就開始每個星期天到教堂做禮拜。隨著對聖經的深入了解，我認識到造物主就是上帝，他的神奇力量無處不在。我對文藝復興時代以及達芬奇密碼開始重新認識。後來，看了好幾部關於探討達芬奇的蒙娜麗莎是來自何處的紀錄片，我忽然對達芬奇和蒙娜麗莎感到了一種不同的觸動，決定用我的石村塊方式畫一張達芬奇的蒙娜麗莎，作為我對達芬奇的進一步認識。

正在我開始作準備工作，購買油畫材料，準備開始進入作畫狀態的期間，發生了葉永青藝術抄襲的新聞。作為藝術家，我也自然關註這件事的發展，同時也感觸萬分。竟然有不少替他“洗地”的藝術界人士以葉永青不過是“挪用”為借口，甚至還拿出安迪沃爾霍和他的波普藝術作品來說事。我認為，如果一個藝術家沒有自己獨特的藝術方式和語言，完全按照別人的方式和內容來做作品，就是赤裸裸的抄襲，無論是形式的抄襲，還是語言的抄襲，都是抄襲，絕對不是挪用。如果妳有自己與眾不同的繪畫藝術來表達自己的思想和對藝術的認識，用自己的藝術語言去訴說世界著名的圖像，這時候妳的作品就從原來藝術大師的驚世傑作變成妳自己的作品了，這才是挪用。

無論如何，這件事也讓我更覺得我必須用我的石村塊來畫一畫達芬奇的蒙娜麗莎，如果需要還可以請巴黎的羅浮宮來論證一下我是在抄襲還是在挪用，這點非常重要。美國的當代藝術有非常多的挪用，我八十年代剛剛到紐約就開始進行藝術挪用。後現代藝術最強大的自信，波普藝術就是用自己的藝術語言改變原來作品的意義，當然在這方面的祖師爺是杜尚的小便池嘍。

隨後，在畫蒙娜麗莎的過程中又經歷了一系列令人震驚的大事件：

四月十日人類首張黑洞照片正式發布，驗證了愛因斯坦的預言：質量確實可以令時空彎曲。四月十五日，曾經加冕拿破侖為王的巴黎聖母院突遭火災，燒塌了尖頂，引發全球感傷。

四月十九日，我看到小時候一起學畫的壹位朋友發了一個關於達芬奇逝世五百周年的消息，我才知道今年五月二日將是達芬奇的 500 周年紀念日。於是，我決定無論如何要在五月二日之前完成這張作品，作為我對達芬奇五百周年的紀念。說到達芬奇這位離神最近的奇才，我覺得他是上帝選出來的巨匠之一，為的就是要完成人類文明進步的任務，我因此對他充滿了敬意。四月二十一日星期天在我的人生中是一個大日子，我受洗正式成為一名基督徒，那天，我首次放下了工作。

四月二十七日晚上，我和太太的一對基督徒老朋友遠道從馬裏蘭州來看我們。當時，我的蒙娜麗莎已經接近尾聲，我再次放下手中的工作與他們一起喝酒聊天。我們一起回想了共同認識十八年的路途，暢談了我成為基督徒的全部感想。 晚餐後，我懶洋洋的看著電視上播放的高爾夫的奇跡瞬間。看到一個打進水裏的高爾夫球，居然沒有沈在水裏，反而在水面上蹦蹦跳跳地一下子躍上了果嶺，不可思議地竟然還進了洞。很多神奇的球都不可思議的出現，人們驚呼開心慶祝，大家相互祝賀奇跡發生。在那瞬間，我意識到當妳付出一切的時候，奇跡才會發生，上帝就是這個奇跡的主人，他想什麼時候發生就什麼時候發生，他想在誰身上發生就在誰身上發生。正是因為那些球界奇人每一天都是上千個球的練習，從小到大風雨無阻，付出了比常人多很多倍的努力，上帝才會願意讓奇跡發生在他們身上。我怎麼就打不了那些花樣百出、奇跡一般的球呢，那是因為我根本沒有練習！於是，我決定繼續回到工作室，接著完成蒙娜麗莎。估計是受刺激了，這樣一直畫到淩晨一點半，終於完成了我的蒙娜麗莎。

四月二十八日早上，我們的那對馬裏蘭夫婦朋友走進我的畫室，成為這張作品的第一個觀眾。他們看到這張斜架在特制的畫架上的這幅畫時，眼睛和嘴巴都睜開、張大，形成一個大的驚嘆號。 他們一邊"哇"

著，一邊拍照。

蒙娜麗莎是達芬奇創世紀的作品，引發了全球無數人的驚嘆和探究。從"紐約藝術觀察"陳儒斌老師的文章《從紐約到倫敦及巴黎，全球隆重紀念達芬奇去世 500 周年》中學習到，蒙娜麗莎曾經在 1963 年 2 月 7 號來紐約大都會展覽了一個月，吸引了超過一百萬人的觀賞，可想而知蒙娜麗莎的吸引力。巧的是我生於 1963 年 2 月 4 號，從某種意義上來說，我與蒙娜麗莎冥冥之中很有些緣分。 這張掛在巴黎盧浮宮的作品可以說是世界上最著名的油畫，我 1993 年去法國的時候在盧浮宮看過原作，遺憾的是那個階段正是我反藝術時期，根本沒有懷著對偉大藝術家之偉大作品的敬仰之意去觀賞學習。 雖然蒙娜麗莎不大，只有長 78 公分，寬 53 公分，卻是舉世聞名。尤其，蒙娜麗莎的微笑一直牽引著人們的視線。她臉上那種若有若無、似笑非笑的表情幾個世紀以來都讓人探究其內涵，因此蒙娜麗莎的微笑也可以說是世界上最神秘的微笑。

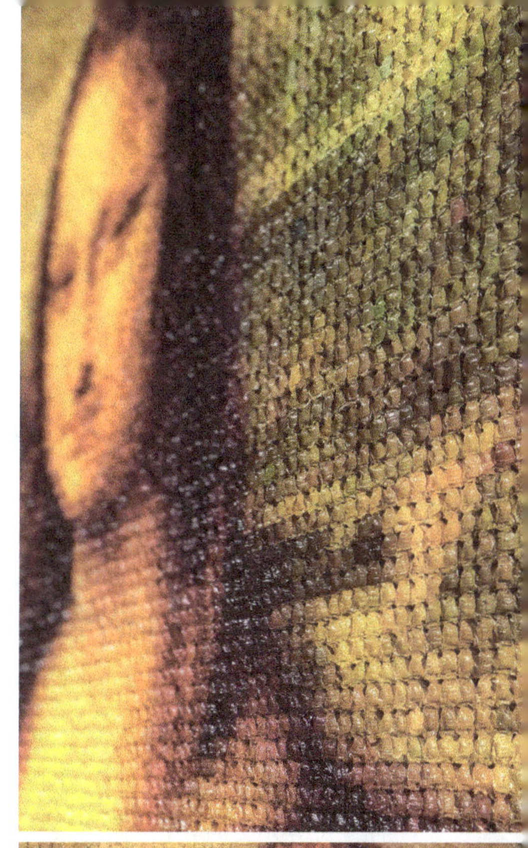

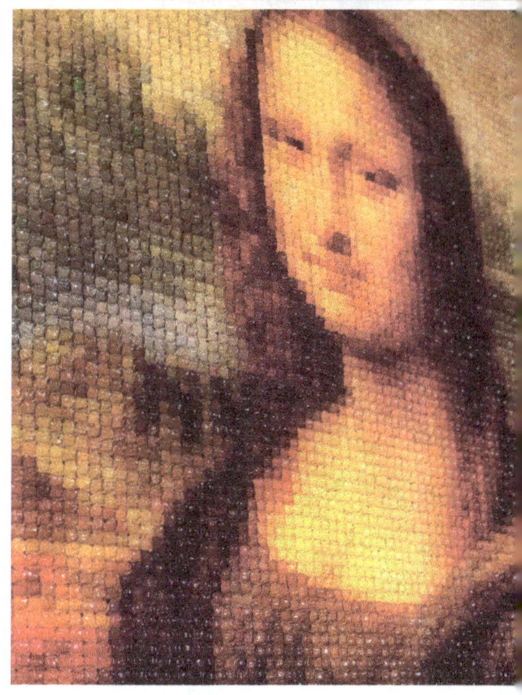

　　自達芬奇的蒙娜麗莎出世以
來，她就成為全人類的蒙娜麗莎，因
為她不僅僅是一件藝術作品，也是人
類的精神文明的象征，是人類經過
500 年的黑暗階段以後開始的新的光
亮。上帝通過那些文藝復興的偉大藝
術巨匠重新讓人類的精神有了光，現
在剛好又是 500 年了。

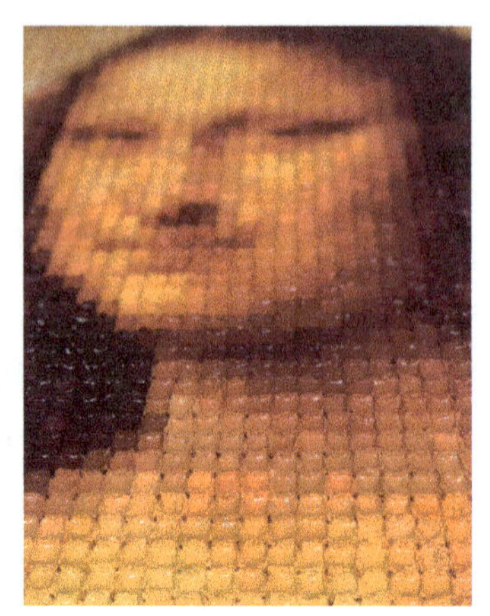

　　我在畫蒙娜麗莎的過程中，一
直在聽聖經，來來回回的聽了好幾
遍，特別是創世紀我聽的更多。為什麼上帝要用洪水來清理地球，把
他按自己的樣子創造出的人類全部消除？因為他沒有料到人類會墮落
到醜惡的地步，他後悔創造了人類，但也沒有徹底放棄人類。於是他
讓諾亞建造方舟，保留了人類和物種。而後來的人類依然充滿惡行，他
就讓他的兒子耶穌基督為我們死，用他的血贖清我們的罪。

　　今天，人類又進入了新一輪的作惡，從藝術到科技，再到塑料的
發明，人們又開始忘記了人本身被主創造時的樣子，藝術也不再榮美。
人類開始自己扮演上帝，研發出機器人取代自己，還發明塑料和武器
來毀滅地球。我覺得蒙娜麗莎的表情就是上帝的表情，當人以為自己
就是上帝的時候，上帝不再會用洪水，而可能是另外一種方法懲罰那
些墮落作惡的人。對於很多人說的“架上繪畫已死”，我並不這樣認
為，因為我一直堅持做的就是把畫放回畫架上畫，只想讓上帝賦予人
類的美，色彩的美，讓榮美重新回到人間。架上繪畫不會死，只要蒙
娜麗莎還活著。

# EPILOGUE
## 後記

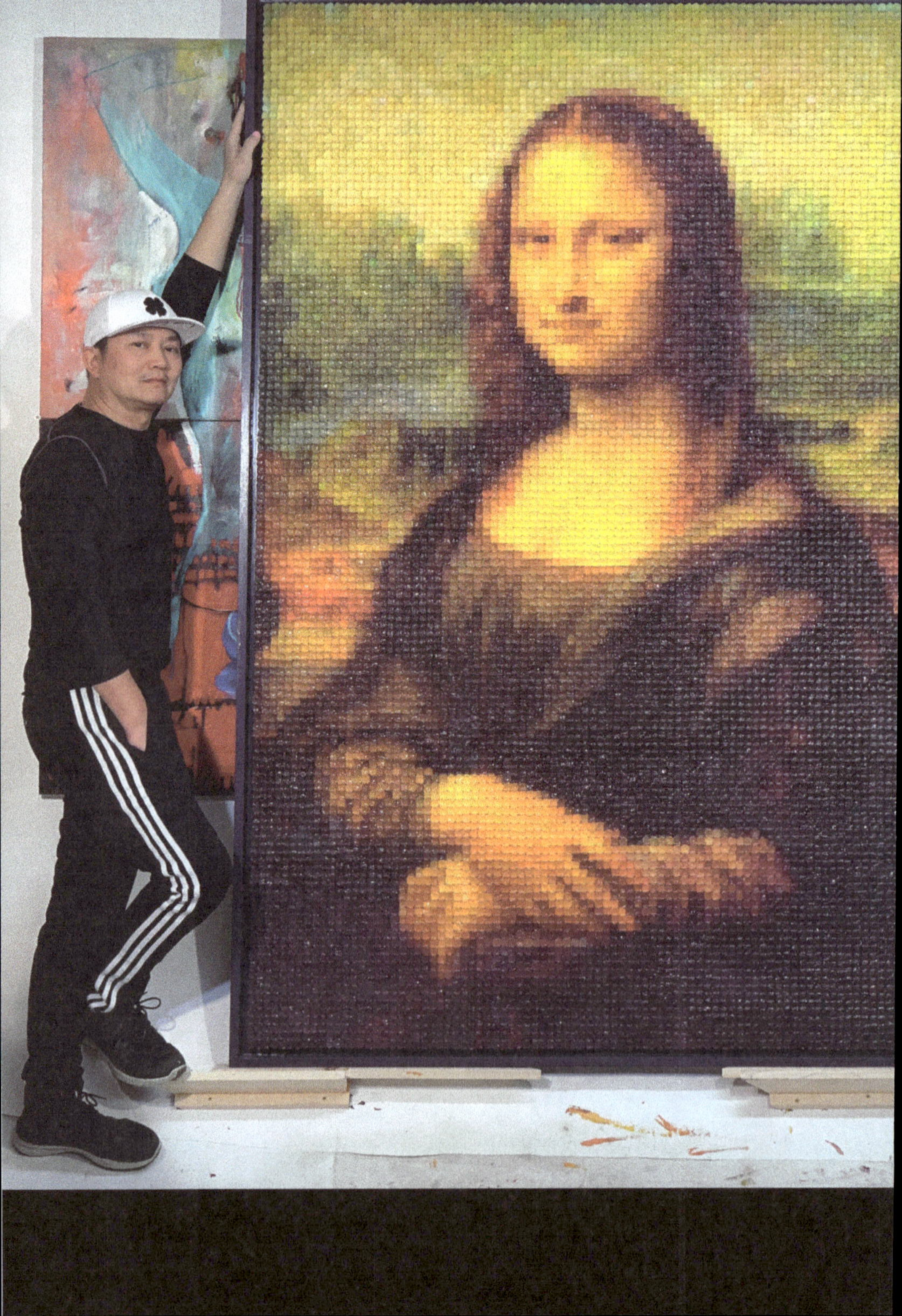

# 石村的《蒙娜麗莎》

胡桃

2017 年，國內出版社的一位編輯於我探討出版一本關於石村，他的藝術生涯以及他藝術作品的書。從那時開始，我就一直思考著如何去做一本關於石村的書。

石村是一個很難界定的人。他不是一個普通的畫家，儘管，他繪畫多年，1992 年时作品就参加纽约和欧洲当代艺术画廊的巡展。他也不是一個搖滾歌手，雖然，他 1994 年就發行過重金屬搖滾專輯《搖滾街头一条汉子》。他更不是一個商人，儘管，他曾經踏足商界多年，融资创立公司后又卖给美国上市公司。

縱覽石村的前半生，從九歲起開始畫畫，從師過藝術教授賀野，幾年高考绘画專業课成績都是第一，1987 年移民美國紐約、受到紐約東村當代藝術的影響，作品多次參加紐約當代藝術畫廊如另類美術館和鍾樓展覽，參加歐洲巡展並被德國凱塞爾美術館收藏，在台灣拍攝廣告成為新新人類代言人，出版第一張重金屬搖滾樂專輯《搖滾街頭一條漢子》，1995 年成為美國 MTV 電視台重金聘請的首位來自大陸的主持人，在紐約融資成功並成立了一連串的新媒體公司，與華爾街的上市公司合夥投資中國的科技項目，2010 年創造出"石村塊"的布上油畫《人民幣》系列，被譽為人民幣畫家等等……石村的一生就像一顆不停歇的滾石，一直都處於不同的創新中。

因此，想要出一本關於石村和他的藝術的書，是一個難題，看著他讓人眼花繚亂的前半生，你都不知道從那兒下手。想來想去，我決定從石村的媒體資料下手，將他這前半生中，所有對他進行過報導的媒體文章進行一下梳理，然後以此為時間線來總結出石村走過的藝術道路。於是，我們將報導過他的資料，以及各種各樣的寫過他的文章綜合在一起，整理成這本書。

如果單從藝術家的角度上界定石村的過去和現在，那麼，我們就把他年輕時經歷過的坎坷和輝煌定為前世，把後來重新回歸藝術的石村定為今生，這樣就把他的過去和現在的藝術人生劃出一個比較清晰的分界線。最後我們整理出石村自己關於藝術和人生的一些觀點和看法，這樣就形成了一個相對比較完整的石村。

關於石村，很多人都無法界定，甚至無法理解他到底是一個什麼樣的藝術家。記得 2017 年美國中文電視台的節目《Hello 紐約客》來採訪他的時候，主持人俞堯問他的第一個問題就是，在你的事業上，為什麼總是眼看著目標觸手可及的時候就要放棄一切，再從頭開始？

也許這個問題就是這本書中記錄的石村，一個從來都是在尋找著自己使命，而不惜放棄一切他不認為是使命的過程。翻看以往媒體對石村諸多的採訪中，經常可以看到類似的結論：一個不按常理出牌的人、一個驚世駭俗的人，一個不安定的靈魂。也許，正如嚴力在序裡面所說的，這一切的一切都是源於他對原創的追求。當一個人從來都是以超越別人、超越自己為目的，不容許自己的藝術想法和創作有一點點的與別人雷同，那麼，他的一生注定會永不滿足，永不停歇。

我從與石村認識到現在已經有二十五年了，看著他經歷過前世的尾巴和今生的全部。在他前半生所有的起伏和變化之中，唯一沒有改變的就是他在藝術創作上對於他自身的认识、定位和要求，不斷的創新和努力，充沛的激情和理想。

2010 年，石村重回藝術，創作出與眾不同的、現在被稱為"石村塊”的人民幣系列油畫作品。為了定位他的油畫語言，他九年來作出了不懈的努力。將石村塊的繪畫方式不斷創新，從原來的馬賽克式的畫法到今天的石村塊式的畫法，從每一塊油彩塊的顏色、大小，形狀、筆觸，厚度和光潤度都有極高的要求，必須讓所有的塊塊都像機器製作出來的一樣，雖然每一塊的顏色完全不相同，但在大小、形狀、筆觸、厚度和光澤度上卻保持高度的相似性。因此，石村塊的作品上每一塊顏色的排列、厚度、筆觸和光潤度都極有講究。如果說，放眼全世界，用塊狀的方式來進行布上油畫的創作的藝術家不是石村一個人，但用上述這種方式的規格和要求創作出“石村塊”的藝術家全球只有他一人。如果說，石村的“石村塊”是他獨創出的一個當代藝術的新流派，這一點都不為過。因為，沒有任何其他的藝術家可以用每一塊塊指甲蓋大小的方塊來作畫組成一幅让人震撼的同時，也让人感到美的作品的。這樣的作品太耗時、耗力、耗油彩、更耗耐性和毅力。

我親眼看到石村為了畫完一張“石村塊”作品，可以一天十五個小時呆在工作室裡面，除了吃喝拉撒睡，睜開眼睛就是喝咖啡聽音樂，隨著音樂畫石村塊，一直畫到眼睛睜不開為止。我看著他在刺眼的專業聚光燈下，一遍又一遍地根據每一塊格子進行調色，然後再一筆筆畫出大小一致、筆觸相同、厚度和光潤度一致、形狀完美的油彩塊。這種畫法的難度是對顏色的要求極高，需要用不同色彩的塊塊混搭來畫出人物形狀和光影的凸凹，從而達到神似的要求。這種顏色上的調色和混搭有時候的深淺差別如此微小，近距離的時候很難看出來整體的形狀。他只能一邊畫一邊用手機拍照局部看結果。有時候，好容易畫完幾十塊甚至幾百塊的之後，他退後觀看油畫的全局時才發現某個局部的光影不對。於是，他就毫不留情地剷除他已经花了半天，甚至一天時間畫出的幾百個塊塊，重新調色，然後再一塊又一塊地重畫。只有在這個時候，你才知道他為了自己的藝術創作，可以做到極致。

石村用了九年的時間畫了幾十萬塊的”石村塊”作品，在這個過程中，他將“石村塊”不斷完善，在筆法和筆觸上，顏色和光度上，厚度和形狀上都不斷提高，達到他在不同的階段所認知的不同完美水準。
2019 年 5 月 2 日，是藝術大師達芬奇誕辰 500 週年，那年三月，石村已經開始用"石村塊"的方式創作達芬奇世界最著名的油畫《蒙娜麗莎》。他開始日夜趕工，決定在 5 月 2 日前完成這幅作品，作為達芬奇 500 週年的致敬作品。這幅畫果真在四月二十九日深夜完成，宛若神蹟。在顏色，大小，創造手法上完全不同與原作的《蒙娜麗莎》，石村塊的《蒙娜麗莎》在藝術上的再詮釋、再創造、再呈現了一個新的蒙娜麗莎，從而讓達芬奇的《蒙娜麗莎》成為了石村的《蒙娜麗莎》。

石村塊的《蒙娜麗莎》將石村的當代藝術作品推向了一個新的高峰。自從作品完成之後，前來他的畫室觀看的友人們絡繹不絕。很多人都覺得石村的《蒙娜麗莎》超越了他之前的那個反正雙面的行為藝術"石村塊"作品《One Buck》。藝術評論家龔繼遂認為：這件作品既是視覺作品、又是觀念作品，又是行為藝術，又是個體的 meditation 和修行。

對於石村來說，他的感悟是："達芬奇去世整整 500 年了，如果沒有文藝復興，沒有那些偉大的人，我們是不是依然在沒有藝術沒有靈魂，只有在吃喝嫖賭，相互殘殺的黑暗中野蠻的像動物一樣過日子，感謝文藝復興時代，感謝偉大的人，因為你們我們才知道人類精神生活是多麼重要，感謝上帝用你們傳遞來的藝術之美，感謝達芬奇，500 年的輪迴，我知道你在盧浮宮的蒙娜麗莎的微笑中活著"。

在為本書起名字的時候，我們從原來的標題"天外飛石"改成現在的《石村的蒙娜麗莎》，因為，石村在藝術上的行踪已經被這幅《蒙娜麗莎》所代表的精神確定。那就是，自從找到自己內心三位一體的主，他已經找到自己的使命感，以及未來在人生和藝術道路上的追求，那就是成為上帝的容器，為祂所用，讓自己的藝術荣美人生。

2019. 5. 23　修改於紐約